权威·前沿·原创

皮书系列

皮书系列

皮书系列

皮书系列

皮书系列

皮书系列

保健蓝皮书

BLUE BOOK OF
HEALTH CARE

中国保健用品产业发展报告
No.1

ANNUAL REPORT ON HEALTH CARE PRODUCT INDUSTRY
OF CHINA No.1

中国保健协会
国务院国有资产监督管理委员会研究中心 / 著

社会科学文献出版社
SOCIAL SCIENCES ACADEMIC PRESS (CHINA)

图书在版编目（CIP）数据

中国保健用品产业发展报告 . 1/中国保健协会，国务院国有资产监督管理委员会研究中心著 . —北京：社会科学文献出版社，2012.3
（保健蓝皮书）
ISBN 978 – 7 – 5097 – 3067 – 6

I . ①中… Ⅱ . ①中… ②国… Ⅲ . ①保健 – 产品 – 产业发展 – 研究报告 – 中国 – 2012 Ⅳ . ①F426.7

中国版本图书馆 CIP 数据核字（2011）第 282362 号

保健蓝皮书
中国保健用品产业发展报告 No.1

著　　者／中国保健协会
　　　　　国务院国有资产监督管理委员会研究中心

出 版 人／谢寿光
出 版 者／社会科学文献出版社
地　　址／北京市西城区北三环中路甲 29 号院 3 号楼华龙大厦
邮政编码／100029

责任部门／皮书出版中心（010）59367127　　责任编辑／吴　敏　任文武
电子信箱／pishubu@ ssap. cn　　　　　　　责任校对／师敏革
项目统筹／邓泳红　吴　敏　　　　　　　　责任印制／岳　阳
总 经 销／社会科学文献出版社发行部（010）59367081　59367089
读者服务／读者服务中心（010）59367028

印　　装／北京画中画印刷有限公司
开　　本／787mm×1092mm　1/16　　　印　　张／23.75
版　　次／2012 年 3 月第 1 版　　　　　　字　　数／412 千字
印　　次／2012 年 3 月第 1 次印刷
书　　号／ISBN 978 – 7 – 5097 – 3067 – 6
定　　价／198.00 元

《中国保健用品产业发展报告 No.1》
课题组成员

课 题 组 总 顾 问　张凤楼

课 题 组 组 长　栾成章　彭建国

课 题 组 执 行 组 长　徐东华

课题组执行副组长　廖义全　聂秀东

课 题 组 成 员　（以姓氏笔画为序）

王　中　刘　林　刘建文　苏永强

杨子彬　徐宇辰　郭喜朝　黄岱坤

编委会成员

主编简介

　　2003 年 11 月 4 日，经国家卫生部、民政部审核并报国务院批准，中国保健科技学会正式更名为中国保健协会。

　　中国保健协会是由中国健康产业内具有代表性的大中型企业为核心组成的行业机构，是真正由企业自己当家做主维护行业自身权益的组织。中国保健协会坚持"服务政府、服务企业、服务消费者"的宗旨，致力于健康产业的发展和科技的进步，在法律规范、产品研发、市场管理、行业自律及标准化建设等各个方面为中国的健康产业提供全方位的服务，成为代表行业公信力的权威机构。

　　中国保健协会按照"服务政府、服务企业、服务消费者"的宗旨努力监督和维护会员企业和广大消费者的合法权益，协助政府部门加强行业管理，具体业务有：

　　1. 开展行业、市场调查，研究本行业国内外发展情况，分析行业形势，提出行业发展和技术进步规划或预测方面的意见和建议；

　　2. 接受政府委托承办或根据市场和行业发展需要举办与本行业相关的展览、论坛及政府有关部门批准表彰和奖励等活动；组织人才交流，技术、职业培训，开展咨询；依照有关规定创办刊物；

　　3. 帮助企业改善经营管理；

　　4. 接受委托、组织开展行业信用等级评价及维护行业信誉等工作；

　　5. 经政府有关部门批准组织科技成果评价、鉴定和推广应用；

　　6. 开展国内外有关保健技术的交流与合作；

　　7. 制定并监督执行行规行约，规范行业行为，协调同行价格争议，维护公平竞争；协助会员单位开展反倾销、反垄断申诉应诉，以及相应的调查工作；

　　8. 反映会员要求，协调会员关系，维护其合法权益；

　　9. 经政府部门委托，参与制订行业规划，对行业内重大的技术改造、技术引进、投资与开发项目进行论证；

10. 受政府部门委托，参与制定、修订国家标准和行业标准，组织贯彻实施并进行监督；

11. 经政府部门授权参与行业生产、经营许可证发放的有关工作，参与资质审查；

12. 承担政府部门委托的其他任务等。

摘　要

　　改革开放 30 多年来，中国经济持续高速发展，人民生活水平不断提高，居民消费已从保障温饱，向注重健康、健美转变，标志着一国富裕程度的保健用品产业在国内巨大消费需求的拉动下发展迅速。据课题组初步估计，2010 年中国市场中外保健用品销售额达 2400 亿元，保健用品产业已成为发展潜力巨大的朝阳新兴复合型产业，深受国内外制造商、流通商、投资商关注。纵观国际产业发展轨迹，朝阳新兴复合型产业的发展，多经历了在制造领域，从传统产品、产业，向系列化高科技产品与高附加值产业升级，从简单制造，向集成、智能、高端制造跨越；在市场环节，多从分散的无序竞争，向产业集聚与兼并重组，培育大基地、大集团，提升国际竞争力转变；从低水平模仿和简单规模扩张，向研发新产品与提升现代服务品牌增值转换。保健用品产业已具有朝阳新兴复合型产业特征。

　　为引领和促进中国保健用品产业的健康发展，由中国保健协会领导、国务院国有资产监督管理委员会研究中心组织国内业界专家历时半年撰写的首部《中国保健用品产业发展报告 No.1》现已出版。该书在内容上分为六个方面。一是在充分研究与借鉴国内外法律法规、理论研究与产业发展基础上，对中国保健用品产业范围进行了界定，完成了产业发展最基础性的工作，对保健用品各子行业进行了分类，并提出了分类的标准与依据。二是从借鉴视角研究与介绍了国际保健用品产业，特别是欧美发达国家在保健用品产业方面的政府监管与制度建设，产业分类标准、发展现状与未来趋势。三是回顾与总结了改革开放 30 多年来，中国保健用品产业发展历程，并对其现状与未来趋势作出分析，包括政府在行业监管、制度建设、组织管理等方面的成功经验与存在问题及相关的政策建议。四是在深入调查研究基础上，课题组分析了目前与今后几年，中国保健用品企业所面临的宏观经济环境、政策环境、社会环境与国际竞争环境，从宏观的政府决策层面、中观的产业与行业层面、微观的企业层面，为产业发展与企业做优做强提出了相关政策建设与发展对策。五是对中国保健用品各行业分别进行了产品结构、产业结构、组织结构、市场结构及未来发展趋势的研究分析，提出了各行业发展的相关对策与建议。六是采用典型示范方法，介绍了保健用品产业企业成功案例，如中脉科技控股有限公司、广东紫薇星实业有限公司、山东康泰实业有限公司等。

Abstract

During the recent 30 years of reform and opening up, China's economy grows sustainably with a high speed, the living standard of the people is gradually enhanced, household consumption is transferring from food and clothing to more attention to health and bodybuilding, the health care product industry that signifies the affluence of one state develops quickly under the driving force of huge domestic consumption demand. According to the preliminary estimation of the research group, the sales volume of domestic and foreign health care products in China market is RMB 240 billion at least in 2010. Health care product industry has become the sunrise emerging industry with great development potential and draws much attention from manufacturers, distributors and investors both at home and abroad. Reviewing chronically the development trace of international industry, the development of sunrise emerging industry often occurs in the field of manufacturing, upgrades from the traditional products and industry to the high-tech products and high added value industry, surpasses from the simple manufacturing to the integrated, intelligent and high-end manufacturing; concerning the link of market, it mostly transforms from the dispersed disorderly competition to industry agglomeration, merger and reconstruction, develops large base and large group and enhancement of international competitiveness; converts from the low level imitation and simple scale expansion to development of new products, enhancement modern service and increase of brand value. In this case, health care product industry has possessed the characteristics of sunrise emerging compound industry.

To lead and promote the development of China's health care product industry, the first *Annual Report on Health Care Product Industry of China No. 1* written by domestic experts organized by the leaders of China Health Care Association and the Research Center of State-owned Assets Supervision and Administration Commission of the State Council in half an year has already been published. The book is divided into six aspects concerning the content. Firstly, on the basis of thorough study and drawing lessons from the laws and regulations, theoretical research and industry development both at home and abroad, it gives definition on the industry scope of health care product industry in

China, completes the basic work for industry development, classifies each sub-industry of health care product industry and puts forward the standard and basis for the classification. Secondly, from the perspective of drawing lessons, it researches and introduces health care product industry globally, especially the standard for classification, current situation for development and future trends of the developed countries in Europe and USA under the supervision and system construction of the government. Thirdly, it reviews and summarizes the development course of health care industry in China during the 30 years of reform and opening up and analyzes its current situation and future trends, including the successful experience of the government in the aspects such as supervision of the industry, system construction, organization management and the like, the existing problems and relevant policies and suggestions. Fourthly, the research group analyzes the macro economic, Political and social environment and international competitive environment that health care product industry and enterprises in China are faced at present and in the following years on the basis of thorough investigation and research. Thus it provides relevant policies, suggestions and countermeasures in pursuit for the development of the industry and for the excellence and strength of the enterprises from the macroscopic level of government decision-making, the medium level of industry and the microscopic level of enterprises. Fifthly, it researches and analyzes the product structure, industrial structure, organization structure, market structure and future development trends of each sub-industry of health care product industry in China and puts forward relevant countermeasures and suggestions for the development of each industry. Sixthly, by adopting the method of typical demonstration, it introduces the successful cases of health care product enterprises, such as Nanjing Joymain Science & Technology Company Limited, Guangdong Ziweixing Industrial Company Limited and Shangdong Kangtai Industrial Company Limited.

目 录

B V 政策建议篇

皮书数据库阅读 **使用指南**

CONTENTS

B IV   Enterprise Report

B V   Policy and Suggestions

总 报 告

General Report

B.1

成长中的中国保健用品产业

摘　要：本文总结了中国保健用品产业发展经验，分析了保健用品产业发展现状，了解了中国保健用品企业实际生产经营情况，在把握保健用品市场需求及其变化趋势的基础上，合理预测了保健用品产业未来市场趋势，并科学的对保健用品进行了分类，有效地解决了保健用品产业发展中存在的弊端，为国家相关产业政策的制定及保健用品企业提供了决策支持。

关键词：保健用品　产业标准　行业分析

一　保健用品产业的界定和分类

中国是一个传统的养生保健大国，在历代遗留下来的典籍、方剂中都有关于营养保健的记载。如我们今天熟知的《黄帝内经》、《本草纲目》，这些都是古人给我们留下来的健康养生的财富。

现代意义上的保健是指，通过除了医疗之外的技术、产品以及服务等方式，来提高人体的机能、增强体质，降低疾病发生的风险，保护和促进人们身

心健康。通俗地讲就是，在人体发生疾病前提供的产品和服务都归属于保健的范畴。

然而，迄今为止，保健用品在世界范围内还没有一个统一的定义和概念，也没有一致的范围。为有效合理地对中国保健用品产业进行分析，本文对已有国内外保健用品分类作了深入的调查研究，并在此基础上，提出本书对于保健用品的分类原则、依据和方法。

首先，对已有保健用品的定义作了梳理，通过梳理提出本书的定义原则，并相应提出本书对于保健用品的定义。

其次，为了更好地对保健用品进行归类，对国内外保健用品的分类方法作了系统的研究，其中包括国际知名协会分类方法、欧美国家的分类方法，以及国内各省市关于保健用品的分类，并在此基础上对各种分类的优缺点进行了总结。同时，基于调研和目前国内保健用品市场现状，采取以材质划分为主、使用部位划分为辅的方法来划分了保健用品，将保健用品划分为保健功能纺织品、保健器械、特殊用途化妆品、五官保健用品、生殖健康保健用品、其他保健用品六大类。

最后，对于以上六大分类作了更加细致的区分，通过合理地区分各种保健用品的归类，尽量囊括市场上已存在或者将来会生产出的保健用品，对于保健用品生产企业指导生产和行业监管都有很大的启示意义。

二 保健用品产业的环境分析

近年来，中国保健用品产业发展势头强劲，越来越成为一种非常活跃的经济力量，发展潜力不容小觑。作为社会经济的一员，保健用品产业亦受到外部宏观环境的影响。本文针对影响中国保健用品企业可持续成长的环境因素进行了深入分析，旨在为企业进一步了解产业情况变化及优化环境提供新思路。

主要基于 PEST 模型，即政策（Political）、经济（Economic）、社会（Social）和技术（Technological）四因素进行分析，它们综合在一起构成了企业的环境要素，其一方面为企业带来了市场机遇，另一方面也构成了潜在的环境威胁。希望通过分析，确定这些因素的变化对产业发展过程的影响。

第一，对于国际、国内宏观经济环境进行了分析。由于遭受国际金融危机的冲击和欧洲主权债务危机的影响，全球经济处于低迷状态，复苏乏力，但中国所实施的宽松货币政策很好地刺激了中国经济的快速发展，使中国保健用品产业能够迅速摆脱国际恶劣经济环境的影响，重回快速发展的轨道。

第二，对于中国保健用品产业发展的外部政策环境进行了分析。通过研究分析，本书认为，中国保健用品产业的相关政策法规落后于保健用品产业的发展，存在监管缺位等问题，但也在一步步地完善和健全中。

第三，对于中国保健用品产业发展的社会环境进行了深入的剖析。分析发现，随着中国居民教育程度和文化水平的提高、人口老龄化的加剧及人们思维方式的转变，中国社会环境对中国保健用品产业的发展具有极其巨大的推动作用，能够在未来带动中国保健用品产业飞速发展。

第四，对于中国保健用产业的技术环境进行了分析。本书认为，保健用品产业技术是集机械电子技术、计算机技术、现代控制技术、传感技术、新材料技术、人体工程学原理及经络针灸理论于一体的多学科交叉、知识密集、资金密集的高新技术产业，其涉及的行业有机械、电子、医疗、纺织、轻工、化工、家具等众多相关领域。未来会向着机器人控制技术、3D技术、智能化、数字化、便携化和网络化的方向发展。

三 保健功能纺织品行业分析

近年来，人们在追求"吃出健康"的同时，已把"穿出健康"、"睡出健康"作为提高生活和生命质量的时尚来追求。由此，具有高科技、高附加值的保健功能纺织品异军突起。通过课题组数据库统计预测，到2015年，行业产值规模有望达到1000亿元，并逐步将产量大、收益小、劳动力成本高、产能过剩、缺乏竞争力的传统纺织产业调整和改变为高附加值、具有核心竞争力的产业。

经过多年的发展，中国保健功能纺织品呈现两大新特征，即市场化程度高和就业贡献大。但截至目前，国家尚没有明确定义和统一的法规，仅有陕西、山西等省有相关的地方法规。同时，多头多级审批，导致保健用品过多过滥，给市场监管带来了极大的困难。鉴于此，本书对保健功能纺织品行业作了以下研究。

第一，保健功能纺织品行业国内外标准、技术规范差异。一方面，国际标准

与中国标准的差异。ISO 标准或国外先进纺织标准的主要内容是基础和方法标准，重在统一术语、统一试验方法、统一评定手段，使各方提供的数据具有可比性。而中国功能纺织品的标准体系虽然还没有形成，但是已在慢慢建设过程中。另一方面，目标市场与中国的技术规范差异。此处主要涉及美国与中国功能纺织品质量标准的差别分析、欧盟与中国针织品和服装主要产品标准的比较、中国与日本纺织品部分标准对比。

第二，行业发展情况分析。本书采用《保健功能纺织品CAS115－2005》协会标准，按保健功能纺织品产品用途分类，将其分为床上用品、服饰制品及其他用品三大类。在保健功能纺织品行业中，从大中小型企业数量、收入占比情况看，大中型企业在保健功能纺织行业中数量极少，仅占6%，反映了保健功能纺织品行业大多是规模较小的企业，集中度偏低。从纺织行业企业所有制结构看，中国保健功能纺织行业内企业所有制形式众多，包括国有企业、集体企业、股份合作企业、股份制企业、私营企业、外商和港澳台投资企业等，基本涵盖了中国现存全部企业类型。其中，私营企业数量达到1858 家，占比达到90.24%，在数量上占据绝对优势。

从消费群体年龄阶段和潜在用户两个方面来分析，保健功能纺织品能够突破老年市场这一局限，针对不同目标群体的消费需求开发出有特色且针对性强的保健用品和保健服务。从市场规模来看，2009 年中国纺织行业发展持续稳步回升，整体表现良好，但增长速度在逐渐放缓。从企业区域发展分析，保健功能纺织品产业集群地区优势明显。主产区由多到少前五名依次为浙江、广东、江苏、上海、山东，企业数目占保健功能纺织品被调研企业总数的67%。企业分布有很大的地域差异，主要集中在中东部地区，围绕着专业市场或出口形成了以众多保健功能纺织品为主的区域产业集群。

第三，竞争结构分析。按照波特五力（行业中现有企业竞争、新进入者的威胁、供应者讨价还价的能力、用户讨价还价的能力、替代品或服务的威胁）模型，分析行业竞争的激烈程度和行业获利能力。在此基础上，对保健功能纺织品竞争特点进行了总结，指出中国保健功能纺织品行业内的竞争呈现科技竞争、品牌竞争的态势。

第四，经营模式分析。目前，中国保健功能纺织品企业主要有生产加工、招商代理、经销批发、商业服务等经营模式。其所采用的分销渠道主要由集中交易批发市场和大型百货商场构成，如大商场、品牌专卖店、商场、超市及连锁店、批发市场等。

第五，保健功能纺织品行业面临问题及对策分析。面临的问题主要包括基础设施薄弱，产业布局不合理；科技贡献低，发展空间大；技术壁垒限制为绿色壁垒；企业信息化程度不高；棉价上涨增加，企业成本压力。在提出问题的同时，本书亦从宏观层面和微观层面给出应对之策。宏观层面，应该管理标准化，建立中国反贸易壁垒机制，引导企业和社会资金增加科技研发投入。微观层面，提高自主创新力，与国际技术标准接轨；加大资源整合力度，优化产业布局；出口市场多元化；实施品牌发展战略。

四　保健器械行业分析

从 20 世纪 80 年代起步的中国保健器械行业，在短短 30 年时间里，已经迅速发展成为一个独特的健康行业。保健器械行业之所以蓬勃发展，主要原因是人民生活水平明显提高，生活方式改变也为保健器械行业发展提供了重要契机。此外，多层次的社会生活需求，为保健器械行业发展提供了广阔空间。本书对保健器械行业作了以下研究，旨在为行业政策和企业决策制定提供一定的指导。

第一，行业基本概述。与西方发达国家相比，中国保健器械消费水平较低，但人口老龄化的加剧会进一步带动保健器械在中国的消费。在课题组统计的 2152 家生产保健器械的企业中，有 1505 家为生产型企业，它们生产几乎世界上所有的普通保健器械类型，并为大量境外品牌进行代工（贴牌）。

第二，保健器械行业环境分析。中国经济的快速发展为中国保健器械行业的发展作出了巨大的贡献，但目前中国并没有相应的政策为保健器械行业的发展保驾护航，这在一定程度上制约着保健器械行业的发展。

第三，行业竞争分析。保健器械行业在中国集中度较高。高利润也促使很多企业进入，再加上国外企业的冲击，中国保健器械行业竞争激烈。在竞争过程中，企业产品、价格、渠道、营销是其竞争的关键因素。

第四，保健器械行业营销模式分析。目前，中国保健器械行业的营销模式主要有体验式营销、一对一营销、连锁营销、品牌营销、深度营销、网络营销六大类。这几种营销模式各有优缺点，未来营销模式应向着战略合作、品牌营销的方

向发展。

第五，保健器械行业前景预测与问题分析。着眼于未来，由于城市人口增长和生活节奏加快，处于亚健康状态的人群在不断增加。同时，以社区和家庭为主的老年人常见病、慢性病的日常护理和治疗也将拉动保健器械市场，给保健器械行业带来巨大商机。然而，目前市场上销售的保健器械存在着诸多令人担忧的问题，相当部分保健器械的质量和安全性、有效性无法得到保证和认证。保健器械行业管理处于无法可依的尴尬局面。

五　特殊用途化妆品行业分析

随着人们生活水平的提高，化妆品与人们日常生活的关系也日益密切。近年来，化妆品的功能逐渐由简单的美容修饰作用向功能性方面延伸，出现了一类特殊用途化妆品，包括育发、染发、烫发、脱毛、美乳、健美、除臭、祛斑、防晒九大类，特殊用途化妆品行业应运而生。本书对特殊用途化妆品行业作了以下五点的研究，旨在为行业政策和企业决策制定提供一定的指导。

第一，行业基本概述。中国特殊用途化妆品产业虽然起步较晚，但也已经历了一个比较完整的产品生命周期。从这一点说，特殊用途化妆品行业即将步入一个更趋理性的发展阶段，且具有一定的发展特征，即差异化程度低、竞争激烈、细分明显。

第二，特殊用途化妆品行业环境分析。人们收入水平的提高为特殊用途化妆品行业提供了有利的条件，但随着人们保健知识的积累，相当一部分假冒企业将会被淘汰出局。此外，中国相应的特殊用途化妆品行业政策不健全，制约了特殊用途化妆品行业的发展。

第三，特殊用途化妆品行业竞争分析。中国化妆品消费水平还相对较低，但随着人们生活理念的更新和生活水平的不断提高，消费群体扩大、消费水平提高，加上中国人口基数大和消费层次的多样性，化妆品市场需求潜力非常巨大。

第四，特殊用途化妆品行业营销模式分析。从营销策略上讲，世界名牌化妆品主要采用品牌专柜销售策略、自我销售策略和网络销售策略等进行市场营销。这三种销售策略目的相同，即企业通过不同的手段、方式、途径或技巧将产品推到消费者面前。现有特殊用途化妆品市场营销模式繁多，众多营销模式充斥市场，主流模式包括传统渠道营销、连锁店营销、数据库营销、网络营销、直接销售五大类。

第五，特殊用途化妆品行业发展前景与建议。中国特殊用途化妆品发展前景广阔，对经济发展和人民生活水平的提高贡献巨大。据统计，中国化妆品市场销售额平均以每年23.8%的速度增长，最高年份达41%，增长速度远高于经济平均增长速度，具有相当大的发展潜力。目前，中国化妆品市场销售额比改革开放初期的1982年增长了200多倍。为在此行业取得更好的成绩，一方面，政策制定者应为特殊用途化妆品行业制定相应的政策；另一方面，企业应该加大研发投入力度，开拓企业自主品牌。

六　五官保健用品行业分析

目前，中国五官保健用品行业处于起步阶段，亟待开发。与此同时，随着生活水平的提高，人们对五官保健的意识增强，一些原本不为人知的五官保健用品如洗牙器、视力按摩器等开始步入人们的视线，融入日常生活，尤其为年轻人所接受，并悄然改变着他们的生活习惯。这些给五官保健用品行业提供了巨大的市场需求，促进了五官保健用品行业的发展。本书对五官保健行业作了以下研究，旨在为行业政策和企业决策制定提供一定的指导。

第一，行业发展概述。根据课题组调研数据，五官保健用品企业数量较大，但行业销售量却不高，这说明中国五官保健用品行业生产能力不强，规模效应差，行业仍处于分散状态，没有几家大型的领军企业。但随着消费者对五官保健用品需求的增加和相关法律法规的完善，五官保健用品行业未来将会有较大的发展。

第二，五官保健用品行业环境分析。中国经济的快速发展为五官保健用品行业的发展作出了巨大的贡献，但目前国内并没有相应的政策为五官保健用品行业的发展保驾护航，这在一定程度上制约了五官保健用品行业的发展。

第三，五官保健用品行业竞争分析。目前，国内生产经营五官类保健用品的企业有数万家，总体来看，市场竞争极为激烈，加之该行业当前正处于蓬勃发展之际，而部分领域进入壁垒较低，大量企业纷纷进入，国外品牌也加大抢占国内市场的力度，使总体竞争态势更为激烈。这其中又以口腔和眼部等子行业的竞争

最为激烈。

第四，五官保健用品营销模式分析。目前，五官保健用品行业公众接受度并不是很高，且包含产品种类繁多，各种产品所面临的目标市场和消费群体都有所不同，为了满足不同的消费需求，需要选取合适的营销模式。其中，口腔类主要采用传统媒体模式，眼部类主要采用体验模式，耳鼻喉类应加强推广。

第五，五官保健用品行业前景与问题分析。五官保健用品行业方兴未艾，随着国内经济环境改善，人民生活水平提高，对此类产品的需求将会极大地促进行业发展。但五官保健用品行业标准缺失、产品质量参差不齐、竞争力低等因素制约了此行业的发展。

七　生殖健康保健用品行业分析

作为新兴行业，生殖健康保健用品行业发展历史虽不长，但它的孕育和成长却迎合了时代发展的趋势，使其在发展初期就具备了良好的社会环境和快速成长潜力。生殖健康保健用品主要分为四类：计划生育用具器械类、性保健功能器械类、成人玩具类、辅助类。本书对生殖健康保健用品行业作了以下五点的研究，旨在为行业政策和企业决策制定提供一定的指导。

第一，生殖健康保健用品行业发展概述。中国生殖健康保健用品行业市场需求巨大，但发展水平较低，技术含量不高。企业多为中小型企业。

第二，生殖健康保健用品行业背景分析。随着人们保健意识的增强，生殖健康保健用品行业发展环境较好，但国外企业的进入加剧了国内市场的竞争。

第三，生殖健康保健用品行业竞争分析。行业处在低集中度阶段，大中小各类企业面临的机会相对较多。

第四，生殖健康保健用品行业营销模式分析。根据课题组调研数据库分析，通过超市销售占比约49%，几乎占到了所有销售渠道的一半；其次是商场、酒店和化妆品商店。

第五，生殖健康保健用品行业前景预测及存在的问题。2010年中国生殖健康保健用品市场规模已达500亿元，按每年15%的增长速度来算，到2015年市场规模将达到1100多亿元。但中国生殖健康保健用品生产企业存在着"多、小、乱、差"的问题，即使大型企业也难与世界一流企业相提并论，竞争地位处于劣势。

八　其他保健用品行业分析

其他保健用品是指一些产值规模较小、难以划分到以上五个类别中的保健用品，以及未来即将出现的保健用品。据不完全统计，其他保健用品行业的市场规模达到 65 亿多元。其他保健用品包括膏贴洗液类用品、中医保健用品、保健器材等。其中，膏贴洗液类用品在其他保健用品行业中占着举足轻重的地位。据课题组调研统计，2009 年，其他保健用品行业市场规模约 65.76 亿元，膏贴洗液类用品的市场规模高达 54.55 亿元，占整个行业的 83%。下面就各个子行业进行分析，旨在为行业政策和企业决策制定提供一定的指导。

第一，膏贴洗液类用品行业分析。据统计，膏贴洗液类用品行业实现产品年销售收入达 54.55 亿元。此类产品的企业分布有很大的地域差异，主要集中在中东部地区，且市场集中度非常低。而从行业特性看，市场集中度低的情况在短期内是无法改变的。此外，膏贴洗液类用品主要通过超市销售，其次是医院、酒店和商场。

随着中国老龄人口的增加和经济发展水平的不断提高，国家将逐步加大养老保健的投入，老年保健行业必将进一步发展壮大，膏贴洗液类用品在治疗和保健方面都有其独特的作用，因此，发展前景良好。

第二，中医保健用品行业分析。据统计，中国中医保健用品行业年营业额约为 5.21 亿元，相关产品生产厂家有 136 家，产品主要出口到港澳台、东南亚等地区。在销售领域，由于产品本身价值不高，品牌效应不强，故此行业企业采用商业服务和招商代理方式的较少，而是以经销批发为主。同时，中医药学的特征正好与未来医学强调防重于治，提倡养生保健的发展方向高度契合，中医保健用品行业发展前景十分广阔。

第三，保健器材行业分析。据不完全统计，目前保健器材行业产值约为 6 亿元，相关产品生产厂家有 80 余家。生产保健器材企业的区域分布和中国整体上生产企业的分布是一致的，但中国的保健器材行业还处于形成阶段，不管从行业整体，还是企业自身来讲，实力都比较弱，竞争力不强。

第四，其他保健用品行业分析。这里的其他保健用品包括市面上刚刚出现，尚未形成一定规模的产品，如电子香烟类产品。

九 中国保健用品产业标准与市场监管

目前，中国在保健用品的行业标准和监管方面还没有形成完善的国家标准体系。在监管方面，除2006年5月国家认监委和卫生部共同起草的《口腔保健用品认证管理办法（征求意见稿）》之外，再没有国家级统一的保健用品标准和审批法规。随着企业保护知识产权意识的加强，商标和专利技术申报保护等工作的开展，一些行业在专利共享等组织协调工作的过程中逐渐产生了对行业标准的需求，这也成为保健用品国家标准建立并实施的一大推动力。

在中国保健用品产业发展过程中，地方标准和行业标准对其发展作出了一定的贡献，如陕西省保健用品产业标准对该省保健用品的发展起到了一定的推动规范作用。

产业标准的缺失造成了中国保健用品监管缺位，同时各省市自己制定的标准参差不齐，这也会影响其他省市保健用品产业的发展，造成监管混乱。

十 中国保健用品产业发展的问题

本部分主要对中国保健用品产业的定义与范围界定、行业监管、法规及行业标准建设、广告宣传、质量安全、行业竞争等一系列问题进行更加深入、更加全面的探讨。

第一，国内外对保健用品尚无权威定义，保健用品范围界定不统一。这给中国保健用品产业监督管理工作造成了一定的困难。

第二，行业监管混乱。主要体现在两个方面，即行业执法主体不明确和保健用品产业监管法律缺失。

第三，法规制定和行业标准化建设水平落后。一方面，行业法律规定不完善。目前，对保健用品还没有全国适用的专门的法律法规，只有少部分省份出台了相关的地方法规。现行的法律体系中缺乏统一的法律法规来明确执法主体和保健用品的法定概念。另一方面，产业标准化建设水平落后。主要表现为中国保健用品产业的标准体系比较落后，说明中国保健用品产业的标准化体系建设已迫在眉睫。

第四，保健用品市场混乱。保健用品广告不规范现象泛滥，虚假宣传泛滥、广告审查监管制度不完善，产品质量和卫生安全无法得到保证。

第五，市场竞争不断加剧。随着国外保健用品的不断涌入，且与国内保健用品相比具有明显的竞争优势，这使得其很快占领了市场份额的一大部分。面对有备而来、管理水平先进的国外竞争对手，中国的保健用品产业面临更大的竞争压力。

十一　中国保健用品产业发展的政策建议

基于以上分析，本部分从宏观层面为中国保健用品产业发展提出相关政策建议，主要包括以下四个方面。

第一，用科学发展观指导产业健康发展。具体措施包括贯彻落实科学发展观，坚持以人为本、确保可持续发展、转变经济发展方式、维护企业和消费者的合法权益；促进产业健康发展，政府部门要加强监管、行业组织要积极引导、生产企业要规范经营。

第二，制定长期发展战略，引导产业持续发展。具体措施包括：制定长期发展战略，设立持续发展的阶段性目标，将保健用品产业列入产业结构调整指导目录，将保健用品产业列入政府部门统计调查项目目录。

第三，因地制宜，弘扬中国传统保健文化。中医文化和养生文化无疑在中国传统保健文化中占有重要地位，以博大精深的中国传统保健文化为依托，在发展现代保健用品产业时，注重发挥自身优势，将保健用品的现代工艺与传统中医文化和养生文化相结合，创立独具特色的企业品牌和产业特征。同时，因地制宜发展保健用品与保健文化，如青藏高原雪域文化、内蒙古军团保健用品文化。

第四，出台相关配套政策。主要涉及：①税收政策。包括利用税收政策鼓励新产品、新工艺的开发研制；完善广告费和业务宣传费的扣除政策，减轻企业负担；出台针对中小企业的税收优惠政策。②保健用品出口政策。在研究了2010年上半年中国保健用品进出口情况的基础上，提出建立保健产品出口基地，促进保健用品对外贸易；建立行业进出口商会，促进保健用品出口。③产业组织政策。包括产业组织政策概括，利用产业政策促进保健用品产业发展，企业应积极运用产业政策等。

十二 中国保健用品企业发展策略

　　面对当前行业存在的主要问题，中国保健用品企业要做大做强，建立起具有高质量、让消费者信任的品牌，树立品牌意识。同时企业应该加强诚信形象建设，完善内部管理和质量监督管理体系，使消费者更加信任企业。

　　第一，树立品牌意识。保健用品企业应做到真实报道产品功效，切勿过度虚假宣传。同时，明确市场定位，企业要清晰了解市场定位的必要性、市场定位的分类、保健用品的市场定位。此外，企业要实施品牌战略，深刻认识品牌战略的定义和意义，并正确选择建设企业品牌的策略。

　　第二，树立企业诚信形象。树立良好的企业形象需要做到：①加强企业诚信建设。企业要深谙企业诚信经营的含义、企业诚信经营的重要性、加强诚信建设的策略，领导以身作则、开展员工诚信教育、建立一套严格的监督和奖惩机制、各行业共同努力。②用诚信打造企业形象。用诚信树立良好的企业形象，即树立优质的产品形象和企业形象。

　　第三，转变营销模式。由于市场环境的快速变化，新型的营销模式不断涌现，呈现与传统营销模式并存的局面。中国的保健用品企业若想不被市场淘汰，就必须根据企业和市场的需要，紧跟市场动态，转变营销模式。

　　第四，提升产品质量。一方面，提出加大科技研发投入力度的必要性，这是产业发展的要求、增加产品附加值的要求、产业升级的要求、消费理念的要求；另一方面，提出加大科技研发投入力度的策略，包括建设以企业为主体的保健技术开发体系，实施自主专利策略，实施横向联合策略，对中医技术实行创造性开发。

　　第五，加强内部管理。管理是企业最具竞争力的软实力，加强企业内部管理，苦练内功，增强企业的竞争能力，迎接挑战和参与竞争，这是大多数企业必修的新课题。

　　第六，开拓国际市场。中国已成为世界贸易组织（WTO）的正式成员，随着跨国公司等大型企业的进入，出现国际竞争国内化。因此中国保健用品企业应当做到：①抓住加入 WTO 对中国保健用品产业的机遇；②提高保健用品的国际竞争力；③实施国际化战略。实施国际化战略是企业发展壮大的必然选择，是学习国外的先进技术和管理经验的要求，是增强国内保健用品市场经济活力的要求。企业实施国际化的路径选择主要有：选择海外目标市场，选择海外合作伙伴，选择海外市场进入方式。

十三　企业成功案例分析

本部分选取南京中脉科技控股有限公司（以下简称"中脉公司"）、广东紫薇星实业有限公司（以下简称"广东紫薇星"）、山东康泰实业有限公司（以下简称"山东康泰公司"）三家企业的成功经验为案例，探究适合中国保健用品企业的可持续发展之路，为其他企业的产品定位、市场开拓、战略制定等事项提供参考。

一方面，简要介绍了三家企业的经营理念、企业文化、发展历程、战略目标等基本内容；另一方面，详细介绍了三家企业的成功经验，可以看出每家企业都有自己成功的法宝：注重营销模式的转变及先进的薪酬体系是中脉公司近几年获得成功的关键；品牌建设辅以人力资源管理帮助广东紫薇星在 2011 年披荆斩棘；个性化营销策略和科技创新推动了山东康泰公司的快速扩张。

十四　保健用品产业投资与风险分析

保健用品产业作为中国的朝阳产业，机会与风险共存。本部分基于项目组已有的数据，对中国保健用品产业进行了详细分析，以期为相关保健用品企业投资提供良好的决策支持。

第一，产业投资环境分析。主要分析产业周期环境、保健用品产业市场竞争环境、保健用品产业法律环境、医疗体制改革。

第二，产业投资机会分析。主要包括产业发展前景分析（产业供给预测、产业需求预测、产业进出口预测）、产业 SWOT 分析、保健用品产业投资子行业。

第三，产业财务分析。包括产业盈余能力分析、产业成长性分析、产业偿债能力分析、行业营运能力分析。

第四，产业投资风险分析。①保健用品产业环境风险，具体有国际经济环境风险、汇率风险、宏观经济风险、宏观经济政策风险。②保健用品产业链上下游

保健蓝皮书

风险。③保健用品产业政策风险。④保健用品产业市场风险，主要是市场供需风险和竞争风险。

第五，投资风险对策和投资战略。一方面提出投资风险对策，企业需要控制经济波动风险、政策风险、供需风险、技术风险；另一方面，提出保健用品产业投资战略，包括技术开发战略、业务组合战略、区域战略、品牌营销策略、竞争战略规划。

The Growth of Health Care Product Industry in China

Abstract: To summarize the experience on the development of health care product industry in China, analyze the current situation of development of health care product industry, know more about the actual production and operation conditions of health care product enterprises in China, grasp the market demand of health care products and its change trend, reasonably predict the future market trend of health care product industry, scientifically classify health care products, effectively remove the disadvantages existing in development of health care product industry, better lead and promote the healthy development of health care product industry in China and provide support to the state for formulation of industrial policy and to the health care product enterprises for decision-making.

Key Words: Health Care Product Industry; Industry Standard; Industry Analysis

综　述　篇

B.2
保健用品产业的界定和分类

　　摘　要：中国是一个传统的养生保健大国，但迄今为止，保健用品在世界范围内还没有统一的定义和概念。为了有效合理地对中国保健用品产业进行分析，本文在对已有保健用品的定义和分类进行梳理的基础上，提出了保健用品的定义及其分类原则，并将保健用品划分为保健功能纺织品、保健器械、特殊用途化妆品、五官保健用品、生殖健康保健用品、其他保健用品六大类，并对六大细分类别分别进行了定义和更为详细的分类。同时，还通过分析各类别保健用品保健功能的理论依据，论证了以上分类及定义的正确性、合理性和全面性。

　　关键词：保健用品　概念　分类

一　基本概念和定义

　　迄今为止，保健在世界范围内还没有一个统一的定义和概念，也没有一致的范围。中国是一个传统的养生保健大国，在历代遗留下来的典籍、方剂中都有关

于营养保健的记载。如我们今天熟知的《黄帝内经》、《本草纲目》，这些都是古人给我们留下来的健康养生的财富。但现代意义上的保健，是指通过除了医疗之外的技术、产品以及服务等方式，来提高人体的机能、增强体质，降低疾病发生的风险，保护和促进人们身心健康。通俗地讲就是，在人体发生疾病前提供的产品和服务都归属于保健的范畴。

目前，保健产业具体可细分为保健用品、保健食品和保健服务三大类。保健用品是指具有特定保健功能的用品，如健身器、按摩器、磁水器、保健香袋、衣服鞋帽、垫毯等；保健食品重在可以进食，具有一般食品的共性，能调节人体的机能，适于特定人群食用，但不能治疗疾病，作用方式可分为食、饮两种；保健服务侧重服务，通常是为他人服务或自我服务的一项活动。

（一）已有保健用品的定义

目前，中国尚没有关于保健用品定义的明确规定，只有陕西、贵州等省出台了一些地方法规。

《陕西省保健用品管理条例》规定，保健用品是指除保健食品、特殊用途化妆品等法律、行政法规已有明确规定的产品外，以日常保健和预防疾病为目的，具有调节人体机能、增进健康或者有促进康复功能的产品。

《贵州省保健用品管理办法》指出，保健用品是指直接或者间接作用于人体表面，不以治疗疾病为目的，标明具有特定保健功能的产品。但法律法规对药品、医疗器械、保健食品、特殊用途化妆品、消毒产品、体育器械等另有规定的除外。

《黑龙江省保健用品卫生监督管理规定》对保健用品的定义是，保健用品是指不以治疗疾病为目的，标明具有特定保健功能的物品。但保健食品、特殊用途化妆品、医疗器械、体育器械等法律法规另有规定的产品除外。

《吉林省保健用品生产管理办法》指出，保健用品是指具有调节人体功能、增进健康的一种产品。但药品、保健食品、特殊用途化妆品、医疗器械、体育器械等法律、行政法规和规章已有明确管理规定的产品除外。

（二）本书对保健用品的定义

1. 定义的原则

在保健用品的定义上，应遵循以下原则。

（1）区分保健用品和保健品。保健品是一个大的概念，包括保健用品、保健食品、保健服务。因此，保健品包含保健用品。

（2）区分保健用品和保健食品、保健服务的概念。保健食品重在可以进食（体现的功效成分为可食用成分，作用方式为食、饮两种方式），与保健用品均属于"物"的范畴，是一种物品；保健服务侧重服务（通常为第二者服务或自我服务），与保健用品不同，属于"事"的范畴，通常是一项活动。

（3）区分保健用品与生活用品、医疗器械等非保健品。生活用品仅需符合人们日常生活之需，属"人手的延长"；保健用品必须要有明确的保健功效或科学的保健依据。需要特别注意的是，在中国，医疗器械不属于保健用品范畴，保健用品和医疗器械的区别如表1所示。

表1 保健用品和医疗器械的区别

项　目	保健用品	医疗器械
使用对象	主要用于家庭,由保健者本人使用	主要用于医院,需医生或护士操作
作用对象	主要作用于一般人群(健康、亚健康人群)	主要作用于患者
使用目的	主要用于调节人体机能,增进健康	主要用于疾病的诊断和治疗
要求的强度、频率	强度相对弱、频率相对低	强度相对强、频率相对高
对人体的副作用	不允许对人体产生任何危害	副作用不可避免

2. 本书对保健用品的定义

在以上原则的基础上，可以得出：保健用品的本质是用品（区别于其他保健品），保健用品的特征是通过直接或间接使用可起到保健作用（区别于非保健品）。

通过深入的调研分析，课题组将保健用品定义为，个人不以治疗疾病，而以日常保健为目的，直接或间接使用的，具有缓解疲劳、调节人体机能、预防疾病、改善亚健康状态、促进康复等增进健康的特定功能的用品。表2从不同方面对保健用品的定义进行了详解。

表2　保健用品定义详解

使用对象	个人	即非专业人士(医生、护士等),此处主要强调保健用品是个人用品,而非专业器具
使用目的	不以治疗疾病,而以日常保健为目的	此处强调保健用品应该用于保健而非治病,以此区别于医疗器械
性　　质	用品	区别于"产品"和"物品","产品"的范围过窄,"物品"的范围过大
使用方式	直接或间接使用	直接使用如穿、戴、坐、卧、按摩等,间接使用如通过媒体改善生活小环境质量等
使用功能	具有缓解疲劳、调节人体机能、预防疾病、改善亚健康状态、促进康复等增进健康的特定功能	强调保健用品应具有一项或多项特定的保健功能,由此区别于生活用品

二　保健用品的分类

在《国民经济行业分类》(GB/T4754－2002)中,没有保健用品这一大的类别,只是在"C制造业"中提到了"1491 营养、保健食品制造","3956 家用美容、保健电器具制造",在"O居民服务和其他服务业"中提到了"8240 理发及美容保健服务",在"Q卫生、社会保障和社会福利业"中包括了"8550 妇幼保健活动"。

在《国际标准产业分类》(ISIC/Rev. 3)中,涉及保健用品的项目只有在"N水利、环境和公共设施管理业"中提到了"7512 对提供保健、教育、文化服务和其他社会服务(社会保险除外)机构活动的管理"。目前,中国还没有把保健用品列入《国民经济行业分类》和《国际标准产业分类》中。这与日益发展壮大的保健用品产业地位是极不相称的,需要与时俱进。

(一)已有分类标准

保健用品在保健品范畴里种类繁多,有外敷防病保健用品、口腔保健用品、保健纺织品、保健器械、保健家电、生殖健康保健用品等。而保健用品的分类标准有如下几项。

(1)按使用的群体分类。妇女保健用品、孕妇保健用品、男性保健用品、婴幼儿保健用品、儿童青少年保健用品(学生保健用品)、中老年保健用品、各种职业保健用品、残疾人保健用品及其他人群保健用品等。

（2）按身体使用部位分类。口腔保健用品、视力保健用品、听力保健用品、肢体保健用品、内脏器官保健用品、生殖器官保健用品、手足保健用品、护肤护发保健用品、间接作用保健用品、局部保健用品及全身保健用品等。

（3）按其使用的形式分类。穿（或戴、系）类、盖（或枕、卧）类、装饰类、视听类、运动类、按摩类、释放能量类、发生器类、洗刷（或涂抹）类等。

（4）按其性质和原理分类。物理类指采用磁、声、光、电、热、射线、机械等作用生产的各种保健用品；化学类指采用化学原理生产的各种保健用品；药物类指采用充填或添加药物，通过药物的自然挥发、渗透、溶出或经人为喷洒、擦洗、涂抹等使用形式起保健作用的各种保健用品；生物类指采用各种生物材料或物质生产的各种保健用品；其他上述四类不能包括的各种保健用品。

（5）按其作用分类。按摩类、药理作用类、释放能量类、调节装饰类、卫生材料类。

（6）按保健功能分类。包括免疫调节、延缓衰老、抗疲劳、增进学习记忆、促进生长发育、护齿、提高视听能力、减肥、保护心脑血管（包括调节血脂、降血压、改善微循环、降低血液黏度）、增进消化吸收、改善呼吸功能、调节神经（或内分泌）、改善性功能、抗突变、抗辐射、抑制肿瘤、护姿、防痔、减（或戒）烟毒及其他。

（7）按其使用范围将其分为一般卫生保健用品和特殊保健用品。

（二）国际保健用品分类方法

1. GDSN 保健用品分类

（1）GDSN 分类方法简介。在世界上存在 20 多种分类方法，其中包括 UNSPSC（联合国）、CLADIMED（法国）、e-Class（德国），以及 NHS e-class（英国）等。通过"附加分类条款"属性的方法，GDSN 能够与这些分类系统相互共融：它们分别是附加分类条款名称、附加分类范围编码、附加分类范围描述。

同时，国际商品强制分类方法（GPC）对此也有规定。如果要在 GDSN 注册保健用品条目，必须使用 GS1 标准进行分类和表示，包括：GLN——国际地理位置编码，这样就可以使全球的组织机构采用单一的地理编码来关联经纬度坐标和各种各样的国际格式地址；GTIN——国家贸易条款编码，对每一项条款进行编码，便于查找

和引用；GPC——国际商品分类，它有利于全球供应链中产品的标识、分类和描述。

（2）GDSN 保健用品的分类。为了能够快速有效地使用 GDSN 对保健用品进行注册和分类，GS1 发布了两种 GPC 编码，分别用于药品和医疗器械。

第一种是药品 GPC 编码：10005845。它的定义是在体内或体外为达到诊断、治疗和预防目的而使用的各种化学成分。例如，包括所有的药品、生物制品和治疗营养品。

第二种是医疗器械 GPC 编码：10005844。它的定义是以设计、使用和面向市场为主的，以诊断、治疗及预防疾病为目的的产品，不包括药物。例如，从棉花球、镊子到检查手套、手术设备所包括的所有医疗设备、装置和器具。所有保健用品服务包括内科、外科、肿瘤科等。具体分类标准如图 1 所示。

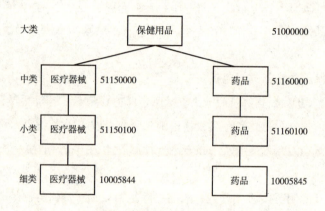

图 1　GDSN 保健用品分类

2. 英国保健用品分类

按照英国保健部门（Department of Health）和保健用品管理协会（MHRA）的相关规定，保健用品产业是以提供保健产品和服务为目的的，按照行业和市场划分，主要涉及以下领域：保健用品设备和服务、制药、生物技术及生命科学。与这些领域紧密相关的有生物技术、诊断药物、药物载体、药物制造商、医院、医疗设备及仪器、实验室诊断、护理院和医疗保健计划，以及家庭健康保健提供者。

按照政府行业分类，主要基于联合国体系，保健用品大致包括医院活动、医疗和牙科实践活动及其他人类健康活动（此类包括并非由医院、医生或牙医进行的人类健康的所有活动）。

3. 美国保健用品分类

在美国，保健产品通常会与医疗联系起来，称为医疗与保健产品（Medical and Health Care Products），美国政府为各个阶层的人们提供医疗保健产品与服务，能够保障低收入人群获得相应的保障。在美国，各种保健协会组织及公司都有自己关于保健产品的分类方法。例如，北美保健协会按照人群划分，分为儿童保健用品、青少年保健用品、生殖健康保健用品、老人保健用品及雇员保健用品。而其他一些组织和公司的分类，则主要基于市场驱动或消费者驱动。

从各个国家或地区及组织的定义来看，对于保健用品的分类虽然各有侧重点，但是仍有一定的规律可循，主干思路一致。

（三）国内已有分类方法

目前在中国，国家没有出台统一的保健用品分类标准，只有行业协会和个别的地方标准。

1. 行业协会关于保健用品的分类

2009 年，中共中央党校课题组等编写了《中国保健产业发展战略体制和政策研究》，该研究按材质的不同，将保健用品分为保健功能纺织品、保健器械、特殊用途化妆品三大类，是目前中国保健协会较为认同的保健用品分类方法。具体分类如表 3 所示。

表 3　保健用品分类

细分类别	包含产品
保健功能纺织品	①床上用品:枕套、被套、床单、睡袋等 ②服饰制品:内衣类、护身类、袜类、帽子、手套等 ③其他用品:窗帘、地毯、垫类等
保健器械	①按摩器械②健康体检仪器设备③家用理疗仪④康复器材⑤成人保健器具
特殊用途化妆品	①育发化妆品:有助于毛发生长、减少脱发和断发的化妆品 ②染发化妆品:具有改变头发颜色作用的化妆品 ③烫发化妆品:具有改变头发弯曲度,并维持相对稳定的化妆品 ④脱毛化妆品:具有减少、消除体毛作用的化妆品 ⑤美乳化妆品:有助于乳房健美的化妆品 ⑥健美化妆品:有助于使体形健美的化妆品 ⑦除臭化妆品:用于消除腋臭等体臭的化妆品 ⑧祛斑化妆品:用于减轻皮肤表皮色素沉着的化妆品 ⑨防晒化妆品:具有吸收紫外线作用,减轻因日晒引起皮肤损伤的化妆品

（1）该分类的优点。此种分类是依据材质的不同，划分为纺织品、器械、化学品三类。其优点首先是符合中国对保健用品的定义；其次是分类的依据简单明确，三大类之间的区分比较清晰。其中，保健功能纺织品和特殊用途化妆品的分类与标准化协会和化妆品协会的分类相一致，相关配套制度法规完善，已被大家接受和使用。

（2）该分类的不足，主要包括以下两个方面。

一方面，该分类不够全面。随着保健用品产业的发展，这个分类涵盖的内容已不够全面，一些保健用品，如口腔保健用品就没有包含在其中。且该分类仅将上述三者列为保健用品，没能留有余地，对新产品的进入造成一定的障碍，不利于未来保健用品产业的发展壮大。

另一方面，该分类对器械的理解稍有偏差。分类中第二大类的名称是保健器械，并将成人保健器具列入这一类别中。在此需明确一下器械的含义。器械大多用木头、金属等坚硬的物体制造，是具备一定使用功能的物体，有一定的机械原理，比如杠杆、滑轮、铆钉等，一般器械至少有两个以上的部件靠螺栓或者铆钉组成，器械还具备相对复杂的使用功能，人们通常能借助其来完成仅靠手工无法完成的工作，是具有某种机械属性和手工辅助功能的组合产品。比如，一样东西具备某种功能（像杯子），但是却不符合上面的一些描述，那么最多只能被当做工具，是器具而不是器械。目前市场的成人保健器具，一般意义上与性保健产品等同，此类产品大多不具备器械的内在含义，因此，把成人保健器具归入第二大类保健器械中，并不完全合理。

（3）课题组对该分类的修改建议。通过以上分析，可见成人保健器具与器械有本质的不同，同时考虑到生殖健康保健用品的市场规模较大，建议将其作为单独的一大类。此外，为了能及时扩充保健用品产业的产品种类，将一些具有保健功能但不属于已有分类的保健用品列入"其他保健用品"中，作为单独的一类。除了以上改动外，还建议增加五官保健用品这一大类，以涵盖这一分类中没有包含的口腔、眼部、耳鼻喉等保健用品。

2. 各省份对保健用品的分类

除了行业协会对保健用品有分类标准外，目前，中国有些省份已制定了区域的保健用品分类标准。

（1）陕西省保健用品分类目录。陕西省是中国制定关于保健用品法规最早的省份，其关于保健用品的地方法规比较健全，先后出台了《陕西省保健用品卫生监督管理办法》、《陕西省保健用品管理条例》、《陕西省保健用品审批管理办法（试行）》、《陕西省保健用品生产质量管理规范（暂行）》、《陕西省保健用品产品注册受理办法（暂行）》、《陕西省食品药品监督管理局保健用品注册管理办法》等法规。目前，陕西省保健用品的分类标准如表4所示。

表4　陕西省保健用品分类标准

序　号	类　别	形　式
01	妇女卫生保健护理类	洗液、泡沫剂、护垫
02	镇静安神、改善睡眠类	保健袋、保健枕、涂擦液、机电磁产品
03	调节肠胃功能类	保健袋、贴膏
04	改善微循环类	保健枕、功能服装、贴膏、软膏、涂擦液、喷雾、光机电磁产品
05	眼部保养与护理类	光电产品、贴膏
06	皮肤保养与护理类	贴膏、软膏、乳霜、机电类
07	抑菌止痒类	洗液、喷雾、涂擦液、乳霜
08	口腔卫生保健类	喷雾、漱口液、保健牙膏
09	醒脑通窍提神类	涂擦液、贴膏
10	缓解体力疲劳类	机电类
11	减肥功能类	机电类、功能服装、乳霜
12	乳房康复保健类	保健袋、贴膏、软膏、乳霜
13	肌肉关节康复类	功能服装、贴膏、软膏、涂擦液、喷雾、辅助康复器具

①该分类优点。此种分类主要的依据是保健用品的功效。陕西省对保健用品的管制比较规范，陕西省人大常委会2010年7月修订的《陕西省保健用品管理条例》中指出，"本条例所称保健用品，是指列入保健用品类别目录，具有调节人体机能、增进健康和有益养生保健等特定保健功效的外用产品，但法律、行政法规另有规定的除外"。可见其定义与分类保持了较好的一致性。

②该分类缺点。此种分类虽是以功能为依据，但部分却是从人群的角度划分，如"妇女卫生保健护理类"，有的是从部位的角度划分，如"眼部保养与护理类、皮肤保养与护理类、口腔卫生保健类"等，这使划分出来的类别过多，且不同类别之间有重复交叉的现象，如"抑菌止痒类"和"口腔卫生保健类"等。在分类说明中，没有列出每一大类中包含的产品，只列出了每一类产品的形式，如"保健贴、喷涂液、保健器具"等，而各大类别的产品形式又有很多重复。因此，不能够明确说明这些类别之间的差异。

③课题组对分类的建议。首先，考虑到一些产品的复合功能性特点，建议不从功能的角度进行划分。其次，为避免因划分角度过多而造成的类别之间差异不显著的问题，课题组建议对保健用品的划分思路进行修正，变为以某一种角度为主要划分依据，其余不能按此标准划分的保健用品，再考虑按照其他角度进行划分，做到有主有次，划分明确。最后，与中国保健协会的建议相同的一点是增加其他保健用品一类，用以适应未来保健用品发展的未知性。

（2）其他省份关于保健用品分类的建议。

①贵州省保健用品分类。贵州省发布的《贵州省保健用品管理办法》，没有明确提出保健用品的分类，只指出了保健用品的定义，并将法律法规对药品、医疗器械、保健食品、特殊用途化妆品、消毒产品、体育器械等另有规定的产品排除在保健用品行列之外。

②黑龙江省保健用品分类。《黑龙江省保健用品卫生监督管理规定》中也未曾出现保健用品明确的分类，从定义来看，其强调了保健用品不以治病为目的、具有保健作用的共性，但是未指明保健用品的作用途径和适用对象，将范围界定为"物品"，扩大了范围。该规定还指出，保健食品、特殊用途化妆品、医疗器械、体育器械等国家法律法规另有规定的产品不在保健用品分类之内。

③吉林省保健用品分类。《吉林省保健用品生产管理办法》也没有明确给出保健用品的分类，只在定义中给出了保健用品的部分功能，但是对其功能界定也不完全，同时，在定义中未指明保健用品的作用途径和适用对象，且定义过于简单。该办法还明确药品、保健食品、特殊用途化妆品、医疗器械、体育器械等法律、行政法规和规章已有明确管理规定的产品除外。

④课题组对以上三省保健用品分类的修改建议。整体来看，这三个省份关于保健用品的分类都没有明确，只是从定义角度对保健用品进行了初步界定，且每个定义都有不足之处，并同时将药品、保健食品、特殊用途化妆品、医疗器械、体育器械等法律、行政法规和规章已有明确管理规定的产品排除在保健用品分类之外。而从目前对保健用品的定义和社会认可度来看，特殊用途化妆品和部分体育器械应该涵盖在保健用品的范围内，因此本课题组建议将它们包含进来。

3."保健用品大词条"的保健用品分类

网络上的"保健用品大词条"认为，保健用品大体可以分为保健食品、保健药品、保健化妆品、保健用品等。其中，保健化妆品具有化妆品的性质，不仅有局部小修饰作用，且有透皮吸收、外用内效的作用，如保健香水、霜膏、漱口水等；保健用品具有日常生活用品的性质，如健身器、按摩器、磁水器、健香袋、衣服鞋帽、垫毯等。

这一分类方法将保健化妆品与保健用品并列，作为保健用品的两个不同类别。对保健用品的分类，仅以列举的一些产品为依据，但是没有指出保健用品不同于日常生活用品的特质，同时也缺少权威性。

4. 部分保健用品产业报告关于保健用品的分类

（1）《保健品行业分析报告》（2009）。2009年由权威机构发布的《保健品行业分析报告》指出，保健品包括保健用品和保健食品。保健用品系指供人们生活中使用，且具有调节人体机能和促进健康等特定功能的用品。包括含磁类、含药（矿物、元素）类、发生器具类、机械类及混合类等五类保健用品。

这一分析报告的重点主要是保健食品，对保健食品的分析比较透彻。但是对保健用品的涉及并不多，其对保健用品的分类依据是按照性质和原理的不同。

（2）其他行业研究报告。为了详细了解行业内对保健用品的研究现状，课题组对目前网络上关于保健用品的行业报告进行了初步统计，发现关于保健用品的报告已经很细化，如视力保健用品、美容保健器械、卫生保健用品、保健康复用品、孕妇保健用品、婴幼儿保健用品、生殖保健用品、口腔保健用品等行业均已有相关的行业研究报告。而对于保健用品产业整体的研究报告却相对较少，且研究主要集中在行业投资前景、行业发展等方面。同时，这些行业研究报告中对保健用品的定义都较为模糊，部分没有具体的细分类别，部分类别说明不明确，各研究公司都只是根据自己拥有的资源进行分析研究。

通过研究网络上出现的行业研究报告，我们可以窥探到目前市场上对保健用品的理解，即将视力、口腔、美容、妇婴卫生用品、保健器械、成人生殖用品等均视为保健用品，这为我们的分类提供了一定的参考。课题组建议，按照一定的分类标准，尽量将市场上已有的保健用品涵括进来，以促进这些细分行业的进一步发展。

（四）本书对保健用品的分类和建议

1. 本书对保健用品的分类

课题组在综合分析了以上已有分类的依据及其优缺点的基础上，充分

汲取了各分类的优势、摒弃其不足，并结合调研和目前国内保健用品市场现状，采取了以材质划分为主、使用部位划分为辅的方法来划分保健用品。最终将保健用品划分为保健功能纺织品、保健器械、特殊用途化妆品、五官保健用品、生殖健康保健用品、其他保健用品六大类。具体分类如表5所示。

表5　本书对保健用品的分类

类别名称	定　义	细分代码及名称
保健功能纺织品	指具有发射远红外线功能、产生磁场功能、抗菌功能等作用，有利于调节和改善机体功能，对人体不产生任何毒副作用，可达到保健目的的一类纺织品	11. 床上用品：被、床垫、枕、枕套、被套、床单、睡袋等
		12. 服饰制品：内衣类、护身类、袜类、帽子、手套等
		13. 其他用品：窗帘、地毯、垫类等
保健器械	指不以治疗为目的，但具有促进健康、预防疾病等保健功能的器具	21. 按摩类（按摩椅、按摩床、按摩枕、足浴盆、足疗机、气血循环机）
		22. 健康体检仪器（血压计、体温计、血糖仪）
		23. 康复器械
		24. 家用理疗仪（磁疗机、电灸器、热敷器）
		25. 健身器械（跑步机等）
		26. 美容美体类（甩脂机、美腿器、减肥器具、瘦脸仪）
		27. 饮水保健（保健饮水机、净水器、碱离子分解器）
		28. 空气净化（空气负离子发生器、制氧机）
		29. 其他（催眠器、电脑辐射消除器）
特殊用途化妆品	指以涂擦、喷洒或者其他类似的方法，散布于人体表面任何部位（皮肤、毛发、指甲、口唇等），具有特定功能的化妆品，即适宜于特定人群使用，具有调节和改善肌肤的功能，以达到育发、染发、烫发、脱毛、美乳、健美、除臭、祛斑、防晒等特殊功能的化妆品。保健化妆品具有化妆品的性质，不仅有局部小修饰作用，且有透皮吸收、外用内效作用。中国的特殊用途化妆品必须经过卫生部的批准，取得批准文号后方可生产销售。目前特殊化妆品的审批字号仍然是"妆"字号	31. 育发化妆品：有助于毛发生长、减少脱发和断发的化妆品
		32. 染发化妆品：具有改变头发颜色作用的化妆品
		33. 烫发化妆品：具有改变头发弯曲度，并维持相对稳定的化妆品
		34. 脱毛化妆品：具有减少、消除体毛作用的化妆品
		35. 美乳化妆品：有助于乳房健美的化妆品
		36. 健美化妆品：有助于使体形健美的化妆品
		37. 除臭化妆品：用于消除腋臭等体臭的化妆品
		38. 祛斑化妆品：用于减轻皮肤表皮色素沉着的化妆品
		39. 防晒化妆品：具有吸收紫外线作用，减轻因日晒引起皮肤损伤的化妆品

续表

类别名称	定 义	细分代码及名称
五官保健用品	指个人不以治疗疾病而以日常保健为目的,直接或间接用于口腔、眼、耳、鼻、喉部位使用的,具有调节人体机能、预防疾病、清洁保护等特定功能的用品	41. 口腔保健用品:保健牙膏、牙刷、牙线棒等
		42. 眼部保健用品:护眼仪、眼部按摩仪、近视治疗仪等
		43. 耳鼻喉部保健用品:助听器、鼻腔清洗器等
生殖健康保健用品	指能够起到调节和改善生殖系统及其功能和过程所涉及的一切适宜身体、精神和社会等方面的健康状态的保健用品	51. 计划生育用具器械类[橡胶避孕套、宫内节育器、早孕检测试纸、人绒毛膜性激素(HCG)检测试纸、节育注射剂、节育埋藏片、节育环、阴道隔膜、宫颈帽和宫内避孕环(IUD)]
		52. 性保健医疗器械类(男性性功能康复治疗仪、乳腺诊断仪、精子质量检测系统)
		53. 成人玩具类
		54. 辅助类(泡沫制剂、凝胶制剂、栓剂、卫生消毒剂、润滑剂)
其他保健用品	根据以上规则不能概括的,未来会出现的保健用品	61. 膏贴洗液类:外用膏剂、喷涂剂、清洗液、保健贴
		62. 中医保健类:刮痧板、保健拔火罐、针灸针、温灸棒、经络疏导仪、艾灸养生用具
		63. 保健器材:保健杯、保健锅、电脑辐射消除器等
		64. 其他保健用品:电子香烟等

资料来源:中国保健协会撰《保健功能纺织品CAS115 - 2005》,2008 年 1 月 18 日;国务院批准卫生部发布的《化妆品卫生监督条例》,1989 年 11 月 13 日。

具体来讲,纺织品、器械、化妆品(化学品)主要根据材质来划分,五官保健用品单独划为一类,以使用部分作为划分依据,最后一类定义为"其他保健用品",以保证分类的全面性。此分类方法以保健用品的定义为基础,且符合约定俗成的市场认知,在划分时,充分考虑了不同类别的保健用品的行业规模和行业地位,并根据在调研和分析过程中所遇到问题,逐次修改,最后确定此种比较清晰明确的分类方案。

为了解决部分产品的分类重复问题,有如下的优先原则作为补充说明。

①首先考虑是否属于第四、第五类。保健用品的作用部位是眼部、口腔、耳鼻喉等属于五官保健用品的产品,归为第四类"五官保健用品";属于生殖健康保健用品的,归于第五类。

②不属于第四、第五类的保健用品,材质为纺织品的归为第一类,材质

为"化妆品"的归为第三类，材质为器械的归为第二类，材质为器材的归为第六类，既有器械属性，又有器材属性的，看以哪种属性为主。

③前五类都不能够包含的保健用品，归为第六类"其他保健用品"。

2. 统计建议

在目前国家统计局《统计用产品分类目录》的 97 类分类中，没有保健用品这一大类，公布的医疗保健和个人用品数据条目下包含了医疗保健器具及用品、中药材及中成药、西药、医疗保健服务、保健器具及用品、化妆美容用品、清洁化妆用品、个人用品及服务、个人服饰和个人服务等类别，将保健类用品和医疗放在了一起。为促进保健用品产业的发展，建议在今后统计工作中单独增加保健用品这一类，或者在 97 类分类目录的子目录中，增加保健用品细分类别的统计，具体如下：

（1）在"17 纺织产品"的子目录下，增加"保健功能纺织品"的统计项；

（2）在"39 电气机械及器材"的子目录下，增加"保健器械"、"保健器材"的统计项；

（3）在"26 化学原料及化学制品"的子目录下，增加"特殊用途化妆品"的统计项；

（4）其他相应的统计类别下，增加"五官保健用品"、"生殖健康保健用品"等统计项。

三 保健用品六大类别的定义和分类

（一）保健功能纺织品

1. 保健功能纺织品的定义

由中国保健协会与中国标准化协会于 2005 年共同发布的《保健功能纺织品 CAS115 - 2005》，是国内目前适用于保健功能纺织品的唯一标准。

该标准将保健功能纺织品定义为：具有发射远红外线功能、产生磁场功能、抗菌功能等作用，有利于调节和改善机体功能，对人体不产生任何毒副作用，可达到保健目的的一类纺织品。

与此同时，中国保健协会在该标准中首次公布了保健功能纺织品防伪"标识"，但是目前只评定了保健功能纺织品的远红外、抗菌、磁性三大功能。"标识"上标着"抗"、"远"、"磁"三字，"抗"表示该产品具有抗菌功能，"远"表示具有远红外功能，"磁"则表示具有磁性功能。凡是符合《保健功能纺织品 CAS115 – 2005》协会标准的，均被允许在其产品上使用该标识。2009 年 6 月，中国保健协会发布了《保健功能纺织品行业规范宣传用语》，明确禁止了对"治疗疾病"等用语的使用。

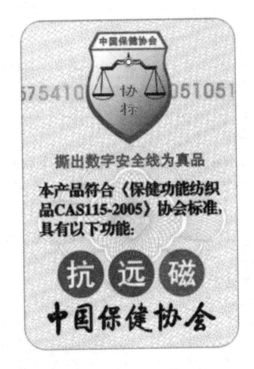

2. 保健功能纺织品的分类

（1）常见的分类。按产品功能分类，一般分为远红外功能、磁功能、抗菌功能、负离子、抗辐射、抗血栓、抗静脉曲张等十余种功能，以及各种功能性的复合型保健功能纺织品。

按功能属性的不同，可分为物理型保健功能纺织品、化学型保健功能纺织品、物质分离型保健功能纺织品和生物适应型保健功能纺织品等。

从加工技术方面，分为物理性技术和化学性技术两类。按使用性能和用途功能分为整理型保健功能纺织品、防护型保健功能纺织品、适感型保健功能纺织

品、卫生保健型保健功能纺织品、智能型保健功能纺织品等。

按原料类型分为原料型保健功能纺织品和改性型保健功能纺织品两类，其中，原料型保健功能纺织品有：亚麻纺织品、罗布麻纺织品、天然彩色棉纺织品、Lyocell 纺织品、聚乳酸系纺织品、甲壳质类纺织品、氯纶织物等；改性型保健功能纺织品有：防紫外线纺织品、远红外纺织品、抗菌纺织品、抗静电纺织品、除臭纺织品、香味纺织品、其他改性卫生保健功能纺织品等。

考虑到保健功能纺织品可具备一种或多种功能，且在加工方面也会涉及很多两种以上技术的复杂工艺，同时，又因保健功能纺织品不断发展，性能功效不断变化完善，因此，上述分类都有各自的欠缺与不足，不能包括所有保健功能纺织品，或者在分类中容易出现同一种商品同时属于不同类别的情况。

（2）海关 HS 编码分类。海关 HS 商品编码没有将保健功能纺织品单独列出分类。其纺织制品类为第 50 ~ 63 章，本类第一部分包括第 50 ~ 55 章，是按原料的性质进行分章，排列顺序为动物性原料、植物性原料、化学性原料。而纺织制成品中品目级别下的子目也是按照同样规律进行排列（见表6）。

表6　HS 商品编码中包含纺织品类的章节编号

类别	蚕丝	羊毛	天然纺织原料：棉花	纺织原料：非植物纤维	化学纤维长丝	化学纺织原料、化学纤维短纤
分类章节	第 50 章	第 51 章	第 52 章	第 53 章	第 54 章	第 55 章

第 56 ~ 63 章为纺织原料的制品，它们是按纺织品织造的方式、产品用途、特点来分章。这些章节中，除品目 5809 及 5902 以外，凡四位数级品目所列产品，不分纺织原料的性质，而按货品名称列目。例如，品目 6105 列名为针织或钩编的男衬衫，在品目级一项不分原料，只列出商品名称，而在其下进一步按原料细分出子目。

同时，将护具类单独类列到第 64 ~ 65 章：鞋革化、护腿和类似品及其零件、帽类及其零件。

表7　针织产品名称及 HS 分类号

类型	品种		HS 分类号
针织服装	针织大衣、风衣、雨衣	男	6101100010 ~ 6101900049
		女	6102100021 ~ 6102900049
	针织西服套装	男	6103110000 ~ 6103190049
		女	6104110000 ~ 6104190099
	针织便服套装	男	6103210000 ~ 6103290035
		女	6104210010 ~ 6104290039
	针织上衣	男	6103230000 ~ 6103390039
		女	6104310090 ~ 6104390049
	针织裤子	男	6103410010 ~ 6103490069
		女	6104610010 ~ 6104690069
	针织女式连衣裙		6104410000 ~ 6104590099
	针织女式衬裙		6108110000 ~ 6108199000
	针织衬衫	男	6105100099 ~ 6105900049
		女	6106100010 ~ 6106900039
	针织内裤	男	6107110000 ~ 6107199090
		女	6108210000 ~ 6108299090
	针织睡衣裤、浴衣、晨衣	男	6107210000 ~ 6107990090
		女	6108310000 ~ 6109909093
	针织 T 恤衫		6109100010 ~ 6109909093
	针织羊毛衫		6110110011 ~ 6110909069
	针织婴儿装		6111100010 ~ 6111900099
	针织运动服装		6112110011 ~ 6112490090
	针织涂层服装		6113000011 ~ 6113000098
	其他针织服装		6114100021 ~ 6114900099
	针织男、女袜		6115110010 ~ 6115990099
	针织手套		6116910000 ~ 6116990099
	针织披巾		6117100010 ~ 6117100099
	针织领带、领结		6117200010 ~ 6117200099
	针织头罩、发罩产品		6117800010
针织布	针织绒类织物	长毛绒	6001100010 ~ 6001100090
		毛圈绒	6001210000 ~ 6001290090
		其他起绒	6001910000 ~ 6001990020
	针织弹性织物		6002401000 ~ 6004909000
	针织经编织物		6005100000 ~ 6005900000
	其他针织布		6006100000 ~ 6006900090

资料来源：中国海关总署。

3. 本书使用的分类

中国标准化协会对保健功能纺织品的分类有两种：一种是按照功能分类，将其分为远红外功能、磁功能、抗菌功能，保健功能纺织品可具备一种或多种功能；另一种是按照产品分类，将其分为床上用品、服饰制品、其他用品等。

第二种分类是由中国保健协会首次提出、归口并负责解释，由中国保健协会与中国标准化协会于 2005 年共同发布，具有权威性，且已被广泛使用。一方面，该分类可以较好的涵盖目前市场上的保健功能纺织品；另一方面，与其他分类相比，可较少的出现同一产品在不同小类中重复出现的混淆状况，较其他分类更为科学，并且《保健功能纺织品 CAS115 – 2005》协会标准是目前国内适用于保健功能纺织品的唯一标准，且正在大力推广和实施当中。此分类的采用，也具有依据和准确性，并有利于课题组调研工作的开展。

因此，本书对保健功能纺织品的分类，与《保健功能纺织品 CAS115 – 2005》中按照产品用途所进行的分类一致。

表 8　本书关于保健功能纺织品的类别划分

类别名称	细分类别	涵盖产品
保健功能纺织品	床上用品	被、床垫、枕、枕套、被套、床单、睡袋等
	服饰制品	内衣类、护身类、袜类、帽子、手套等
	其他用品	窗帘、地毯、垫类等

（二）保健器械

1. 保健器械的定义

目前，中国还没有关于保健器械的权威定义，也未发现"保健器械"一词在国内外多种词典中有其分类位置。各方学者对保健器械定义的探讨也很多，但目前学术界仍没有对其统一的定义。

中国保健协会行业标准化工作委员会专家指出，在中国保健器械一般指非治疗性保健器械，它包括所有不做皮肤穿刺的器械，如按摩棒、美腿仪、助听器、甩脂机等均属此类。① 此定义从保健器械的使用方式和功能方面与医疗器械及其他保健用品作了区分（见表9）。

表9　保健器械与医疗器械的区别

项　　目	保健器械	医疗器械
使用对象	主要用于家庭,由保健者本人使用	主要用于医院,需由医生或护士操作
作用对象	主要作用于一般人群(健康、亚健康人群)	主要作用于患者
使用目的	有明确的保健功效或科学的保健依据,主要用于疾病的预防,调节人体机能,促进健康	有明确的医疗功效,主要用于疾病的诊断和治疗
要求的强度、频率	强度相对弱、频率相对低	强度相对强、频率相对高
对人体的副作用	不允许对人体产生任何危害	副作用不可避免

经研究，本课题组将保健器械定义为：保健器械是指非治疗性但具有促进健康、预防疾病等保健功能的器具。此定义通俗易懂，易获得生产企业和消费者的认可，同时，也有利于行业卫生标准的研制和对产品的功能评价。

2. 保健器械的分类

在中国海关总署的分类标准中，按摩类器械、健康体检仪器、康复器械与海关 HS 货物编码有直接相对应的产品，分别为按摩器具、血压计与体温计、矫形器具。其他六类保健器械在中国海关 HS 货物编码中没有直接与其相对应的编码。但在海关 HS 货物编码中，机械疗法器具、各种材料的机械性能试验机器及器具等货物与这六类保健器械在一定程度上存在重合。

在中国保健协会目前采用的分类方法中，保健器械分类如表10所示。

表10　中国保健协会对保健器械的类别划分

类别名称	涵盖产品
保健器械	01　按摩器械 02　健康体检仪器设备 03　家用理疗仪 04　康复器材 05　成人保健器具

而保健器材网站——慧聪网对保健器材的分类如表11所示。

---

① 芳菲：《保健器械期待行业标准》，《医疗保健器具》2006 年第 9 期。

表11　慧聪网对保健器材的分类

类别名称	涵盖产品		涵盖产品	
保健器材	01	塑身保健器材	06	丰胸保健器材
	02	家庭康复保健	07	中医保健器具
	03	保健按摩器材	08	磁疗保健器材
	03	成人保健器具	09	家庭保健自我检测器材
	04	家庭护理辅助器具	10	视力改善保健器材
	05	睡眠改善保健器材	11	其他器材

这种分类方案，是网站为了方便搜索而根据企业产品而作的分类，从实际出发，涵盖内容比较全面，但是分类缺少权威性和理论基础，比较分散，分类标准不统一、不系统。

根据保健器械定义，结合目前市场上保健器械的特点，从产品特性、价格水平、使用群体、使用形式、使用范围及功能等方面可将保健器械分为以下几类。

按产品特性分类，保健器械主要分为九大类。市场上出现的按摩椅、按摩床、足浴盆、足疗机、气血循环机等具有机械按摩功能的，可归为按摩类器械。家用理疗仪、磁疗机、热敷器等产品可归为家用理疗类器械。美容美体类器械包括甩脂机、美腿器、减肥器具、瘦脸仪等产品。健康体检仪器包括血压计、血糖仪等产品。此外，还有健身类器械（如跑步机等），饮水保健类（如净水机、碱离子分解器等），空气净化类（空气负离子发生器、制氧机），康复类器械和其他。

按价格水平分类，保健器械产品可分为低、中、高三档。拉力器、哑铃等是价格便宜的低档保健器械，此类低档保健器械性能单一，结构简单，使用方便，价格多在百元以内，也是大多数消费者家中必备的保健器械。中档保健器械，如跑步机、健身车、按摩枕、足浴盆等，价格多为千元以下。这类保健器械的结构比较复杂，某些性能已达到较高水平，而且占地面积较小，具有相对较大的市场潜力和消费人群。高档保健器械，如多功能跑步机、按摩椅、家用理疗仪等。这类保健器械具备多种功能，价格比较高，大多在千元甚至万元以上，且占地面积相对较大。

按使用群体分类，保健器械产品可分为妇女保健器械、孕妇保健器械、男性保健器械、婴幼儿保健器械、儿童青少年保健器械（学生保健器械）、中老年保健器械、各种职业保健器械、残疾人保健器械，以及其他人群保健器械等。

按使用形式分类，保健器械产品可分为装饰类、视听类、运动类、按摩类、释放能量类、发生器类等。

按使用范围分类，保健器械产品可分为家用保健器械和商用保健器械两大类。

按产品作用分类，保健器械产品可分为按摩类、药理作用类、释放能量类、调节装饰类、卫生类和其他。

按保健功能分类，保健器械产品包括免疫调节、气血循环、抗疲劳、减肥、增进消化吸收、改善呼吸功能、调节神经（或内分泌）、抗突变、抗辐射、抑制肿瘤、护姿及其他功能。

本书采用的分类如表 12 所示。

表 12　本书关于保健器械的分类

类别名称	涵盖产品
保健器械	01　按摩类(按摩椅、按摩床、按摩枕、足浴盆、足疗机、气血循环机)
	02　健康体检仪器(血压计、体温计、血糖仪)
	03　康复器械
	04　家用理疗仪(磁疗机、电灸器、热敷器)
	05　健身器械(跑步机等)
	06　美容美体类(甩脂机、美腿器、减肥器具、瘦脸仪)
	07　饮水保健(保健饮水机、净水器、碱离子分解器)
	08　空气净化(空气负离子发生器、制氧机)
	09　其他(催眠器、电脑辐射消除器)

（三）特殊用途化妆品

1. 中国特殊用途化妆品的定义及分类

现阶段，对化妆品的主要行政监管依据是 1989 年颁布的《化妆品卫生监督条例》（以下简称《条例》）和 1991 年颁布的《化妆品卫生监督条例实施细则》（以下简称《实施细则》）。《条例》规定，化妆品是指以涂擦、喷洒或者其他类似的方法，散布于人体表面任何部位（皮肤、毛发、指甲、口唇等），以达到清洁、消除不良气味、护肤、美容和修饰目的的日用化学工业产品。其中，将用于育发、染发、烫发、脱毛、美乳、健美、除臭、祛斑、防晒的化妆品归类为特殊

用途化妆品。

因为已有的审批标准等配套制度比较完善，故保健用品中特殊用途化妆品的定义、分类与化妆品协会的定义与分类保持一致（见表13）。

表13　本书对特殊用途化妆品的分类

分　　类	涵盖产品
育发化妆品	有助于毛发生长、减少脱发和断发的化妆品
染发化妆品	具有改变头发颜色作用的化妆品
烫发化妆品	具有改变头发弯曲度，并维持相对稳定的化妆品
脱毛化妆品	具有减少、消除体毛作用的化妆品
美乳化妆品	有助于乳房健美的化妆品
健美化妆品	有助于使体形健美的化妆品
除臭化妆品	用于消除腋臭等体臭的化妆品
祛斑化妆品	用于减轻皮肤表皮色素沉着的化妆品
防晒化妆品	具有吸收紫外线作用,减轻因日晒引起皮肤损伤的化妆品

其中烫发化妆品、除臭化妆品、脱毛化妆品与中国海关 HS 货物编码有直接相对应的产品，分别为烫发剂、人体除臭剂及止汗剂、脱毛剂和未列名的芳香料制品及化妆盥洗品。其他六类特殊用途化妆品在中国海关 HS 货物编码中没有直接与其相对应的编码。但中国海关 HS 货物编码中，包含护发品、其他护发用品、其他美容品或化妆品及护肤品、洗发剂（香波）、美容品或化妆品及护肤品，这些货物与育发、染发、美乳、健美、祛斑、防晒这六类特殊用途化妆品存在着一定程度上的重合。

按照《条例》规定，生产特殊用途化妆品需取得批准文号，必须经过卫生部门对产品的成分、包装等审批后，才准予上市。中国对这类产品的管理，在分类和管理规定方面都没有依照药品法来管理，而是纳入化妆品的管理范畴。这一方面是由于这类产品通常并没有达到如药品所要求的效果，另一方面是由于这类产品在传统意义上也是按化妆品销售，并且具有较大的消费市场，在国际上也有一定的销售前景。因此，按照化妆品管理并加以严格审查，有利于这类产品的发展。

2. 国外特殊用途化妆品的分类

在美国，不存在特殊用途化妆品这一分类形式，或为化妆品，或列入药品管理。如将止汗剂、祛屑洗发水、防晒剂、防蛀牙膏等列入非处方药。在日本，化妆品被分为两类，一类是化妆品，另一类为医药部外品，类似于中国的特殊用途化妆品，它的范畴除了包括染发剂、烫发剂、除臭剂外，还涵盖了粉刺霜、祛屑洗发水、药用牙膏等。中国台湾地区的化妆品分类与中国大陆地区相似，分为一般化妆品和药物化妆品，其中，药物化妆品不仅包含遮光（防晒）剂、染发剂、除臭剂，还包括增白产品、祛粉刺产品和止汗剂等，足见其对这类用途产品安全性的重视。上述国家或地区，都将增白、祛皱、祛粉刺等产品列入了特殊用途化妆品的管理范畴；美国虽无此分类，但将止汗剂、祛屑洗发水、防晒剂等产品纳入非处方药管理，也说明了这些产品区别于一般化妆品的特殊性。从日本、美国等国家对这类产品的管理来看，都比一般化妆品严格。①

（四）五官保健用品

1. 五官保健用品的定义

五官保健用品，从保健用品的定义出发，针对其特定使用部位，可定义为个人不以治疗疾病而以日常保健为目的，直接或间接用于口腔、眼、耳、鼻、喉部位使用的，具有调节人体机能、预防疾病、清洁保护等特定功能的用品。本文中五官保健用品具体又细分为三大类，分别是口腔保健用品、眼部保健用品和耳鼻喉部保健用品。

口腔保健用品是指以预防、控制口腔疾病，维护口腔健康为目的，供消费者个人使用或者在口腔医学专业人员指导下使用的口腔用品，不包括属于食品、药品和医疗器械的口腔用品。眼部保健用品指用于眼部的护理，以预防近视、缓解近视、弱视或美容眼部，使眼部明亮、美丽的非医用的各种保健用品。耳鼻喉部保健用品主要是用于改善耳鼻喉部功能或起清洁作用的保健用品。

2. 五官保健用品的分类

（1）国外分类方法。在日本，口腔保健用品主要分为含氟用品和不含氟用品，按剂型可分为普通牙膏、凝状牙膏、透明牙膏、漱口水等，按产品功效可分

① 王安婷：《特殊用途化妆品监管面临的问题及对策》，《上海食品药品监管情报研究》2007 年第 85 期。

为分解牙垢、增白、预防出血、预防牙结石、牙龈炎、牙周炎、抗过敏、预防口臭等几种。① 在美国，口腔保健主要是指针对口腔内部进行清洁，在《美国口腔保健用品市场分析报告》中，口腔保健用品被分为牙科预防用品、口气清新用品、家电类口腔保健用品。②

（2）中国已有的分类。目前，国内的口腔护理保健用品按用途分为普通型口腔护理保健用品和功能型口腔护理保健用品。普通型口腔护理保健用品主要用于清洁口腔卫生，功能型口腔护理保健用品主要用于预防口腔疾病。口腔护理保健用品按类型分为牙膏、牙刷、含漱液、菌斑显示剂、牙齿漂白剂、口香糖、牙线、牙签、假牙清洁剂等。③ 按使用者分为老年人口腔保健用品、儿童口腔保健用品、成人口腔保健用品、妇婴口腔保健用品。

（3）海关 HS 编码分类。在海关商品第 6 类第 33 章精油及香膏、芳香制品、化妆盥洗品 HS 编码中，口腔及牙齿清洁类又分为洁齿品、牙膏、其他洁齿品和清洁牙缝用纱线（见表 14）。

表 14　海关 HS 编码中有关口腔保健类产品编码及名称

代码	3306	330610	33061010	33061090	33062000
产品	口腔及牙齿清洁剂,清洁牙缝用纱线（牙线）	洁齿品	牙膏	其他洁齿品	清洁牙缝用纱线（牙线）

在海关商品第 18 类第 90 章光学、照相、医疗设备及零附件 HS 编码中，涉及眼部保健用品主要包括以下几类（分类中还包括各种眼镜及镜片）。

表 15　海关 HS 编码中有关眼部保健类产品编码及名称

代码	9004	90041000	900490	90049010	90049090
产品	矫正视力、护目等用途的眼镜、挡风镜等物品	太阳镜	其他矫正视力、护目等用途的眼镜等物品	变色镜	未列名矫正视力、护目等用途的眼镜等物品

---

① 李鸣宇：《日本目前市售的口腔保健用品》，《牙膏工业》2000 年第 3 期。
② *The U. S. Market for Oral Care Products*, http：//www. packagedfacts. com/Oral－Care－Products－2041110，2009.
③ 李刚：《口腔护理用品的基本分类》，《牙膏工业》2004 年第 3 期。

（4）本文所采用的分类。结合国内外已有分类，根据目前市场已有产品属性及使用部位，作出如下分类。

口腔保健用品：各类别牙膏、牙刷（牙间刷）、漱口液、固体漱口剂、牙签、牙线、口香糖、假牙清洁剂等八类。

眼部保健用品：眼部保健仪、近弱视治疗仪、眼部美容仪、护眼贴、防近视用品、保健类滴眼液等六类产品，其中，防近视用品主要包括可用于防止近视的各种文具、生活用品等，如眼镜、防近视提醒仪、护眼灯、护眼阅读笔、护眼桌椅、正姿器等。

耳鼻喉部保健用品：助听类产品、耳部按摩仪、耳部清洁器、保健类耳饰、保健耳塞（或耳机）、鼻腔护理液、鼻腔清洁用具、喉贴等。

五官保健用品的分类具体如表16所示。

表16　本书关于五官保健用品的分类

类别名称	包含产品
口腔保健用品	各类别牙膏、牙刷（牙间刷）、漱口液、固体漱口剂、牙签、牙线、口香糖、假牙清洁剂等
眼部保健用品	眼部保健仪、近弱视治疗仪、眼部美容仪、护眼贴、防近视用品、保健类滴眼液等
耳鼻喉部保健用品	助听类产品、耳部按摩仪、耳部清洁器、保健类耳饰、保健耳塞（或耳机）、鼻腔护理液、鼻腔清洁类用具、喉贴等

（五）生殖健康保健用品

1. 定义

生殖健康保健用品，是指能够起到调节和改善生殖系统功能和过程，涉及身体、精神和社会等方面的健康状态的保健用品。主要包括能够起到避孕和防病为目的的药具器械用品、对人们的性和生殖系统健康起到预防诊断作用的非医疗器械、起到调节改善性功能及其精神状态的用品和调节人们的性生活质量和预防疾病作用的一些用品。

2. 生殖健康保健用品的分类

在国外，生殖健康保健用品种类丰富，各大购物网站一般将生殖健康保健用品分为男性保健用品、女性保健用品、避孕用品、妊娠和生育测试用

品、性玩具、按摩器等类别。在中国，关于生殖健康保健用品的分类有以下两种。

（1）国家计划生育委员会的分类。根据国家计划生育委员会的产品目录，将计划生育类产品分为外用避孕用品、皮下埋植避孕用品、宫内节育器和避孕套四大类（见表 17）。

表 17　国家计划生育委员会对计划生育类产品的分类

类别名称	涵盖产品
外用避孕用品（3 种）	壬苯醇醚栓、壬苯醇醚凝胶、壬苯醇醚膜
皮下埋植避孕用品（2 种）	左炔诺孕酮硅胶棒（六根型）、左炔诺孕酮硅胶棒（二根型）
宫内节育器（7 种）	T 铜宫内节育器（Tcu220C 普通型、Tcu220C、Tcu220C 三球型、Tcu220C 球头）、含铜宫腔形宫内节育器（GT200 型、GT300 型）、活性 Y 型宫内节育器、元官型宫内节育器（200 型、300 型）、FRCu220C 芙蓉宫内节育器、Mcu375 型宫内节育器、Hcu280 型花式宫内节育器
避孕套	—

（2）国家统计局的分类。《统计用产品分类目录》中包含了生殖健康保健用品的大类和细类，具体如表 18 所示。

表 18　国家统计局分类目录中有关生殖健康保健用品的分类

大类		中类	
代码	名称	代码	产品名称
27	医药	02	化学药品制剂
29	橡胶制品	09	日用及医用橡胶制品
29	橡胶制品	10	橡胶充气、减震制品
30	塑料制品、半成品及辅料	01	塑料制品
36	专用设备	43	医疗仪器设备及器械

（3）课题组所采用的分类。结合以上两种分类和市场现有成规模产品，本课题组拟对生殖健康保健用品分为计划生育用具器械类、性保健功能器械类、成人玩具类和辅助类四大类别。

①计划生育用具器械类〔橡胶避孕套、宫内节育器、早孕检测试纸、人绒毛膜性激素（HCG）检测试纸、节育注射剂、节育埋藏片、节育环、阴道隔膜、宫颈帽和宫内避孕环（IUD）〕。

②性保健功能器械类（男性性功能康复治疗仪、乳腺诊断仪、精子质量检测系统）。

③成人玩具类。

④辅助类（泡沫制剂、凝胶制剂、栓剂、卫生消毒剂、润滑剂）。

（六）其他保健用品

除以上保健用品外，还有一些产值规模较小的、难以划分到以上类别中的保健用品，以及未来即将出现的保健用品，都归入"其他保健用品"这一类别。目前市场上上述五大类别的保健用品还不能涵盖的产品包括以下几类。

表19　本书关于其他保健用品的分类

序号	类　别	主要产品
01	膏贴洗液类用品	外用膏剂、喷涂剂、清洗液、保健贴等
02	中医保健用品	刮痧板、竹筒火罐、陶瓷火罐、真空拔火罐、针灸针、温灸棒、经络刷、推拿按摩仪器、经络疏导仪、镇痛仪、仿真推拿仪、艾灸养生等
03	保健器材	保健杯、保健锅、催眠器、电脑辐射消除器
04	其他保健用品	电子香烟等

1. 膏贴洗液类用品

膏贴洗液类用品是指采用相宜的基质与药物，通过适宜的工艺过程制成，作用于皮肤表面的，不以治疗疾病而以预防、保健为目的，具有清洁皮肤、缓解疲劳、调节人体机能、预防疾病等特定功能的液体、半固体以及薄片状制剂。主要包括外用膏剂、喷涂剂、清洗剂、保健贴等产品。

2. 中医保健用品

中医保健用品是指运用中医原理，作用于人体从而起到消除疲劳，调节人体机能，达到保健效果的器具。主要包括刮痧板、拔罐、针灸、按摩用玉器、经络仪等产品。

3. 保健器材

保健器材是指具有简单的保健功能的器具。器材性能单一、结构简单、使用方便、价格多在百元以内，并且也是大多数消费者家中必备的器材。主要包括保健杯、保健锅、催眠器、电脑辐射消除器等产品。与大型保健器械有较大区别。

4. 其他保健用品

这里的其他保健用品包括市面上刚刚出现，尚未形成一定规模的产品，如电子香烟类产品。

四 保健用品的理论依据

（一）保健功能纺织品的理论依据

保健功能纺织品按其保健作用来看，有远红外保健功能、磁保健功能、抗菌保健功能、防电磁辐射、负离子、抗血栓等功能，不同功能的保健功能纺织品利用了不同的物理、化学等原理。以磁保健功能为例，来说明其保健理论依据。

"人体具有生物磁场。"人体的细胞是具有一定磁性的微型体。因此外界任何磁场的变化都会影响人体的生理机能。这种变化通过神经、体液系统发生电荷、电位、分子结构、生化和生理功能的改变，从而调整人体的生理功能。

在磁性纤维中均匀排列着含有永久磁铁的微粒材料，所以织物表面随机存在着具有 N 极、S 极的磁场。这些磁微粒产生纵横交错的磁力线由 N 极到 S 极构成磁性回路。这些紧靠织物边缘的无数磁性微粒会产生许多 N、S 磁回路及发射出去的磁力线，交织成一层看不见的浓密的产体磁力线网。这种网膜能对贴近的肌肤进行全方位的立体刺激和按摩。使肌肤表面处于微运动状态，激活细胞代谢能力，促进身体微循环，那些与肌肤穴位紧贴的磁微粒，发出的磁力线可以穿透这些穴位。并且这种浓密的磁力线网能随人体运动而变化，即由密变稀或由稀变密。这一束看不见、无感觉的磁力线起到了如中医针灸一样的作用，因此，穿着这样的织物能随时随地地进行治疗。这种疗法常被称为"无痛理疗法"。基于这种原理，用磁性功能纤维织造出的保健产品能达到调整人体机能、提高抗病能力的保健作用。

（二）保健器械的理论依据

保健器械的保健功能主要分为按摩、理疗、康复、体检、美容美体等，其主要是利用外部辅助机制对人体达到保健的作用。以具有按摩作用的按摩椅为例，来说明其保健理论依据。

根据中医经典理论，按摩不仅能调节阴阳平衡，疏通气血经络，而且还能够活血化瘀、强身壮骨、调整脏腑、增强人体抗病能力等；同时现代西医也认为，按摩不但有调整内分泌、加强胃肠蠕动、分离组织粘连等作用，而且具有调节大脑皮层、皮质功能，使大脑神经产生冲动，进而达到兴奋或抑制神经作用。

按摩是通过手法作用于人体的肌表，以调整人体的生理、病理状态，从而达到保健的作用。人工推拿按摩能够疏通经络，使气血循环，保持机体的阴阳平衡，而按摩椅将人工推拿的步骤、方法、力度等通过科学的手段加以模仿，融入机器之中，所以按摩椅同样具有使肌肉放松、关节灵活，消除疲劳，让人精神振奋的作用。对身体健康的人来说，使用按摩椅能增强人体的自然抗病能力，取得保健效果。

（三）特殊用途化妆品的理论依据

特殊用途化妆品包括育发、染发、烫发、脱毛、美乳、健美、除臭、祛斑、防晒九大类。其理论依据主要是生物工程技术、纳米技术、太空技术及天然植物萃取技术。

特殊用途化妆品的保健功能主要来自其原料具有某种保健作用，这些原料的生产、加工、合成都有其科学的理论基础。以生物高科技为特征的生物原料是特殊用途化妆品更新换代的重要技术。例如，利用生物工程技术提取的 EGF，可以使皮肤光泽、湿润、细腻，起到防皱、祛斑、美白的作用；利用纳米技术把原料粉碎到纳米级，可以极大地提高皮肤的吸收率和皮肤对原料的利用率；利用太空微重力、无菌、高洁净、强辐射、全真空的特点，可以研制出高质量的原料，达到高产出、高效率的效果；通过应用天然植物萃取提纯技术的原料配制，化妆品能获得良好的效果，是防止不良反应的最理想途径。利用以上技术生产的特殊用途化妆品可以达到更高的保健水平。

（四） 五官保健用品的理论依据

五官保健用品主要包括口腔保健用品、眼部保健用品及耳鼻喉部保健用品。不同的产品利用了不同的保健原理。

口腔保健用品主要包括牙膏、牙刷、漱口液等。以牙膏为例，来介绍其主要的理论基础。牙膏是复杂的混合物。它通常由摩擦剂、保湿剂、表面活性剂、增稠剂、甜味剂、防腐剂、活性添加物，以及色素、香精等混合而成。这些物质对阻止牙龈出血、防止口臭有特效，同时能分解残留食物，对清洁口腔、防止虫蛀有效果，对牙龈出血、牙龈红肿、口臭、牙质过敏症等症状有明显减缓作用，能达到保护牙齿、口腔的作用。

眼部保健用品主要是保健仪和美容仪。以眼部保健仪为例，来介绍其主要的理论依据。眼部保健仪主要采用电子学、物理学、人体工程学相结合的新科研成果，由几十种精密部件组成，内置灵敏的位移传感器和信息技术智能芯片。当学生在读书或写字过程中头部、双眼过于接近桌面时，能及时灵敏的作出反应，通过声光或振动方式提醒学生纠正坐姿；当头部、双眼与桌面保持正常距离时，声光或振动即会停止，从而能随时提醒学生保持正常的视距，从科学用光的角度避免眼睛疲劳，预防近视，保护视力健康，起到眼部保健的作用。

耳鼻喉部保健用品主要是助听类产品和清洁类产品。以耳部保健的助听器为例，来介绍其主要的理论依据。助听器包括传声器（话筒）、放大器和受话器（耳机）三个主要部分。传声器为声电换能器，将外界声信号转变为电信号，输入放大器后使声压放大到一万乃至几万倍，再经受话器输出这个放大后的声信号。助听器还应包括电源以推动机器工作。耳聋患者绝大多数是感音神经聋，其中大部分具有重振阳性现象，他们对过小的声音的听取感到困难，但稍响的声音又难以忍受，响度感觉的动态范围明显缩小。为此电子学上采用自动增益控制（AGC）或削峰（PC）线路实现压缩和限幅功能，使得这类耳聋患者能较满意地应用助听器克服听觉障碍，起到耳部保健的作用。

（五） 生殖健康保健用品的理论依据

生殖健康保健用品是指能起到调节和改善生殖系统及其功能和过程所涉及的一切适宜身体、精神和社会等方面的健康状态保健用品，主要包括计划生育用具器械类、性保健功能器械类、成人玩具类、辅助类保健用品。

以成人玩具类保健用品为例，它的出现有着积极的社会意义。未婚青年、外来民工、长期单身外出工作者、丧偶或离婚人士、老年夫妻、生理缺陷者、残疾人士对性保健需求殷切。5.95%以上的夫妻通过使用性用品能增强性趣，感情更融洽，有利于家庭和睦。成人用品最大的意义在于提高人们的生活质量，起到身体保健的作用。

以上保健用品能够保障生殖并调节生育，妇女能安全妊娠并分娩，得到母婴存活和健康的成功结局，此外，还能够保障夫妻有和谐的性生活而不必担心意外怀孕与患病。

（六）其他保健用品理论依据

其他保健用品主要包括中医保健用品、膏贴洗液类用品及保健器材。以中医保健用品为例，来介绍其主要的理论依据。

中医保健理论丰富多彩，并形成了其特有的理论体系，主要包括哲学基础、脏象经络、预防、康复四大方面。

1. 哲学基础

中医学汲取了汉代以前的哲学成果，直接引用大量气、阴阳、五行、形神、天人关系等重要的哲学概念和学说来阐明医学中的问题，使之成为中医学的重要概念和理论，把哲学理论与医学理论熔铸为一个不可分割的有机整体，体现了中国古代东方的特殊思维方式。

2. 脏象经络

脏象、经络、气血精津液等学说是中医学关于正常生命现象的理论知识。脏象学说是研究人体脏腑活动规律及其相互关系的学说。它认为人体是以心、肝、脾、肺、肾五脏为中心，以胆、胃、小肠、大肠、膀胱、三焦六腑相配合，以气、血、精、津液为物质基础，通过经络使内而脏腑，外而五官九窍、四肢百骸，构成一个有机的整体，并与外界环境相统一。

3. 预防

"未病先防"即在疾病发生之前，做好各种预防工作，以防止疾病的发生。要防病必先强身，欲强身必重摄生。而摄生又称养生，是根据生命发展的规律，采取能够保养身体、减少疾病、增进健康、延年益寿的手段所进行的保健活动。中医养

生学是在中华民族文化为主体背景下发生、发展起来的，具有中医特色的，研究人类生命规律，阐述增强体质、预防疾病以延年益寿的理论和方法的学说。把精、气、神作为人身之三宝，视为养生的核心，强调养生之道必须法于阴阳、和于术数、形神并养、协调阴阳、谨慎起居、和调脏腑、动静适宜、养气保精、综合调养。养生是最积极的预防措施，对增进健康、延年益寿、提高生命质量具有普遍意义。

4. 康复

康复，又名平复、康健。康复是指改善或恢复人体脏腑组织的生理功能，即采用各种措施对先天或后天各种因素造成的脏腑组织功能衰退或功能障碍进行保养，从而使其生理功能得以改善或恢复。康复不仅是身体的复健，而且更重要的是心神的康复，故中医学认为康复是身心的康复。中医学康复的基本观点为整体康复、辨证康复和功能康复。根据天人相应，人与自然、社会相统一的观点，通过顺应自然，适应社会，整体调治，达到人体形神统一。

Definition and Classification of
Health Care Product Industry

Abstract: China is a great traditional power typical of health preservation and health care. However, up to now, there is no uniform definition and concept of health care product all around the world. To conduct effective and reasonable analysis on health care product industry in China, the principle in defining and classification of health care product required in the Blue Cover Book is put forward in the thesis on the basis of sorting of available definition and classification. More specifically, health care product falls into six major categories, namely: health care textiles, health care apparatus, specific function cosmetics, health care products for five sense organs, reproductive health care products and other health care products. In addition, definition and more detailed classification of the six major categories are conducted respectively. Finally, through the analysis on the theoretical basis of the health care function of health care products of each category, the correctness, rationality and comprehensiveness of the classification and definition of health care products from the Blue Cover Book is illustrated.

Key Words: Health Care Product; Concept; Classification

B.3
保健用品产业的环境分析

摘　要：近年来，中国保健用品产业发展势头强劲，越来越成为一种非常活跃的经济力量，发展潜力不容小觑。作为社会经济的一员，保健用品产业会受到外部宏观环境的影响。本文基于 PEST 模型，从政策、经济、社会和技术四个方面，对中国保健用品企业可持续成长进行了深入分析，旨在确定这些因素的变化对产业发展过程的影响，为企业进一步地了解产业外部情况变化和优化产业发展环境提供新思路。

关键词：产业环境　PEST 模型　分析

近年来，中国保健用品企业发展势头强劲，越来越成为一种非常活跃的经济力量，发展潜力不容小觑。然而，中国保健用品产业在繁荣发展的背后也存在企业生命周期太短、诚信缺失等一系列问题，这已引起中国各级政府、产业界、学术界的高度重视。本文针对影响中国保健用品企业可持续成长的环境因素进行了深入分析，旨在为企业进一步地了解行业情况变化和优化环境提供新思路。

PEST 模型分析是指通过对政策（Political）、经济（Economic）、社会（Social）和技术（Technological）等因素进行分析，来确定这些因素的变化对企业发展过程的影响。这些因素综合在一起构成了企业的环境要素，它们一方面为企业带来了市场机遇，另一方面也构成了潜在的环境威胁。具体结合中国保健用品企业来讲是指：①经济环境：指构成企业生存和发展的国内外经济环境及经济政策；②政策环境：指那些影响和制约企业发展的政策要素及其运行状态；③社会环境：指企业的社会需求、社会认可程度和社会文化等因素；④技术环境：指企业所处的环境中的科技要素及其发展趋势。

一 经济环境分析

经济环境是指构成企业生存和发展的社会经济状况和国家经济政策。社会经济状况包括经济要素的水平、结构、变动趋势等多方面内容。而经济政策是指国家履行经济管理职能，调控国家宏观经济水平、结构，实施国家经济发展战略的指导方针。可见，经济环境影响着产业乃至其中每个企业的生存与发展。

（一）国际经济环境分析

1. 世界经济形势

自国际金融危机爆发以来，世界经济受到剧烈冲击。发达国家经历了自第二次世界大战以来最严重的经济下滑，金融体系严重受损，而发展中国家由于外部需求的减少，实体经济受到了巨大冲击。面对危机，世界各国加强协作，采取了各种经济刺激措施。自 2009 年第二季度以来，世界经济出现了积极变化，金融市场基本稳定，股票市场和国际初级产品价格率先上涨。但主要国家失业率仍居高不下，同时还伴随着产能过剩、开工率不高、贸易保护抬头等。加上欧洲国家主权债务危机的影响，世界经济总体复苏过程曲折、缓慢。但全球经济的缓慢复苏，使中国外部经济环境有所好转。

此次危机是全球经济失衡接近极限而出现的一次强制性调整，是以美国为代表的负债消费型增长模式和以东亚国家为代表的过剩生产型增长模式的再调整过程。相应的，危机后世界经济将进入一个相对缓慢的增长期，此种态势可能会维持在中国整个"十二五"期间（即 2011～2015 年）。危机前，全球经济经历了一段较长的强劲增长时期，2004～2007 年全球平均增长率接近 5%。2010 年全球经济经过两年多的缓慢复苏，经济增速缓慢提高。2010 年第四季度的数据显示，美国经济增速为 3.2%，大大高于前三季度的水平，这表明美国经济复苏势头开始巩固。其他发达经济体也大多呈现低水平复苏特征，新兴经济体总体表现较为良好。总之，未来 5 年世界经济将在缓慢复苏中呈现一种危机后再平衡的态势。

对主要依靠海外市场的保健用品出口企业而言，全球经济的增长是出口增长的重要的基础性因素。受国际金融危机影响，出口国居民收入水平增长幅度出现相对下降，购买积极性减弱，这给中国保健用品出口市场带来了一定冲击。然而随着世界经济的复苏，保健用品的海外需求市场将扩大，保健用品出口的大环境将得到改善。

2. 国际金融市场环境

次贷危机的爆发直接冲击全球金融体系，各国政府联合干预，以避免发生大萧条式的危机，同时也取得了很大的成功。目前国际金融市场逐步走向稳定，金融监管不断加强，货币体系改革不断完善。但同时，发达国家也以量化宽松的货币政策来拯救本国经济，即各国向市场大规模注入流动性。这导致发达国家相对于发展中国家的货币贬值，发展中国家成了发达国家套利热钱的直接冲击对象，并最终导致全球通货膨胀压力的增加。

同期，中国经济一直保持稳定，这也使得人民币升值压力进一步加大。人民币升值，物价上涨，严重破坏了保健用品企业的经营环境。而此次国际金融危机进一步强化了美元的弱势地位，加速美元贬值。美联储不断降低利率、为银行注入流动性这与中国紧缩性的货币政策形成矛盾，导致大量热钱流入中国，更加速了美元贬值和人民币升值的进程。这将直接削弱中国保健产品的价格竞争优势，使中国出口产品在需求不足的情况下陷入困境。

此外，银行业巨额呆账、坏账和国际汇率大幅波动等深层次隐患还将使国际金融市场环境面临诸多冲击。可见，危机后国际金融市场环境较为复杂，企业要注意做好风险防范工作。

3. 国际贸易环境

长期以来，美、日、欧等国家或地区一直是中国的主要出口市场。这些国家或地区由于危机引发的内需疲软、进口下降，必然使中国所面临的国际贸易环境恶化，出口企业订单减少，销售下滑。

此外，贸易保护主义倾向开始抬头。国际金融危机爆发以来，一些国家迫于国内政治、经济、就业压力，纷纷出台贸易保护措施。如提高进口关税，采取禁止或者限制进口的措施，实施技术性贸易壁垒等，还有的国家在刺激本国经济方案中制定了优先购买本国产品的条款。这些做法不仅违背了公平贸易原则，而且还把贸易保护主义矛头指向发展中国家。据商务部公平贸易局统计，2008 年中国出口产品共遭受来自 21 个国家或地区的 93 起贸易救济调查，涉案总金额约为

61.4亿美元。随着此次危机影响的加剧，保护主义之风不断扩散，这给中国保健用品企业健康发展罩上了一层阴影。

（二）国内经济环境分析

1. 经济发展水平分析

经济发展水平是指一个国家经济发展的规模、速度和所达到的水准。反映一个国家经济发展水平的常用指标有国内生产总值（GDP）、人均GDP、经济增长速度、居民收入水平、恩格尔系数等。

（1）人均GDP及其增长率。

① GDP走势分析。进入21世纪以来，中国经济一直保持着强劲的增长态势。"十一五"规划的前三年，中国经济保持着两位数的高速增长。国际金融危机爆发后，中国经济依然保持9%的增长速度。

2006～2009年，"十一五"规划的前四年，中国GDP年均实际增长11.4%，比"十五"期间平均增速9.8%提高了1.6个百分点，比世界同期水平快8.2个百分点。2009年，中国在全球应对危机冲击中率先实现了经济总体的回升向好，不仅巩固了中国经济发展成果，而且更将其传递到世界经济中。

2010年，中国GDP达到39.8万亿元（年均增长11.2%），超过日本成为世界第二大经济体，中国经济在世界经济格局中的地位进一步提高。

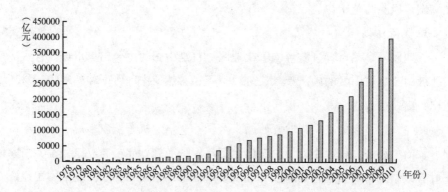

图1　中国国内生产总值走势

资料来源：《中国统计年鉴》（1979～2011）。

可见，中国经济发展总体上势头良好，各产业都获得了较大地发展。作为朝阳产业的保健用品产业无疑也得到了迅速发展。

②人均 GDP 及其增长率走势分析。与 GDP 总量相对应的人均 GDP，其在过去 30 余年间也呈现快速增长势头，但是与 GDP 不同的是，人均 GDP 增长率波动幅度相对较大。如图 2 所示，2005～2009 年的人均 GDP 增长率分别为 13.9%、15.0%、20.8%、16.2% 和 9.1%，尽管波动频繁，但总体来看，始终处于较高水平。因此，可以预计在"十二五"期间，中国的人均 GDP 仍将保持较高的增长率。

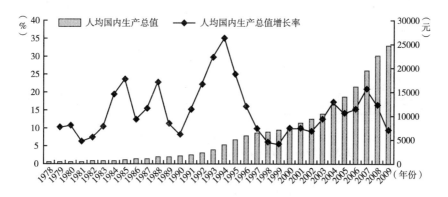

图 2　中国人均国内生产总值及其增长率

资料来源:《中国统计年鉴 2010》。

人均 GDP 的快速增长，折射出中国人民生活水平的迅速提高，这必将带来对保健用品的巨大需求。根据发达国家市场经验，当一个国家人均 GDP 突破 1000 美元后，保健用品消费将进入快速成长期。[①] 目前中国保健用品市场已步入此阶段，但中国人均保健用品消费支出仅为美国的 1/20、日本的 1/15，这也显示出保健用品市场巨大的成长空间和发展潜力。

（2）城乡居民收入分析。保健用品消费水平与居民可支配收入具有很强的相关性，按中国城乡居民可支配收入的发展趋势预测，保健用品产业在未来十年内将会有持续增长，达到目前的 2～3 倍。此外，城乡居民对自身保健的重视程度与日俱增。其中全国城镇居民医疗保健总支出已超过 1500 亿元，年均增长 30%；

---

① 人口预测数来自国家计生委中国未来人口发展与生育政策研究课题组，各年份 GDP 是按照年增长率 7% 计算而得。

而农村超过 700 亿元，年均增长 14% ，结果表现为保健费用支出持续上升。

①城镇居民收入分析。总体来看，中国居民收入水平是持续提高的，尤其是近年来，居民生活水平得到了进一步改善。据国家统计局统计，2010 年城镇居民人均可支配收入为 19109 元，扣除价格因素实际同比增长 7.8% 。从历史数据来看，中国城镇居民收入水平持续提高，居民购买力不断增强（见图 3）。

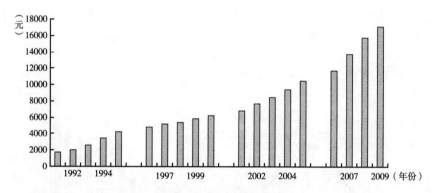

图3 1991～2009 年中国城镇居民人均可支配收入

注：2009 年的数据根据国家统计局发布的相关值补充而得。
资料来源：《中国统计年鉴》（1993～2009）。

②农村居民收入分析。2010 年，中国农村居民的人均纯收入达到 5919 元，扣除价格因素，较 2009 年增长了 10.9% 。从历史数据来看，中国农村居民人均纯收入持续增加，农民消费潜力显著提升（见图 4）。

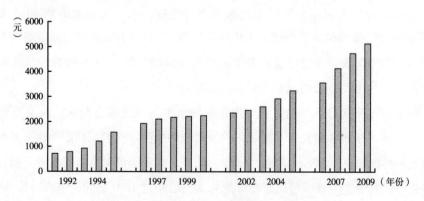

图4 1991～2009 年农村居民家庭人均纯收入

注：2009 年的数据根据国家统计局发布的相关值补充而得。
资料来源：《中国统计年鉴》（1993～2009）。

（3）恩格尔系数分析。

①城镇居民家庭恩格尔系数分析。随着中国城镇居民可支配收入的不断增长，生活水平日益提高，其家庭恩格尔系数呈现下降趋势。尽管短期来看，在个别年份由于受到特殊情况的影响有所波动，但长期来看中国城镇居民家庭恩格尔系数出现了大幅度降低。从1978年到2001年，由57.5%降低到了38.2%，从2001年至今，则基本保持稳中略降的态势，反映了中国城镇居民生活水平在经历长时期的提高后已经达到一个相对较高的水准（根据联合国粮农组织的标准，30%~40%为富裕①），并正趋于稳定。从图5中的数据可以明显地看到这一点。

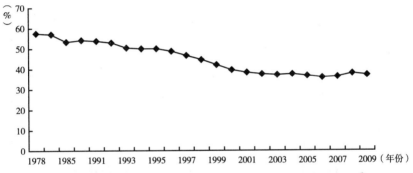

图5　1978~2009年中国城镇居民家庭恩格尔系数走势

注：2009年数据采用中国社会科学院社会学所所长李培林相关文章中的数据。
资料来源：《中国统计年鉴》（1979~2009）。

②农村居民家庭恩格尔系数分析。由于在实际发展过程中一直存在着城乡二元格局，中国农村居民生活水平长期低于城镇居民生活水平。这表现在恩格尔系数上，就是农村居民家庭恩格尔系数始终高于城镇居民家庭恩格尔系数。从改革开放以来的历史数据来看，两者的差距总体上呈现先缩小、后增大、再缩小的趋势，在20世纪90年代初期最为接近。从长期趋势来看，农村居民家庭恩格尔系数处于不断降低的轨道中，且在最近几年基本保持稳定；从数值上看，中国农村居民目前的生活水平已经达到小康水平。

---

① 根据联合国粮农组织提出的标准，恩格尔系数在59%以上为贫困，50%~59%为温饱，40%~50%为小康，30%~40%为富裕，低于30%为最富裕。

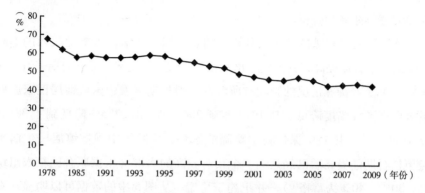

图6 1978~2009 年中国农村居民家庭恩格尔系数走势

注：2009 年数据采用中国社会科学院社会学所所长李培林相关文章中的数据。
资料来源：《中国统计年鉴》（1979~2009）。

2."十二五"期间国内经济趋势分析

2011 年中国经济运行基本向宏观调控的预期方向发展，经济实现较快增长，同时较好地控制了物价上涨。政府制定了一系列严格措施，有效地控制了货币供应量增长过快和房价上涨过快的问题。但同时，内需和外需可持续增长的基础还不稳固，外需存在较大的不确定性，经济发展基础还不扎实。经济在通货膨胀和减速中转型，宏观形势极其复杂。总体来说，未来几年国内经济增长趋势不会改变，但宏观经济表现将更加复杂。

（1）拉动经济的三大需求预测。从拉动经济增长的"三驾马车"（外需、消费和投资）：外需回升，消费基本稳定，投资需求对于中国经济稳定的作用将再次得到提升。

在外需方面，2011 年全球特别是美、日、欧等国家或地区的经济复苏进入平稳期，经济增速比上年小幅回落。同时，中国出口经过一年多恢复性上升，增速将放缓。未来几年，随着中国出口增速的回落，贸易顺差空间将会压缩。

在内需方面，消费的增长主要由政策推动，市场支持的内需水平还较低，不够稳定。2011 年就业形势转好，城乡居民收入增长较快，对消费形成了积极支持，但是以住、行为主的消费结构对消费的影响较大，房地产的高价格和汽车的高油价制约了居民消费行为。目前社会消费品零售总额中，与住、行改善相关的消费占比超过 40%，消费结构升级对消费增长具有主导作用。2010 年国家对房地产需求进行了更为密集的调控，汽车市场也释放了较大潜力。综合来看，消费增长速度将趋于稳定，消费的增长依赖于消费结构的进一步升级。

在出口回落、消费稳定的情况下，经济增长将更加依靠投资。从主要省份"十二五"规划来看，各省份的投资冲动丝毫未减，尤其是中西部省份，如西藏、重庆、宁夏、新疆等。从各领域的投资计划来看，海洋工程装备、智能电网、铁路、保障性住房、节能与新能源汽车等的投资将上千亿元，以战略性新兴产业为代表的转型性投资有望加速。这些让我们有理由对"十二五"期间的固定资产投资总体上持乐观态度。

作为日常消费品的保健用品在三大需求方面都大有可为。保健用品出口企业可利用转好的外部市场扩大出口，也可利用有利的消费增长保障国内销售收益。同时，战略性的投资转向也将有利于保健用品产业的结构升级。

（2）物价水平分析。在21世纪的前十年，中国经济一路走强，因此在此期间的绝大多数时间里，中国居民消费价格指数（CPI）呈上升趋势，2009年受国际金融危机的冲击出现了下降（2～10月），但此后便迅速回升，这与中国经济的迅速恢复不无关系。从影响物价走势的因素来看，推动物价上行的因素多于抑制因素。扩大内需的一揽子计划效果进一步显现，这对消费品的需求增长形成了支撑，同时流动性过剩也对CPI形成上行压力。

表1　2001～2009年中国CPI比较

年份	2001	2002	2003	2004	2005	2006	2007	2008	2009
上年＝100	100.7	99.2	101.2	103.9	101.8	101.5	104.8	105.9	99.3

资料来源：国家统计局网站。

2011年，关于国内通货膨胀的预测非常普遍。第一，2009年中国过快的货币投放将对CPI形成上拉动力。第二，资产、资源及农产品价格的上涨将会带动其他相关商品价格上涨，资源和公共服务价格的改革也会给物价带来上涨压力。此外，国外货币的增发性贬值和输入性通货膨胀也在一定程度上增加了中国通货膨胀的压力。

预计未来物价水平将会维持低速增长，通货膨胀失控的局面不会发生。经济还将有一段较长的稳定增长期，产业发展的金融市场风险加大，但仍有较大发展空间。

（3）汇率走势分析。进入 21 世纪以来，随着中国经济的发展，人民币面临着越来越大的升值压力。2005 年 7 月 21 日，中国人民银行宣布人民币不再与美元挂钩而改为参考一篮子货币，此后中国人民银行又陆续发布了一系列关于人民币交易的新政策。由此，人民币币值进入了上升通道。从图 7 可看出，从 2005 年至今，人民币处于不断升值的轨道中。人民币升值对中国保健用品产业的影响非常显著。一方面，保健用品企业对一些核心技术的引进成本将大幅下降，这有利于降低企业成本，提升获利水平；另一方面，对于一些处于产业链低端的保健用品代工企业而言，人民币升值挤压了其原本相对较窄的获利空间，不利于企业发展。总体而言，在当前西方发达国家普遍处于经济增长缓慢，同时欧洲债务危机影响不断发酵的环境之下，人民币依然面临着巨大的升值压力，汇率风险对保健用品产业的影响不容小觑。

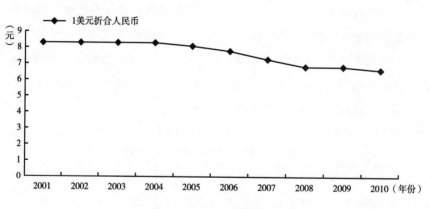

图7　2001～2010 年人民币汇率走势

资料来源：国家统计局。

由于人民币仍然存在一定的升值预期，汇率风险将会提升中国保健用品产业在产业链中的地位，增强其赢利能力。同时一大批低端、无核心技术的企业将面临转型或被兼并。对发展较好的企业来说，汇率上升将对其开拓国际市场产生不利影响，因此，这一部分企业目前的方针是：在深耕国内市场的同时，抓住机遇引进核心技术，提升研发能力，待自身"内力"充足后再伺机进军国外市场。国内不断攀升的物价对老百姓的消费能力起到了抑制作用。因此，保健用品企业应在注重开发高端产品的同时，投入一定的精力和资源来迎合老百姓对"廉价保健"的需求。

3. 国内经济政策环境分析

"十二五"时期是中国经济发展和转型并重的关键时期。"十二五"时期中国经济发展进入到了人均 GDP 为 3000 美元的阶段，向中高收入经济体系迈进。从国际经验来看，迈向中高收入体系后既面临继续大发展的机遇，同时也是转型的关键时期。国际经验表明，若发展战略不能及时转型，经济将面临被原有增长机制锁定的风险，从而使经济体在中等收入阶段处于停滞徘徊期（即所谓的"中等收入陷阱"）。

2011 年，中国以扩大内需特别是增加居民消费需求为重点，以推进城镇化为依托，优化产业结构，更加注重提高经济增长的质量和效益，更加注重推动经济发展方式转变和经济结构调整，更加注重推进改革开放和自主创新、增强经济增长活力和动力，更加注重改善民生、保持社会和谐稳定，更加注重统筹国内、国际两个大局，努力实现经济平稳较快发展。总体来说，"保内需、促增长、调结构、惠民生"对保健用品产业而言，将主要从以下几个方面影响其发展。

首先，保健用品作为日常消费品，对经济周期波动不太敏感。政策调整对经济造成的波动不会大面积波及保健用品产业，产业发展具有一定的稳定性。

其次，在政府扩大内需政策的扶持下，城市消费升级、农村消费向城市看齐的步伐将加快，处于消费需求金字塔上端的保健用品产业将受益。

最后，在政府调整产业结构的政策指导下，政府力推战略性新兴产业。如新能源、节能环保、电动汽车、新医药、新材料、生物育种和信息产业。保健用品是无污染、低能耗、高就业、环境友好型产业，与政府力推的战略性新兴产业有许多结合点，如环保材料、生物制药、新医药等。这是保健用品产业淘汰低附加值、低技术水平的保健用品的过程，也是实现技术升级的契机。

总之，未来几年中国的经济政策对于保健用品产业而言也是发展与转型的关键时期，要把握契机，促进保健用品产业发展。

二　政策环境分析

（一）政策环境问题

目前，市场上流通的保健用品存在着诸多令人担忧的问题，相当一部分保健

用品的质量和安全性、有效性无法得到保证。保健用品产业管理混乱，或者说严重失调。概括来说，行业政策环境存在以下问题。

1. 行业监管缺位

目前，除特殊功能化妆品在投放市场前需按照国家《化妆品卫生监督条例》对产品进行卫生质量检查之外，保健功能纺织品行业、保健器械行业及其他保健用品行业都没有统一的行业标准。而地方自行制定相关规定的仅有天津、黑龙江、陕西、贵州、辽宁、吉林等省市，且辽宁、吉林等省市已先后停止了对保健用品的审批，无法再为保健用品办理"身份证"。

同时，中国还没有真正意义上的保健用品产业社团、学会，企业管理层也很少有机会参与协会管理，难以体现为企业服务和代表企业的意志与要求。各地在保健用品管理上的做法也不尽相同，有些地区保健用品归卫生部门管理、有些地区保健用品由药监部门负责；有的地方制定了规范保健用品的行政规章或地方法规，而有的地方则没有管理制度。即便是有了管理办法和相关法规，各地标准、程序和要求又有着很大区别，甚至对于什么是保健用品，现在都无法作出统一的界定。

由于缺乏全国统一标准，仅有部分省份有相关规定，从而使地域的限制性特征大大降低了有关部门对企业异地销售的威慑和监管，使得监管部门缺乏衔接，某些保健用品成了产品监管的"真空地带"。造成一些不法企业违规、违法生产经营现象屡禁不止，保健用品市场秩序混乱，使"各领风骚三五年"成为保健用品和保健用品企业的代名词。

2. 法规尚需完善

中国对药品、保健食品及医疗器械都有专门的国家标准和批准文号，唯独对保健用品没有一部全国性的统一法规，保健用品企业普遍面临信任危机，其根本原因在于中国保健用品还没有形成一套成熟规范的行业管理法律法规，主要表现在：一是保健用品安全标准严重缺乏，缺乏对各类保健用品的质量规范、要求或标准，造成重复检验和评审，管理资源浪费严重；二是对夸大宣传的查处无法律依据，严重地制约了监督执法工作的开展。

（二）政策环境优势

在按国际标准划分的 15 类国际化产业中，医药保健是世界贸易增长较快的五个行业之一。根据中国保健协会市场工委监测的数据显示，2009 年保健用品行业总产值达到 748 亿元左右，同比增长 20.91%。除了中国经济发展带动因素外，政策环境的逐步优化也促使保健用品市场需求潜力释放。

1. 行业监管逐步完善

目前，中国保健用品产业标准体系正在建设中。针对行业监管缺位问题，近年来，国家和地方也陆续出台了一些相关法律法规，这对完善保健用品的监管起到了促进作用。一方面，由于要求、标准的提高，提高了产业进入门槛，使一部分资金、技术实力较弱的企业难以参与到产业竞争当中；另一方面，随着标准提高、规范的明确，市场竞争秩序将得到加强，消费者对保健用品的信心得以恢复，从而使产业的长远、健康和可持续发展得到了有力保障。

2. 《直销法》出台后直销企业影响力增强

目前，已成功打入中国市场的国际及国内老牌直销公司，在网络拓展、营销管理、产品质量、研发实力上具有绝对竞争优势。《直销法》的出台，对保健用品经营模式的多元化选择创造了条件。同时，也吸引了更多的国外保健用品企业进入中国市场，极大地释放了老牌直销保健用品巨头的市场冲击力，国内保健用品企业面临严峻挑战。

3. 医疗体制改革为保健用品发展提供契机

社会医疗保障体系的改革，使得政府不再是医疗费用的承担主体，病人要承担医保以外的医疗费用。对未来健康支出的预期会强化人们早期预防、强化保健的意识，"重预防、轻治疗"的养生观念将带动保健用品市场需求的增长，为保健用品的发展提供契机。

三　社会环境分析

（一）总体环境分析

1. 教育程度和文化水平

随着中国政府对教育投入的加大，中国居民受教育程度和文化水平不断提高。截至 2008 年，中国普通高等学校达到 2263 家，与 1978 年相比增长了将近

3.7倍。从图8可以看出，从2000年开始中国高校数量开始快速增加，近年来以13%的增长率高速发展。

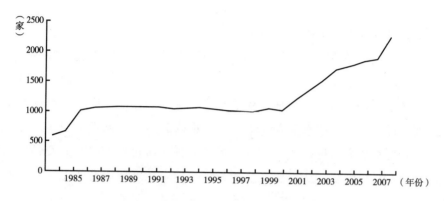

图8　中国普通高等学校数量变化情况

资料来源：国家统计局。

　　保健用品的需求与居民的文化水平是呈正相关的，随着教育程度的不断提高，人们对自己健康的重视程度会相应地提高，对保健用品的需求也就会不断增加。中国2010年的普通高校毕业生人数达到630余万，保健用品的需求也将大幅度上升。

**　2. 人口老龄化趋势加剧**

　　图9显示的是中国第六次人口普查统计的年龄在65岁及以上的老年人口比例，数据显示自1964年以来中国老龄化人口呈现不断增长的趋势。2000年老龄人口已占总人口的6.96%，即每百人中就约有7位老人，且这一比例还在呈现扩大趋势。2010年中国60岁及以上老年人口已经超过1.78亿，占总人口的13.26%以上，中国的人口老龄化趋势加剧。

　　老年人作为一个特殊的群体，身体机能不断退化，如果保养不好，就容易出现各种疾病，给社会和家庭带来巨大负担。因此，让老年人能够拥有更加健康的晚年不仅是子女的幸福，也会为国家减轻负担，在这方面保健用品可发挥较大作用。保健用品不仅可为老年人生活带来各种便利，还可为其健康加分，有助于维持和保护人的生理机能，为老年人脆弱的健康系统提供维修和保养。因此，老龄人口的增加给保健用品市场提供了成长环境，越来越多的人采用保健方式给自身健康保驾护航，各类磁疗仪、助听器、空气净化机等保健用品已成为老年人生活中必不可少的

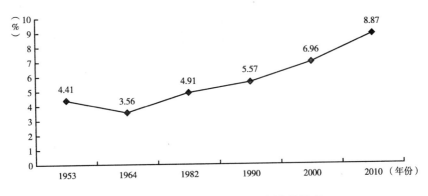

图9　中国65岁及以上人口比例变化情况

资料来源：国家统计局网站。

用品。

3. 健康理念的转变

近年来，随着环境污染的加重和生活压力的不断增加，人们的健康状况遭遇了前所未有冲击，越来越多的人认识到，拥有一个健康的体魄是提高工作效率与生活质量的关键所在，居民生活习惯与健康理念在悄然改变，居民从"有病治病"的旧观念逐渐转变为"没病防病、健康保健"的观念。

同时，随着中国居民收入水平的提高，人们对保健消费的支出也在不断增长。整体来看，农村居民的医疗保健意识略低于城镇居民。然而从图10显示的数据可以看出，尽管农村居民的保健意识不及城市居民，但近年来呈现了良好的发展态势，未来农村居民对保健的需求与城镇居民的差距将逐步缩小，占据中国人口绝大多数的农村人口将会给保健用品提供一个巨大的需求市场。

通过以上分析可见，整体的社会环境有利于中国保健用品产业的发展，且社会对保健用品的需求也在不断增加。尽管如此，中国保健用品市场依旧存在许多空白，尚未完善的产品结构无法满足消费者多层次的消费需求。同时，消费者的消费习惯也有待改善，这些都给正处于成长阶段的保健用品产业提出了考验，也带来了更多的发展机遇。据调查，美国人年均用于保健用品的消费支出高达3000美元，而中国消费者接触这类产品的时间还不长，消费水平较国外有较大差距。随着中国居民收入水平的不断提高和内需扩大的拉动，以及消费者消费意识的增强，保健用品市场需求将有大幅度提升。可以预见，未来中国保健用品产业规模和需求将呈现持续增长态势。

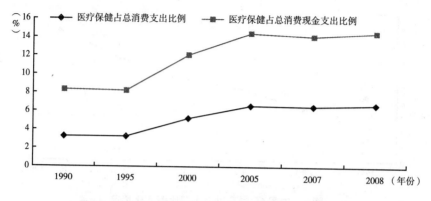

图10 中国农村居民家庭人均医疗保健支出占比情况

资料来源：国家统计局数据。

（二）消费行为分析

消费行为是市场经济重点研究的领域，本节将针对消费群体的构成，从消费者行为的角度（消费能力、用途、动机、途径、场所等）来分析消费环境对保健用品企业发展的影响。

1. 消费能力差异化分析

20世纪90年代初期，随着人们保健意识的增强，居民开始注重生活质量和保健投资，保健市场迅速崛起，并在全国各地持续升温，但是消费者的消费能力却存在着差异。

首先，由于区域经济水平及城乡差异，沿海经济发达地区的保健用品消费能力明显高于内地，一线城市的消费比例高于二线城市，城市的保健用品总体消费比例高于农村。

其次，受收入水平的影响，无论是城市还是农村，家庭收入高的对保健用品的消费水平要高于家庭收入低的，且消费比例与收入基本呈递增关系，这种现象与目前保健用品市场价格偏高和消费者的保健意识有关。

最后，从文化差异来看，由于保健用品消费是一种文化上的需要，这种消费是一定时期特定的文化支配下发生的行为，如提高生活档次、降低生活风险、进行亲情友情等感情交流、体现个体自由与人权权威等，因此该行业消费差异也与地区间的文化差异相关。

2. 消费用途分析

保健用品消费主要有以下四种用途：自用、馈赠亲友、给家人用和送礼。除了"自用"外，其他三种方式均是为"传递或表达感情"。而一、二线城市又有些差异。一线城市自用的比例很高，二线城市则更注重感情联络。这两类城市里曾经购买或使用过的人群年龄分布相对平均，二线城市的消费者较一线城市来说相对年轻（见表2）。

表2 一、二线城市不同年龄段消费者的保健用品消费情况

单位：%

	年龄段	30～39 岁	40～49 岁	50～59 岁	60～64 岁	—
一线城市	购买或使用百分比	77	74	69	66	—
二线城市	年龄段	25～30 岁	31～35 岁	36～40 岁	41～45 岁	46～50 岁
	购买或使用百分比	78	73	62	63	42

资料来源：《中国医药保健用品行业研究报告》（2003）。

消费者购买保健用品主要用于"自用"和"馈赠亲友"。"购买过，但未用过"的消费者随着年龄递增而减少，"用过，但未购买过"的情况则正好相反。消费者购买群体主要集中在年轻人，而使用的主要对象则集中在中老年群体。据统计，在全国35个大中城市中，30%的居民曾将保健用品作为礼品赠送亲友，可见保健用品消费主要是以"传递或表达感情"为目的。从性别上看，随着社会、经济的发展和收入水平的提高，中国女性消费在社会消费领域中的地位日益提升，其中体现健康美丽的消费在女性消费中的比重更是逐年快速上升，由此带动了保健用品产业的发展。

3. 消费动机分析

消费者对保健用品的关心主要集中在功效、价格、使用方便等方面，其中有21%的消费者认为功能是他们购买保健用品时最为关心的因素。在使用保健用品时相当一部分消费者的态度是极为"小心慎重"的。目前，中国保健用品市场从现象上看正处于高涨时期，但这也从另一个侧面反映出中国消费者仍没有完全从盲目消费转向理性消费，消费趋向尚不成熟。有的消费者把保健用品的作用与药品食用的效果混同，一旦达不到治疗效果便认为"上当受骗"。此外，有68%的消费者坦言，他们十分担心厂家所宣传功效与保健产品本身不符，这也从侧面

反映出当前保健用品市场存在着产品质量良莠不齐、广告宣传言过其实等现象。因此，规范说明书、标签、标识就显得尤为重要。

4. 消费途径分析

让广大公众了解和接触保健用品，可以有效利用电视、报纸、网络、杂志等这些消费者信息来源最多、最广泛的媒介。根据 SDA 南方经济研究所的相关资料，电视及网络广告因其导向性强、直观等特点，已经成为消费者最易接受的媒体广告形式。对于保健用品的选择，电视及网络广告中对功效和主治的描述，会引导消费者结合自身状况去选择，找到产品与消费者自身需求相吻合的契合点。这表明如果广告宣传言过其实，势必在广大消费者中出现一些不安全因素。因此必须严把广告审批关，做到统一集中。

表3 广州市消费者通常获取保健产品信息的途径

单位：%

信息途径 \ 消费群体	青少年（1005 人）	中青年（1046 人）	中老年（1017 人）
电视广告	91	86	89
报纸广告	62	75	60
亲人朋友推荐	50	50	41
户外广告	28	26	28
电台广告	24	16	40
杂志广告	23	22	25
医生推荐	22	22	27
产品促销、宣传资料	15	15	10
报纸保健专栏介绍	9	10	10
电台健康医疗节目介绍	6	4	9
网络广告	3	4	3

资料来源：SDA 南方经济研究所。

5. 消费场所分析

消费者在购买保健用品的时候，在保持对医院和药店的信任和忠诚的同时，也开始关注商店和超市。"买一送一"和"体验营销"对消费者的购买欲有强烈的刺激作用。但是，由于机制弊端等多方面因素，产品营销过程中普遍存在损害消费者的行为，其原因在于：一是消费者的保健意识相对较弱，对产品的功效不了解；二是不法商贩对保健用品虚假宣传。因此，亟须加强对保健用品市场的规范管理，尤其是销售渠道的规范化管理。

中国地域广阔、人口众多，城乡二元结构、东西部地区不平衡，以及南北气候和消费习惯的差异，造就了一个广阔的差异化市场，这对一个企业的生存发展产生了巨大的影响。鉴于此，保健用品企业必须实行差异化的产品创新和营销管理策略。

（三）保健文化发展

中国保健用品产业根植于传统的中医文化和养生文化，随着人们健康意识的日益增强，保健、医疗、生活方式、文化观念等各方面均有回归自然的强大势头，保健文化开始得到传播。尤其是随着社会竞争的日益加剧和生活、工作节奏的不断加快，人们的生理和心理机能也受到了来自外界的巨大冲击，处于亚健康状态的人群在不断扩大，"保健养生"蔚然成风。

与此同时，中国传统保健文化博大精深、源远流长，这为保健用品产业的发展提供了重要契机，保健用品的开发和生产迅速成为经济生活中的"热点"。特别是在"送礼送健康"新时尚潮流的引导下，保健用品成为节假日送礼的重要选择之一，中秋、国庆、元旦、春节期间的保健用品销量占到其全年销量的一半以上，成为保健用品产销旺季。这充分表明，在21世纪保健用品市场将会继续扩大，这对拉动经济的协调均衡与可持续发展具有巨大的促进作用。

在今后保健用品产业发展方向上，应该注重宣传中华民族的保健文化，使中国许多具有民族传统和特点的优质保健用品形成规模、占领市场、走出国门。在弘扬中国传统保健文化的基础上发展保健用品产业，在发展保健用品产业的同时弘扬中国传统保健文化，两者相得益彰，互相促进。此外，各地在发展保健用品产业时，应注重结合当地的地理环境特点、人文社会传统，因地制宜，利用当地优势资源，努力打造民族品牌。

四 技术环境分析

（一）产业技术现状

保健用品产业技术是集机械电子技术、计算机技术、现代控制技术、传感技

术、新材料技术、人体工程学原理，以及经络针灸理论于一体的多学科交叉、知识密集、资金密集的高新技术产业，其涉及的行业有机械、电子、医疗、纺织、轻工、化工、家具等。

目前，市场上流通的保健用品大多是医学、物理学和生物学三者相结合的产物，产品特性通常可分为五个方面：一是物理运动，如摇摆；二是热，如热敷；三是磁，如电磁波；四是电，如静电；五是声，如超声波等。此外，还有纳米技术的应用、天然保健原料提取技术和有效的防紫外线、防辐射技术的应用等。

从发展进程来看，经过十多年的发展，中国保健用品正在从第一代、第二代向第三代发展，即按摩、静电——引入磁（静磁、动磁）——引入光、声的过程，保健用品的科技水平正在实现新的提升与跨越。其中，第三代功能产品是指在已知具有某些生理调节功能等保健疗效的第二代功能产品的基础上，进一步研究功效和量效关系，从而进一步提高了产品的可靠性和实用性。

表4显示的是课题组调研的5547家保健用品企业中研发人员的分布情况。整体来看，中国保健用品企业的研发人员不足，超过50%的企业研发人员在6~10人，研发人员为0~5人的企业达900家，占总体的16.22%，研发人员在30人以上的企业仅占总体的7.28%。由此可见，中国保健用品企业的研发能力和对研发的重视程度稍显不足，这在一定程度上制约了中国保健用品产业的技术创新和新产品的研发上市。

分行业来看，研发人员在50人以上的企业，五官保健用品类企业居多，占产业总体的9.24%，其余四个行业均在2%~4%，差距不大。在各子行业中，中国五官保健用品类企业的研发和新产品的更新率很高，企业对研发的重视程度较高。保健器械类企业的研发人员分布主要集中在6~20人，占产业总体的82.67%，近年来该行业的技术更新加快，新产品和新技术带动行业向着更人性化、符合消费者消费意愿方向发展。如具有自主创新能力的广东紫薇星在产品研制过程中，通过对引进的动磁（超长电磁波）的研究开发与再新，实现了由表及里透射机体深处，达到了产品疗效。与此同时，企业通过大量的临床实验和市场实践，用高精度、高准确度的测量仪器测量产品的磁场强度，追求到一定深度的磁场强度及实际有效磁场强度，达到了产品的最佳保健功效。按摩椅行业中的代表企业，康泰公司在产品研发过程中，合理运用中医的按摩手法（经络、穴位）和物理疗法，引进开发了现代先进的电子信息技术，进行知识、产品和工艺等方面的原始创新、改进创新和集成创新，使其按摩系列产品朝着智能化、功能化、人性化的"3D"方面发展。

表4　中国保健用品产业中各大类企业的研发人员分布情况

单位：%

研发人员	保健功能纺织品	保健器械	特殊用途化妆品	五官保健用品	生殖健康保健用品	合计
0～5人	21.59	0.31	16.11	0.69	23.50	16.22
6～10人	53.45	57.32	47.25	90.07	46.19	54.53
11～20人	13.07	25.35	20.27	0	18.18	16.19
21～30人	6.31	8.19	7.38	0	6.16	5.77
31～40人	0.73	2.83	2.95	0	2.14	1.89
41～50人	1.47	2.52	2.55	0	1.72	1.66
51人以上	3.38	3.46	3.49	9.24	2.10	3.73

资料来源：中国保健用品产业发展报告课题组项目企业数据库。

（二）产业技术趋势

对比中外保健用品产业，可以发现这样一种现象，发达国家往往更注重产品的研发和创新，而中国保健用品企业在最初就陷入了一种低研发投入、高广告投入的怪圈。但是随着中国科学技术水平的不断提高和中国保健用品产业的日趋成熟，各类保健用品生产企业开始明白只有加大技术投入和创新力才会给企业带来高额的利润，并使产业的资源向优势企业集中，从而使中国企业能够凭借技术创新和规模效应在与国外保健用品巨头的同台竞争中处于不败之地，事实证明，中国的保健用品产业也正朝着技术创新的道路前进。从国内外举办的各种展会上展出的产品来看，中国保健用品产品的科技含量正在不断地提高，各种先进技术手段均被应用其中。例如，将机器人控制技术与3D技术融入按摩椅的研发中，使产品性能更加人性化，更容易被消费者接受与使用。各保健用品均向着智能化、数字化、便携性和网络化的方向发展，具体来讲，表现在以下几个方面。

1. 机器人控制技术

目前，国外已将机器人控制技术应用到保健用品领域中，松下电子推出的按

摩椅"Real Pro GII Premium Class"（零售价约为47万日元）就是如此。这种产品的最大特点是让过去只能做平面椭圆运动的"按摩球"能够以立体方式运动。然而，仅靠这些还赶不上真正的按摩师的手法。按摩师的叩法包括微妙的力量变化，而机械在力度与方法上却显得过于单调。为缩小这方面的差距，松下电子应用了机器人技术。松下电子先把专业按摩师的按摩动作拍下来，并对身体受到的按摩压力进行测定，然后将按摩师的动作数字化。据此控制按摩球与气囊的动作，尽量使之接近这些数据。山东康泰公司生产的"荣康"系列智能按摩椅，根据中医医学理论，运用自主开发的3D机芯智能控制机械手和仿真按摩气囊，模拟按摩师的推、捏、揉、理、压、敲等各种按摩手法，能有效地从颈部到足底实现全方位按摩，能有效地点按穴位、促进经络疏通、促进血液循环，达到解除疲劳、理疗健身的目的。产品备有多种造型新颖、美观大方的风格，各种功能均为智能控制，实现了人性化的按摩理疗。

2. 3D 技术

3D技术是采用静音设计的智能化三维机械，实现空间多角度、多方位的立体保健。如今市场上出现的多功能3D按摩椅就是采用计算机控制，其自动化程度高。3D技术设计有肌体自动检测和微调节功能、人体曲线和肌体接触点自动检测功能，更具人性化和科学性；具有缓解疲劳、使用户轻松舒适的保健功效。目前，日本的富士、三洋、松下，以及中国的艾力斯特等都致力于3D技术的应用研究。[1]

3. 智能化

随着保健用品的自动化程度越来越高，电子元器件开始被广泛采用，用以实现位置、压力、开关量信号的检测与控制。例如，山东康泰公司新开发的"En－587A智能气囊按摩椅"，具有8组个性化按摩程式记忆储存功能，采用国际最新圆弧形包裹式专业按摩气囊，设有"放松、保健、理疗、催眠、智能"五组自动智能程式，微处理器智能操控，成功实现了行业智能化的发展跨越。

4. 数字化

人机交互接口成为保健用品发展的方向，用户通过键盘、磁带、触摸屏等接

---

[1] 唐苏亚：《按摩器具的种类及其发展趋势》，第十四届中国（国际）小电机技术研讨会，2009。

口设备即可完成保健用品的大部分操作，操作过程简单易学。随着对腰、颈椎病病理研究的深入和自动化操作的普及，功能更强大、操作更方便的保健用品也将不断出现。当然产品价格往往和功能成正比，消费者应着眼于自己的实际需求，合理地选择自己所需的保健用品。

5. 便携性和网络化

目前，全球许多国家都在进入人口老龄化阶段，人口的老龄化必然伴随一系列老年性疾病的高发。这些疾病需要日复一日的监控治疗，往往不可能都在正规医院进行。这就催生了康复和理疗设备便携化、小型化的发展趋势。如可以随身携带的血压计、血糖仪，可以在家庭或小型社区康复医院中使用的呼吸机、心电监护仪等，这些保健用品必然会有越来越大的市场需求。

而网络化的普及也正在影响着保健用品产业，通过有线或无线技术，医生可以远程访问病人资料；数字化、网络化的疾病预防检测设备使病人不必再携带大量检测资料奔波在医院的各个科室，甚至是远隔千里的不同医院之间，节省了就医者的时间和重复检测费用。在中国，由于医疗资源尤其是高端优质医疗资源的缺乏及其在地区间的分布不均衡，引起了广被诟病的"看病难"问题。因此，以预防为主的自我体检和保健网络化所带来的益处对解决该问题具有非常现实的意义。

整体而言，中国保健用品产业技术较为先进的研发还处在仿制阶段，独立开发的能力十分有限。为此，不少国外大企业将自己的技术和部件引入中国，在中国本土加工，从而降低了成本，并与本土产品展开了激烈的竞争。

中国保健用品技术发展要满足产业快速发展的需求，并积极参与国际竞争，就必须打破"小而散"的产业态势，向"高精尖"的方向不断前进。未来保健用品将配合产业自动化趋势，在技术发展上朝着功能多元化、设计标准化、控制智能化、结构精度化和网络化等方向发展。

Analysis on Environment of
Health Care Product Industry

Abstract：In recent years, the growth momentum of health care product industry in China is extremely strong. Gradually, it has become a very active economic force and

its development potential shall never be belittled. As a member of social economy, health care product industry will be influenced by external macro-environment. Based on PEST model, the thesis provides deep analysis on macro economic environment, external policy environment, social environment and technology environment for sustainable growth of health care product industry from the four aspects of policy, economy, society and technique. The aim is to make clear the influence of changes in these factors on the development process of the industry by analysis and provide new thinking for the enterprise to further know the changes of conditions outside the industry and optimize the development environment of the industry.

Key Words: Industry Environment; PEST Model; Analysis

行业篇
Industry Report

𝔹.4

保健功能纺织品行业

　　摘　要：近年来，具有高科技、高附加值的保健功能纺织品在中国异军突起，产业发展态势良好，本文将对中国保健功能纺织品行业进行深入研究。首先，总结了中国保健功能纺织品行业特点；其次，基于课题组调研数据，对中国保健功能纺织品的行业发展情况、行业市场情况、经营模式等进行了全景展示，并分析了中国保健功能纺织品行业的竞争结构；最后，从宏观层面和微观层面提出相关对策，旨在为行业政策和企业决策制定提供一定的指导。

　　关键词：功能纺织品　行业研究　对策

一　保健功能纺织品行业基本概述

　　近年来，人们在追求"吃出健康"的同时，已把"穿出健康"、"睡出健康"作为提高生活和生命质量的时尚来追求。

　　2010 年 6 月在中国保健功能纺织品现状及发展高峰论坛上，中国保健协会

指出，具有高科技、高附加值的保健功能纺织品异军突起。尽管中国纺织品行业的平均利润率只有 3.97% 左右，更有 2/3 的规模以上企业平均利润率只有 0.36%，但保健功能纺织品因具有的较高科技含量和实用价值，决定了其较高的附加值，使其一般利润率在 15% ~ 50%。同时，保健功能针织和家用纺织品已分别占针织产品和家纺产品的 8% 左右。据课题组对 1237 家保健功能纺织品生产企业营业额的统计，2009 年保健功能纺织品行业产值至少为 321.475 亿元，且每年在以 20% 速度递增，成为纺织品行业新的增长点。未来保健功能纺织品行业将在相当长的时期内继续保持 20% 以上的增长速度。因此，到 2015 年该行业市场规模有望达到 1000 亿元，并逐步将产量大、收益小、劳动力成本高、产能过剩、缺乏竞争力的传统纺织产业调整和改变为高附加值、具有核心竞争力的产业。

课题组统计的保健用品企业共有 2.5 万余家，在保健功能纺织品、保健器械、特殊用途化妆品、五官保健用品、生殖健康保健用品、其他保健用品六大类中，保健功能纺织品企业有 3442 家，占 14%，在保健用品产业大队伍中占有不可替代的位置。中国保健功能纺织品行业发展从 20 世纪 90 年代开始，到现在已有 20 多年，目前正由无序发展期向有序、健康发展期过渡。

二 保健功能纺织品行业的特点及相关法律法规

（一）行业特征

作为中国传统产业之一纺织工业的新力军——保健功能纺织品行业呈现三大新特征。

1. 市场化程度高

从被调研的企业来看，从原料供应、要素投入到产品销售完全由市场配置。在所有制结构中，非国有经济占 90% 以上。同时，从行业发展及相关行业发展管理来看，政府行政管理在"淡出"，行业协会作用凸显。

2. 就业贡献大

按行业估算，仅数据库中 3442 家保健功能纺织品企业就吸纳就业人口约 58 万。不仅如此，保健功能纺织品行业的迅速发展带动了对纺织工业天然纤维原料的需求。

（二）相关政策法规

目前，国家尚没有明确定义和统一的法规，只有陕西、山西等省有相关的地方法规。

因长期以来保健功能纺织品一直没有统一的审批部门，市场上流通的保健功能纺织品大多是根据各省市，甚至是县制定的保健用品卫生管理条例等行政规章，由当地卫生部门审批。多头多级审批，导致保健用品过多过滥，给市场监管带来极大困难。

目前，中国仅对远红外保健功能、磁保健功能、抗菌保健功能等制定了协会标准。针对防电磁辐射、负离子、抗血栓等保健功能纺织品的标准，中国保健协会、中国标准化协会与中国针织工业协会目前正在制定中。其他声称具有减肥、拒油防水、负离子、防火阻燃、防水透湿、高吸湿、抗油污、防蚊等功能的产品均无任何标准，更没有国家标准，这无形中给很多不法商贩提供了有利可图之机，部分企业浑水摸鱼，制售假冒伪劣产品和夸大宣传的现象屡禁不止，不仅严重损害了消费者的利益，在客观上也降低了消费者对行业整体的评价，影响了行业形象。保健功能纺织品行业发展形势不容乐观。

为保护消费者利益，促进行业健康发展，经过长期市场调研和大量的临床实验，中国保健协会于2005年组织制定了行业唯一标准《保健功能纺织品CAS115 - 2005》，并在该标准基础上，制定和推广保健功能纺织品标准，以满足行业发展和消费者日益增长的健康需求。同时，为国家出台保健用品管理办法奠定了基础，并于2007年开始了标准达标工作，以区别于虚假宣传和伪劣产品，保障消费者的知情权。经过两年标准达标工作，已有大连珍奥、中脉公司、珠海天年、伦嘉（生态健康家居）、雅芳（中国）、康佰公司、上海罗莱等近20家龙头企业的数十类产品达标。保健功能纺织标准标识的使用，在一定程度上起到了扬优抑劣、规范和净化市场的作用。

中国保健协会依据国家相关法律法规及协会章程，结合中国保健功能纺织品行业现状，组织协会会员企业和有关专家共同制定《保健功能纺织品行业自律公约》（以下简称《公约》）和《保健功能纺织品规范宣传用语》。《公约》明确要求企业生产和销售安全的、具有保健功能作用的产品；生产和销售符合《保健功能纺织品CAS115 - 2005》标准达标产品，并使用保健功能纺织品标准标识；

遵照保健功能纺织品标准标识管理办法使用标识，并严格按照行业制定的《保健功能纺织品规范宣传用语》标准书写标签、说明书和广告宣传；提高科技水平，增加科技投入，提升产品品质，确保产品质量，建立有效的消费者利益保障机制；恪守承诺，率先垂范，敢于承担社会责任。

同时，根据国家对保健用品上市产品开展质量跟踪评价等有关规定，中国保健协会将联合中国中医科学院，对保健功能纺织品上市产品开展质量跟踪评价工作。对声称具有新保健功能的纺织产品，根据评价标准，组织多中心、大量人体试验，证明确有特殊保健功能的纺织产品将向社会公告。

（三）突出高新科技，产业链日趋紧密

1. 应用高新科技手段

传统纺织通过新型技术加工达到新视觉、触觉，以及人们的保健要求，该行业目前着重开发研究的技术有：碳纤维、芳纶、芳砜纶、新一代超高强高模聚乙烯及维纶纤维产业化研发、新型聚酯多元化技术品种 PTT、PEN、CO‐PET 等产业化研发；可降解 PLA（聚乳酸纤维）、Lyocell（新溶剂法纤维素纤维）纤维及制品产业化研发；大豆蛋白系列化纤维及产品开发技术；新型 PTA 成套技术与装备；新一代直纺涤纶超细长丝及高效新型卷绕头研发和产业化技术装备；高档复合非织造布加工技术及其应用；新型医用防护材料的综合研究与开发；膜结构材料及新型篷盖材料的开发及应用技术；农用非织造布及化纤网的开发及应用技术等。

与此同时，产品开发不仅要适应国内不同层次的消费需求，还要结合国内外市场特点和流行趋势，而这些消费需求无形中对功能纺织品的生产技术提出了更高的要求。

2. 上下游产业链紧密相连

保健功能纺织品的产业链主要包括：棉花种植、化纤生产、纺织印染，以及辅料的生产、加工等。上游新型纤维的开发和应用，对下游企业提高产品附加值、赢得终端市场、获取更多利润意义重大。因此，开发高科技、高附加值纤维领域一直是国内外业界关注的重点。

促进功能性纺织品发展，不仅是保健功能纺织品行业需要研究的课题，而且是整个产业链需要研究的问题。保健功能纺织品行业要加强与上游原料供应企业

的合作，加大功能性纤维研发力度，研发更加丰富的材料；与棉纺企业加强合作，提升纺纱、织造技术，为保健功能纺织品行业研发优质面料。同时，保健功能纺织品行业要加强与下游印染企业的沟通，共同促进功能性整理助剂和工艺的发展。总之，加强产业链上下游企业的合作，充分运用新纤维、新型染化料、新型整理方法和新材料，以促进保健功能纺织品行业的结构调整、产业升级，实现有效和快速的资源优化配置。

三　保健功能纺织品行业国内外标准、技术规范差异

国内外关于保健功能纺织品行业相关资料的缺乏，增加了比较两者发展情况的难度。但鉴于保健功能纺织品行业发展情况也可以通过各国对其相关标准和技术规范的对比来反映。因此，通过对国内外行业标准和技术规范两个方面的分析比较，以显示国内外保健功能纺织品行业在发展过程中的差异。

（一）国际标准与中国标准的差异

1. 国外标准体系

ISO 标准或国外先进纺织标准的主要内容是基础和方法标准，重在统一术语、统一试验方法、统一评定手段，使各方提供的数据具有可比性。形成了以基础标准为主体，与最终产品用途配套的相关产品标准体系，且在产品标准中仅规定产品的性能指标和引用的试验方法标准。

由于国情不同，国外除部分涉及人体健康、安全及消费使用说明外，没有国家标准。产品标准则以协会、品牌商及生产企业制定的标准形式出现。在交易过程中，主要由企业根据产品的用途或购货方给予的价格等条件与购货方在合同或协议中规定产品规格、性能指标、检验规则、包装等内容。品牌不同、价格不同，则质量要求不同。

2. 中国纺织品标准

中国纺织产品标准有不少是以原料或工艺划分的产品标准，如梭织服装、棉纺织印染、毛针织品、麻纺织品、丝织品、针织品、线带、化纤等。近年来，在纺织产品标准的修订工作中已经注重了按产品用途设立考核项目及指标，工艺色彩浓重的项目及指标从标准中逐步删除。关于保健功能纺织品的标准体系虽然还

没有形成，但是这种趋势无疑对保健功能纺织品合理、明确标准的形成起到促进作用。

（二）目标市场技术规范与中国的差异

需要特别指出的是，本文所列出的产品质量标准是产品进入相应目标市场的基本标准，是进入该市场的产品质量及格线。通过对 3442 家企业的调研分析，中国对外目标市场及潜在市场以美国、欧盟、日本为主。因此，本文重点对上述国家或地区的市场进行分析。及时了解、研究这些发达国家或地区的市场准入规则，有利于扩大中国保健功能纺织品的出口份额。

1. 美国与中国功能纺织品质量标准的差别分析

（1）美国 ASTM 标准为贸易型标准，所确定的指标是产品质量最基本的要求。因此，没有等级概念，只有合格或不合格。但中国标准兼有指导生产的职能，因此设定有等级：优等品、一等品和合格品。

（2）中国保健功能纺织品的产品标准中没有耐久压烫和整理项目。

（3）色牢度。①美国标准设立有耐臭氧色牢度，中国则不考核此项指标。②中国标准中的优等品指标水平与美国 ASTM 指标水平相同，一等品则低于 ASTM 指标。③中国标准中另设立有针对印花织物的色牢度，这与美国不同。

（4）弹子顶破强力。中国标准中考核的弹子顶破强力，采用钢球法。美国则采用胀破法。

（5）外观质量的考核内容有差异。在中国纺织产品标准中，外观质量的考核内容包括：表面疵点、规格尺寸偏差、本身尺寸差异、缝制规定等。而在美国标准中不考核缝制要求，缝制要求一般在贸易合同中加以限定；其他项目的考核也有不同，如对规格尺寸公差考核时，美国按长度、宽度设置公差，而中国是按成人、儿童区分，产品不同部位偏差不同。

2. 欧盟针织品和服装主要产品标准与中国的比较

欧盟各国制定的生态纺织品标准代表了不同的水平和消费、环境理念，更是对消费者在生态问题上的有效保证，满足相应标准的纺织品通常能够获得对应的纺织品环境标识。具有代表性的标识有：Eco-Label、Oeko-Tex100、Milieukeur、White Swan 等。其与中国的主要差异主要表现为以下几个方面。

表1 中国与美国保健功能纺织品质量标准的主要差异

项目	美国	中国
标准类型	贸易型	生产贸易型
判定标准	合格或不合格	优等品、一等品、合格品、不合格品
水洗指标评价	水洗3次或5次	水洗1次
	内衣(直、横向)≤5%	内衣(直向≥-7%、横向-8.0%~+2.0%)
	运动服(直、横向)≤3%	运动服(直、横向-5.0%~+2.0%)
	实验方法:AATCC135	GB/T 8878-2002(采用国际标准)
耐久压烫	考核	不考核
耐洗、汗渍色牢度	变色≥4级	内衣(变色≥3~4级、沾色≥3级)
	沾色≥3级	运动服(变色≥3~4级、沾色≥3~4级)
耐摩擦色牢度	干摩≥4级	干摩≥3~4级、湿摩≥2~3级
	湿摩≥3级	
耐干洗色牢度	考核	不考核
耐光、汗复合色牢度	不考核	考核
阻燃性	考核	不考核
强力	胀破强力	弹子顶破强力
外观质量	(由合同约定)	表面疵点、规格、缝制
公差	按长度	按服装部位

注:①美国标准以 ASTM D4110-02、ASTM D4154-01 为例;中国以 GB/T8878-2002(双面织物一等品)、FZ/T73007-2002(一等品)为例。②中国市场上的国产针织品中95%以上为一等品。

资料来源:中华人民共和国商务部。

(1)通过立法加强对纺织品和服装涉及安全、卫生项目要求,这与中国不同。欧盟通过技术法规,规定了对产品的基本技术要求,并据此制定或采用相应的标准作为产品技术规格的辅助性要求。标准虽是自愿的,但欧盟对指令相关的标准进行通报,并承认符合通报标准的产品也就符合相关指令要求。这一点与中国现行的以国家标准要求不同,更具有权威性。

(2)行业协会具有权威性。有时根据市场消费者的反映,行业协会也会制定一些协定,由纺织品和服装生产商、进口商、批发商共同遵守,以保护消费者和行业自身的利益。这种协定虽不具有法规效力,但权威性不容忽视。

(3)对纺织品和服装标记的要求非常具体和严格,有强制性。目前,欧盟国家仍单独规定其国内工业品的包装和标识,作为1992年统一市场方案的一部分,欧盟现正在建立新规则,努力减少障碍,以方便商品在欧盟各成员国销售。保养标签不同于纤维成分标识,目前没有统一的欧盟保养标签法规。产品出口到欧盟时,保养标签不是强制性的(奥地利例外),但欧洲纺织协会推荐使用保养

标签，这样发生问题时，生产商就要在另一法令（产品责任法）下承担责任。保养信息不包括文字，只可用符号标识（如 ISO 保养标识），此时生产商需付费。在欧盟，保养标签只由这些符号组成，但对纺织品不是强制性的，生产商两者都可用，既可在保养标签上用符号，又可加上文字。

（4）欧盟没有统一的易燃性标签法规，由各国自行规定。中国对纺织服装产品并无任何阻燃规定。

（5）欧盟对生态标准要求严格。中国除考核 pH 值、甲醛含量、禁用偶氮染料项目外，其他为非强制性要求。

表2　中国针织品和服装主要产品标准与欧盟的差异

项　目	欧　盟	中　国
标准类型	贸易型	生产贸易型
阻燃性标记	由各国自定	无
阻燃性	考核	不考核
水洗指标评价	内衣（直、横向 ±5%）	内衣（直向 ≥ -7%、横向 -8.0% ~ +2.0%）
平整度	考核	不考核
耐洗、汗渍色牢度	变色 ≥4 级、沾色 ≥3 ~ 4 级	内衣（变色 ≥3 ~ 4 级、沾色 ≥3 级）
耐摩擦色牢度	干摩 ≥4 级、湿摩 ≥3 级	干摩 ≥3 ~ 4 级、湿摩 ≥2 ~ 3 级
耐干洗色牢度	考核	不考核
耐光汗复合色牢度	（视合同要求）	考核
强力	胀破强力	弹子顶破强力
外观质量	无明显变形及变色	扭曲率
公差	按长度	按服装部位
重金属、农药残留物、过敏性助剂等危害品	考核	不考核

注：欧盟标准以 ITS 标准为例；中国标准以 GB/T 8878 - 2002（双面织物、一等品）为例。
资料来源：中华人民共和国商务部。

（6）包装回收问题，这是纺织品和服装出口的一个新动态，发展很快。这方面主要是德国有要求。进口到德国产品要求使用改进过的包装材料，并支付包装收集费用。中国暂无相关规定。

3. 中国与日本纺织品部分标准对比

（1）燃烧性能。日本同美国、英国等国家一样，对纺织品燃烧性能的要求是以法规形式出现的，且产品具体指标和试验方法也非常详细。而中国针织品标准中仅有"阻燃针织涤纶面料"行业标准一项。

（2）有害物质限量。日本对纺织品中有害物质的限量是以法规形式颁布的，涉及某些重金属化合物、甲醛、防虫蛀剂、农药等。中国制定的强制性国家标准（纺织品基本安全技术要求）中，考核指标的内容仅包括"生态纺织品"中的部分指标：甲醛、pH 值、偶氮染料、异味、染色牢度五项。中国制定的推荐性国家标准《生态纺织品技术要求 GB/T18885－2002》，其内容基本涵盖了日本法规中所规定的技术内容。

（3）残断针检验。日本规定，对检出残断针的生产者、销售者实行重罚，造成消费者伤害的也必须赔偿。因此，日本规定凡进口到日本的服装必须经过残断针检验。为此，中国对出口日本服装曾专门下发过关于残断针检验文件。目前，中国《消费者权益保护法》中尚未提到关于服装中出现残断针问题的专项条款。

表3　中国与日本纺织品部分标准对比

项目	主要差异	
	日本	中国
标准类型	贸易型	生产贸易型
阻燃性	考核	不考核
水洗指标评价	内衣(直、横向 -8.0% ~ +5.0%)	内衣(直向 ≥ -7%、横向 -8.0% ~ +2.0%)
水洗后扭曲	考核	内衣不考核、外衣化产品考核
水洗后外观(缝制)	无异常	不考核
平整度	部分产品考核	不考核
耐洗、汗渍色牢度	变色≥4 级、沾色≥3 级	内衣(变色≥3~4 级、沾色≥3 级)
强力	胀破强力	弹子顶破强力
检针	考核	不考核
重金属、农药残留物、过敏性助剂等危害品	考核	不考核

注：日本以市场产品典型标准为例；中国标准以 GB/T8878－2002（双面织物、一等品）为例。
资料来源：中华人民共和国商务部。

（4）标识。日本对纺织品标识要求一般有两类内容，纤维含量和使用维护图形符号。若在纺织品上配挂某些特定标志，则是对产品性能的认可和推荐。中国制定的标志、标识及消费品和服装使用说明标准有：强制性国家标准《消费品使用说明纺织品和使用说明 GB 5296.4－1998》；推荐性国家标准和行业标准《纺织品和服装使用说明的图形符号 GB/T8685－1988》、《纺织品纤维含量的标识 FZ/T01053－1998》等，它们均涵盖了日本标识中的内容。

（5）日本纺织品在洗涤后需考核缝制要求，而中国不考核。

四　行业发展情况分析

（一）总体分析

根据《保健功能纺织品CAS115 - 2005》协会标准，按保健功能纺织品的用途分类，将其分为：床上用品、服饰制品、其他用品。在调研的 3442 家企业中，床上用品企业有 937 家，服饰制品有 1134 家，其他用品有 1371 家，所占比依次为 27%、33% 和 40%（见图 1）。

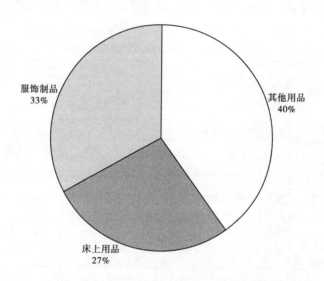

图 1　各类别所占保健功能纺织品比例

资料来源：中国保健用品产业发展报告课题组项目企业数据库。

其中，保健功能床上用品的主要产品有枕席类、被褥类、床垫类、睡袋类等；保健功能服饰制品的主要产品包括内衣、护身类（护膝和护肘）、袜类、帽子、手套等；保健功能其他用品的主要产品有窗帘类、地毯类、各种垫类、功能性护具、眼罩等罩类、加热袋等袋类功能性产品。

据统计，三大类中占比最大的主营产品依次为枕席类、内衣类和垫类，其在各类别中所占比例依次为 44%、36% 和 36%（见图 2）。

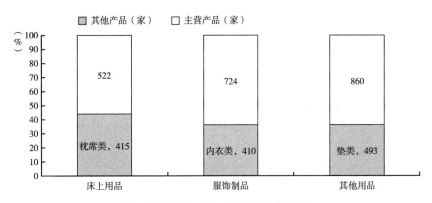

图2　各类别中所占比例最大的主营产品

资料来源：中国保健用品产业发展报告课题组项目企业数据库。

在被调研的3442家企业中，中国保健功能纺织品行业规模以下企业有2611家，占被调研企业总数的75.86%，规模以上企业有831家。其中，大中型企业有235家，占比为6.83%；小型企业有596家，占17.32%。大中型企业较少，小型企业占比较大。

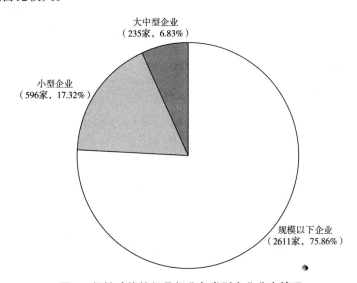

图3　保健功能纺织品行业各类别企业分布情况

资料来源：中国保健用品产业发展报告课题组项目企业数据库。

保健功能纺织品行业是劳动密集型行业，投资较少，进入与退出壁垒较低，因此一直以中小型企业为主。中小型企业对市场变化能及时作出调整，在消费品

需求个性化的时代，部分中小型企业往往能运用自身专业化的特点取得规模化企业无法获得的订单。但是，中小型企业以民营企业居多，资产有限，管理水平偏低，在市场中抗风险能力较弱。

（二）规模特征

2010 年，中国保健功能纺织品行业中生产加工企业累计实现产品销售收入约 162.6 亿元，其中大中型企业累计实现产品销售收入约 140.4 亿元，小型企业累计实现产品销售收入 15.9 亿元，规模以下企业累计实现产品销售收入 6.4 亿元。所占年营业比例分别为 86.3%、9.78% 和 3.94%。

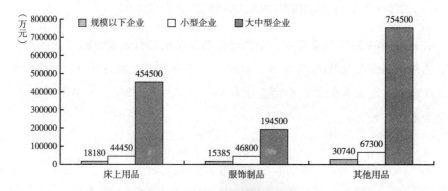

图4　生产企业销售收入分布

资料来源：中国保健用品产业发展报告课题组项目企业数据库。

调查结果显示，保健功能纺织品行业中大中型企业的效益最好，年人均销售额居行业首位，其中大型企业产品起点高、品牌响、企业资金雄厚、拥有国际一流水平的装备和技术，有效地提高了企业产品质量和档次，在激烈市场竞争中占有优势。据已有数据统计，保健功能纺织品行业中规模以上企业（即全部国有工业企业和部分年销售收入在 500 万元以上的非国有工业企业）2010 全年实现收入 682.2 亿元，占总收入的 92%。但是不难发现，保健功能纺织品行业仍是以小型企业为主体，规模以上企业效益状况不能完全代表行业整体水平。数据显示，保健功能纺织品行业两极分化明显，年销售额差距很大。

（三）集中度分析

从大中小型企业数量、收入占比情况看，大中型企业在保健功能纺织品行业中数量极少，仅占6%，说明保健功能纺织品行业中大多是规模较小的企业，集中度偏低。

表4 保健功能纺织品行业中企业的行业地位

单位：%

类型	规模以下企业	小型企业	大中型企业
企业数量占比	75.86	17.32	6.83
营业收入占比	18.1	33.4	48.5

资料来源：中国保健用品产业发展报告课题组项目企业数据库。

保健功能纺织品行业集中度偏低是由历史发展和传统纺织行业性质决定的，行业集中度较低的发展模式不利于行业发展。但随着大型企业集团实力增强，行业效益向大企业集中是保健功能纺织品行业的发展趋势。产品销售收入前十名的企业全部为大型企业集团。从具体指标看，前五名企业产品销售收入较前十名的其他企业均超5000万元，合计收入约占保健功能纺织品行业总销售收入的22%。根据目前中国保健功能纺织品行业的发展趋势，为进一步壮大中国保健功能纺织品行业，应立足于国际市场，并适当推进兼并重组，提高行业集中度。

缺乏大集团、大企业说明行业整体竞争力偏弱，分散的小企业过多也不利于整体资源的优化配置，也不易发挥行业内企业间的集团化优势，在成本控制缺乏有效管理的同时也不利于行业整体的技术进步。在成本压力日益加大、产品质量要求不断提高的背景下，行业集中度不高势必会影响到整个行业的效益指标和持续发展。而要具有低成本优势，规模生产就非常必要。目前，国家积极引导保健功能纺织品行业进行重组，因此，其行业市场集中度将会逐步提高，市场竞争更趋于规模化和大型化。

（四） 所有制特征分析

据数据库统计结果显示，从行业中企业所有制结构看，中国保健功能纺织品行业内企业所有制形式众多，包括国有企业、集体企业、股份合作企业、股份制企业、私营企业、外商和港澳台投资企业等，基本涵盖了中国现存全部企业类型。

从数量上看，在调研的3442家企业中，获得有效数据的有2059家，其中，私营企业数量达到1858家，占比达到90.24%，在数量上占据绝对优势，其次是其他类型企业201家，约占9.76%。

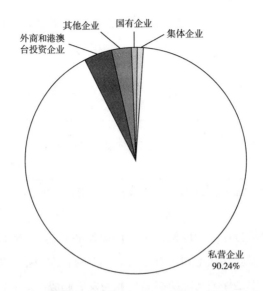

图5 保健功能纺织品行业内不同所有制企业分布

资料来源：中国保健用品产业发展报告课题组项目企业数据库。

国有企业、集体企业数量减少，私营企业数量增加，民间资源已不断地涌入保健功能纺织品行业，私营企业已成为行业的主体。从市场方面看，保健功能纺织品市场遍布全国各地，其销售终端网点绝大部分为私营企业。私营保健功能纺织品企业已占据中国保健功能纺织品行业的主导地位，约为67%，成为中国保健功能纺织品企业的主力军，并且这种主力军的地位正在逐步加强。

五 保健功能纺织品行业市场分析

（一）行业用户分析

1. 消费群体年龄阶段分析

与其他保健用品不同，保健功能纺织品能够突破老年市场这一局限，针对不同目标群体的消费需求开发出有特色、针对性强的保健用品和服务。可见，按照年龄段细分目标群体是保健功能纺织品行业的发展趋势。

在3442家企业的统计数据中，仅有15家明确对消费群体的年龄段作出要求，其他企业针对不同年龄的亚健康消费群体都有各自相应的特色保健功能纺织品和保健服务。

保健功能床上用品的主要产品有枕席类、被褥类、床垫类、睡袋类等；保健功能服饰制品的主要产品包括内衣、护身类（护膝和护肘）、袜类、帽子、手套等；保健功能其他用品的主要产品有窗帘类、地毯类、各种垫类、功能性护具、眼罩等罩类、加热袋等袋类功能性产品。据统计，三大类中占比重最大的主营产品依次为枕席类、内衣类、垫类，其在各类别中所占比例依次为44%、36%和36%。

枕席类、内衣类、垫类等产品都与人们生活息息相关，是人们日常生活不可或缺的一部分。从主营产品可看出，其行业用户范围广泛的原因在于纺织品作为日常生活必需品这一特性赋予了不同消费群体对保健功能纺织品多重需求的可能性。从而仅从消费群体需求来讲，保健功能纺织品就存在着巨大的发展空间。

2. 潜在用户分析

保健功能纺织品被称作巨大的"蛋糕"，因为中国保健功能纺织品市场有着良好的消费环境。中国正处于独生子女超过1亿人的"独生子女时代"，作为家长，对子女健康的关爱超过了以往任何一个时期，他们愿意花钱给子女"买健康"。作为当下消费大军的"80后"、"90后"，他们崇尚自然，崇尚健康，不仅热衷于时髦服装，也喜欢享受具有保健功能的纺织产品，他们不吝惜为自己"穿着健康"买单。

保健功能纺织品除了在纺织服装领域大有作为外，还可以向其他领域延伸出更多的高科技含量、高附加值产品。比如，医疗领域的敷料、绷带、护托带、手术线等和体育领域许多专业运动员使用的护具，都可以用到具有高科技、高附加值的保健功能纺织品。

（二）市场需求分析

1. 市场需求现状

2009年，农产品类、肉类及其制品、鲜乳及乳制品、水产类、罐头类、饮料类、酒类、调味品、糖果饼干类、保健食品、其他食品、日常消耗品、保健用品、家庭用品、文具用品、日用工具、期刊、报纸、服装、汽车、家电等20类商品零售额均实现较大幅度增长，其中服装、鞋帽、针纺织品类同比增长18.8%。

国家"十二五"规划纲要重点指出，"把扩大消费需求作为扩大内需的战略重点，进一步释放城乡居民消费潜力，逐步使中国国内市场总体规模位居世界前列"。这无疑对保健功能纺织品市场提供了良好的发展契机。

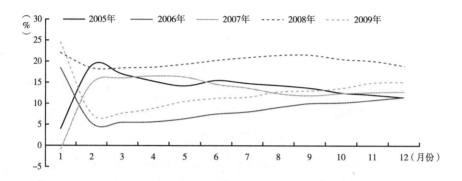

图6　2005～2009年针纺织品类商品零售总额累计增速

资料来源：国家统计局。

2. 消费需求趋势

从保健功能纺织品行业发展趋势看，当前社会文化包含了多元化的要素，包容性更强，更加注重环保和自我关爱，同时也更易受到外界风尚引导。这些社会文化因素，对保健功能纺织品行业具有较大的影响，消费日趋多元化。

纺织材料的选择将会更加注重环保和健康，天然材料发展速度将会更快，国内市场将会更多地考虑实用性和成本，外贸产品将会更多地考虑流行趋势和材料的舒适性，高附加值特种纺织产品需求将会增加，设计的人性化要求将更为凸显。

（三）保健功能纺织品企业区域发展分析

1. 企业地区分布情况

保健功能纺织品产业集群地区优势明显。主产区由多到少前五名依次为浙江、广东、江苏、上海、山东，企业数目占保健功能纺织品调研企业总数的69%。企业分布有很大的地域差异，主要集中在中东部地区，围绕着专业市场或出口形成了以众多保健功能纺织产品为主的区域产业集群。

2. 重点地区企业运营状况

2009年，在中国保健功能纺织品行业累计实现产品销售收入约357亿元中，企业分布排前五名的省（市、区），其累计实现产品销售收入占行业的比重为28%。这五个省（市、区）年销售收入分别占被调研企业年销售收入的13.3%、5.8%、4.3%、2.4%和2.2%。

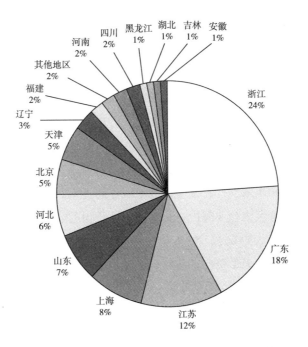

图 7　中国保健功能纺织品业企业数量区域分布情况

资料来源：中国保健用品产业发展报告课题组项目企业数据库。

3. 行业区域分布特点及分析

保健功能纺织品行业作为中国纺织轻工业的新生力军，一方面，其区域分布带有中国早期纺织业经济发展的历史痕迹——集中于东部沿海地区；另一方面，其也因产业调整政策开始呈现向内陆扩散的趋势。

（1）生产企业区域分布。在生产方面，浙江、江苏、广东、上海一直是中国历史上纺织业的聚集地，其中浙江与江苏在中国纺织业中无论是规模和销售收入都位于前列。但随着东部地区劳动力、土地等成本的上升，中部地区纺织业迅速发展起来，湖北、河南、河北、安徽等地的行业发展规模不断扩大，而上海与广东等地的行业规模却在不断缩小。保健功能纺织品行业作为劳动密集型行业，预计未来其生产基地将逐步退出东部沿海发达地区，原有企业向纺织业的上下游转移，如布料研发、产品设计、出口服务等，中部凭借人力、原料等优势将承接大部分纺织品的加工生产。

浙江省保健功能纺织品业不仅在企业数上一直位居全国前列，且销售收入也位居全国第一。从区域分布看，行业目前仍主要集中于东部沿海地区，且保健功能纺织行业集中度较高，浙江、江苏、广东、上海和北京的总销售收入累计占全行业的28%。但中部地区开始显现相对优势，如天津和河南近年来发展迅速，已分别成为全国第六和第七大保健功能纺织品基地。

（2）产业集群日益凸显。由于集群的外部规模经济优势和集群企业间的专业化分工，公共配套服务和共用基础设施体现的内部规模经济优势，使集群地区具有极强的产业综合竞争力，因其带来的高效率、低成本，吸引着越来越多地国内外客户和订单。同时，产业集群地区良好的产业基础、快捷的信息、世界一流的生产厂房、设备和政策支持，也使这些地区作为投资热点，成为企业转移生产基地的首选。在集群区内企业间内在联系和团队意识的需求增强。同时，在行业遇到困难时有较强的大局观念，能形成统一意识。不少企业既珍惜自己的竞争力，又珍惜来自群体的无形资产，恶性竞争发生情况较少。

（四）进出口情况分析

1. 中国纺织品出口形势继续向好

2010年1~9月，中国纺织品服装累计出口1498.2亿美元，同比增长23.2%。其中，纺织品出口563.3亿美元，同比增长30.7%；服装出口934.9亿美元，同比增长19%。纺织行业出口交货值同比增长16.6%，比上半年加快0.3个百分点，比2008年同期增长9.7%。

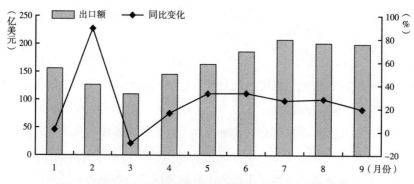

图8　2010年1~9月中国纺织品服装出口及同比变化情况

资料来源：中国贸易经济信息网。

2. 中国保健功能纺织品进出口现状

在调研的3442家企业中，规模以上企业（营业收入500万元以上）占保健功能纺织品企业总数的24.14%，约为831家。考虑到数据来源的完整性和可参考性等因素，课题组着重对规模以上企业进行了进出口调查研究。

统计显示，2009年规模以上保健功能纺织品企业累计出口额1160100万元，累计进口额267650万元。

（1）保健功能纺织用品进出口情况。据调研数据库中831家规模以上企业统计数据，2009年，保健功能床上用品累计出口额为325800万元，累计进口额为109700万元，中国保健功能床上用品实现贸易顺差216100万元；保健功能服饰制品累计出口额为254250万元，累计进口额为89000万元，实现贸易顺差165250万元；保健其他用品累计出口额为5800500万元，累计进口额为68950万元，实现贸易顺差5731550万元。

（2）市场分布。统计数据显示，中国内地仍为中国保健功能纺织品企业的主要市场，市场份额为26.81%，但其中有9.26%的企业明确提出市场要面向全球。其余市场按份额由大到小依次为南亚和东南亚、中国港澳台地区、西欧、北美、日本、东欧、中东、南美、非洲。海外三大市场为南亚和东南亚、西欧、北美，企业所占的比重依次14.13%、8.68%和8%。

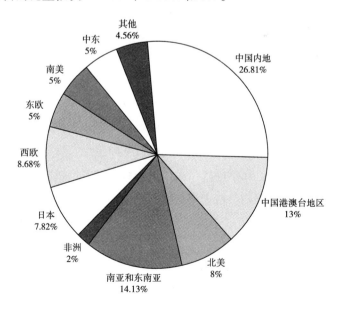

图9 中国保健功能纺织品主要市场分布

资料来源：中国保健用品产业发展报告课题组项目企业数据库。

六 保健功能纺织品行业竞争情况分析

(一) 竞争结构分析

按照波特理论,在一个行业中存在五种基本的竞争力量,即:行业中现有企业竞争、新进入者的威胁、供应者讨价还价的能力、用户讨价还价的能力、替代品或服务的威胁。这五种竞争力量的现状、消长趋势及其综合作用强度,决定了行业竞争的激烈程度和行业获利能力。

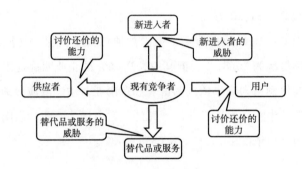

图 10 行业竞争结构

1. 上游供应商讨价还价的能力

保健功能纺织品行业的上游产品主要是棉花、丝绸等天然材料和化纤产品。上游行业则主要是农业和化学纤维行业。国家近年来在农业方面的补贴政策使得纺织行业对于棉花、丝绸、毛料等产品的议价空间很小,难以以较低的价格对这些产品进行收购。另外,化学纤维产品价格和石油能源价格的相关性很高。

近年来国内棉花、棉纱价格大幅上涨,受需求上升、国内棉花减产及进口渠道不畅等因素影响,2010 年以来棉花价格持续上涨。原料价格上涨对众多棉企构成极大威胁,因此,很多大型企业开始涉足棉花种植业以稳定供给,同时石油价格极不稳定使化学纤维行业价格经常波动。整体来看,保健功能纺织品企业对供应商的讨价还价能力较弱,长期来看也不会有所改变。

2. 行业竞争

保健功能纺织品行业内企业众多,竞争激烈,其中大部分是凭借灵活经营策略和固定资产较低的优势产品的小企业，缺乏龙头企业。这种竞争模式不利于行业整体发展。

缺乏大集团、大企业说明行业整体竞争力偏低。分散的中小企业过多不利于资源优化配置，也不易发挥行业内龙头集团化的优势，在成本控制缺乏有效管理的同时，不利于行业产业升级与技术进步。

在成本压力日渐提高、产品质量要求升级情况下，行业集中度不高势必影响行业效益和持续发展。行业易受到上下游和外贸市场双重挤压，目前这种竞争模式不可能持续太久，纺织行业未来竞争模式更加趋向规模化和大型化。

3. 与用户讨价能力

保健功能纺织品行业下游主要是服装产品和家纺产品，其下游终端需求来自人们可支配收入水平的变化。近年来，随着经济发展和人们收入水平的提高，人们对服装、家纺产品的需求增加，特别是对高档环保产品需求明显提高。但作为终端个人消费者是挑剔的，再加之受国际金融危机的影响，外贸需求有较大下降，导致国际市场价格偏低。因此，保健功能纺织品行业对下游用户的讨价还价能力内外有别，市场弹性不同，使得保健功能纺织品企业普遍采取了歧视性定价机制。

4. 新进入者的威胁

保健功能纺织品行业进入壁垒较低，持续存在新进入者对原有企业的威胁。目前新进入者大都集中于中东部地区，且具有一定的规模，其利用后发优势，引进先进的机器设备和管理模式，并拥有较低的劳动力成本，对保持传统经营模式的东部中小企业形成巨大冲击。

5. 替代品的威胁

保健功能纺织品行业主要发展趋势是纺织材料的升级，特别是功能型纤维和环保产品的需求逐渐成为保健功能纺织品行业的主流。作为新崛起的力量，替代品对保健功能纺织品行业竞争的影响非常小。

6. 竞争特点总结

通过对保健功能纺织品行业的竞争结构分析可知，目前保健功能纺织品行业竞争状况呈现以下几个特征。

（1）短期内保健功能纺织品市场的供需矛盾有所缓解，但长期来看行业内企业间竞争将趋于激烈，行业局面将会有较大改变。

（2）保健功能纺织品的上游行业受到外部因素影响，价格波动较大，使得该行业陷于被动、弱势地位。

（3）保健功能纺织品行业进入壁垒较低，且国家提出的振兴纺织业规划中强调加快纺织行业的重组和兼并，预计未来行业内企业数量扩张速度将放缓，但是规模扩张速度将加快。

（4）在可预见的未来不会出现大规模替代保健功能纺织品的产品，但是纳米技术、环保技术将使保健功能纺织材料品种更新换代，生产保健功能纺织品的企业面临着一定风险。

（二）竞争发展趋势

1. 科技竞争

中国保健功能纺织品行业中大部分是中小企业，力量薄弱，对产品研发既缺乏资金和技术实力，又缺少必要的竞争意识。在被调研的 3442 家企业中，仅有约 20% 企业招聘科研人员，自主创新方面存在很大不足。

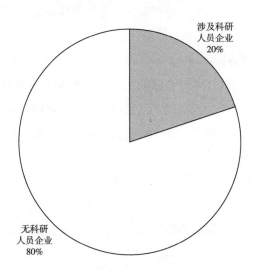

图 11　涉及科研人员企业占总企业情况

资料来源：中国保健用品产业发展报告课题组项目企业数据库。

然而，高新技术对保健功能纺织品而言是核心竞争力，也是确保行业经济效益的新增长点。面对产业结构调整，各国都在加大人力、物力投入力度，开发高新纤维制品以抢占市场。从调研企业科研人员分布看，我国与其他国家存在的差距很大。目前保健功能纺织品市场的着眼点在高性能、卫生、健康、环保、智能等方面，这些关键技术的解决将大大推动行业技术进步与发展。

2. 品牌竞争

在买方市场，保健功能纺织品同质化现象越来越严重。同类产品在质量、价格、服务、促销、广告等方面几乎大同小异，产品彼此可互相代替。保健功能纺织品不应靠功用价值来获取消费者的信赖，而应依靠品牌形象的影响力。因此，从竞争角度看，企业竞争应从产品竞争将转向品牌竞争，进入形象消费时代。

调研数据结果显示，三大类企业从事品牌经营的比例分别仅为32%。据调查，保健功能纺织品作为新兴的保健消费品将成为市场竞争的新焦点。但是，目前尚未形成较大的品牌，行业集中度低。建立自主品牌，增加产品附加值是保健功能纺织品行业面临的长期而艰巨的任务。

七　经营模式分析

（一）经营模式概况

经营模式主要有生产加工、招商代理、经销批发、商业服务等。据课题组统计，生产加工的经营方式所占比重最大，涉及63%的企业；其次为经销批发，占38%；招商代理、商业服务约占比例分别为4%、3%。

表5　保健功能纺织品企业经营模式类型统计

单位：家

经营模式	生产加工	招商代理	经销批发	商业服务
床上用品	588	42	288	21
服饰制品	567	45	406	23
其他用品	1028	52	605	61

资料来源：中国保健用品产业发展报告课题组项目企业数据库。

采用"微笑曲线"来解释这一现象。发达国家企业拥有技术垄断优势、销售网络以及品牌资源，占据了价值链中高附加值的两端，而发展中国家企业主要

是依靠廉价劳动力优势来从事产业链中的生产加工环节。中国纺织品主要是中低档产品，绝大多数是处于产业链的生产和加工环节。这一劣势在保健功能纺织品行业也凸显出来。

（二）营销模式概况

据调研数据统计，国内保健功能纺织品的市场分销渠道，主要由集中交易批发市场和大型百货商场构成，其分销渠道形式有大商场、品牌专卖店、商场、超市及连锁店、批发市场等。其中，面向实体专营店（美容院、医院、药店等）的所占份额最大，达到63%；面向超市、大型商场的企业约占19%；代理商、批发商占7%左右；涉及网点电视销售的企业占比为6%；面向对外贸易的企业约占4%。

（三）营销模式分析

1. 复合营销网络

在生产营销方面，发展复合营销网络将成为趋势。一方面是企业向地区总经销制、连锁加盟专卖店、批发市场发展，另一方面是企业通过自营、投资控股等方式建立自己的直销点，又以从单一的地区总经销制为主，向市场、商场、专卖店并重的方式转变。加盟专卖店的销售方式会更多地为中小型企业所采用。

中国保健功能纺织品企业努力由劳动密集型向资本和技术密集型转变，随着高新技术的应用，为实现网络化奠定基础。对中国保健功能纺织品企业而言，合理、适时采用电子商务、实行网络化实践将使企业获得长足的发展，带来无限商机。国家积极鼓励纺织业的全国信息化发展，这对子行业的发展无疑也是一种巨大的推动。

2. 与零售业结成联盟

全球化竞争是资源配置的竞争，而供应链的联盟竞争具有相对优势。在这种联盟中，供应链每个环节都有相对独立性，都尽可能是同行中最好的。每一个企业必须经过调整以便更有效地利用其优势，集中其核心业务，同时企业间注重彼此间良好和长远的合作关系。这意味着从研发、生产、销售、服务要满足市场变化。简单而言，通过这种联盟将在未来市场竞争中占据优势地位。

保健功能纺织品行业属于劳动密集型产业，上下游产业链联系要求紧密度高，同其他保健用品行业比较而言，与零售业结成联盟具有缩短交货时间、对市场反应更加灵敏、便于在供应链中剔除其不必要部分、降低储存成本、准确理解顾客需要等优势。中国保健功能纺织品企业与国外大零售商联盟，将有利于提升企业素质。

3. 实施品牌经营

在调研企业中，仅有32%的企业涉及品牌经营，大多数为经营产品。可见，培育和建立自主品牌，提高产品附加值任重而道远。根据品牌运作主体不同，保健功能纺织品的品牌经营战略有以下模式供选择。

（1）以非生产企业为主体的品牌经营模式。这是一种以品牌无形资产为核心的资产运作模式，品牌经营者的资本实力一般较强，其经营管理核心是品牌与销售渠道的开发、维护及管理。具体的运作方式有特许专卖和公司连锁两种形式。

（2）双主体的品牌经营模式。这种模式的主体由超级商场或大型连锁店与生产企业构成。超级商场或连锁店以其独特的经营理念赢得顾客，形成商誉。生产企业可以有自己的品牌，但其经营理念必须与超级市场的经营理念保持一致。

（3）以贸易为中心的一体化品牌经营模式。这是一种集供、产、贸、销于一体的品牌经营模式，但在资源配置上向零售与贸易倾斜，通过组建保健功能纺织品集团，将保健功能纺织品四个营销环节分开，形成利益相对独立的经营实体，由集团总部进行市场营销的协调与控制。

4. 无店铺销售

无店铺销售（None-store Retailing）又称为无固定地点的批发和零售行为。无店铺销售是现代市场营销的重要形式之一，但其与各种类型的店铺销售在运作流程和管理方式上有着巨大差异。无店铺销售可以划分为三种基本类型：直复营销、直销和自动售货机销售。

该渠道国内应用较少，统计数据显示，仅有108家企业只采用网络电视营销方式。

（四）中国保健功能纺织品行业的营销发展与问题

1. 中国保健功能纺织品营销模式的发展

中国保健功能纺织品行业起步晚。由于中国市场环境的不同，起步期消费者保健意识较国外而言比较薄弱，因此行业营销模式的发展也呈现了一些特性。保

健功能纺织品行业中，最早的营销模式是卫星电视广告。

随着电视广告费用的上升，行业营销方式开始转为会议营销。中脉公司是早期使用会议营销的企业之一，从突变到定位——现在是营销＋养生，变成模式销售——旗舰店＋普通店＋奢侈品店，80%是经销制，20%是直营制。该阶段中脉公司最高纳税19%，在中国民营企业中排名第九，所以受其影响，2004～2006年全国保健用品公司大多模仿这种营销方式，会议营销如雨后春笋般发展。

2005年，中国开始研究直销。其中，中脉公司因贡献大、声誉好，成为全国保健用品领域较早拿到直销牌照的企业。

中国保健功能纺织品行业中大型企业的营销模式，基本经历了广告——服务营销——会议营销——整合营销（健康管理）。大多企业有24小时电话客服人员为客户服务。鉴于直销方式的成功应用，同时在直销领域，因国外行业环境更好，故企业在国外的发展已具有一定规模。

2. 保健功能纺织品行业营销模式在发展中面临的问题

（1）从政府层面看。政府限制是制约企业营销模式发展的主要因素，限制约束了直销营销模式优势的发挥。以中国保健功能纺织品龙头企业中脉公司在营销中面临的主要问题为例。目前，中脉公司直销区域限制在江苏省（有108个直销网点），其他省份都是生态养生馆。从事国外直销1年。产品涉及三个方面：磁疗、远红外；理疗、治疗、被枕、大衣；食品。中脉公司根据自身的特点，模仿安利的经营模式、网络构架。2009年，中脉公司在江苏省直销额（回款）为1000万元，安利2009年全国销售额约为250亿元，脑白金2010年约100亿元，数据说明直销是保健用品的发展方向，其所占分量是不容忽视的。

中脉公司正在申请更大范围的直销区域。目前国内直销保健用品的年销售额约600亿元，而世界总额约为6000亿元。国内消费市场主要集中在沿海发达地区，该领域主要是外资企业，如安利、雅芳、玫琳凯。同时，中美合资企业在中国的市场份额为60%，市场份额最大的企业是安利集团。中国保健功能纺织品大部分属于国内贴牌生产。

政府对国内保健企业经销区域和经销产品的限制，增加了国内企业与国外企业竞争中的成本，不利于国内企业在全国范围内配置营销网络。

（2）从企业层面看。目前中国保健功能纺织品行业营销"跟风"现象严重，企业良莠不齐。在此情况下，许多企业纷纷模仿会议营销模式，因政府、工商等部门对会议营销支持力度较小，对规范性的保证金等相关规定较少，一些企业的夸大误导性宣传，往往对行业形象造成破坏。因此，不能否认会议营销已做到尽头，未来企业需要探索新的营销模式。例如，通过社区店和社区医院建立战略联盟。另一种值得注意的营销模式是通过进行健康生活互动等方式营销。总之，企业营销模式应该注意差异化，避免低水平重复建设。

八　保健功能纺织品行业面临的问题及对策

（一）面临的问题

1. 基础设施薄弱，产业布局不合理

目前，中国几乎没有一家纺织企业是集蚕茧收购、加工、销售，新技术研究、开发、推广，蚕种生产供应、蚕需物资供应及丝绸制品加工、销售为一体大型企业。总体来说，中国纺织企业规模小，抗风险能力弱，还没有形成特色优势。受国际金融危机的影响，保健功能纺织品企业目前面临经营困难、亏损增加的困境。

2. 科技贡献低，发展空间大

目前，中国纺织品行业的平均利润率只有 3.97% 左右，更有 2/3 的规模以上企业平均利润率只有 0.36%。保健功能纺织品因具有一定的科技含量和实用价值，从而决定了其具有较高的附加值，一般利润率在 15%～50%。但由于保健功能纺织品发展处于新兴阶段，自主创新能力弱，行业研发投入经费不足，高技术、功能性纤维开发滞后，产业链条尚未形成。和发达国家相比，劣势明显。

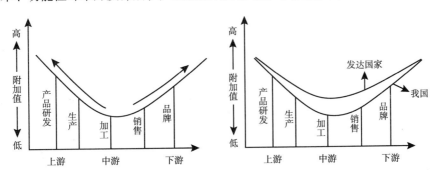

图 12　纺织品行业"微笑曲线"

调研企业中仅有32%涉及品牌经营，企业经营品牌多样，而规模较大的品牌经营很少。中国保健功能纺织品行业缺少自主品牌和龙头企业，仍无世界级著名保健功能纺织品品牌。因此，在这潜力极其巨大的市场中，发展空间是巨大的。

3. 技术壁垒限制为绿色壁垒

在出口方面，除世贸组织规定的限制措施外，欧盟和美国等发达国家或地区还利用技术壁垒这一更加隐蔽的手段来限制中国纺织品的出口。纺织品行业的两类技术壁垒主要是：纺织品从生产到报废的全过程都要符合环境指标、纺织品不得影响消费者的安全和健康。这两类技术壁垒表面上从环保和消费者的利益出发，但无形中却被欧美国家加入了过高的指标，成为限制中国纺织品出口的坚固壁垒。保健功能纺织品也不例外。

4. 企业信息化程度不高

行业软件开发力量薄弱，软件产品少，企业管理软件应用比例低，信息化普及率低，电子商务起步慢，多数企业管理方式落后，难以真正建立起小批量、多品种、高品质的市场快速反应机制。同时，在信息日益成为国际比较优势新要素的背景下，信息要素不足导致传统要素优势凸显不出来。信息不完善使中国纺织业相关企业对欧美国家制定的新法规、新标准缺乏及时地了解，致使生产出来的产品不符合国外标准而造成损失。

2010年，美国消费品安全委员会对中国纺织品服装共发起34起召回；欧盟共对华服装、面料及其时尚用品类产品发布通报254项，占欧盟同期对华产品通报总数（836项）的30.4%，仅次于玩具类产品，位居第二。

中国出口纺织品服装频频被美欧召回，除部分出口服装确实存在质量和安全问题以外，还存在中国生产和出口标准滞后、与国际标准不接轨、检测手段落后、认证步伐缓慢、缺乏强制标准和技术法规等问题。中国出口企业与目标国仍存在信息沟通不畅等问题，也是中国产品频繁被召回的主要原因。

5. 棉价上涨增加企业成本压力

目前，棉花价格涨势已超越了原油、铜、铁矿石等工业大宗商品的涨势。然而，由于国家在棉花储备方面投入的不足，加上各地仓储规模的制约，中国当前棉花储备规模有限。中国棉花市场放开后，国家收储规模最大时总量也不超过270多万吨，而中国每年棉花消费总量却超过1000万吨。原料价格的上涨无疑对中国保健功能纺织品行业发展形成巨大压力。

（二）应对策略

1. 宏观层面

（1）管理标准化。面对中国纺织品被频繁召回的问题，政府要加大政策引导和扶持力度，应以国外的技术标准、劳工标准等为参照，加快相关技术法规、标准的制定，加强对产品质量监督与检验，避免达标准产品出口后遭受的不必要损失。加快推进与国际接轨的相关标准体系的完善；同时，对现有良莠不齐的保健功能纺织品行业加强差异化引导，避免低水平重复建设。

（2）建立中国反贸易壁垒机制。依据国际上通行的贸易标准，特别是欧美等国家的标准，加快中国贸易标准体系的建设和完善，是中国纺织品摆脱国际壁垒的重中之重。

（3）引导企业和社会资金对科技研发的投入。促进科技创新和技术进步，提高产品附加值，通过规模化生产降低成本，增强产业竞争力，引导保健功能纺织品上下游企业之间的融合与联系。

2. 企业微观层面

（1）提高自主创新力，与国际技术标准接轨。中国纺织业现有企业规模普遍较小，多数尚不具备自主研发能力，面对国外设立的各种技术标准、体系认证，大中型企业应率先与国际标准接轨，争取获得国外标准体系认证，从体制上摆脱国外制约，为企业树立自主品牌打下基础。

（2）加大资源整合力度，优化产业布局。各企业应加强联系与合作，改变目前产业集中度低、资源分散、弱小的状态，逐步实现基地共建，形成产业集群，增强企业核心竞争力和抵御市场风险的能力。

（3）出口市场多元化。目前中国保健功能纺织品出口市场主要集中在南亚和东南亚、西欧、北美三大市场，因此，这三大市场中的任何一个市场对中国保健功能纺织品实现限制，都将对整个行业产生震动性影响。为降低对个别市场的过分依赖，分散市场风险，应加强同东欧、非洲等地区的保健功能纺织品贸易。

（4）实施品牌发展战略。要走品牌化道路，必须提升产品的高附加值。企业应加快设备升级换代和更新改造，利用高新技术嫁接提升企业，实现保健功能纺织品企业的整体转型升级。

Health Care Textiles Industry

Abstract: In recent years, the high-tech health care textiles with high added value developed fast in China and the development trend of the industry is has been positive. Deep research on health care product industry in China will be conducted in the thesis. Firstly, the general situation and industry characteristics of health care textiles in China is summarized. based on the data of investigation of the research group, a panoramic display of the industry development situation, market condition of the industry, management mode and the like of functional textiles in China is conducted. Also, the competition structure of health care textiles industry in China is analyzed. Finally corresponding countermeasures are provided from macroscopic layer of the country and the microscopic layer of the enterprise aiming at providing some guidance on formulation of industry policy and enterprise decision.

Key Words: Health Care Textiles; Industry Research; Countermeasures

B.5

保健器械行业

摘　要：随着人们生活水平的显著提高和生活方式的改变，保健器械行业已经成为一个独特的健康产业。本文首先研究了中国保健器械行业发展概况，探讨了国内外保健器械行业发展的异同之处；在此基础上，对中国保健器械行业的总体规模、市场特点、进出口规模、行业竞争格局、营销模式进行了深入研究；最后分析了中国保健器械行业发展存在的问题，并对行业发展前景做了预测，以期对中国保健器械行业的发展起到一定的指导性作用。

关键词：保健器械　行业研究　问题

一　保健器械行业基本概述

保健器械是指不以治疗为目的，但具有促进健康、预防疾病等保健功能的器具产品。在20世纪80年代起步的中国保健器械行业，在短短30余年的时间里，已经迅速发展成为一个独特、健康的行业。保健器械行业之所以蓬勃发展，主要原因是人们生活水平明显提高，加之生活方式的改变也为保健器械行业发展提供了重要契机。此外，多层次的社会生活需求，为保健器械行业发展提供了广阔空间。

（一）需求拉动市场

西方发达国家人均用在健康方面的花费约占总收入的48%，而中国在健康方面的人均花费只占总收入的8%左右。据中国国际亚健康学术成果研讨会公布的数据，在中国真正健康的人约占5%，患有疾病的人占18%，亚健康状态的人占77%。换言之，中国处于亚健康状态的人数已超过7亿。这造就了保健产业的巨大市场，这种需求在经济发达地区显得尤为迫切。在未来5年，中国健康产业规模将

会扩大 10 倍, 保健器械市场在中国销售空间将达到 400 亿元。富裕起来的老百姓更加关注身体健康, 由此衍生出的健康经济为保健器械企业带来了巨大商机。

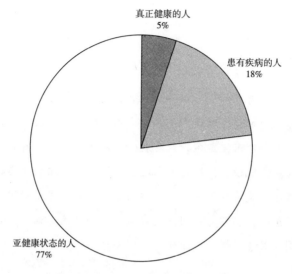

图1　中国人口健康状况构成状况

（二）保健器械发展特征

保健器械行业作为一个横跨第一、第二、第三产业的综合产业体系, 当前在中国还处于起步阶段。事实证明, 保健产业是国际上公认的朝阳产业, 然而被称为保健产业生力军的保健器械行业, 除中国台湾、日本、美国等地的产品外, 许多国产保健器械款式和质量却不尽如人意。在课题组统计的 2152 家生产保健器械的大企业中, 有 1505 家为生产型企业, 它们生产几乎世界上所有的普通保健器械类型, 并为大量境外品牌进行代工（贴牌）。人们对保健器械特别是家用保健器械的需求也日益增加, 为保健器械行业提供了有利条件和发展机遇。而家用市场的规模也远大于商用市场规模, 且增长快。

二　保健器械行业环境分析

（一）经济环境分析

中国保健器械在 20 世纪 80 年代中期开始进入普通消费者家中, 初期产品包括按摩椅、跑步机等健身器械。90年代初，一些新兴保健器械作为时尚、现代化、高收入的象征进入部分城市居民家中。

1. 人均国内生产总值快速增加

根据发达国家的市场经验，当一个国家人均国内生产总值突破1000美元后，保健器械消费将进入快速成长期。① 目前中国保健器械市场已步入此阶段，但中国人均保健器械消费支出仅为美国的1/20、日本的1/15，这也从另一方面显示了保健器械市场巨大的成长空间和发展潜力。与此同时，中国经济在2005～2009年，一直保持了9%以上的增长速度。预计在未来将以6%以上的速度持续增长。

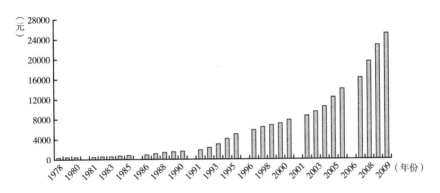

图2 1978～2009年中国人均国内生产总值

注：2009年数据根据国家统计局发布的相关数据补充而得。
资料来源：《中国统计年鉴》（1979～2010）。

2. 城乡居民可支配收入逐年增加

保健器械消费水平与居民可支配收入水平具有很强的正相关性，按中国城乡居民可支配收入的发展趋势可以预计，保健器械行业在未来会持续增长，达到目前的2～3倍。另外，城乡居民对自身保健重视程度与日俱增，其结果表现为保健费用支出的逐步上升。

3. 恩格尔系数逐年降低

保健器械行业之所以蓬勃发展，主要原因是人们生活水平明显提高。目前，中国城乡的恩格尔系数分别为37.0%和43.0%，东南沿海地区的一些大中城市

---

① 人口预测数来自国家计生委中国未来人口发展与生育政策研究课题组；各年份GDP是按照年增长率7%计算而得。

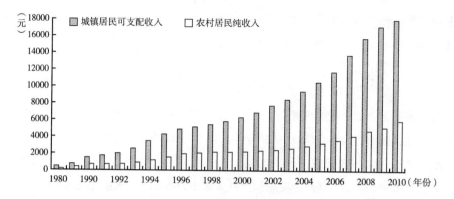

图3　中国城乡居民收入变化情况

资料来源：国家统计局。

已达到了中等收入国家水平。人们的消费观念、健康观念发生了较大变化，促使城乡保健器械消费支出以每年15%～30%的速度快速增长。

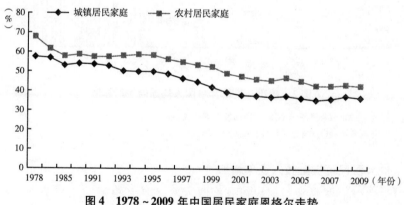

图4　1978～2009年中国居民家庭恩格尔走势

注：2009年数据根据国家统计局发布的相关数据补充而得。

资料来源：《中国统计年鉴》（1979～2010）。

4. 生活方式的改变推动对健康的需求

人们生活方式的改变，也成为保健器械行业发展的重要契机。社会竞争的加剧和生活、工作节奏的加快，使得人们生理和心理机能受到了来自外界的巨大冲击，处于亚健康状态的人群不断扩大。人们开始求助于保健器械，因此，保健器械的开发和生产已成为经济生活中的"热点"。特别是在"送礼送健康"的新时尚潮流引导下，保健器械成为节假日送礼的重要选择之一，中秋、国庆、元旦、春节期间保健器械销量占到全年销量的65%以上，成为保健器械产销旺季。这充分表明在21世纪保健器械市场规模将继续扩大，对拉动经济的协调均衡及可持续发展具有巨大的作用。

（二）政策环境分析

1. 没有国家立法依据

目前，对于药品、保健食品、医疗器械、消毒产品的监督管理，国家有专门的法律法规，但问题较多的保健器械产品却没有全国适用的法律依据。有的地方人大和政府制定了规范保健器械的地方法规和行政规章，而多数地方则没有管理制度，形成各地保健器械管理不一。例如，陕西省通过了由省人大制定的《陕西省保健用品管理条例》，而贵州省则是依据《贵州省保健用品受理审批暂行办法》对保健器械进行监管。吉林省政府于2004年出台了《保健用品生产管理办法》，使得保健器械产品生产得以规范管理，也使得众多企业顺势而上，积极开发并扩大保健器械生产规模。但由于省政府规章只能设定临时性的行政许可，这些管理办法有的只施用了一年多就废止了，没有相关方面立法，全省保健用品类的新产品一直处于停批状态，这在很大程度上遏制了保健器械行业的发展。

2. 没有统一的审批程序和标准

由于没有统一的审批程序和标准，缺少对产品宣传和包装标识的审批，有些地区保健器械归机械行业管理，有些地区保健器械又由医疗保健部门负责。这在客观上造成了经营者普遍重视药品质量管理，而放松对非药品的购进验收和质量管理。例如，在消费者向国家食品药品监督管理局询问甩脂机相关情况时，被告知甩脂机既不属于医疗器械，也不属于保健食品，不在其管理范畴内；而中国体育用品联合会认为，虽然一些运动器械厂商也生产甩脂机，但它属于保健类产品，该联合会没有制定相关行业标准；国家工商行政管理总局广告监督处工作人员指出，甩脂机产品广告属于生活用品类广告，虽然它涉及健康产品，但不属于药品、医疗器械这类有专门广告管理办法和审查标准，只按照一般管理法规和审查标准管理。同时，保健器械生产企业也不需要向卫生和食品药品监督部门申报，只需质检部门证明其无害、无质量问题即可生产经营，无须证明产品的保健功能。

与中国相比，欧美发达国家对保健器械管理非常严格。如美国食品药品监督管理局（FDA）规定，消费者在商店购买的眼镜框、眼镜片、牙刷及按摩器等保健器械都属于医疗器械。并将医疗器械分为三类风险等级，每一种医疗器械都明确规定

其产品分类和管理要求，目前在 FDA 的医疗器械产品目录中共有 1700 多种产品。①

3. 监管的缺位，法律制度的缺失

中国保健器械行业监管缺位、法律制度的缺失造就的如此宽松的生产环境令人担忧。许多不法商家钻法律空子，生产不合格保健器械。然而一旦伪劣产品在市场上大行其道，不仅会极大地危害人们的身体健康，也会给国家相关部门造成不利影响。据业内人士分析，目前保健器械行业面临严重的诚信危机，这不是短期内就能消除的，但是市场巨大需求仍在持续。当消费者对国产保健器械信心不足时，便会把注意力转移到进口保健器械上，行业标准缺失给伪劣洋保健器械的渗透间接提供了机会。因此，为保证行业乃至整个保健产业的可持续发展，保健器械行业亟须用标准进行规范，用政策进行支持。

4. 国家对市场整治力度不够

国家对保健器械市场不良行为要开展打击行动。保健器械市场上有很多质量差，甚至没有注册的产品，这些产品在消费者使用后甚至会危害到消费者的身体健康。同时市场上有很多不规范的虚假广告宣传和不恰当的销售等行为。政府已开始关注，并对这类产品进行了集中清理。2010 年，国家食品药品监督管理局下发《关于进一步加大对违法药品医疗器械保健食品广告的打击力度的通知》。同时，部分省市食品药品监督管理局开始制定条例管理以规范本省市的保健器械市场。这均显示了政策制度的逐渐完善，政府将加大对市场的整治力度。

三　保健器械行业国内外发展概述

（一）国内保健器械行业发展

1. 行业发展历程

（1）中国保健器械行业发展历史较短，可分为四个阶段。

第一阶段：兴起阶段。从 20 世纪 80 年代开始，保健器械逐步进入百姓生活。当时的保健器械主要是按摩椅、按摩仪等较为高档和时兴的礼品。20 世纪 80 年代末，生产保健器械的企业全国有十多家。由于保健器械高额利润，且相对较低的政

---

① 铁军：《保健品行业应"谁准入谁监管"》，《吉林人大工作》2008 年第 2 期。

策和技术壁垒，20世纪80年代成为保健器械行业的第一个高速发展时期。

第二阶段：繁荣阶段。进入20世纪90年代，经济状况的改善促使人们开始注重生活质量，加上流传几千年的中国传统养生文化，养生与保健蔚然成风。短短几年，中国便崛起了一批保健器械民营企业。据不完全统计，20世纪90年代新增保健器械生产企业达到200多家，经营模式包括生产加工、经销批发、商业服务和招商代理等。

第三阶段：萧条阶段。1996年3月，国家通过出台《保健品管理办法》，对包括保健器械在内的保健用品进行全面整顿。随后，先前监管无序的保健器械行业出现了空前的信任危机，市场出现严重的萧条。

第四阶段：复苏阶段。2003年受"非典"的影响，公众对保健的重视程度提高，适应健康新观念、顺应世界回归自然趋势的中国特色保健器械行业获得稳健发展，重新焕发勃勃生机。在此期间，国外保健器械产品也开始进入中国并迅速抢占国内消费市场。

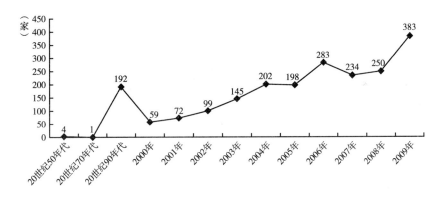

图5　中国保健器械新增企业数量

资料来源：中国保健用品产业发展报告课题组项目企业数据库。

（2）中国保健器械行业发展回顾。从保健器械行业发展历程看，虽然中国保健器械市场经历了兴起、繁荣、衰退和复苏，但中国保健器械企业数量一直在增加，市场绝对量在扩大，市场环境在不断改善，总体来说，保健器械行业市场处于不断发展和壮大的初级阶段。

2. 行业发展现状

（1）保健器械消费额较低。随着中国经济发展，居民收入水平提高，人们对生活质量的要求也日益提高。"和谐、绿色、健康"已成为现代人追求的理想生活状态。而保健器械行业作为健康生活的推手行业，也逐步成为继住房、汽车、教育以后，中国居民消费的又一热点。近年来，中国城乡居民保健类消费支出以15%～30%的速度增长，远高于发达国家12%的增长速度，说明老百姓保健意识增强。[①] 但从绝对数看，水平还很低。保健器械消费额仅占社会总体消费品零售总额的1.47%；全国城乡人均保健器械消费支出每年仅为31元，是美国的1/20、日本的1/12。但中国已步入老龄化社会，人们保健意识增强，保健器械需求将进一步扩大。

（2）企业生产的产品品种繁多。据调研统计，目前中国约有保健器械企业约2150余家。其中，经营按摩类器械企业有1321家，经营健康体检仪器设备企业有158家，经营康复器械类企业有230家，经营健身类企业有295家，经营理疗用品类企业有302家，经营饮水类用品有321家企业，经营美容美体类器械企业有299家。此外，还有1179家企业生产经营其他保健器械。

（3）部分龙头企业带动行业发展。在机遇和挑战并存的市场，中国保健器械龙头企业的良性发展给行业发展起到示范和带动作用。表1显示了中国知名保健器械生产企业2008年的营业额，其中，广东紫薇星以25403万元的业绩领跑其他企业。从表1可看出，中国保健器械企业规模不大，排在第十位的深圳市东迪欣科技有限公司的年销售额仅有3774万元，属于规模以下企业。

表1　2008年中国知名保健器械生产企业营业额

单位：万元

序号	公司名称	营业额
1	广东紫薇星实业有限公司	25403
2	广州骏丰医疗器械有限公司	10671
3	北京周林频谱科技有限公司	9331
4	深圳市精锐实业有限公司	6677
5	上海华辰医用仪表有限公司	6263
6	龙口市双鹰医疗器械有限公司	6006
7	福建省福安市康华电子医疗仪器厂	5748
8	武汉天地之间生物工程有限公司	4574
9	山东盛宏医药科技有限公司	4513
10	深圳市东迪欣科技有限公司	3774

资料来源：中国家用医疗保健器械行业市场调查，2009。

---

① 王洪涛：《保健产业要保健》，《上海经济》2004年第3期。

（4）行业发展尚存许多制约因素。面对日益开放与竞争激烈的市场，中国保健器械行业发展并不均衡，众多保健器械企业受到资金、技术、渠道等瓶颈制约难以突破，保健器械市场存在竞争无序、行业标准模糊、无稳定渠道等问题。这一系列问题严重地影响着保健器械行业的快速健康发展。

监管检查发现，一些保健器械出现在流动场所、产品无注册证或者仅有部分零部件注册的现象严重。部分经营者经营行为不规范，存在误导消费者，甚至假借生产厂家委托，无证违法经营等问题。为此，监管部门要适应和把握保健器械市场的新变化、新动向，加强行业监管，保障行业可持续发展。

（5）国外保健器械大量进入国内。面对中国广阔消费市场，在一片"狼来了"喊声中，"洋保健用品"大举登陆国内市场。近五年，国外保健器械在中国市场上的年销量以平均12%的速度在增长。

目前，欧美企业在中国市场销售保健器械已超过500多种。据美国的NPD市场调查公司预测，今后几年美国保健器械在中国市场依然会热销。国内保健器械企业与舶来品竞争将会加剧。据调查显示，在100名购买保健器械的国内消费者中，大约有15名消费者在买洋保健器械，这个数字在未来几年还将不断上升。[①]

目前，多家知名保健器械跨国公司已通过收购、兼并、租赁等形式在中国设立了分厂，洋品牌保健器械已占据了国内大部分市场份额。

与此同时，国外品牌在中国保健器械市场的发展战略和营销模式值得国内企业研究与借鉴。国内保健器械企业往往是在一段时间里集中推广某类产品，而国外保健器械企业往往是一个品牌旗下推销多种类型，其产品包罗万象。消费对象从婴儿到老年人，从女性到男性，功能更是涵盖了目前市场上的所有种类。

国外保健器械企业凭借其雄厚的资金和科研实力与国内企业展开竞争，尤其是在中国加入WTO后，行业竞争愈加激烈。其通过知名品牌、先进技术、恰当市场策略迅速赢得中国消费者信赖，取得不俗成绩。经过此轮攻势，"洋产品"显然已成为国内保健器械市场中一支主要的力量。

---

① 薛原：《保健品行业内忧外患》，2005年12月6日《健康报》。

表2 中国保健器械市场上著名的国外品牌

品牌名称	行业主营产品	企业名称
松下 (Panasonic)	按摩椅、电子血压计、血糖仪、按摩器、骑马健身器、负离子直发机、修眉面器、美睫器、吸氧机等	松下电器(中国)有限公司
傲胜 (Osim)	按摩椅、颈肩乐、反射区滚轴、手提按摩器、按摩棒、按摩沙发、纤体带、摩摩衣、按摩器、奶嘴抗菌器、按眼舒等	新加坡傲胜国际股份有限公司
三洋 (SANYO)	按摩椅、电热毯、净化器、吸尘器等	日本三洋电器集团
凯士乐	按摩椅、足疗机、美腿仪、按摩垫、按摩沙发、太空健康枕、脊柱保、脑灵通、颈肩乐等	1956年始于美国,美国凯士乐科技发展有限公司
欧姆龙 (Omron)	按摩垫、电子血压计、体重脂肪组成计、计步器、体温计、血糖仪、低频治疗仪等	1933年始于日本大阪,欧姆龙(中国)有限公司
西铁城 (CITIZEN)	电子体温表、血压计、保健手表等	日本西铁城电子有限公司
迈克大夫 (Microlife)	电子体温计、水温计、电子血压计、温度计、耳温枪等	德国百略医学科技股份有限公司
三星 (Healthyliving)	电子血压计、玉石保健坐垫、玉石温灸理疗坐垫、保健随身听等	1938年始于韩国,"世界财富500强"
强生 (Johnson)	血糖仪、心电生理及心血管循环介入产品、骨科及神经外科产品、高级灭菌产品、OCD临床实验室诊断和血液检测产品等	1887年始于美国,强生(中国)投资有限公司
罗氏 (ACCU-CHEK)	血糖仪	德国品牌,最早的血糖仪生产厂家之一
京都 (ARKRAY)	血糖仪、尿液分析仪、尿沉渣分析仪、全自动糖化血红蛋白分析仪等	1960年始于日本,爱科来国际贸易(上海)有限公司
雅培利舒坦 (Abbott)	血糖仪	美国品牌,上海雅培制药有限公司,"十佳血糖仪品牌"
瑞特 (BIONIME)	血糖仪、风淋室、风淋通道、臭氧发生器、消毒洗手槽、巴氏杀菌机、杀菌流水线、风干机	瑞士品牌,华广生技股份有限公司,"十佳血糖仪品牌"
西门子 (Siemens)	助听器、用于诊断的影像系统、治疗设备、彩色多普勒超声系统、全自动生化分析仪、直流调速器等	1847年始于德国,世界上最大的电气工程和电子公司之一西门子(中国)有限公司

注:按市场份额及消费者评价度综合评选。
资料来源:中国保健用品产业报告课题组项目企业数据库。

（二）国外保健器械行业发展

1. 国外健康服务业规模庞大

以美国为代表的西方发达国家健康服务产业成就斐然。美国医疗保健事业所创造的 GDP 占全国 GDP 的 14%，达到 1.4 万亿美元，这是由于其医疗保健事业的发展带动了很多其他产业发展，如制药工业、医疗器械、诊断试剂、制药设备、物流行业、包装行业、辅料工业、医院、保健用品产业、保险行业、银行业等。

美国国内对医疗保健器械产品需求巨大，为其企业发展提供了天然生存基础。技术领先的美国医疗保健器械生产企业在全球医疗保健器械市场上占据了很高的市场份额，尤其是电子类医疗器械是美国最有竞争力的产品。相反，由于美国国内医疗器械市场非常成熟，且准入机制严格，使得国外企业很难进入美国市场。与此相对应，美国人对健康的关注度也比较高，在健康方面的支出比较理性，支付能力强，这是维系此行业运转的最大动力。

2. 国外保健器械监管体系

（1）美国实行上市前审批，上市后行政监督的制度。发达国家对保健器械的管理非常严格。1976 年，美国国会通过了《食品、药品和化妆品法》修正案，加大了对医疗器械进行监督管理的力度，并确立了对医疗器械实行分类管理办法，这是国际上第一个针对保健器械的国家立法，并由政府行政部门对医疗器械进行监督管理。1990 年，美国国会又通过了《医疗器械安全法》。美国对医疗器械上市前实行审批，上市后继续进行行政监督，上市后的监督包括质量体系检查和不良事件监测及再评价。

（2）欧盟实行上市前统一审批，上市后由各国自行管理的制度。1990 年前，欧盟尚未形成统一市场，各国立法管理本国医疗器械，如英国、法国等均制定了管理办法，进行比较严格的管理，瑞典等未制定管理办法，主要依靠企业自律管理。为了适应市场统一的需要，欧盟从 1988 年开始讨论统一欧盟医疗器械管理问题，目前已制定了一套管理法规，主要用于产品上市前的审批管理，而临床研究和上市后监督管理仍然由欧盟各成员国自行负责。欧盟医疗器械产品上市前审批是统一的，各生产企业可直接到通告机构提出申请，由通告机构负责审查，通过审查后发给认证证明，贴上"CE"标识，就可以进入欧盟各成员国的市场。上市后的管理各国未统一，由各国有关部门自行负责，上市后管理主要集中在两

方面，一是对生产企业进行质量体系检查，二是建立不良事件报告和反馈体系。

目前，世界除欧盟外的大多数国家采用的是美国的模式，但也有不少国家开始采取欧盟的模式。

四 保健器械市场发展情况分析

（一）总体发展状况分析

1. 市场规模分析

保健器械行业在世界市场的容量稳速上升。中国作为一个具有传统保健养生理念的大国，对保健器械的需求更是与日俱增。

在课题组调研的 2152 家企业中，有营业额数据的为 751 家。其中，年营业额在 10 万元以下的企业有 17 家，10 万~30 万元的有 29 家，30 万~50 万元的有 22 家，50 万~100 万元的有 66 家，100 万~200 万元的有 65 家，200 万~300 万元的有 28 家，300 万~500 万元的有 89 家，500 万~700 万元的有 67 家，700 万~1000 万元的有 67 家，1000 万~2000 万元的有 127 家，2000 万~3000 万元的有 52 家，3000 万~5000 万元的有 56 家，5000 万~10000 万元的有 35 家，1 亿元以上的有 31 家。

2. 产品以按摩类和其他类产品居多

当前，中国生产的保健器械按用途主要分为按摩、体检、康复、健身、理疗、美容和美体、饮水、空气净化及其他 9 类产品。企业调研名录数据显示，2152 家企业主营业务中含有按摩产品的有 1320 家，体检用品的有 158 家，康复用品的有 230 家，健身用品的 295 家，理疗用品的有 302 家，美容美体用品的有 299 家，饮水用品的有 341 家，空气净化的有 341 家，其他用品的有 1179 家。企业生产的产品反映了市场上的需求情况。从企业主营业务结构看，可以发现按摩和其他用品的在保健器械行业中所占比重大，生产的企业较多，此类产品市场需求较大。而体检、康复、健身、理疗、美容和美体、饮水、空气净化等产品的生产企业的数量大致相同，在市场上也占有一定地位。

3. 企业状况分析

（1）经济类型以股份制企业和个体经济为主。保健器械企业经济类型涉及多种，在被调查的 4446 家企业中，获得保健器械企业经济类型有效数据达 2398 家。据统计，这其中股份制占到业内总数的一半，共有 1185 家（占 49.4%），个体经济、私营经济类型企业在中国保健器械市场中也占有相当大份额，分别为 23.6% 和 18.9%。此外，还包括国有经济、港澳台投资经济、集体经济等其他经济类型，但所占比重并不大。国有经济仅占 4.3%，集体经济仅为 0.7%，外商投资经济占 1.33%，港澳台投资经济占 1.4%。由此可见，保健器械行业主要是股份制企业和私营企业，而国有经济和集体经济、外商投资企业都非常少。

表 3　中国保健器械企业经济类型分布

单位：家

经济类型	具体类型	企业数目
外商投资经济	中外合资经营企业:7 中外合作经营企业:1 外资企业:24	32
个体经济	个体经营:567	567
私营经济	私营独资企业:246 私营有限责任公司:184 私营合伙企业:23	453
国有经济	非营利组织:2 国有企业:18 一人有限责任公司:84	104
港澳台投资经济	港、澳、台商独资经营企业:21 合资经营企业(港或澳、台资):12	33
股份制经济	私营股份有限公司:27 有限责任公司:1123 股份合作企业:35	1185
集体经济	集体企业:17	17
其他经济	三来一补:2 法人分支机构:5	7

资料来源：中国保健用品产业发展报告课题组项目企业数据库。

（2）企业规模以中小型企业为主。课题组能搜集到营业额数据的为 778 家，其中，31 家（即 3.98%）为大型企业（年营业额 ≥ 1 亿元）；270 家（即 34.70%）为中型企业（1000 万元 ≤ 年营业额 < 1 亿元）；61.31% 的为小型企业（年营业额 < 1000 万元）。这表明在中国保健器械的生产企业中，中小企业占绝大多数，规模以上的企业较少。

显然，大型企业垄断的竞争格局不利于行业发展，也不符合行业的长远利

益；但中小企业过多，产业分散、集中度低，更不利于对外竞争。

（3）企业经营模式多为生产加工。从课题组调查的数据看，中国保健器械行业，经营模式为生产加工的占到了61%，主要进行经销批发的占到了34%，招商代理的为3%，商业服务的很少，仅为2%。

目前，除中脉公司、广东紫薇星、山东康泰公司、天津九安医疗电子股份有限公司、江苏鱼跃医疗设备股份有限公司等几十家大企业外，其他更多的是规模不大、专业化程度不高的企业，甚至其中32%的企业缺乏自主生产能力，仅以经销批发、招商代理、商业服务为主，且这些企业大部分处于基本维持生存的状态。

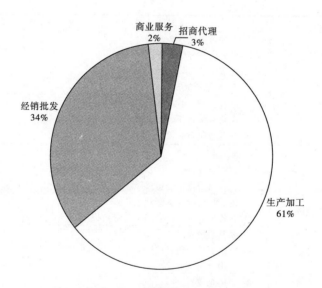

图6 中国保健器械经营模式

资料来源：中国保健用品产业发展报告课题组项目企业数据库。

（4）主要在国内市场销售。据统计，2010年中国保健器械主要市场是中国内地，其次为中国港澳台地区。值得注意的是，国内一些著名保健器械品牌（如荣康、中脉等）已经开始走向世界，在全球范围内提供产品与服务。此外，北美、日本、西欧等国家或地区的需求旺盛，销售良好。从课题组统计的数据看，中国内地市场占到了全部销售额的23%。中国港澳台地区占到了全部销售额的13%，两者总和为36%，其余各地区的市场份额均在10%以下，但产品销售区域分布很广。

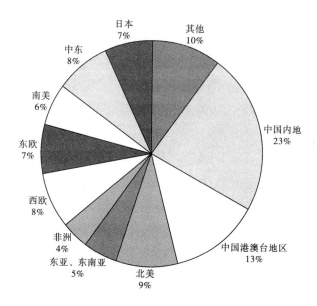

图7 中国保健器械主要市场分布

资料来源：中国保健用品产业发展报告课题组项目企业数据库。

（5）企业产地主要集中在经济发达地区。产地集中是中国保健器械行业的一大特点。就国内保健企业的分布状况来看，大部分企业主要集中在广东、浙江、北京、上海等地，这几个地方保健器械生产企业的数目占到了中国保健器械企业总数的61%以上，而诸如广西、甘肃、青海、贵州等经济欠发达地区的保健器械企业数所占比例不足4%。由此可见，中国保健器械产地与地区经济发展状况密切相关。

表4 中国保健器械企业的地域分布

单位：家

地　区	企业数量	地　区	企业数量	地　区	企业数量
广　东	1128	四　川	35	湖　南	5
浙　江	519	湖　北	53	重　庆	14
北　京	250	辽　宁	43	新　疆	8
上　海	246	安　徽	30	广　西	6
山　东	213	陕　西	20	贵　州	6
河　北	163	黑龙江	58	甘　肃	3
江　苏	244	吉　林	22	台　湾	0
天　津	208	江　西	15	内蒙古	13
福　建	160	山　西	17	香　港	8
河　南	32	云　南	5	宁　夏	0

资料来源：中国保健用品产业发展报告课题组项目企业数据库。

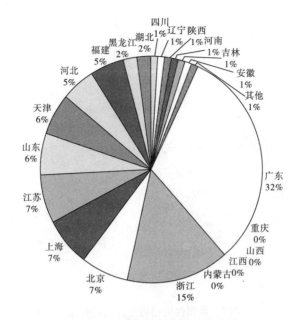

图8 中国保健器械企业地域分布情况

资料来源：中国保健用品产业发展报告课题组项目企业数据库。

（二）市场特点分析

1. 差异化趋势

随着市场竞争的加剧，各保健器械企业都希望找到差异化发展途径，从目前大众化的营销模式中找到新的定位点，从而推动企业迅速发展。它们有的求同存异，有的追求创新，有的加大宣传，有的则在整合终端资源。力求在发展中立足企业现实，根据产品的异同点实现独具特色的经营模式。产品差异化本质是相对于同质化或者成本优势而言的一种竞争手段或产品定位。它通常包括价格定位差异化、技术发展差异化和功能定位差异化。

（1）价格定位差异化。价格定位差异化是在充分考虑产品差异、消费者需求差异、时间差异、地点差异等的基础上，以不反映成本费用的比例差异而制订不同价格。通常，保健器械生产经营单位会对不同型号或形式的产品分别制订不同价格，而不同型号或形式产品的价格间的差额和成本费用间的差额并不成比例。价格差异化是产品差异化的重要市场表现形式，大部分保健器械经营企业可通过市场价格差异化来反映产品差异化。

（2）技术发展差异化。产品差异化是技术创新的表现形式。实行技术发展差异化策略的保健器械生产企业十分重视在 R&D 方面的投入。结合世界科技和同行业科技的发展动态，研究本企业所需设备、原械料的最新科技发展趋势，正确地进行技术决策、产品决策，确定发展什么样的新产品。根据企业实地调研，按摩椅生产企业——山东康泰公司每年的研发投入占销售收入的 5% 以上，新产品贡献率达到 50% 以上；医疗保健器械生产企业——广东紫薇星每年新产品研发经费投入约 1200 万元。

（3）功能定位差异化。功能定位差异化是指根据消费者消费要求的不同，提供不同功能的系列化产品供给，如增加一些功能就变成豪华奢侈品（或高档品），减掉一些功能就变成中低档消费品。消费者可根据自己的习惯与承受能力选择相应功能的产品。例如，按摩椅的主要功能是按摩，如将其功能向纵深方向发展，增加按摩椅与身体情况反映功能、电视娱乐功能等，以满足不同层次消费者的需要。这种差异优势的创造，给消费者留下了深刻印象，并在市场竞争中起着先入为主的作用。

2. 市场分析

随着人们生活水平的提高，消费观念的更新，向健康投资已成为一个新的消费领域。时下各类保健器械已经进入寻常百姓家中，市场发展良好。

（1）小型保健器械畅销。小型保健器械适宜家庭或旅行使用，具有治病、理疗、健美、美容、保健等多种用途，加之其小巧玲珑、功能多样、操作简便、可自行调节使用、便于携带等特点，越来越受到人们欢迎。据有关统计资料显示，1993 年中国保健器械市场刚兴起时，在市场销售额中，集团消费占到 90%，而家庭消费不到 10%；而 2009 年家庭消费已占到 50% 左右，且还在继续上升，特别是价格适中、质量可靠、使用方便、造型美观的小型保健器械，个人消费比例已占到 85% ~ 90%。现在小型保健器械市场出现了子女为父母购买、老辈为晚辈购买的活跃场面，保健器械甚至也成了新婚嫁娶、馈赠亲友的佳品。因此，不少企业为提高产品的市场竞争力，在改进产品设计、包装、内在质量的同时，更注重产品的推陈出新，使新品种层出不穷。如一系列低脉冲穴位治疗仪、场效应治疗仪、足穴部保健治疗仪、远红外保健器、肌肉兴奋器、关节按摩器、握力器等保健器械云集市场。据保健用品和体育用品商店反映，上述产品深受人们喜爱，销售形势很好。

据了解，小型保健器械市场走俏的主要原因有：一是人们保健意识增强，对理疗保健有新要求，舍得为健康投资。二是市场上一些营养滋补品良莠不齐，也促使消费者转向购买非食用的小型保健器械。三是小型保健器械品种繁多，消费者可任意挑选，且功能广泛，操作简便，便于消费者使用。四是价格较为适中，不少品种价格从几十元到几百元，消费者一般都能接受，与药品相比，有一人购买多人使用、无副作用等特点。五是广告宣传得力，人们每天打开电视机，翻开报纸、杂志，经常可接触到小型保健器械的广告宣传，不少品种的生产经营者还在商场、药店、医疗部门等地边宣传边提供免费体验，并收到了良好效果。连续不断的广告宣传往往能够激起强烈的购买欲望，从而促进了生产和销售的增长。

（2）大型保健器械市场方兴未艾。大型保健器械过去一般都是由体育场所、医疗单位、大专院校、健身房等购买，但现在已悄然进入百姓家中。据有关方面对某市 16 家专营或兼营保健器械商店的调查，过去卖不掉的保健器械，现在一个月可销售上百台，且销售量逐年增加。

大型保健器械不仅在大城市兴起，在中小城市的市场也同样"升温"，家庭在装修和购置家私后，购置保健器械的明显增多。在市场上的大型健身器械品种也日益增多，且外形美观大方，其价格低的几百元，高的逾千元乃至上万元，销量均不错。

大型保健器械畅销主要原因有：一是目前中国有 300 多座大型体育馆，2 万多个体育场，几十万名专业运动员和几百万名业余运动员，各级各类体育院校、少年儿童业余体校达 2000 多所，这些构成了对健身器械的需求。二是旅游业的发展需要高档次的大型保健器械。全国各大中城市和旅游胜地最近几年修建了很多专门针对旅客的综合性娱乐场所，都设有健身房、养生馆以满足旅客的保健需求。三是近年来人们收入水平提高，购房家庭日益增多，住房条件明显改善，消费观念逐步改变，原先"冬练三九"和"夏练三伏"的传统室外健身方式，正在被足不出户的室内保健法所取代。

（三）进出口情况

在众多保健器械中，按摩产品的供给和需求所占比例较大，1/3 的企业主营业务均包含按摩类保健器械。因此，下面着重就按摩类保健用品的进出口情况进行了分析。

来自中国海关总署统计数据显示，2006～2009 年按摩类保健器械的进口为 2 万～30 万件，而在 2010 年按摩类保健器械的进口猛增至 88.31 万件，同比增长 161.18%，其中，尤其是高端保健器械市场已基本被进口产品占据，进口平均单价为 33.97 美元，而出口单价仅为 12.58 美元。进口产品激增，一方面反映了中国对保健器械的巨大需求，另一方面反映了国内保健器械生产厂商实力还比较弱，难以与国外厂商抗衡。

从各省市进口情况来看，进口保健器械绝大部分从广东、上海、北京等地进入国内市场，如上海浦东、广州、深圳、北京、江苏等地的进口量非常大。在进口数量上，排名前四位的地区保健按摩器械的进口量占主要省市进口量的八成以上；在进口金额上，排名前四位的地区进口金额达占主要省市进口金额的一半，并且这些地方的进口量仍然呈快速上涨态势，显示了这些地方对国外保健器械进口需求非常大，说明对保健器械进口产品的需求与地区经济水平、生活质量高度相关。

据中国海关总署数据显示，从 2006 年按摩类保健器械的出口达到 10718.73 万台的高峰记录开始，2007～2009 年出口数量连续呈小幅下降趋势，2010 年出口数量开始逆转下降态势，同比增长 12.24%，达到了 8672.5 万台，但与 2006 年的高峰值还有一定差距。

从各省市出口情况看，浙江、广东、上海、福建等地的出口量较大，尤其是浙江占据了出口的大部分。在出口数量上，排名前四位的地区保健按摩器械的出口量占主要省市出口量的六成以上；在出口金额上，排名前四位的地区出口金额占主要省市出口金额的三成。可见保健器械行业进出口区域相对集中于运输成本和税收成本较低的地区。

五　保健器械行业竞争分析

（一）行业竞争格局

目前，中国保健器械发展势头良好，需求量大，行业利润处于高位，消费者普遍认为保健器械价格过高。这种高利润、高价格为降价提供了较大空间。高利润会吸引新竞争者进入保健器械行业，竞争者的增加会带来价格下降和市场逐步规范成熟。同时也不可忽视一些潜在问题，如生产企业多、规模小、成本高、效

益低、售后服务跟不上等。这些问题如不加以解决，将直接影响到中国各类保健器械市场的发展。中国保健器械行业虽起步较晚，但也已经历了一个比较完整的产品生命周期，从这一点来说，保健器械行业应该即将步入一个更趋理性的发展阶段。

1. 市场集中度较高

目前保健器械市场可分为按摩、体检、康复、健身、理疗、美容和美体、饮水、空气净化、其他九大板块。从市场总体情况看，每个板块的细分市场都被实力雄厚的大型企业所占据，名牌保健器械的市场占有率在稳步上升，国内市场不到20%的品种占据了50%的市场份额。[①] 这说明知名品牌在市场中的地位逐渐确立，这也是保健器械市场竞争格局逐步完善的标志。

在按摩椅市场上，有获得中国驰名商标的山东康泰公司，还有中国航天专用产品——荣康按摩椅，以及松下、傲胜、三洋、英派斯等外资品牌。

在按摩器市场上，则市场由荣康、联创、力明、欧姆龙、倍轻松等著名品牌占据。

国外生产的电子体温计和电子血压计、血糖仪等产品质量很好，这些产品在国外的市场需求量很大，国内市场也充斥着国外这些产品，包括欧姆龙、西铁城、迈克大夫、强生、罗氏等品牌。助听器市场上更是由国外产品所垄断，包括西门子、瑞声达、斯达克等品牌。

在健身器械市场上，国内十大品牌占据了一半以上的市场份额，包括万年青、汇祥、好家庭、英克莱、舒华等品牌。

2. 外资品牌冲击中国保健器械市场

外资品牌的保健器械质量好，技术先进，且企业资金实力雄厚。而中国保健器械行业企业主要是中小企业，研发能力不足，技术劣势明显，主要依靠模仿国外品牌或结合中国传统养生保健之道来生产产品。使得外资品牌在国内保健器械市场占有一定地位，这从中国激增的进口量可得到验证。但外资品牌价格高，在中国属于高端产品，并不适合中国数量居多的大众消费者，而国内中小企业生产的产品定位于中低端产品，符合中国普通消费者的消费需求，占据了绝大部分的市场份额。

---

① 李方林、李新荣、庄琳：《关于保健用品产业发展情况的调查研究》，《行业广角》2005 年第 5 期。

但长期看，由于拥有技术，国外产品在拥有了高端市场后，会逐步向中低端市场发展。面对中国如此大的市场，其一定会设法分得一杯羹，这将会使未来保健器械行业竞争更为激烈。

3. 保健器械市场需求弹性大

保健器械需求弹性大，为保健器械降价提供了较大空间。需求弹性是指一定商品的价格变动所引起的该种商品需求量的增减变化。保健器械属高需求弹性商品，目前，大多数消费者认为保健器械价格过高。这就意味着，如果降价，保健器械的需求量将会成倍增加。随着国内竞争加剧和国外保健器械同行的加入，竞争带来的降价将是不可避免的。

与此同时，保健器械逐渐由奢侈消费品向普通消费品的转变是必然趋势。随着保健观念的深入和人们生活水平的提高，保健器械正逐步成为人们的日常生活消费品。由于市场规模扩大，行业规模效益可弥补降价带来的损失，行业利润不仅不会受到影响，反而还会有所增加。因此，低价政策更符合未来保健器械的角色定位。目前中国市场上部分保健器械的市场定价如表5所示。

表5 中国保健器械市场部分高、中、低档产品市场价格情况

单位：元

高档产品类别	价格区间	中档产品类别	价格区间	低档产品类别	价格区间
多功能跑步机	1000 ~ 30400	普通跑步机	500 ~ 1000	简易扩胸器	5 ~ 100
按摩椅	980 ~ 48800	热敷器	88 ~ 888	刮痧板	1 ~ 100
家用理疗仪	110 ~ 16800	健身车	200 ~ 800	扭腰盘	10 ~ 50
磁疗机	298 ~ 1380	足浴盆	30 ~ 2000	握力器	1 ~ 50
助听器	120 ~ 12000	甩脂机	50 ~ 6000	跳舞毯	30 ~ 100
多功能扩胸器械	1000 ~ 49800	美腿器械	100 ~ 3000	美腿棒	30 ~ 100
保健饮水机	220 ~ 20000	保健饮水机	220 ~ 20000	臂力器	10 ~ 100
经络治疗仪	38 ~ 13800	电脑辐射消除器	108 ~ 6800	温灸棒	5 ~ 30

资料来源：课题组据慧聪网、阿里巴巴网、淘宝商城、马可波罗网上关于大众产品报价统计而得。

（二）行业竞争关键因素

1. 产品

产品是行业内一个企业的标志，是企业收入的来源。哪个企业拥有让消费者

满意的产品，并形成优质品牌，哪个企业就能取得更高的市场占有率。

当前国内保健器械存在的问题主要包括以下几个方面。

首先是缺乏核心技术，国内保健器械产品没有核心技术是行业之大不足，但若这种先天性缺陷始终充斥在思维和行动中，则会引起创新迟钝和技术研发的忽略。对技术的依赖性始终是被动的，表现到产品和终端层面就是产品的同质化和竞争的无序化，当然还有价格的过于理性，动不动就是价格竞争。

其次是产品缺乏创意。进口产品价格高高在上，并不一定因为它的核心技术有多么强，多么先进，而主要是其创新意识强。国内品牌产品缺乏研发创意，核心技术只是其中一个点，更多的是由普通技术融合而成，普通技术也能成就产品的大创新和技术突破。这种创新和技术突破完全可以作为品牌产品的溢价，把产品价位提上去。

最后是国内品牌急功近利，投资周期短。如必青神鞋刚上市时，就夸大宣传，多次违规，有数据显示，当其产品进入销售高峰时，一年内投诉量中达到15%的投诉量都是必青神鞋的消费者投诉，这种惊人的投诉量使得必青神鞋很快被查处，进而"悄悄"地不见影踪。消费者评论某些保健器械为"掠夺式"产品，即这些产品没有自己的核心技术，一切都是简单的"拿来"，运用某一个"点"来炒作产品，这类产品明显做不大，只想短期内赚钱，没有长远规划，价位不敢走高。因此，这类问题的关键在于赚到钱后，企业应该敢于投入后续资金用于产品的技术改造，谋取产品持续竞争力，延长产品的生命力。

总而言之，国内保健器械生产企业，只有加大技术投入，加快产品创新，满足消费者需求，着眼于长期发展，建立真正的品牌，才能在竞争中立于不败之地。

2. 营销

在市场经济下，产品很丰富，消费者选择很多，营销方式的成功与否能够极大地影响到产品的销量和企业品牌知名度。

当前，国内保健器械市场主要问题是"产品万能"，加上"广告万能"就等于成功的概念营销。如神功元气带、周林频谱仪、必青神鞋、祝强降压仪等，这些产品很少是踏踏实实通过产品本身发展起来的，都是借助广告强势轰炸，反复播出，夸大疗效，甚至出现了产品可以治疗任何疾病的广告词。久而久之，这都将大大降低消费者对行业产品的信任度，也没有几家企业能形成真正品牌。

保健器械行业当前的营销模式没有使社会形成一个良好环境，即没有很多长期经营的企业和正确消费观念的消费者，这不利于行业健康发展，也不利于企业扩大生产经营规模。

当前，国内企业几乎都在模仿国外先进的营销技巧，但很少有企业去学习进口品牌的发展战略和营销策略。结果往往是形式学到了，也可以依照这种方式取得阶段性成功，但这种成功是没有根基的，没有品牌支撑，经不起成熟市场竞争的考验。因此，真正营销方式最重要的还是围绕着品牌建设。谁能首先建立起一个品牌，谁就能在市场竞争中占据有利的位置。

3. 渠道

国内保健器械主要通过卖场、超市、电视购物、专卖店等渠道销售，除此之外，还有休闲中心、网络、展销会、药店等渠道。渠道分布广泛，凡是与保健有关的地方均有产品销售。但这样使得产品没有固定的销售渠道，也不能形成集约效应，即消费者不容易对各品牌产品进行价格和质量上的对比，产品的品牌效应和销量都得不到保证。

保健器械未来趋势是在大卖场和专卖店中销售，许多有实力企业已开始在全国各地设立自己的销售网络，大幅度增加专卖店、特许经营店等。在行业逐渐成熟，消费者逐渐理性，品牌越来越货真价实的前提下，渠道将大大影响企业的产品销量。

4. 价格

价格是产品或品牌综合情况的反映。既反映其供需状况，也反映其成本和品牌溢价等因素。目前国内保健器械价格呈两极分布。高端产品，尤其是技术含量高或知名品牌的进口产品价格高，只有少数人能承受；而国内企业生产的中低端产品则相对便宜，大部分消费者都能接受，市场需求量大。但由于这一行业不成熟，市场竞争较为激烈，产品同质化现象严重，能够形成品牌的很少，导致企业间大打价格战，这种情况下，也只有价格低的企业能够赢得市场份额。但价格战对所有企业都没有好处，企业利润变得很低，影响到研发投入与扩大生产。

长期来看，企业要提升产品质量和档次，掌握关键技术，建立品牌认知度，这样企业才能更好地控制价格，既能赢得市场，又能提高利润。

（三）保健器械行业的进入壁垒

中国保健器械行业自形成以来，一直是属于低进入、高退出的行业。随着

保健器械行业的高利润，新进入者呈爆炸式增长，从而使保健器械行业存在优劣并存的问题。对新进入保健器械行业的企业而言，主要有以下几方面的障碍。

1. 公众认同障碍

一种产品能不能销售出去，关键要看消费者接不接受。对保健器械来说，公众的认同显得尤为关键。因为保健器械直接关系到消费者的健康，是消费者主动花钱买健康，消费者选择的时候会比较谨慎。所以公众的认同将是企业进入保健器械行业的一个重大障碍。

以往保健器械企业是通过投入巨资做广告来吸引消费者，其目的就试图跨过公众认同这个障碍。然而，据 2009 年对消费者在保健用品消费方面的调查，有70% 的消费者不认同保健用品广告，公众消费理性在不断增强。这继而使得公众的认同成为进入保健器械行业最大的障碍。

2. 规模障碍

任何行业都有规模障碍，不形成一定规模，企业就难以生产经营。然而，保健器械行业的规模障碍很小。据统计，国内年营业额在千万元以下的小型保健器械企业占行业总数的 65%。日益成熟的保健器械市场需要实力雄厚的资金基础和长远发展战略及与研发投入相称的基础装备来生产新产品，且这个规模障碍会越来越高。在保健器械市场细分条件下各领域出现的一定规模的垄断，就充分说明了这一点。随着国外保健器械登陆国内市场和大型企业集团的进入，行业规模障碍会在短时间里抬升到很高层次。预计在未来一两年，会有大批小型企业被淘汰出局。

此外，随着国家对保健器械监控力度的加大，法规日渐健全，再加上公众对保健用品消费日益理性和竞争市场的日益成熟，保健器械行业的进入障碍会越来越高，也许不会再出现保健器械"各领风骚两三年"的局面。

六　保健器械行业营销模式分析

（一）营销模式分类

中国城市人口中有 93% 的少年儿童、98% 的老年人和 50% 的中青年人在使用保健器械，一个保健器械的巨大消费市场正在形成。同时，因保健器械行业技术、资金等进入障碍较低，企业竞争更主要体现为营销渠道的竞争。

1. 体验式营销

体验式营销是从消费者的感官、情感、思考、行动、关联等五个方面重新定义、设计的营销方式。此种营销模式突破传统上"理性消费者"的假设，认为消费者消费是理性与感性兼具的。消费者在整个消费过程中的体验是研究消费者行为与企业品牌经营的关键。增加产品的"体验"含量，能为企业带来可观的销售收入和经济效益。

在传统营销理念中，企业强调的是"产品"。但合乎品质要求的产品，消费者却不一定满意。现代的营销理念强调的是"服务"；然而，即使有了满意服务，顾客也不一定忠诚。体验式营销在向客户展示产品过程中提供了优质服务，为客户造就"真实的体验"，有利于赢得用户的忠诚，维持企业长远发展。目前，国内一些优秀保健器械企业已通过养生馆、专营店、按摩馆等方式转入体验式营销，为产品树立了良好的品牌形象并获得了大批忠实用户。如广东紫薇星体验营销是以专卖店、服务站为场所，以业务员为主体，以服务为手段，利用紫薇星产品和文化引导客户去试用、接触，体会产品给自己的身体、心理、情感、生活等方面所带来的亲身感受或变化，从而对产品产生最重要的消费忠诚或购买使用。

2. 一对一营销

一对一营销主要属于整合营销模式，其核心思想是将每一位顾客视作一个单独的细分市场，企业与顾客建立起一种新型的学习关系。通过与顾客的一次次接触而不断增进对顾客的了解。企业可根据顾客提出的要求和对顾客的了解，生产和提供完全符合单个顾客特定需要的顾客化产品或服务。通常此种营销模式采取捆绑销售、在一定范围内可变的配置、个性化的包装、提供灵活的送货，以及个性化的售后服务等多种方式。

作为一对一营销主要模式，直销以提供优质的面对面服务为特点而获得较多厂家青睐。直销模式可避免经销渠道的限制和经营风险，是一种很具潜力的营销策略。安利运作得相当成功，一些中国保健产品企业，如广东紫薇星、天年等都用面对面的销售方式取得良好业绩。

然而，一对一营销的实施，是建立在高利润定价机制的基础上，适用于高端、高要求的消费群体。这就要求企业的营销部门、研发部门、制造部门、采

购部门和财务部门之间通力合作。营销部门要确定为满足顾客需要所要达到的定制程度，研发部门要对产品进行最有效的重新设计，制造与采购部门必须保证原械料的有效供应和生产顺利进行，财务部门要及时提供生产成本状况与财务分析。

3. 连锁营销

目前，中国保健器械销售一大趋势是向连锁化、特许经营化方向发展。据估计，有保健器械连锁店分店数目已超过千家，甚至可能达上万家。这样庞大的零售终端网络加上联合采购和经销商品牌效应，使得连锁、特许经营渠道具有商品销量大、周转快、价格低等优点。考虑到保健器械同药品在服务健康方面的相同属性，保健器械行业将越来越重视连锁、特许经营渠道。采用这种销售模式的有中脉、紫薇星、英派斯、欧姆龙等品牌。

连锁经营的核心因素是具有完全的扩展功能，连锁经营在经营过程中需要进行企业模式的再复制，进而完成企业连锁化发展。因而，在实行连锁策略时，保健器械生产企业应了解自身的实际能力和发展现状，结合自身发展基础制定标准化管理流程，因地制宜，以适应环境的扩张发展。

4. 品牌营销

品牌是产品属性、名称、包装、价格、历史声誉、广告方式的无形总和，因消费者对产品的使用印象及自身经验而有所界定。而信息不对称现象的存在，为企业的品牌创新提供了新视角。

从目前保健器械市场总体情况看，名牌保健器械的市场占有率在稳步上升，国内市场不到20%的品种，占据了50%的市场份额。这表明知名品牌在市场中的地位逐渐确立，是保健器械市场走向成熟的标志。品牌营销即以有影响的品牌征服消费者，从而取得较大的市场份额。这种现象已在保健器械行业的各个领域中充分表现出来，以品牌形象和价值为核心的品牌竞争已开始衍化成一种新的市场竞争态势。

5. 深度营销

深度营销是进行深入调查，建立区域市场数据库，通过市场分析找到开发重点和突破口，制订有效策略和完善的实施计划。通过核心客户的选择和确定，建立覆盖区域的零售终端网络。

以按摩椅为例，传统的营销方式就是介绍按摩椅的某些功能或与众不同的卖点；而深度营销则不同，它以顾客至上原则，询问了解用户的需求并向其提出各种解决方案，而销售按摩椅只是水到渠成的事情。又如，中脉公司设有 24 小时电话客服人员对客户进行服务，并建立客户个人档案。企业根据档案设计出各种档次的保健器械消费方案，并将方案和相关产品信息发送给消费者，结果其产品的销售额急剧上升。

此种策略可以强化区域营销管理，实现营销前后台的整体协同和一体化市场运作机制，提高响应市场的速度和能力。中国消费市场范围广阔、发展不平衡和区域差异大等特点将长期存在，所以深度营销模式仍将是国内保健器械市场的主要模式。

6. 网络营销

网络营销本质是一种商业信息运行，是以互联网为主要手段进行的、为达到一定营销目的的营销活动。目前大量保健器械生产企业都通过网络营销的方式拓展业务。这种营销模式的成本更低，专业性更强。企业无须支付实体店面的运营开支，无储存仓库，可最大限度地覆盖所有目标市场，甚至随时随地以零边际成本提供全球性营销服务。但国内企业由于信息化、行业信息化建设尚处于起步阶段，规模小，主要购买者是青少年，他们追求时尚与新颖，追求个性，善于表现自我，注重感情。考虑到这点，企业可适当销售一些与众不同的个性化较强的产品以吸引消费者的注意力和眼球，或者让其体验和感受，激发其购买欲望。

随着竞争程度加剧、外部环境变化，现有保健器械营销已迎来整合营销时代。网络、品牌、连锁等各种手段，成为保健器械营销的必要措施。目前单纯依靠广告、会务，已很难快速崛起。整合营销既是竞争结果，也是竞争需要。面临日益加剧的市场竞争，保健器械经营核心是概念，关键是营销，基础是具有科技含量、功效的产品。让营销模式创新依靠科技进步，科技进步助推营销模式创新发展，才是企业的发展之道。

（二）营销渠道发展趋势

对任何产业而言，销售终端与市场网络的合理编织与形成是产业得以生存的基础。同理，保健器械渠道革命也在积极进行。中国保健器械销售渠道经历了由混乱到逐渐规范、由分散到逐渐集中的过程，在此阶段出现了新兴的实力强、规模大、

网络广、管理严的分销商和直面厂家连锁，对一些小规模中间商构成了严重威胁，也打破以地域划分的区域界限。整合为保健器械渠道环境带来了生机与活力，引领了保健器械流通渠道的深刻变革。今后保健器械渠道革新将在以下几方面展开。

第一，与同行企业建立协同关系，构建利益共同体。在快速流转消费品领域，我们感受到了中脉公司等企业创造的神话。这充分说明企业间及企业和分销商之间进行利益分割和再分配是可以在矛盾中找到利益平衡点的。在保健器械行业随着行业环境逐渐成熟，将形成一支逐步规范和长期发展的分销商力量，其将引领渠道变革方向，并依靠多方面力量使自己强大。而充当这一力量是企业，带给渠道的是专业的指导和支持。

第二，突破地域，连锁加盟扩张。为顺应渠道向着以性质划分的方向进行转变，过去"划地而治"的情况将会改变，渠道会突破地域限制，网络延伸范围将很广。借助规模和自身终端进行扩张，如设立分公司、增加连锁店或加盟店等，可减少流通成本。同时，市场货物流向将按照供求规律进行配置，体现市场化操作和管理。为配合保健器械行业拓展市场，产品销售渠道将大大拓展，逐渐延伸至传统大众消费品渠道里面的那种小商品市场，形成面向城乡基层售点的三级批发商主体。

第三，品牌时代来临。"各领风骚三五年"，这是业界给驰骋于保健器械市场的各大品牌最形象的概括。国外品牌如傲胜、松下、三洋、富士、生命动力等，国内品牌如豪中豪、荣泰、康泰等，产品品牌的地位总是在不断地更新换代，呈现给人们一个又一个火爆的场面。

业内专家指出，中国保健器械行业要想真正成熟起来，品牌的培养任重而道远，人们期待着保健器械品牌复兴时代的来临。但是，保健器械总是难以摆脱信任危机，这也成为保健器械产品品牌力不强的根源。

七 保健器械行业前景预测与问题分析

（一）保健器械行业前景预测

1. 保健器械行业前景广阔

中国经济持续高速增长，居民收入水平的提高，使消费者对相对昂贵的保健器械具有一定的消费能力。随着人们消费观念和健康理念的转变，保健器械消费逐渐形成潮流，市场容量增大。目前，人们从追求吃饱转为吃好，人们的健康观念也从"有病看病"转为"无病防病，防病强身"，"三分治，七分养"，"健康保健治未病"。世界卫生组织提出，"让我们以健康的微笑来面对二十一世纪"，中国也提出"防止人们生活方式和人体机能退化相关疾病"的第二次卫生革命。俨然，全民保健将推动保健器械行业成为新的消费热点。

保健器械行业作为横跨第一、第二、第三产业的综合行业体系，当前基本上处于起步阶段。但着眼于未来，由于城市人口增长和生活节奏加快，处于亚健康状态的人群在不断增加。同时，以社区和家庭为主的老年人常见病、慢性病的日常护理和治疗也将拉动保健器械市场发展，给保健器械行业带来了巨大商机。以保健、调理、辅助治疗为主要功能的保健器械市场前景广阔。

2. 市场规模长期快速增长

据《中国统计年鉴2009》人口抽样数据，抽样总人数与抽样总户数之间的比例约为3.17，即一户家庭平均有3.17人。按照这一比例，中国现有家庭户数大约在4亿户左右，参照发达国家数据，以进入30%左右的家庭作为产品普及标准，则保健器械产品的市场空间大约有1亿台左右。预计未来5年将以每年30%的速度增长。

3. 价格长期呈下降趋势

保健器械价格需求弹性大，当前保健器械的消费人群还是收入比较高的人群。随着价格下降，会有越来越多的消费者购买保健器械。与此同时，保健器械逐渐由奢侈消费品向普通消费品的转变是必然趋势。随着保健观念的深入和生活水平的提高，保健器械正逐步演变为人们的日常生活消费品。由于市场规模扩大，行业规模效益可以弥补降价带来的损失，行业利润不仅不会受到影响，还会有所增加。因此，低价政策更符合未来保健器械的角色定位。

4. 保健器械进出口将快速增加

出口方面，保健器械当前主要在国内销售，在东南亚等地区也有一定市场，但在欧美等发达国家的销售情况不理想，这主要是国内企业实力弱，无法与国外企业抗衡，同时国内产品质量不过关，技术标准、质量标准等均缺乏，很多时候无法满足欧美等发达国家的产品标准。但伴随着行业不断治理和完善，企业壮

大，出口状况将得到根本的改变。因为东南亚国家需要低成本的中国产品，欧美发达国家也需要中国性价比高的产品，以减少其昂贵的医疗保健支出。

进口方面，人们生活水平的提高，使得人们对技术好、质量好的产品有所青睐。同时，在国内当前市场还比较混乱情况下，洋品牌能满足消费者对质量和功效的要求。因此，进口需求也非常大。

（二）保健器械行业问题分析

目前，市场上流通的保健器械存在着诸多令人担忧问题，相当部分保健器械的质量和安全性、有效性无法得到保证和认证。保健器械行业管理存在无法可依的尴尬局面。

1. 关于产品功效和用法的解释模糊不清

中国有着悠久的历史文化，各民族传统的保健理论使中国保健器械发展具有得天独厚的优势。中国大部分保健器械是以中医理论为基础加工制造出来的。但保健器械的消费需要有大量的信息识别和传播才能形成购买动机，而目前中医专业术语的保健功能和程式化标签说明书及包装标签文字近乎"千人一面"，产品功效和用法的解释模糊不清，无法表达产品各种诉求信息，也很难体现产品差异和科技含量。这对保健器械这种需要靠大量信息传播和信息识别才能正确地、有选择性地自费购买和使用的非生活必需品来说，其生存空间因此变得尤为局限。

2. 产品标准缺失导致虚假夸大宣传

由于行业标准的缺乏和行业监管主体的缺位，不少保健器械产品，如丰胸、减肥、增高、按摩等存在严重的质量问题，假冒伪劣产品盛行。不法分子还利用消费者不了解这一行业，但对这方面需求比较迫切的心理，夸大产品功效，误导消费者，诱使消费者购买产品，使得这一行业的公信力下降。

3. 市场秩序混乱

市场上出现的许多保健器械在宣传上夸大其词。中国许多保健器械生产企业没有市场分工，生产、销售一体化，企业往往将资金投入广告宣传和市场营销，极少用于设备更新和加强卫生保障等方面，增加了销售成本，无资金能力再搞新品开发。[①]

---

① 韩良峰：《七省市保健用品市场现状调查》，《中国卫生监督杂志》1997 年第 1 期。

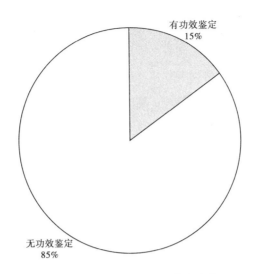

有功效鉴定
15%

无功效鉴定
85%

图9 保健用品有无功效鉴定比较

资料来源：中国保健用品产业发展报告课题组项目企业数据库。

此外，行业内企业间没有共生意识。同类产品相互诋毁、恶性竞争事件不断。企业间"打烂仗"的不正当竞争行为造成市场信息混乱，使消费者无所适从。由于中国保健器械行业发展时间短、速度快，连锁经营和物流配送等现代化流通方式尚未建立，无法对其生产经营的全过程进行追踪管理。因此，一些不法生产经营者唯利是图，仿冒和假冒产品标识、标志，甚至盗用卫生部门批准文号进行违法生产和经营。

4. 行业标准缺失，行业监管主体缺位

中国保健器械企业普遍面临信任危机，根本问题是行业还没有形成一套成熟规范的行业管理法律法规，同时行业监管主体缺位。

具体说，行业标准缺失是指保健器械安全标准严重缺乏，缺乏各类保健器械的质量规范、要求或标准。一方面造成重复检验和评审，导致管理资源浪费严重；另一方面影响了企业的生产积极性和消费者购买的积极性，且导致投机分子有空子可钻，严重影响了行业公信力。目前保健器械行业所缺乏的诚信，不是短时期内就能够建立起来的，然而这个市场存在的巨大需求却持续存在。当消费者对国内保健器械信心不足时，会把注意力转移到进口保健器械上。因此，行业标准缺失给伪劣洋保健器械的渗透间接提供了机会。由于没有行业标准，中国保健器械的出口贸易也受到影响。按国际惯例，没有行业标准产品可信赖度不高，无

形中制约了国外市场对中国保健器械的需求。行业监管主体缺失是指保健器械行业的监管没有确定归属部门。同时，国内保健器械企业也没有保健器械专业组织进行协调与管理，缺乏行业标准和行业规范。

Health Care Apparatus Industry

Abstract: As the life of the people is significantly improved and the lifestyle is changed, health care apparatus industry has already become an independent health industry. The thesis firstly researches the general situation of health care apparatus in China, discusses the similarities and differences in the development of health care apparatus both home and abroad; based on this the customs, the overall scale, market characteristics, import and export scale, competition pattern of the industry and marketing mode of health care apparatus in China is deeply analyzed; finally the problem that exists in health care apparatus in China is analyzed and the prospect of the industry is predicted with a view to providing certain guidance on health care apparatus industry production in China.

Key Words: Health Care Apparatus; Industry Research; Problems

特殊用途化妆品行业

摘　要：本文首先总结了中国特殊用途化妆品情况和行业特点，对比分析了国内外特殊用途化妆品行业发展的差异；其次基于课题组的调研数据，对该行业的市场规模、区域发展情况、进出口状况、竞争情况、营销模式等进行了全景展示；最后总结了行业发展存在的问题，给出相应的对策建议，并对中国特殊用途化妆品行业前景进行了预测。

关键词：特殊用途化妆品　行业研究　问题

一　特殊用途化妆品行业概况

随着人们生活水平的提高，化妆品与人们日常生活的关系也日益密切。质地优良的化妆品应满足四大要求：安全性、稳定性、使用性和功能性。随着化妆品的功能逐渐由简单的美容修饰作用向功能性方面延伸，出现了一类特殊用途化妆品，包括育发、染发、烫发、脱毛、美乳、健美、除臭、祛斑、防晒九大类，特殊用途化妆品行业应运而生。

（一）行业特征

中国特殊用途化妆品行业虽然起步较晚，但也已经历了一个比较完整的产品生命周期，因此，特殊用途化妆品行业应该即将步入一个更趋理性的发展阶段，具有一定的发展特征。

1. 产品差异化程度低

中国特殊用途化妆品的产品差异化程度低，这与中国企业创新能力有直接关系。在同样竞争环境下，同质特殊用途化妆品企业为促进市场销售，增加市场机会必然会采用价格竞争的方式来获取市场份额，但是低价策略并不利于企业的长

133

远发展。应鼓励企业提高自主创新能力，只有通过创新，不断更新产品，增加产品的附加值，才能获得市场上的溢价。

2. 行业竞争激烈

虽然中国有着广阔的市场，但行业竞争仍然空前激烈。同时，由于特殊用途化妆品行业产品普遍存在同质化特征，使得竞争重点主要表现在产品概念、广告、公关活动和促销活动等方面。另外，随着竞争不断加剧，特殊用途化妆品将从粗放型的营销时代迅速转型到品牌的精耕细作时代，品牌竞争再次上升到主要层面。

3. 市场细分愈加明显

特殊用途化妆品市场细分是生产力和需求不断发展的结果，符合中国社会和市场的特点。中国特殊用途化妆品行业，虽然起步晚，但发展迅速。随着消费者需求增加，市场细分开始加快。受年龄特征、生活态度及地区间的文化差异影响，消费者对特殊用途化妆品的要求呈现多样化，市场细分越来越明显。

（二）行业总体情况

课题组统计的特殊用途化妆品企业有 3440 余家。中国特殊用途化妆品企业经营模式以生产加工、经销批发和招商代理为主，据不完全统计，生产加工企业有 2340 家，经销批发企业有 895 家，招商代理企业有 119 家。2010 年，中国特殊用途化妆品企业中有 7% 为大型企业（年营业额≥1 亿元），26% 为中型企业（1000 万元≤年营业额＜1 亿元），67% 为小型企业（年营业额＜1000 万元）。这说明中国特殊用途化妆品行业主要以生产加工为主，且企业规模普遍不大，随着消费者需求的日益增加和企业规模的相应扩大，未来中国特殊用途化妆品行业会有较大发展。

二 特殊用途化妆品行业环境分析

（一）经济环境分析

2006 年，中国政府对直销放宽了限制，中国特殊用途化妆品市场更加繁荣。预计到 2012 年，中国将成为全球化妆品销售增长速度最快的国家，增长率将达到 66%，这主要得益于中国人口基数大、消费者日益增加的收入水平，以及完善的零售和分销网络。特殊用途化妆品是化妆品的重要组成部分，化妆品行业的快速增长很大程度也取决于特殊用途化妆品行业的增长。

（1）行业经济现状分析。由 2006～2008 年中国化妆美容用品与清洁化妆用品的 CPI（见表 1），分别得出中国化妆美容用品 CPI 走势图（见图 1）与清洁化妆用品 CPI 走势图（见图 2），这可从另一个侧面反映中国特殊用途化妆品行业的发展情况。

表1 2006～2008 年中国化妆美容用品与清洁化妆用品的 CPI

项 目	2006 年			2007 年			2008 年		
	全国	城市	农村	全国	城市	农村	全国	城市	农村
化妆美容用品	99.7	99.6	100.0	100.1	100.0	100.3	100.6	100.6	100.8
清洁化妆用品	99.9	99.8	99.9	100.3	100.2	100.5	101.7	101.6	102.0

注：上年 = 100。
资料来源：《中国统计年鉴》（2007～2009）。

CPI 是由反映与居民生活有关的产品及劳务价格统计出来的物价变动指标，通常是观察通货膨胀水平的重要指标。一般来说当 CPI 的增幅大于 3% 时就是通货膨胀，当 CPI 的增幅大于 5% 时就是严重的通货膨胀。CPI 表明消费者的购买能力，也反映经济的景气状况。如果指数下跌，反映经济衰退；反之，若指数升幅温和，则表示经济稳定向上，经济形势良好。如图 1、图 2 所示，2006～2008

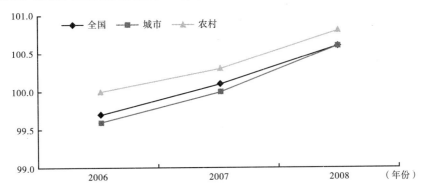

图1 中国化妆美容用品 CPI 走势

注：上年 = 100。
资料来源：《中国统计年鉴》（2007～2009）。

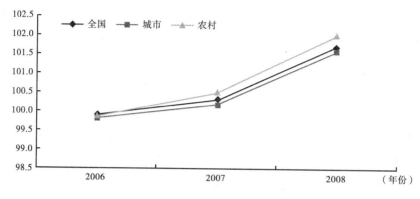

图2　中国清洁化妆用品 CPI 走势

注：上年 = 100。

资料来源：《中国统计年鉴》（2007～2009）。

年中国化妆美容用品与清洁化妆用品 CPI 涨幅温和，说明特殊用途化妆品行业总体经济形势呈稳步向上，经济前景明朗。2009 年，尽管国际金融危机对市场产生了一定影响，但化妆品 CPI 延续了上一年的发展态势，继续上涨了 0.1 个百分点，达到 100.8，中国居民的化妆品消费档次在逐步提升。

（2）影响因素分析。纵观中国特殊用途化妆品行业，影响该行业发展的经济因素有很多，既有促进行业发展的积极因素，也存在一些制约其发展的消极因素。

①积极因素主要有以下几方面。

第一，进口化妆品关税下调，产品价格相对降低，刺激消费者对特殊用途化妆品需求的增加。近年来，美容化妆品进口关税从 100% 下调到了 35%，给国内美容美发行业带来了国外产品和先进的生产管理经验，也促进了特殊用途化妆品行业发展。据 2010 年中国电子商务市场数据监测报告显示，2010 年海外代购的市场交易规模达 120 亿元，有学者预计，到 2012 年这个数字将达 480 亿元。而在海外代购中，交易量排名第一的是化妆品，而逐步降低进口化妆品的关税，可鼓励消费者在国内购买产品，进一步扩大中国特殊用途化妆品的国内市场。

第二，国际金融危机给中国特殊用途化妆品行业中的民族品牌带来了机遇。虽然危机影响了消费者的购买力，导致处于需求金字塔上端的化妆品销量下降。但是危机也给行业发展创造了机遇，带动特殊用途化妆品中民族品牌的快速发展。其具有以下几大优势：一是价格优势。受国际金融危机影响，消费者过度消费奢侈品牌的现象受到抑制，消费者购买行为很大程度上会受产品价格的影响，相比进口的特殊用途化妆品，民族品牌价格更低，这给民族品牌的发展带来机遇。二是成本优势。特殊用途化妆品中民族品牌运作成本低，同时原料价格下降，为民族品牌增加了竞争筹码。三是市场优势。特殊用途化妆品中民族品牌以国内市场为主，受国际市场影响很小，渠道多样化。

第三，人们收入水平的提高，增加了对特殊用途化妆品的消费需求。特殊用途化妆品的消费水平与人们的收入水平具有很强的正相关性，按中国城乡居民可支配收入的发展趋势估计，特殊用途化妆品产业在未来10年内将会有持续增长，达到目前的2~3倍。另外，城乡居民对自身保养的重视程度与日俱增，特殊用途化妆品行业的消费支出也逐步上升。

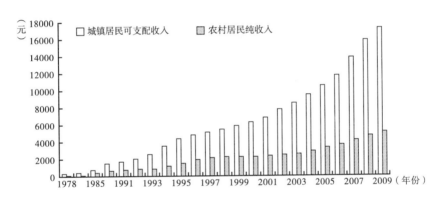

图3　中国城乡居民收入水平变化情况

注：2009年数据根据国家统计局发布的相关值补充而得。
资料来源：《中国统计年鉴》（1979~2010）。

②消极因素主要有以下几个方面。

第一，进口化妆品关税下调会对国产特殊用途化妆品品牌带来较大的冲击。化妆品进口税的降低吸引了更多的国外化妆品品牌进入中国，受此影响，国内化妆品将失去价格优势。这种冲击将对国产特殊用途化妆品企业品牌竞争力的提升，销售渠道的拓展提出更高的要求，并将迫使中国特殊用途化妆品行业增强实力。

第二，产业结构不合理阻碍中国特殊用途化妆品行业发展。国际金融危机暴露了中国产业结构的脆弱，严酷的市场环境迫使企业转型，实现"二次革命"。经济界普遍认为，在目前形势下，一些低附加值、缺乏核心技术的企业先出局，而有

技术、有自主品牌的企业继续发展，符合当前中国产业结构调整方向。特殊用途化妆品是一个技术性要求高的行业，相比于国外企业，中国特殊用途化妆品企业技术水平与创新能力均不高，要想不被市场淘汰，特殊用途化妆品行业结构亟须调整。

第三，国际经济环境影响。日本大地震、海啸和核辐射危机重创了日本经济，造成全球金融市场波动。作为特殊用途化妆品行业发展成熟的国家，日本经济下滑，势必对中国特殊用途化妆品出口造成不利的影响。

（二）政策环境分析

1. 管理不适应特殊用途化妆品行业发展

目前，对化妆品监管依据仍是 1989 年颁布的《化妆品卫生监督条例》（以下简称《条例》）和 1991 年颁布的《化妆品卫生监督条例实施细则》。根据《条例》规定，化妆品是指以涂擦、喷洒或者其他类似方法，散布于人体表面任何部位（皮肤、毛发、指甲、口唇等），以达到清洁、消除不良气味、护肤、美容和修饰目的的日用化学工业产品。其中，将用于育发、染发、烫发、脱毛、美乳、健美、除臭、祛斑、防晒的化妆品归为特殊用途化妆品。然而，新一代具有特殊疗效化妆品如祛粉刺、增白、祛皱等类产品早已问世，它们均属于具有一定功效的化妆品。但是按照现行定义，却未被纳入"特殊用途"范畴，导致当前对部分特殊用途化妆品的监管困难。因为按照《条例》规定，生产特殊用途化妆品需取得批准文号，必须经过化妆品监管部门对产品成分、包装等审批后，才准予上市，而一般用途化妆品则不实行批准文号管理。由于特殊化妆品未将美白、祛粉刺等类产品纳入其监管范围，致使监管部门对此类产品的成分掌握、上市后安全性评价及监管受到制约。陈旧定义已不适应当前化妆品细分了。

2.《化妆品产品技术要求规范》出台有益于监管

2010 年 12 月，为规范化妆品行政许可工作，提高化妆品卫生质量安全控制水平，加强化妆品生产经营卫生监督，指导化妆品产品技术要求编制工作，国家食品药品监督管理局组织制定了《化妆品产品技术要求规范》（以下简称《规范》），该规范自 2011 年 4 月 1 日起施行。

根据《规范》，从 2011 年 4 月 1 日起，消费者购买祛斑、防晒等特殊用途化妆品要认准"HZ＋GT＋年份＋0000"、"HZ＋JT＋年份＋0000"这两个国产、进口的特殊用途化妆品编号。目前在市场上存在"卫妆特字"、"国妆特字"这两类编号，而按照此次公布的《规范》要求，特殊用途化妆品编号将改成字母缩写的形式，"HZ"表示"化妆品"，"GT"表示"国产特殊用途"，"JT"表示"进口特殊用途"，"JF"表示"进口非特殊用途"，"年份＋0000"为化妆品批准文号（或备案号）的年份和顺序号。

特殊用途化妆品由于其特殊性区别于一般化妆品，因此市场存在特定问题，而《规范》的出台，对于保障特殊用途化妆品市场的健康发展，保障人们身体健康起到了积极作用。目前，中国相关部门将标识和宣称"药妆"、"医学护肤品"等夸大宣传、使用医疗术语的违规行为作为日常监督检查的重点之一，对在标签、小包装或者说明书上违规标识化妆品和违法宣称"药妆"、"医学护肤品"的情况予以查处、下架和曝光处分。可见，《规范》将提高特殊用途化妆品卫生质量安全控制水平，加强特殊用途化妆品生产经营的卫生监督。

（三）社会环境分析

1. 行业安全意识有待加强

党的"十六大"以来，随着城乡居民收入水平提高，城乡居民在交通通信、文教娱乐、医疗保健等方面的支出大幅度增加，所占比重稳步提高，作为保健用品产业的子行业，特殊用途化妆品的消费支出在城乡居民消费结构中所占比重也越来越大。随着人们对特殊用途化妆品消费需求增长，其对特殊用途化妆品的卫生安全、作用原理等也越来越重视，安全评价和卫生抽检工作得到加强，但由于行业连续发生负面事件，媒体连篇累牍的报道，让特殊用途化妆品行业陷入信任危机，行业发展受到冲击。要加强对化妆品生产经营人员的卫生知识培训，使他们对特殊用途化妆品的概念、管理、审批和安全等问题有较为清晰的认识，从根源上防止不合格产品流入市场。另外，报纸、电台等应对特殊用途化妆品的有关知识加强宣传，使消费者增强自我保护意识，谨防购买假冒伪劣产品。

2. 特殊用途化妆品消费需求增长

人们生活水平的提高和对特殊用途化妆品需求的增加，使特殊用途化妆品已从人们生活的"奢侈品"变为"必需品"，市场发展前景良好。随着女性经济地位和社会地位的提高，越来越多的女性重视（或开始重视）生活方式和生活品质，注重日常保养系列，女性消费者的这种行为带动了抗衰老产品的快速增长。根据欧睿信息咨询公司的市场研究显示，2007～2011年全球抗衰老产品年平均

增长率在7%左右。同时，男士特殊用途化妆品市场已进入高速发展时期，其市场前景和发展潜力引起了国际大公司和大型化妆品生产企业的重视，有利于男性购买产品的市场环境和配套服务正在明显改善，更多更适合中国男性的特殊用途化妆品开始上市。

（四）技术环境分析

改革开放给特殊用途化妆品企业带来了世界级竞争对手，市场竞争加剧，国内企业应该清醒地认识到，未来特殊用途化妆品行业的竞争核心是科技含量，加强科技投入已迫在眉睫，特别是有实力的企业更要重视特殊用途化妆品的应用基础研究，提高新产品科技含量，使企业向高新技术模式过渡。

1. 中国特殊用途化妆品行业技术现状

目前，中国特殊用途化妆品行业技术与国外相比，仍具有一定差距。主要表现在以下几个方面。

（1）特殊用途化妆品界定和检测的技术薄弱。中国在特殊用途化妆品的界定和检测上技术比较薄弱，如某产品配方中加入紫外线吸收剂、祛斑等具有特殊功效的成分，但只要在产品标签和说明书中没有宣称这些特殊用途，就无法将其界定为特殊用途化妆品。一旦被列入普通类化妆品，产品本身便逃脱了上市前的多重审核和上市后的严格监管，给消费使用环节埋下隐患。又如，界定某新上市化妆品是否为特殊用途化妆品，主要是根据申报资料的内容审核产品配方、标签和说明书对产品功能的描述，并通过《条例》第十条第二款和《化妆品卫生监督条例实施细则》第五十六条对特殊用途化妆品定义进行确定，无科学的试验数据支撑。

（2）质量检验部门检测手段不够先进。特殊用途化妆品的常规检测以铅、汞、微生物等指标为主，但从近年来产品抽样情况可见，这类化妆品（如祛痘类、美白类、祛皱类产品）中添加西药成分的现象呈上升趋势，并具有多样化走向。与市场现状相比，化妆品质量检验部门的检测手段显得捉襟见肘，检测手段单一、检验成本却很高，这给监管也带来了困难。①

---

① 王安婷、许苗：《特殊用途化妆品监管面临的问题及对策》，《中国卫生法制》2008 年第 3 期。

2. 特殊用途化妆品行业技术研究开发状况

天然、植物、安全将会是特殊用途化妆品技术革新的总体趋势和潮流。而要想实现这一目标，就需要应用新技术，加快技术革新步伐。

（1）生物工程技术。以生物高科技为特征的生物原料是特殊用途化妆品实现更新换代的重要技术。比如，被誉为美容因子的表皮生长因子 EGF，它具有使皮肤光泽、湿润、细腻，起到防皱、祛斑、美白的作用。但是，EGF 加入到美容化妆品中的浓度非常之低，仅为 1ppm。每一个生物工程基因都有无比强大的功能和特性，如果逐一地把它们开发出来并应用于特殊用途化妆品中，将会带来革命性进步和飞跃。

（2）纳米技术。1 纳米（nm）相当于一根头发丝（50μm）的五万分之一，如果运用纳米技术把特殊用途化妆品的原料粉碎到纳米级，就可以极大地增加皮肤的吸收率和皮肤对原料的利用率，从而大大提高特殊用途化妆品的应用效果。

（3）太空工程技术。太空具有微重力、无菌、高洁净、强辐射、全真空的特点，它是人类研制、开发新原料最理想的场所，它可以研制出高质量的原料，达到高产出、高效率的效果。在太空条件下提取各种生物工程因子也可以达到非常纯的效果，并且获得量大，将此技术应用于特殊用途化妆品行业中极具发展前途。

（4）天然植物萃取技术。通过应用天然植物萃取提纯技术的原料配制化妆品能获得良好的效果，是防止不良反应的最理想途径。国际上在天然植物原料化妆品方面已经有大批产品上市。在特殊用途化妆品行业中应用该技术，对减少消费者不良反应，保障消费安全具有重大意义。

二　特殊用途化妆品行业国内外发展概述

（一）中国特殊用途化妆品行业发展概况

随着中国日用化学工业不断发展，近 20 年来中国化妆品市场呈现了前所未有的繁荣景象，国产特殊用途化妆品行业迅速发展。

1. 发展历程

1989～1999 年，全国化妆品市场上只有"育发"这一单一种类下的 4 种特殊用途化妆品。1990 年《化妆品卫生监督条例》开始实施，各化妆品

生产企业开始向卫生部申报特殊用途化妆品。1991年新批准的特殊用途化妆品已增至包括育发、染发、烫发、美乳、健美、除臭、祛斑、防晒在内的八大类128种产品，1993年中国化妆品市场上首次出现了有脱毛作用的特殊用途化妆品，到1999年中国九大类国产特殊用途化妆品的品种已超过1200种，到2004年中国国产特殊用途化妆品总量有6963种，平均增长率达9.23%。

20世纪90年代，中国国产特殊用途化妆品行业经历了两次发展高峰。这两个高峰分别为1991～1992年和1996～1997年，随后持续下滑。

中国化妆品行业的兴起是在20世纪70年代后期，特别是进入80年代，随着改革开放的深入和人们生活水平提高，消费观念也发生了很大的变化，这极大地促进了化妆品行业的发展。1991年中国化妆品年产值达到45亿元，市场销售超过50亿元。[①] 1991～1992年出现了第一个高峰。

1993～1996年，是国产特殊用途化妆品由低谷再到高峰的又一发展阶段。在此时期，随着全球经济一体化发展加快和人们生活水平提高，中国特殊用途化妆品行业呈现迅速增长势头，年销售额以每年20%～25%的速度增长，从1993年的80.35亿元，增至1996年的220亿元[②]，国产特殊用途化妆品也由初级阶段的盲目追随，逐步进入一个比较成熟稳定发展阶段，发展速度持续增快。

1997年后，国产特殊用途化妆品出现了下滑势头。1997年末亚洲金融危机对各国经济带来不同程度的冲击，中国化妆品市场也受到一定影响。全球经济衰退导致中国出口下降，迫使国内部分缺乏应变能力的企业停产、倒闭，进口化妆品大量涌入充斥国内市场。

进入21世纪以来，随着生产技术的提高和特殊用途化妆市场潜力的发掘，中国特殊用途化妆品市场再次实现迅速发展。

2. 发展现状

据调研数据整理，目前在国产九大类特殊用途化妆品中居市场前三位的是祛斑、脱毛、防晒产品，分别占18%、17%和15%。

---

① 高国强等:《化妆品卫生与管理》，人民卫生出版社，1994，第36页。
② 肖子英:《中国化妆品市场》，《中国化妆品》1998年第3期。

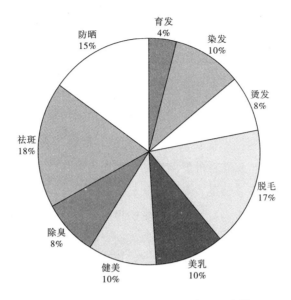

图4　中国国产特殊用途化妆品市场分布情况

资料来源：中国保健用品产业发展报告课题组项目企业数据库。

据课题组调查，中国现有特殊用途化妆品生产企业2340家，其中，卫生部批准的不足200家，占比不到10%。在种类繁多的特殊用途化妆品企业中，在卫生部备案、获批的企业只是很少一部分，这反映了中国特殊用途化妆品市场极其不规范的现状。

（二）国外特殊用途化妆品行业发展概况

与中国相比，国外特殊用途化妆品行业发展比较完善，尤其以美国和日本较为显著，这给中国特殊用途化妆品行业的发展带来了一定启示。

1. 美国

美国化妆品业如同其工业和科技文化一样发达，美国化妆品的年销售额约占全球40%的市场份额，其中特殊用途化妆品的市场份额呈增长趋势。目前，全美有500多家生产化妆品、盥洗品的企业，从业人员近6万，涉及护肤类、发用类、香水美容类、盥洗品类、特殊类化妆品2.5万余种产品。其产品结构为：护肤类化妆品占21.2%，发用类化妆品占18.25%，香水美容类化妆品占16.8%，特殊类化妆品占8%，男性类化妆品占7%，其余为盥洗品类化妆品。

美国特殊用途化妆品市场中增长速度最快的是染发化妆品，年增长率达10%以上，其主要原因有三点：第一，1993年美国癌症研究中心公布否定了染发与癌症有因果关系的研究结论。第二，美国妇女根据时尚要求改变发色的愿望强烈。据有关方面调查，截至2000年底，全美染发的妇女已达5500万人。第三，企业是市场的有力保障，它们会根据人们的需求及时生产出最流行的产品。

美国防晒化妆品市场也在迅速发展。肤色一般分为黄色、白色、黑色和褐色，随着肤色的变浅，皮肤对外界刺激的抵御能力下降。美国以白种人居多，他们对阳光中紫外线的敏感程度较高，皮肤易受刺激。自1994年开始，美国在170个城市的天气预报中增添了对紫外线强度的报道，目的在于帮助并教育人们了解过度日晒的危害性和防晒的重要性。随着人们对防晒必要性和重要性认识的不断加深，其防晒类化妆品市场也迅速发展。

2. 日本

日本是化妆品生产和消费大国。1994年持有日本厚生劳动省化妆品制造许可证的企业就达到了1427家，从业人员达30万，截至目前，其企业数量更加巨大。化妆品在日本被分为两类，一类是化妆品（cosmetics），类似于中国所称的普通化妆品；另一类被称为医药部外品（quasi-drugs），类似于中国所称的特殊用途化妆品，包括药皂、祛屑洗发香波、药用牙膏、染发剂、烫发剂、生发剂等。日本对化妆品和医药部外品监管主要法律依据是《药事法》，监管主体单位是日本厚生劳动省。2001年前，日本对化妆品和医药部外品都实行审批制度，2001年日本对《药事法》进行了修订，自2001年4月1日起取消了对化妆品的审批，2001年后日本实行对化妆品、医药部外品和化妆品新原料监管政策。

三　特殊用途化妆品行业市场分析

（一）市场产品分类

1. 育发化妆品

育发化妆品是指有助于毛发生长、减少脱发和断发的化妆品，在中国又称生发产品。近年来，生发化妆品在中国迅速崛起，品种繁多，呈现多家称雄局面。

其中有很多产品对促进毛发再生、治疗脱发病疗效显著，深受广大消费者喜爱。当今社会由于生活节奏加快，脱发现象变得极为普遍，且向低龄化方向发展。在欧美日等国家或地区，脱发病的发病率极高。中国虽无具体统计，但脱发现象也几乎随处可见。因此，育发化妆品市场前景广阔。目前，在欧美日等国家或地区对脱发病的治疗尚无良好方法。但在中国，通过化妆品工作者和临床医师的合作，从众多民间偏方和验方中汲取精华，共同研制出了各种各样的具有中国特色的育发化妆品。这使得中国在育发化妆品领域已走在世界前列。

2. 染发化妆品

染发化妆品是指具有改变头发颜色作用的化妆品。中国人种属于黄种人，自然多以白发染黑为美，故染发剂也以黑色为主。但由于时代的变迁和人们审美观念的不断变化，对染发剂的颜色要求也逐渐多样化。彩色染发市场在近几年迅速发展，人们的头发色彩越来越丰富，除了熟悉的黑色，还有金色、红色、棕色，前卫的蓝色、白色，以及抢眼的挑染，染发在今天更多的是成为人们追逐的一种社会时尚。

3. 烫发化妆品

烫发化妆品是指具有改变头发弯曲度，并维持相对稳定的化妆品。人类烫发的历史已有3000多年。古埃及时代的象形文字就有关于烫发的记载，尼罗河畔的妇女将头发卷于木棍上，涂上泥，在日光下晒一整天，泥干以后洗去，头发呈现美丽的波形，可谓烫发之始。此后，大致经历了火烫、电烫、化学冷烫、化学热烫等阶段，使染发技术日臻完善。随着生活水平的提高，人们越来越重视自己的外形，一个恰当的发型往往对外表起到非常重要的作用。无论是青少年，还是中老年，各个层次对烫发产品的需求都很旺盛。

4. 脱毛化妆品

脱毛化妆品是指具有减少、消除体毛作用的化妆品。使用脱毛化妆品可以达到净肤、靓肤、健美美容的目的。在中国脱毛化妆品也归属特殊用途化妆品进行管理。人类生产和使用脱毛化妆品的历史已有80多年。1993年，中国市场上首次出现了有脱毛作用的特殊用途化妆品。虽然中国脱毛化妆品起步也不算早，但其发展速度较快。随着人们生活水平提高，为了配合女性发型和服饰，脱毛化妆品的产品种类逐年激增。近年来，在北京、天津、上海等大城市中到美容院要求脱毛的消费者人数激增。显然，爱美之心是导致脱毛化妆品市场迅速发展的原因。

5. 美乳化妆品

美乳化妆品是指有助于乳房健美的化妆品。现今，有些女性常常为自己的胸部平坦而焦虑，有些妇女因乳房大小不一或缺陷而自卑。因为丰满而健美的乳房是人体发育良好的重要标志，是现代女性情有独钟的身体曲线。为使女性保持胸部的青春健美，增添女性的风韵与魅力，美乳化妆品发展迅速。

6. 健美化妆品

健美化妆品是指有助于使体形健美的化妆品。据世界医学界统计，全世界每年有 500 万人死于肥胖或因肥胖所引起的各种疾病。当今肥胖已成为全球性问题，若任其发展下去将严重危害人类健康。肥胖问题已受到各界高度重视。减肥化妆品的研究与生产方兴未艾。

减肥化妆品在中国起步较晚。20 世纪 80 年代，中国香港市场上出现了法国生产的减肥霜等减肥化妆品，曾引起了人们的极大兴趣。1986 年，天津化妆品研究所研制出了天然植物型普兰娜减肥霜也引起国内消费者的极大关注。随后，北京的大宝减肥霜、上海的洁士苗条霜、苏州的凤珠健美减肥霜等相继问世。减肥化妆品的生产与销售在中国蔚然成风，势不可当。

7. 除臭化妆品

除臭化妆品是指用于消除腋臭等体臭的化妆品。人们越来越注重自己的公众形象。在公共场合有腋臭和狐臭是一件令人尴尬的事情，因此，越来越多的人使用除臭化妆品，如止汗露等。

8. 祛斑化妆品

祛斑化妆品是指用于减轻皮肤表皮色素沉着的化妆品。现代社会生活节奏的加快，精神压力的增加，一些不良的生活习惯如吸烟、过量饮酒、熬夜及外部环境中的紫外线照射等都会使皮肤色素沉着增加，颜面部易出现黄斑、雀斑、黑斑，因此，人们对祛斑化妆品的需求日益旺盛，祛斑化妆品成为特殊用途化妆品市场中的主力军。

9. 防晒化妆品

防晒化妆品是指具有吸收紫外线作用，减轻因日晒引起皮肤损伤的化妆品。防晒护肤品的迅速发展，是基于人们防晒意识的提高，过量的紫外线照射不仅会伤害皮肤，而且会加速皮肤老化甚至引发皮肤癌，于是防晒成为当今化妆品市场的主题。

（二）市场规模分析

化妆品对人类的美化起着至关重要的作用，随着中国经济发展和人们生活水平的提高，人们对于美的渴求更加强烈，对化妆品的需求日益增加。在经济迅猛发展的今天，中国特殊用途化妆品市场也成为全球最大的新兴市场。自改革开放以来，中国特殊用途化妆品市场从无到有，从小到大，历经风雨的洗礼。中国特殊用途化妆品行业正如雨后春笋般苗壮成长，品牌层出不穷，市场竞争也日益激烈，特殊用途化妆品行业其销售额在保健用品产业中所占比重不断上升。

据课题组相关调研数据统计，2010 年中国特殊用途化妆品企业中有 7% 为大型企业（年营业额 ≥1 亿元），26% 为中型企业（1000 万元 ≤ 年营业额 <1 亿元），67% 为小型企业（年营业额 <1000 万元）（见图 5）。

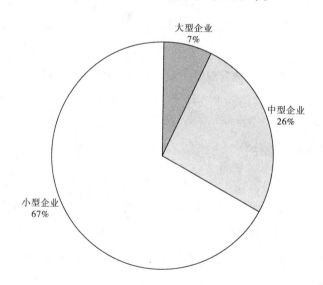

大型企业
7%

中型企业
26%

小型企业
67%

图5　中国特殊用途化妆品行业份额构成情况

资料来源：中国保健用品产业发展报告课题组项目企业数据库。

据课题组调查数据统计，2010 年中国特殊用途化妆品企业实现产品年销售收入 193.12 亿元，其中，大型企业销售额 90 亿元，占比 46.6%；中型企业销售额 82.7 亿元，占比 42.8%；小型企业销售额 20.42 亿元，占比 10.6%（见图6）。虽然大型企业所占比重不大，但是其对销售额的贡献却非常大；反观小

型企业，其数量众多，但是销售额却远远低于大型企业。这说明中国特殊用途
化妆品企业虽然数量增长较快，但是整体规模不大，在未来还有很大的发展空
间。

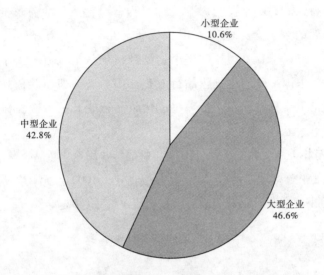

图6　中国特殊用途化妆品企业销售额比例分布

资料来源：中国保健用品产业发展报告课题组项目企业数据库。

（三）区域发展分析

据不完全统计，中国特殊用途化妆品企业约有 3440 家，化妆品生产企业地
域分布差异较大，80% 多集中在沿海地区。在化妆品行业，广东省的特殊用途化
妆品厂家几乎占全国化妆品生产厂商总数的 44.59%，浙江省的特殊用途化妆品
企业也有 400 余家，仅广东和浙江两省的特殊用途化妆品生产企业就占到总生产
企业数量的近 56.28%。

表2　各地区特殊用途化妆品企业数量及占比情况

单位：家，%

地　区	广东	浙江	北京	上海	江苏	福建	河南	山东	其他	合计
数　量	1534	402	307	228	129	93	89	110	548	3440
比　例	44.59	11.69	8.92	6.63	3.75	2.70	2.59	3.20	15.93	100

资料来源：中国保健用品产业发展报告课题组项目企业数据库。

根据课题组的调研数据，中国特殊用途化妆品生产企业分布在全国 28 个省（市、自治区），而主要生产力量还是集中在东南沿海地区。截至 2010 年底，中国特殊用途化妆品生产企业数量超过 10 家的地区有广东、浙江、北京、上海、福建、江苏、河南、山东、河北等地；其中广东、浙江、北京、上海的产品种类超过 50 种，占全国总数的 80% 以上。而绝大部分地区特殊用途化妆品的生产品种还不足 10 种，且有 6 个省份目前仍没有特殊用途化妆品生产企业。由此可见，中国特殊用途化妆品行业在区间的发展差距悬殊。

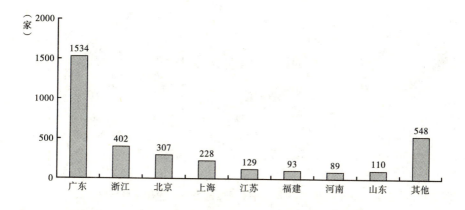

图7　各地区特殊用途化妆品企业发展情况

资料来源：中国保健用品产业发展报告课题组项目企业数据库。

（四）进出口分析

1. 出口分析

　　（1）主要出口国家或地区分析。中国加入 WTO 后，通过各种交流，对各国在特殊用途化妆品方面的法律法规了解得越来越多，同时在特殊用途化妆品生产技术和各项标准方面逐渐与国际接轨，产品进入国外市场的渠道越来越通畅。中国特殊用途化妆品出口方式以一般贸易为主，外资企业出口处于明显领先地位，出口企业主要分布在以广东为代表的沿海地区。据课题组调研数据统计，被调研企业 2010 年出口总额为 38.2 亿元，仅广东省的企业出口额就达到 19.7 亿元，占比 51.57%，主要出口国家或地区涉及美国、欧盟、中国香港、

日本和中国台湾。

（2）出口数量及增长情况。近几年来中国特殊用途化妆品总体出口情况比较平稳，但在2007～2008年，由于受国际金融危机和人民币不断升值的影响，出口受到一定冲击，连续两年出口呈现负增长。随着全球经济的复苏，中国特殊用途化妆品出口数量已经走出低谷，呈现较快的增长速度。图8是中国特殊用途化妆品在2006年至2010年1～11月的出口数量及同比增长情况。

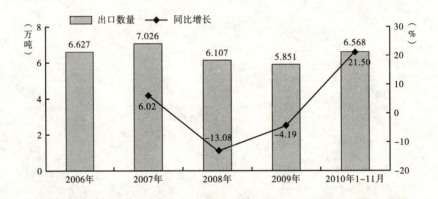

图8　2006年至2010年1～11月中国特殊用途化妆品出口情况

资料来源：中国海关总署。

2. 进口分析

（1）主要进口国家或地区分析。相比于发达国家特殊用途化妆品行业，中国特殊用途化妆品行业还处于发展阶段，虽然产品出口呈现增长趋势，但仍以进口为主。由于美国、日本等国家的特殊用途化妆品行业发展比较完善，相关产品种类繁多，中国主要进口国家集中在法国、美国、日本及韩国等。

（2）进口数量及增长情况。2007年至今，为应对国际金融危机，中国出台的经济政策刺激了国内的消费需求，同时由于人民币升值，国外化妆品变得相对便宜，2007～2008年中国进口出现正增长。2010年达到近5年来进口数量的最高值。图9是中国特殊用途化妆品在2006年至2010年1～11月的进口数量及同比增长情况。

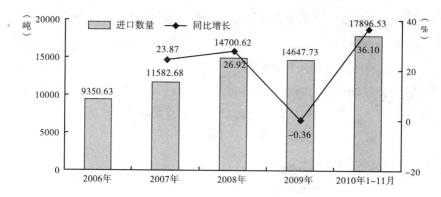

图9　2006 年至 2010 年 1～11 月中国特殊用途化妆品进口情况

资料来源：中国海关总署。

四　特殊用途化妆品行业竞争分析

改革开放以来，中国化妆品行业发展迅速。据化妆品消费资料显示，目前，国内人均化妆品消费水平仅 20～30 元，而世界人均消费水平则为 35～70 美元，美国更是高达 70～80 美元。这表明中国化妆品消费水平相对较低，但随着人们生活理念的更新和生活水平的不断提高，以及消费群体的扩大和消费水平的提高将使化妆品市场需求潜力非常巨大。

1. 市场竞争国际化

中国化妆品市场是全世界最大的新兴市场，经过 20 多年的发展取得了前所未有的成就。从 1989 年中国第一家现代化民族化妆品企业"广生行"到现在数量繁多、种类齐全、经营多样的化妆品企业，中国化妆品行业经历了翻天覆地的变化。随着商品经济的发展和人们生活水平的提高，人们对美的追求日趋普遍，先进科学技术越来越多地运用到了化妆品的生产工艺中，各种新型化妆品被研制出来并推向市场。特殊用途化妆品市场规模增长吸引了一大批企业加入到制造商行列。同时，由于极具吸引力的巨大人口基数，中国成为跨国公司拓展市场的首选。

2. 特殊用途化妆品行业竞争与发展趋势

（1）市场竞争。虽然中国特殊用途化妆品市场广阔，但行业的竞争空前激

烈。在特殊用途化妆品行业竞争中，品牌策略、供应链管理、营销模式管理等对于提高国内特殊用途化妆品企业竞争优势有着很重要的作用。

①品牌策略。品牌忠诚的顾客是企业最宝贵的财富，根据 2/8 原则，企业 80% 的利润来自 20% 的老顾客。由此可见，在激烈的市场竞争中顾客品牌忠诚的建立与加强尤其重要。特殊用途化妆品品牌要培养和建立品牌忠诚，可从有效的广告宣传、满足消费者需求、提供个性化服务、维持高品质形象、做好品牌定位、突出品牌个性等方面入手。

②供应链管理。特殊用途化妆品行业供应链包括从产品原材料获取、产品生产、产品流通到消费者手中进行消费的这一系列过程，其组成成员包括供应商、产品制造商、批发或分销商、零售商、消费者、其他（物流、金融、研发）服务提供商，包括的流程有物流、资金流和信息流。供应链管理的基本理念就是整合和优化供应链中的信息流、物流、资金流，从战略、战术直至运作层面上对企业作业流程进行优化。然而，与国外同类企业相比，这一有利于打造核心竞争力的因素却多被广大国内化妆品企业所忽视。

③营销模式管理。有调查显示，化妆品企业经营者，绝大部分没有达到大专文化程度。有的经营者把个人人情关系当做企业资源，并用来决定产品开发和营销策略，导致判断市场失误；有的经营者不作调研分析和市场细分，对消费者初次购买的风险性问题不加考虑，直接影响了市场的健康发展。因此，对营销模式的科学管理很有必要。在特殊用途化妆品行业竞争激烈的今天，企业只有从自身实际情况出发，选择适合自身的发展模式，不盲目跟从，踏实发展，才能有更大的发展。

（2）发展趋势。特殊用途化妆品行业作为化妆品市场利润最丰厚的一部分，要获得竞争优势，应运用市场细分论、定位论，重新细分市场，提取目标消费群体核心价值所在。具体来说，应关注以下几个方面。

①药物化妆品。药物化妆品是化妆品发展的更高级阶段，是特殊用途化妆品的一个组成部分，具有功能性和临床意义上的疗效性。它可满足人们对化妆品的需求，解决广大消费者由于问题性皮肤造成的个人在生活和心理上的困境。随着消费者对药物化妆品概念认识的不断深入，对药物化妆品的需求日益增加，促进了药物化妆品的发展。化妆品市场的竞争表现为科技竞争，其焦点在于配加药物组分及其功效上，药物化妆品有望成为化妆品市场的主角，市场前景良好。

②男士专用特殊用途化妆品。男士专用特殊用途化妆品市场已经进入高速发展期，未来市场将进一步细分。随着对男士护肤需求的深入挖掘，未来将针对不同年龄层次、身体部位、功能、成分、场合的各种需求，逐步形成全方位皮肤护理产品。此外，更多男士专用品牌将逐步脱离女性化妆品专柜的附属地位，形成独立的柜台甚至专卖店。

③天然和有机原材料的应用。造成天然和有机原材料流行的主要推动性因素表现为，消费者对化妆品中化合物的安全性的关注度日益增加，人口老龄化和出生率下降将导致保养类产品需求增加，皮肤过敏症状发生率的增加和收入水平提高使得人们能够接受较昂贵的产品。随着消费者对环保化妆品需求的不断增加，特殊用途化妆品对于天然和有机原材料的应用成为必然趋势。

五　特殊用途化妆品营销模式和发展分析

在竞争激烈的特殊用途化妆品市场中，由于市场营销在整个价值链中占有重要的地位，企业通过市场营销体系建设来提高竞争力，成为业内最为关注的竞争要素。企业销售不是一成不变的，随着产品和市场的变化，任何一个品牌也会在销售渠道上作出相应调整。在特殊用途化妆品行业中，开拓新市场，建立新销售渠道，适时调整销售策略，是企业的生存之道。

（一）营销模式分析

从营销策略上讲，世界名牌化妆品主要采用品牌专柜销售策略、自我销售策略和网络销售策略进行市场营销。这三种销售策略的目的相同，即企业通过不同的手段、方式、途径或技巧将产品推到消费者面前。现有特殊用途化妆品的市场营销模式繁多，众多营销模式充斥市场，主流模式包括传统渠道营销、连锁店营销、数据库营销、网络营销、直接销售五大类。以下着重介绍网络营销和直接销售模式。

1. 网络营销

以互联网为依托，通过电子商务实现营销目的。像阿里巴巴这样的商务网站，为特殊用途化妆品网络营销提供了广阔的网络平台，目前国产大部分特殊用

途化妆品都采用此种营销模式。

网络营销是现代化的高效率营销工程，化妆品网络营销是指利用因特网技术的低成本、高效率对营销中市场调查、客户分析、产品开发、生产安排、售后服务等环节进行管理营销方式。化妆品网络营销工程包括培训工程和服务工程两部分。前者是通过对企业进行实用网上化妆品营销知识的普及与操作技能的培训，提高企业对网络应用的认识和技巧；后者是组织化妆品网络服务商和平台服务商为企业提供上网发布信息和商机搜索服务、网上客户需求管理与分析等一系列的化妆品技术和咨询服务。化妆品网络营销对引导企业积极上网，推动电子商务技术在中国乃至世界范围的普及，促进中国与世界网络服务业发展，具有重要意义。特殊用途化妆品由于其特殊性，消费者在购买某些特殊用品时，如脱毛或除臭化妆品，或多或少会有害羞与拘束心理，而网络营销这种模式有效地克服了消费者的这种心理，给消费者带来了更好的消费体验。

2. 直接销售

直接销售就是以面对面的方式，直接将产品或服务销售或提供给消费者，销售地点通常是在消费者或他人家中、工作场所或其他有别于永久性零售商店的地点。直销模式在中国做得比较成功的有美国的雅芳和安利。但直销和传销有着本质的区别，商家在进行营销时要把握好分寸，中国法律明确规定传销属于非法行为。

世界名牌化妆品多采用在百货商店租赁专柜的方式进行销售。百货商店是都市化的象征，人口集中于都市，都市发展带动百货商店的发展，而化妆品又是百货商店的主要商品之一。另外，消费者购买动机和购买地点有着密切关系，特别是特殊用途化妆品类产品，消费者挑选的场所仍以百货商店的专柜为主。世界染发品的"领头羊"，欧莱雅公司在中国各大城市中已设立了 270 多个品牌专柜，其旗下的美宝莲在中国已设立了 500 个品牌专柜。

对某些特殊用途化妆品，比如祛斑或防晒化妆品，消费者在购买前都比较倾向对产品进行试用，以亲身感受产品效果。在直接销售模式中，大多采用提供产品试用装来满足消费者的试用需求，起到了很好的销售效果。

（二）中国营销模式发展趋势

1. 转变营销模式

由于市场环境快速变化，新型营销模式不断涌现，且呈现与传统营销模式并

存局面。中国特殊用途化妆品企业若想不被市场淘汰，就必须根据市场需要，紧
跟市场动态，借鉴国外知名化妆品企业成功经验，转变营销模式。

2. 多种营销模式共存

中国特殊用途化妆品市场经过多年发展，尤其是在国际知名企业带动下，营
销模式已从发展初期的单纯概念营销模式，发展到目前的传统广告、终端营销、
会议营销、与客户面对面的直复营销等多种营销方式并存。特殊用途化妆品企业
已从针对消费者简单广告推广教育模式，发展到针对消费者长久的养生教育和对
消费者进行长期的跟踪服务。

3. 注重营销模式的创新

就特殊用途化妆品竞争环境而言，市场呈现外资品牌、合资品牌、内资品牌
三分天下的局面。但无论哪类品牌都致力于科技创新、新品开发、销售通路、价
格策略、促销手段等优化组合，竞争呈白热化。在此环境下，要想最大化延长品
牌生命周期，就不仅是营销组合所能解决的了。还必须重视产品附加价值——服
务的重要性，重视服务营销。服务营销是经营者站在消费者的角度提供专业咨
询、心理满足、购买方便、使用指导、使用价值跟踪等营销行为的准终结环节，
目的是增加商品使用价值，注重行业教育服务、专业服务和时间服务，形成对消
费者的"服务营销系统"，构筑 CS 客户满意工程，使服务营销趋于成熟，有如
此营销意识，特殊用途化妆品市场才能良性发展。

六　特殊用途化妆品行业的发展前景与建议

（一）发展前景

中国特殊用途化妆品行业的发展将对经济发展和人们生活水平提高贡献巨
大。据有关部门统计，中国化妆品市场销售额平均以每年 23.8% 速度增长，最
高年份达 41%，增长速度远高于国民经济平均速度，具有相当大的发展潜力。
目前，中国化妆品市场销售额比改革开放初期的 1982 年增长了 200 多倍。

1. 根据企业规模预测

随着特殊用途化妆品行业科技含量不断提高，市场规模逐步扩大，特殊用途
化妆品行业将会进入快速发展阶段。据课题组调查数据统计，中国特殊用途化妆

品企业主要经营模式有三种，即生产加工、经销批发和招商代理，其中又以生产加工为主，占比68%。随着消费者需求的日益增加和企业规模的相应扩大，62%的小型企业会选择通过企业合并发挥规模效应，向中型企业或大型企业发展，未来中国特殊用途化妆品行业会有较大的发展（见图10）。

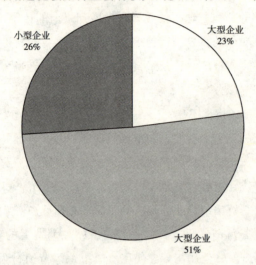

图10　中国特殊用途化妆品出口企业各类规模占比

资料来源：中国保健用品产业发展报告课题组项目企业数据库。

2. 根据进出口情况预测

据课题组统计，被调研企业2010年特殊用途化妆品出口总额为38.24亿元，其中大型企业为9亿元，中型企业为19.4亿元，小型企业为9.84亿元；进口总额为36.77亿元，其中，大型企业为25.5亿元，中型企业为5.6亿元，小型企业为5.67亿元。可见，中国特殊用途化妆品行业呈现贸易顺差，中型企业在特殊用途化妆品出口中占了很大的比例，超过总额的一半，对特殊用途化妆品行业的出口贡献了很大的力量。随着中国特殊用途化妆品行业规模的扩大，越来越多的小型企业将通过企业合并向中型企业靠拢，特殊用途化妆品出口额将会进一步增加，这有利于行业对外贸易发展。

（二）行业发展中存在的问题

1. 产业结构亟须调整

国际金融危机暴露了中国产业结构的脆弱性，严酷的市场环境迫使企业转型，实现"二次革命"。经济界普遍认为，在目前形势下，一些低附加值、缺乏核心技术企业先出局，而有技术、有自主品牌的企业继续发展，符合当前中国产业结构调整的方向。特殊用途化妆品是一个技术性要求较高的行业，相比于国外企业，中国特殊用途化妆品企业技术性与创新不高，要想不被市场淘汰，中国特殊用途化妆品行业结构亟须调整。

2. 特殊用途化妆品定义有待完善

现行特殊用途化妆品定义适用范围已不能适应市场发展和监管的需求，有必要参考其他国家或地区的化妆品分类，并结合中国化妆品市场实际情况，完善特殊用途化妆品的定义。在美国不存在特殊化妆品这一分类形式，其或为化妆品，或列入药品管理。在日本，化妆品被分为两类，一类为化妆品，一类为医药部外品。中国台湾地区的化妆品分类与中国大陆地区相似，分为一般化妆品和药物化妆品，其中，药物化妆品除了包含遮光（防晒）剂、染发剂、除臭剂外，还包括增白产品、祛粉刺产品和止汗剂等，足见对这类用途产品安全性的重视。[1] 上述国家或地区都将增白、祛皱、祛粉刺等产品列入了特殊用途化妆品的管理范畴；美国虽无此分类，但将止汗剂、祛屑洗发水、防晒剂等产品纳入非处方药管理中，也说明了这些产品区别于一般化妆品的特殊性。

3. 行业产品界定和检测技术有待加强

中国在特殊用途化妆品的界定和检测上技术比较薄弱，只要产品标签和说明书中没有宣称特殊用途，就无法将其界定为特殊用途化妆品，而一旦被列入普通类化妆品，产品本身便逃脱了上市前的多重审核和上市后的严格监管，给消费使用环节埋下隐患。而且与市场现状相比，化妆品质量检验部门的检测手段显得捉襟见肘，检测手段单一、检验成本却很高，给监管也带来了困难。

4. 缺乏创新力，"轻科研"现象严重

中国特殊用途化妆品市场差异化程度低，这与中国企业创新能力有直接关系。以课题组统计的企业为研究对象，特殊用途化妆品行业的从业人员有232047人，而研发人员只有11353人，所占比例不足5%。提高企业自主创新能力从而提高产品的质量和档次，在相当长的一段时间内是国内特殊用途化妆品行业发展的迫切需要。

---

① 王安婷、许苗：《特殊用途化妆品监管面临的问题及对策》，《中国卫生法制》2008年第3期。

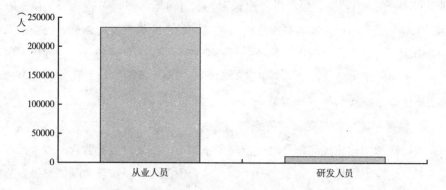

图11　特殊用途化妆品行业从业人员与研发人员数量

资料来源：中国保健用品产业发展报告课题组项目企业数据库。

（三）发展建议

1. 重视研发，提高科技含量

特殊用途化妆品的市场竞争核心是品质。要提高特殊用途化妆品品质唯一出路只有提高内在科技含量，这要从三方面投入：一是科技人才投入，现在特殊用途化妆品已不再是简单的护肤品，需要多方面的人才。如皮肤的生理和衰老，需要医学方面的专家；使用多功能添加剂，要有生物工程、制药业方面的专家；还要有精细化工专家。没有这些高科技专家，就生产不出高科技产品。二是基础研究投入，国外知名特殊用途化妆品企业，重视研究机构的建立，日本、法国、美国等国家特殊用途化妆品企业研究部门都是按照医药开发的科研机构设置而建立的，目前国内有的企业已开始注意到这个问题。三是生产设施和检测手段投入，当前中国大部分特殊用途化妆品企业生产设备还比较落后，尤其对各种产品质量标准的检测手段落后，不解决这些问题，就不可能真正提高产品的科技含量。国外已把生产药品、生物制品的生产与检测手段引入特殊用途化妆品的生产中去，这值得国内企业借鉴。

2. 加快对特殊用途化妆品法规修订

现有特殊用途化妆品的适用范围已不能适应市场发展和监管的需求，有必要参考其他国家或地区特殊用途化妆品的分类，并结合中国特殊用途化妆品市场的实际情况，进一步完善特殊用途化妆品的定义。

此外，建议在法规中对处罚措施加以修订，增强可操作性；参考药食同源中药饮片的公布形式，分批公布禁用于特殊用途化妆品的成分名单；对特殊用途化妆品经营企业建立许可准入制度等。

3. 完善审批和检测技术

完善特殊用途化妆品的审批和检测的技术，提高特殊用途化妆品的技术支持，用于对特殊用途化妆品审批进行归类，借助更加科学的手段，提高对违禁成分检出的灵敏度。

4. 培育与开发国内外市场

在国际市场上，中国特殊用途化妆品在国际市场上占有的份额还相当小，进入国际市场是特殊用途化妆品发展的必然趋势。这需要中国企业要懂得国际市场竞争规则，生产的产品要适合外国人的皮肤的特点，符合外国人的消费心理，同时关注国际特殊用途化妆品的市场动态。在国内市场，除了关注中心城市外，中小城市和广大农村市场不容忽视。随着人们生活水平提高，农村市场极具发展潜力。要研究农民消费心理、需求产品、价格定位及适合农村的营销方式，注意开发适用于广大农村消费人群的系列产品，引导农村消费市场发展。

5. 引导对特殊用途化妆品的规模经营

国际经验证明，特殊用途化妆品企业集团化、规模化是提高市场竞争实力、争取最大经济效益的发展之路。目前，中国特殊用途化妆品企业规模比较小，产业集中度低，与外来竞争者差距较大，中小企业在市场趋于垄断的趋势下，要走联合发展之路，可跨所有制、跨区域进行优化重组，国家管理部门从培育产业竞争力出发，支持特殊用途化妆品企业的上市融资发展。

6. 严厉打击虚假特殊用途化妆品广告

严厉打击虚假宣传、制造销售陷阱的违法广告行为。加强违法特殊用途化妆品的曝光力度，同时做好正面宣传，引导消费者进一步认识特殊用途化妆品，进行理性消费。特殊用途化妆品的监管难度很大，既需要企业合法生产经营，也需要监管部门提高监管措施的力度和可行性。作为监管部门，必须从大处着眼，细处着手，建立和完善特殊用途化妆品的市场监管长效机制，逐渐形成企业诚信生产经营和消费群体理性消费的和谐氛围，促进特殊用途化妆品市场的良性运作。

Specific Function Cosmetics Industry

Abstract: The thesis firstly summarizes the general situation and industry characteristics of specific function cosmetics. comparatively analyzes the difference in development of specific function cosmetics both home and abroad; based on the data of investigation of the research group, it gives the panoramic display of the market scale, situation of regional development, situation of competition, marketing mode and the like of this industry in China. Finally, it predicts the prospect of specific function cosmetics in China and summarizes the problems that exist in the development of the industry.

Key Words: Specific Function Cosmetics; Industry Research; Problems

B.7
五官保健用品行业

    摘　要：本文对中国五官保健用品行业发展概况、行业发展环境、国内外行业发展对比情况、行业竞争情况、营销模式进行了深入分析，总结了中国五官保健用品行业发展存在的问题，认为行业标准缺失、产品质量参差不齐、竞争力低等因素制约着行业的发展，并对进一步促进行业发展提出了相应的政策建议。

    关键词：五官保健用品　行业研究　问题

一　中国五官保健用品行业发展概况

（一）五官保健历史悠久

中国对五官的保健可谓历史悠久，古代中医中就有很多关于牙齿和眼睛保健的秘方，公元 1100 年宋代杨斋著就曾说："百物养生，莫先口齿。"而五官保健用品则是近些年才发展起来的，尽管五官保健用品中牙膏、牙刷等属于日常生活用品，人们早就开始使用，但将其赋予保健含义则是近几年才有的。中国五官保健处于起步阶段，亟待开发。与此同时，随着人们生活水平的提高，对五官保健意识的增强，一些原本不为人知的五官保健用品如洗牙器、视力按摩器等开始进入人们的视线，融入日常生活，尤其为年轻人所接受，并悄然改变着人们的生活习惯。这些给五官保健用品行业提供了巨大的消费需求，促进了五官保健用品行业发展。

（二）五官保健用品行业发展现状

课题组统计的保健用品企业共有 2.5 万余家，其中五官保健用品企业有

4441家，约占比18%，在整个行业中企业数量的占比较大，但是被调研企业的总年营业额约为2588189万元，在整个保健用品产业中所占的比例较低，这说明中国五官保健用品企业数量虽多，但生产能力不强，规模效应差，行业集中度很低，缺乏大型的领军企业。但随着消费者对五官保健用品需求的增加和相关法律法规的完善，五官保健用品行业未来会有较大发展。据课题组所统计的1000家五官保健用品生产企业的营业额来初步估算该行业2010年的年产值至少为267.095亿元，且五官保健用品行业属于朝阳行业，增长潜力可观，未来行业规模将进一步扩大。

二　中国五官保健用品行业地位

（一）与人们的生活息息相关

五官是人体的重要器官。加强五官保健，不仅可以使人们拥有更加健康的生活，且能够预防和治疗多种由五官引发的疾病。因此，五官保健与人们的生活息息相关。

1. 口腔保健的作用

古人云："病从口入。"可见，虽然古代没有口腔保健一词，但自古人们就意识到口腔保健对人体健康的重要性。口腔保健可以预防慢性肠炎、肠结核等胃肠消化系统疾病，以及糖尿病、头痛、溃疡病、败血症、关节炎、风湿性心脏病、心肌炎、心内膜炎、支气管炎、咽喉炎、扁桃体炎、肺炎和肾炎等疾病。而且，世界卫生组织（WHO）对口腔卫生给予高度重视。因此，口腔保健重要性不言而喻。通过使用多种口腔保健用品，做好日常口腔保健，既有益于减少龋齿、牙龈炎和牙周病及其并发症的发生，同时可避免口腔病症，增进食欲，增强体质。

2. 眼部保健的作用

据国家卫生部、教育部联合调查提供的最新数据显示，中国每10名青少年中，就有6名是近视，近视总人数更是高居世界第一。因此，眼部保健在中国显得尤为重要，眼部保健可有效预防近视，减少青光眼、白内障等疾病发生的可能性。随着科技发展，人们对于眼部保健已不局限于食疗，多种多样的眼部保健用品，如眼部按摩仪、护眼贴等，在缓解视觉疲劳、减轻视力衰退、美容眼部肌肤等方面的功效越来越得到认可。

3. 耳鼻喉部保健的作用

耳朵是人体的听觉器官，对耳朵保健能改善耳道微循环，促进耳道肌肤新陈代谢，激活耳细胞，对预防耳聋、耳鸣、耳浑浊等耳病的发生有一定帮助，同时也有利于大脑供氧；鼻子是人体主要呼吸器官之一，内有的鼻毛和黏膜能过滤和防御侵入的有害物，通过鼻部保健可使人类有效抵御因工业污染和化学药剂滥用而产生的飘浮在空气中的细微重金属和化学物质，减少甚至避免某些疾病的发生，如鼻炎、鼻过敏、鼻窦炎；喉部既是人体的呼吸器官，又是发音器官，喉部保健不仅可以降低喉部疾病如咽喉炎的发病率，还可使人们拥有清晰、动听的嗓音，对于人们进行日常的语言交流具有不可替代的作用。

大力发展五官保健用品行业，为人们健康加分，从根源上防治了多种可能给人们造成巨大伤害的疾病，能在一定程度上增强了人们对美好生活的信心，营造出一种健康、美丽、自信的生活状态，帮助人们实现全面发展，实现自我价值，享受幸福生活。

（二）促进国民经济健康发展

1. 五官保健用品能增进健康，减少医疗经费支出

2003 年国家卫生部统计信息表明，中国人因健康引起的直接或间接经济损失高达 8000 多亿元，相当于当年 GDP 比重的 7% 左右。当前，虽然人们越来越关注健康、追求健康，却表现出健康知识匮乏和健康观念落后，对预防保健重视不够，由此引发各类疾病。中国有 13 亿人口，在这个庞大基数下，患病人数不在少数。如果得了病才忙于治疗，高额的医疗费不仅是普通家庭难以承受的，而且由此造成的因病致贫，给国家带来了巨大的经济负担。加强五官保健用品行业发展，为各种口腔疾病、眼部疾病及各类由五官不健康而引发的糖尿病、高血压等疾病起到了很好地预防效果。健康是个人财富，也是家庭和社会的财富，国富民强是众望所归，而健康奔小康是国富民强的必由之路。

2. 五官保健用品行业成为新的经济增长点

当前，中国经济增速有所放缓，战略性新兴产业的加快培育与发展，不仅是打造未来经济新增长点的现实选择，也是加快转变发展方式、推动经济结构调整的必由之路。而五官保健用品行业属于朝阳行业，处于快速发展阶段，极有可能

成为中国经济新的增长点，促进经济发展。以牙齿保健为目的的牙膏行业为例，中国牙膏行业（品类）市场容量巨大，20 世纪 90 年代中后期，市场规模以年均 5% 的速度快速增长，2010 年 1～10 月，中国规模以上牙膏企业生产牙膏 604.55 亿标准支，工业总产值 7.87 亿元，同比增长 2.97%；出口交货值 89466 万元，占工业销售产值的 11.7%。

随着中国居民生活水平的提高，生活质量要求也不断提升，而五官保健用品中一部分是人们的日常生活必备品，成为人们生活中不可缺少的用具。消费者对五官保健用品需求的不断增加，推动了五官保健用品行业的发展，也带动了相关行业发展，形成了新的消费产业链条，促进了国民经济健康发展。

三　中国五官保健用品行业环境分析

（一）中国五官保健用品行业经济环境分析

1. 中国宏观经济趋势良好

2000 年以来中国经济保持高增长，尤其是 2003～2007 年，GDP 增速均在 10% 以上，人均 GDP 增速在 12% 以上。2008 年由于受国际金融危机的影响，中国 GDP 增速回落，较 2007 年降低 4 个百分点，2009 年，在危机波及全球并引发世界范围内经济衰退的情况下，中国政府采取多种措施，使 GDP 增速维持在 9.1%，成为世界经济率先复苏的国家。在这种具有活力的经济环境下，中国居民的生活水平不断提高，2010 年城乡居民的可支配收入分别达到 19109 元和 5919 元。

2. 中国进出口贸易总额持续增加

进出口贸易额增加对中国五官保健用品，尤其是牙刷、牙线等劳动密集型产品的出口产生了积极影响，推动了中国五官保健用品行业的发展。

2011 年是"十二五"发展规划开局之年，中国经济增长将从"出口、投资、消费"向"消费、投资、出口"转变，经济增长模式转型必然促使消费市场的较大增长。利好信息对于五官保健用品行业来说是规模扩张的良机。

在宏观背景看好的前提下，五官保健用品企业应看到激烈竞争之势。目前，跨国公司如高露洁、宝洁、联合华利在中国市场已占有绝对优势，凭借其雄厚的资金、先进的管理、完善的物流、良好的声誉蚕食国内市场，并通过合并、收购等手段实现扩张，因此，国内企业前景不容乐观。

（二）中国五官保健用品行业社会环境分析

1. 五官保健意识增强

随着生活节奏的加快，人们的生活习惯发生了很大变化，口腔、眼睛等五官的疾病发生率愈发凸显。以眼部为例，据资料显示，中国约有低视力者600多万名，儿童斜、弱视者1000多万名。且青少年近视比例平均超过50%，大学生近视率超过70%，眼部问题严重制约了学生的学习和生活。为此，家长们不惜花费重金加强对孩子的眼部保健。与此同时，生活水平的提高给了人们追求健康和美丽的基础，五官健康几乎等同于美丽，因此，对美的追求也促使人们增强了五官保健意识，这从目前市面上种类繁多的口腔保健用品、眼部保健用品等可以得到印证。

2. 五官保健用品市场需求增大

首先，由于市场营养滋补品良莠不齐，行业信誉受到影响，促使消费者转向购买保健用品；其次，五官保健类产品品种繁多，消费者可任意挑选，且功能广泛，价格较为适中，消费者都能接受。另外，以口腔保健用品为例，随着饮食习惯的改变和工作压力的增加，口腔溃疡、牙龈肿痛、出血、萎缩等口腔问题日益普遍，这些口腔"小问题"虽不足以去医院，却困扰着人们的生活，由此产生了潜在的、巨大的针对口腔保健的消费需求。目前，中国人均牙膏的消费量还不足400克，只是发达国家的一半。随着经济发展和人们生活水平的不断提高，五官保健用品的消费必定呈快速增加之势。

（三）中国五官保健用品行业政策环境分析

1. 行业法律法规逐步完善

近年来国家和地方陆续出台了一些法律法规，对五官保健用品的监管起到了促进作用。

2004年6月1日，中国牙刷行业首个国家标准正式实施，规定全国所有牙刷生产企业都得按新标准组织生产，这个国标的主要制定者是被称为"中国牙刷之都"的杭集镇的几家民营企业。

2006 年 5 月，国家认监委和卫生部共同起草了《口腔保健用品认证管理办法（征求意见稿）》，要求口腔保健用品认证采用统一认证标准、技术规范、合格评定程序，标注统一的口腔保健用品认证标识，从事口腔保健用品认证的人员也应当具备医学专业及相关工作经历，并按照《认证认可条例》和《认证及认证培训、咨询人员管理办法》的有关规定取得执业注册资格，方可从事相应的认证活动。

2010 年 9 月 1 日起，《功效型牙膏标准》开始强制实施，所有符合标准的功效型牙膏都将在包装上标注 "QB2966" 的标识。消费者可依据这个标识，判断牙膏是否具有缓解口腔问题的功效。

目前，国家卫生部正会同有关部门制定《口腔保健品认证管理办法》和《口腔保健用品功效检测的标准》等相关规章制度和标准，以规范口腔保健用品的认证工作，并建立健全有关管理制度，加强对主管社会团体和非法人机构的业务指导和监督管理，尤其是财务收支管理。同时，卫生部要求有关组织和团体严格遵守法律法规和国家政策规定开展业务活动。

2. 行业自我监管逐步加强

除国家相关法规政策外，中国五官保健用品行业中企业通过自己的协会也制定了相关规定。例如，中国口腔用品工业协会正在制定中草药牙膏的相关标准。由于中草药成分复杂，在众多标榜中草药牙膏的品牌中，某些成分是否含有，消费者并不明了，即使含有，在制成牙膏后是否仍能达到功效要求也难以评判。建立科学严谨的实验方法与科学标准就显得尤为迫切与重要。因此，需要加强行业自律，实行自我监管并制定标准。

四　国内外五官保健用品行业发展状况对比分析

（一）国外五官保健用品行业发展概况

国外重视五官保健，美国早在 20 世纪 80 年代，人均年牙膏用量就已达几百克，五官保健用品行业已成为一个成熟行业。相比中国五官保健用品行业，国外行业发展特点主要有以下三点。

1. 行业发展早、后劲足

卫生条件的改善使人类寿命不断延长，五官卫生是人类追求健康、预防疾病的重要环节，西方国家对此有较充分的认识，主动投资于预防。以美国口腔保健为例，人们对牙齿的厚爱早已形成了一种文化，他们将牙齿的整洁和口腔卫生看成是文明的象征，1948 年美国国家牙科研究院（即现在的国家牙科和面部研究中心）已成为继国家肿瘤研究所与心脏、肺部和血液研究所后，国家健康研究院的第三部分。根据美国 Packaged Facts 公司发布的市场调研报告（*Oral Care Products in the U. S*）显示，截至 2007 年，美国口腔保健行业市场总产值已达 75 亿美元，按目前发展状况，到 2012 年这一数值将增至 89 亿美元，市场发展状况良好。因此，总体来看，国外五官保健用品行业发展时间较长，早已为人们熟知并接受，加上国外先进科学技术和充分的人才储备，给五官保健用品行业提供了充足发展后劲。

Euromonitor International 于 2010 年 6 月发布的《日本成人口腔保健》（*Adult Mouth Care-Japan*）显示，2009 年日本成人口腔保健用品市场销售额达 26 亿元，较 2008 年增长了 4%，报告还表明，这种显著增长的主因是人口老龄化和新产品的不断研发，更多新产品被倾向于自我治疗的消费者所接受。

2. 监管体系完备

从监管来看，国外五官保健用品行业监管体系发展较早，体系完备。在瑞典，经济、文化、卫生的全面发展促使其形成了非常完善的、高水平的口腔保健服务体系，早在 1939 年瑞典就通过了口腔保健法，并在 20 世纪 70 年代制定口腔医疗保险制度，使口腔保健法进一步完善。保健法内容从单纯的治疗，发展到以预防为主、防治结合，通过定期口腔保健，使全体儿童都能享受到高水平的口腔保健服务。从 1986 年 1 月 1 日开始，瑞典又实行了全国口腔保健服务计划，使口腔保健范围从儿童和青少年扩大到成年人和老年人，口腔保健法发展进入新的阶段。在美国，口腔保健监管力度较大，30 年来美国制订一系列计划来防治国人的疾病及提高其健康水平，口腔保健是这些计划中的重要部分，这从美国政府发布的《2010 年全民健康》（*Healthy People 2010*）中可以得到印证。

3. 各国五官保健用品市场存在显著差异

从牙膏行业发展看，各国牙膏市场呈现不同的特点。美国、日本和西欧等国家或地区是销售额最高、创新产品最多的市场，代表了国际牙膏工业最新发展潮流。亚太地区是销售量最大、增长速度最快的市场，全面反映了发展中国

家对牙膏的需求状况。东欧、拉丁美洲等地区也是增长速度较快的市场，广泛接受西欧、美国的流行品种。中东的市场上大多数为进口产品，当地生产的产品较少。在产品特点上，美国市场牙膏种类最全，新品最多，功能相互交叉，且透明牙膏所占比例越来越大，产品越来越强调含氟和无糖、天然活性添加剂，以及对牙齿和牙龈安全等概念。日本市场普遍接受高价位、高科技的产品，强调牙膏有显著的功能，烟民、儿童和老人专用牙膏占据了相当大的市场份额。①

（二）国内外五官保健用品行业发展的对比分析

1. 发展时间

从发展时间上说，国外五官保健用品行业发展较早，现在市场已形成相当规模，欧美国家口腔保健行业已相当成熟，形成了许多知名品牌。而中国是近些年才开始注重口腔保健的，牙线、漱口液等产品还没有充分深入人们日常生活，对于眼部保健也局限于发现有近视等眼部疾病以后才开始保健的。从消费者水平来说，欧美国家居民生活水平较高，自身保健意识强，消费者对五官保健用品认知度和需求度明显高于中国消费者。从发展规模上说，国外在技术要求较高的五官保健用品方面的市场规模明显大于中国，在品牌知名度、服务等方面也是中国品牌所无法匹敌的，而在一些技术要求较低的五官保健用品方面，如牙刷等，中国的市场规模明显大于国外，如中国杭集镇，年产牙刷 32 亿标准支，占全国产销量的 80%、全球的 22%。

2. 国内品牌具有一定的优势

国内品牌与国外品牌相比也具有一定比较优势。首先，中国以中医传统文化为积淀，据云南白药方面掌握的数据，以中药为卖点的白药牙膏在近几年异军突起，在以大卖场为主的市场上所占份额为 9%~10%（见图 1）。其次，国内产品造型更符合中国人体型特征和需求，如眼部和耳鼻喉部按摩类产品，日本品牌产品偏小巧，美国品牌产品偏大。最后，目前中国劳动力价格显著低于欧美国家，因此，在劳动密集型产业方面具有一定优势，尤其要体现在牙刷业。

---

① 徐春生：《全球牙膏市场与产品的最新进展》，《日用化学品科学》2006 年第 10 期。

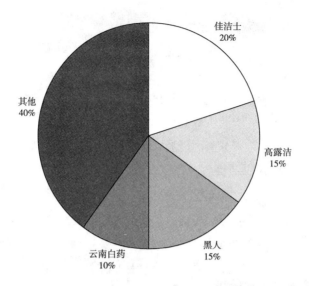

图1　各品牌牙膏销售市场份额构成情况

资料来源：中国保健用品产业发展报告课题组项目企业数据库。

五　行业市场分析

（一）行业用户分析

　　五官保健用品与人们日常生活关系密切，适用于不同需求人群，用户几乎覆盖所有年龄段的人群，但对不同类别的产品消费者的关注因素、消费群体构成、购买目的及消费者接受程度都有所不同，表1列出了五官保健用品行业中三个类别的代表性产品的用户需求差异。

表1　五官保健用品行业用户分析

类别		用户关注因素	消费群体构成	消费者购买目的	消费者接受程度
口腔保健用品	牙膏	功能、品牌、价格	大众	牙齿清洁、保健	很高
	电动牙刷	品牌、质量	白领、工薪族	牙齿清洁、保健	一般
眼部保健用品	保健仪	质量	学生	护眼	较高
	美容仪	功能、价位	爱美人士	美容	一般
耳鼻喉部保健用品	助听类	品牌、价格	老年人	提高听力	较高
	清洁类产品	质量、价格、	白领、工薪族	清洁、美容	较差

1. 口腔保健用品消费者注重产品功能

口腔保健用品是人人都需要的，人从长出牙齿开始就和口腔保健用品结下了不解之缘。用户对这一类产品的关注度较高的是产品的功能、品牌和价格。以牙膏为例，目前市场上牙膏种类包括含氟牙膏、中草药牙膏、增白牙膏、抗过敏牙膏等，价钱也从几元到几十元不等，差异化显著，消费者有很大的选择空间。在消费者心目中，市场上牙膏分为国内品牌和国际品牌。其中，国内品牌以中草药成分为诉求点，以"牙好，胃口就好，身体好"为利益点，价位适中。其品牌包括两面针、冷酸灵、六必治等。国外品牌以固齿防蛀为诉求点，以"牙好"为利益点，价位偏高。其品牌有高露洁、佳洁士等。根据收入状况和对孩子关心程度，国内品牌使用群体主要是普通家庭，而国外品牌使用群体则多是白领阶层和高收入者。同时，不同品牌在消费群结构上的需求开始出现差异，传统牙膏品牌的主要消费群集中在中等收入者和中老年人，品牌忠诚度高；而年轻人和中高收入者则偏向于使用国外品牌和新兴品牌。

2. 眼部保健用品的产品质量成为主要诉求

对眼部保健，大部分产品是针对近视、弱视、眼疲劳等问题而研制的，用户群体以学生为主，目标消费群体首先定位于幼儿园到高中阶段的青少年，年龄段在 3~16 岁，其次是长期伏案的白领阶层。由于眼部保健用品目前品牌较少，产品质量和功能差距不大，在价位上给消费者选择空间较小。学生消费能力取决于其家长的收入水平，白领则多是较为年轻的、有较大消费能力的人群。因此，这两个消费群体在购买眼部保健用品要考虑的是产品的质量。眼部美容仪消费群体是爱美女士，年龄多集中在 30~40 岁，这一年龄段的消费者一般拥有较为稳定的收入，对美丽的追求让她们在购买此类产品时，首先考虑的是产品的功效，价格居其次。

3. 耳鼻喉部保健用品消费需求多样

耳鼻喉部保健用品中，助听类产品在老年人中接受度较高，是一般听力有问题的老年人的必备品，而老年人消费能力明显不足，且在选购时容易受到广告、商家引导，因此，他们在消费时首先想到的是产品的品牌，其次是价格。而其他保健用品，如鼻腔清洗器等，目前消费者接受度还不高，市面上此类消费品也比较少，使用者多为白领、工薪族等收入较高人群，一般是综合考虑产品的质量和价格后再选购商品。

（二）行业结构分析

1. 产品差异化分析

产品差异化分为垂直差异和水平差异。垂直差异是指比竞争对手更好的产品，水平差异是与竞争对手不同的产品。保健用品市场竞争残酷，企业想在激烈的竞争中异军突起，就必须使得自己产品差异化，而目前市面上五官保健用品的垂直差异和水平差异均较小，同类产品基本上是同质的，功能类似。如眼部按摩仪，几乎都主打经络按摩，强调其按摩、磁疗、电疗功能，各企业产品质量和价格水平也相近，造成市场进入壁垒非常低，行业竞争激烈。

2. 产业集中度分析

从统计数据来看，生产和经营五官保健用品的企业大多集中于广东和江浙一带，三个省份企业数量占总体的近六成，北京和上海的企业数量也较多，但较广东省有明显差距，五个省份企业数量共计占总体的 68.3%，其余 27 个省份地区的企业数量仅占总体的 31.7%，尤其在西藏、青海、海南等省份的企业数量非常少。这与五官保健用品的特点有关，该类别产品大多属于小商品，而广东和江浙一带的作坊式小工厂较多，低廉、密集的劳动力和密布的工厂为生产此类产品提供了有力保障。

尽管广东和江浙一带五官保健用品企业数量巨大，但企业规模并不大，以民营企业或个体经营的小作坊为主，年营业额一般在 1000 万元左右，约占总体的三成，而年营业额在 5000 万元以上的企业数则较少，约占总体的 4%（见图 2）。

3. 进入壁垒分析

进入壁垒是指在一个产业中原有企业拥有相对于新进入企业的优势，且原有企业可以持续把价格提高到最小平均生产和销售成本以上，而又没有引起新企业进入这个行业。目前，中国五官保健用品行业中除口腔保健用品行业进入和退出壁垒较高外，其余行业的进入和退出壁垒都较低。

（1）行业整体的进入壁垒较低。首先，由于目前国内保健用品行业监管力度不够，使得企业在进行审批时准入门槛较低，加上五官保健用品以价格较低的日常用品为主，企业资金需求不大，产品成本较低，进入该行业几乎不存在资金方面的障碍。其次，五官保健用品行业不存在规模经济，这对新进入者初始规模要求较低，这减轻了企业在资金需求、人才储备，以及未来规模扩大中带来产品

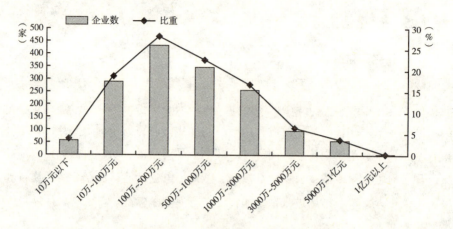

图2　中国五官保健用品企业规模情况统计

注：企业按年营业额划分区间。

资料来源：中国保健用品产业发展报告课题组项目企业数据库。

降价风险等方面的压力，致使该行业存在大量个体小作坊式企业。最后，目前市场上五官保健用品的差异化程度较小，在技术创新、产品开发、产品质量、市场定位、行销渠道与促销方式等方面都比较类似，已有厂家并没有较好地抵制潜在进入者的策略，无法有力争夺和巩固市场、维持既有市场地位，保持和提高市场占有率。

（2）口腔保健用品行业的进入壁垒相对较高。口腔保健用品行业的品牌集中度高，进入壁垒较高。一方面，国外品牌占据绝对优势，拥有数量巨大的国内消费者群体，给国有品牌发展造成不小压力，使行业基本处于寡头垄断格局中，新品牌进入壁垒很高；另一方面，口腔保健用品发展至今，消费者需求层次更加多样化，只有不断创新，研发新产品，开拓新市场，才能让企业在竞争中的优势地位得以保存，这对新进企业的资金、人才、技术等方面要求很高。此外，口腔保健用品企业生产线均为大型机械化生产，一旦退出该行业，大型专门生产设备无法转移，这将给企业造成巨大的退出成本，这也是许多企业在考虑是否进入该行业的障碍之一。

总体来看，目前中国五官保健用品行业内企业众多、规模不大，多集中在广东和江浙一带，产品差异性较小，行业进入和退出壁垒较低，行业整体基本处于垄断竞争阶段。

（三）市场特点分析

1. 经营方式以生产加工为主

据不完全统计，目前中国五官保健用品企业经营方式主要以生产加工和经销批发为主。其中生产加工类企业数占总体的59%，两者共计约占总体的96%，而招商代理较少（见图3）。这主要是因为中国的五官保健用品行业规模较小，利润空间不大，且多以科技含量较低、劳动密集型产品为主，因此，对外部资金的吸引较小；从销售渠道上看，为最大限度扩大利润空间，主要以从厂家到经销商的直接接触为主，尽量减少中间环节，因此，其他经营方式也较少。

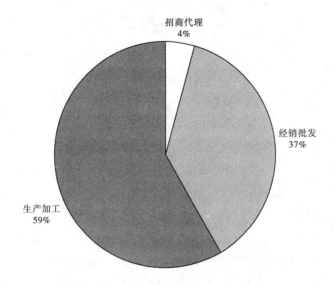

图3　中国五官保健用品企业各类经营方式占比情况

资料来源：中国保健用品产业发展报告课题组项目企业数据库。

2. 市场主要在国内

目前，中国五官保健用品市场主要集中在国内，其占市场总额的45%，其次为东南亚地区，在经济较发达的欧美等国家或地区所占市场份额则较小（见图4）。

总体来看，尽管五官保健用品已在世界各地具有一定市场份额，但由于国内五官保健用品行业缺乏监管，生产标准不统一，难以与国际接轨，某些产品在国内属于达标产品，而到了国外则属于不合格品，这制约了很多企业走出国门。另

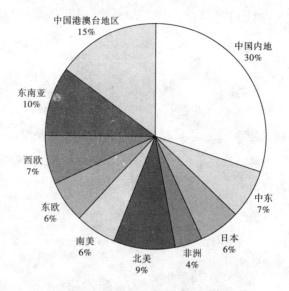

图4　中国五官保健用品企业主要市场分布

资料来源：中国保健用品产业发展报告课题组项目企业数据库。

外，由于中国五官保健用品大多属于附加值较低的劳动密集型产品，在欧美的市场竞争优势较小，而在经济欠发达的东南亚、南美洲等国家或地区则较具优势，成为国内企业在海外的首选市场。

3. 主要渠道为超市

从统计数据看，目前国内五官保健用品生产企业主要客户为超市、单位采购、药店，三者的比重分别为42%、19%和12%（见图5）。其中单位采购包括政府机关、酒店等统一采购。由于五官保健用品中部分保健类牙膏、滴眼液等多在药店进行销售，如云南白药牙膏就主要是药店销售渠道，这使得药店也成为五官保健用品生产企业的主要客户之一，占总体的12%。而商场则居第四位，比重不及药店，这与国内五官保健用品生产企业产品的品牌、质量、适用范围等有关。

与之对应的是五官保健用品的经销厂家的主要客户，经销厂家的客户主要为超市和单位采购，比重分别为38%和30%，商场和药店的比重分别为11%和8%，其余客户的比重则较小，不足5%（见图6）。近年来，随着网络的普及应用，网店步入了人们的视线，网店以其操作方便、价格低廉被广大网民热捧，作为经销商家的二级销售单位，其发展前景是非常好的。

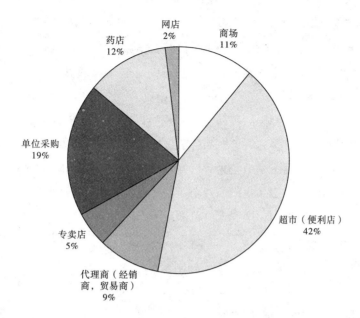

图5 五官保健用品生产企业客户分布情况

资料来源：中国保健用品产业发展报告课题组项目企业数据库。

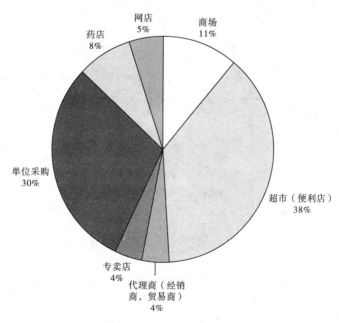

图6 五官保健用品经销企业主要客户分布

资料来源：中国保健用品产业发展报告课题组项目企业数据库。

4. 子行业发展差异较大

在五官保健用品的三个子行业中,口腔类保健用品企业发展态势最好,眼部类次之,耳鼻喉部企业发展状况较为落后。在所统计的44家营业额在1亿元以上的企业中,有28家是口腔保健用品生产企业,12家是眼部类保健用品生产企业,仅有4家是耳鼻喉部保健用品生产企业。口腔保健用品的公众认知度较高,需求较大,行业发展较早,无论在品牌数量还是在产品种类上都较其他两行业具有较大优势。眼部保健用品中较为流行的眼部保健仪等保健用品近些年才开始逐步为人们所了解,此类用品生产经营企业仍处在发展中。耳鼻喉部保健用品目前的公众认知度较低,使用频率和人群范围远不及前两类产品,行业发展较慢。

(四) 区域发展分析

从调研情况看,五官保健用品企业呈现东南沿海地区数量大、发展状况好,西部边远地区则数量少、发展较差。其中,广东省总体情况最好,各类别企业数量都居全国首位,其次是江浙一带,而西藏、青海等地则几乎没有五官保健用品企业(见表2)。

表2 五官保健用品生产经销企业区域分布情况

单位:家

区 域	企业数量	区 域	企业数量	区 域	企业数量
广 东	1303	湖 南	68	吉 林	18
浙 江	603	湖 北	66	山 西	18
江 苏	434	贵 州	62	香 港	15
上 海	204	四 川	61	新 疆	14
北 京	183	江 西	45	台 湾	8
山 东	160	陕 西	45	甘 肃	7
福 建	137	天 津	45	内蒙古	7
河 南	127	广 西	43	海 南	4
辽 宁	79	安 徽	40	澳 门	1
河 北	76	重 庆	26	西 藏	1
黑龙江	68	云 南	25	合 计	3993

资料来源:中国保健用品产业发展报告课题组项目企业数据库。

这种状况与区域性经济发展不平衡有关。目前,五官保健用品行业整体发展形势不错,长三角、珠三角地区以已有的五官保健用品产业集群和优化产业流程配套，抢占了更大的市场份额，给其他区域的企业发展造成巨大压力。西部地区消费者无论在受教育水平还是生活条件方面与其他地区相比都有一定差距，对于保健认识还不充分，这也在一定程度上制约了西部地区此类企业的发展。

（五）进出口贸易分析

1. 进出口贸易总额较低，且以出口为主

目前中国五官保健用品企业以国内为主要市场，生产产品种类日趋丰富，质量也基本能够满足国内消费者的需求。同时，许多国际知名五官保健企业也选择在中国建厂，生产其品牌商品。因此，中国五官保健用品类企业从事进出口贸易的并不多，出口金额和数量都要高于进口金额和进口数量。

在表3所统计的存在进口贸易的443家企业中，其进口额度主要集中在100万元以下（占总体近五成），可见中国五官保健用品企业的进口业务量并不是很大，而在统计的499家存在出口贸易的企业中，其出口额度主要集中在200万~500万元这一区间段，企业数量约占总体的21.85%。

表3　中国口腔保健用品企业进出口情况统计

单位：家，%

进（出）口额度区间段	有进口业务的企业		有出口业务的企业	
	数量	占比	数量	占比
1亿元以上	6	1.35	15	3.01
5000万~1亿元	13	2.93	9	1.80
3000万~5000万元	10	2.26	20	4.01
2000万~3000万元	10	2.26	18	3.61
1000万~2000万元	25	5.64	28	5.61
700万~1000万元	22	4.97	28	5.61
500万~700万元	8	1.81	28	5.61
300万~500万元	31	7.00	66	13.23
200万~300万元	39	8.80	43	8.62
100万~200万元	43	9.71	58	11.62
50万~100万元	40	9.03	51	10.22
30万~50万元	31	7.00	26	5.21
10万~30万元	48	10.84	41	8.22
10万元以下	117	26.41	68	13.63
合　计	443	100.00	499	100.00

资料来源：中国保健用品产业发展报告课题组项目企业数据库。

2. 进出口贸易呈现新特点

近年来，受国际金融危机影响，国际市场大幅萎缩。许多企业不得不出口转内销，大力开发国内市场，使得五官保健用品行业的企业进出口贸易呈现新特点。

（1）进出口数量均有增长，进口增幅更为显著。近年来，中国五官保健用品进出口总量均获得较快增长，但在2009年由于受国际金融危机影响，中国口腔保健用品进出口贸易遭受重创，而其余年份口腔保健用品进出口都有相应幅度增长（见图7）。2010年11月，出口量已高于2009年全年出口量，达到7.996万吨，进口量更是在近年来首次超越出口量，达到8.347万吨，使中国从口腔保健用品出口大国变为进口大国，进出口贸易呈现新趋势。从进出口量增长率看，2007年以来，中国口腔保健用品进口量增长率远高于出口量增长率，2010年1～11月的增长率已是近年来的最高值，达61.8%。可见中国口腔保健用品行业的需求量持续增长，人们生活水平的提高使得对高质量、差异性产品的需求加大，这也对国内厂家的产品升级改造提出了考验。

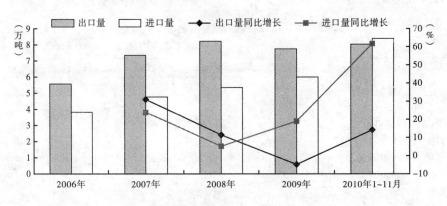

图7　口腔保健用品进出口量及增长率

资料来源：中国海关总署。

（2）进出口总量及增幅在世界领先。与其他国家相比，中国口腔保健用品行业进出口贸易总量较大。2010年1～11月，中国口腔保健用品进口数量为1078967千克，较上年同期增长210.7%；进口额达2872735万元，较上年同期增长了162.2%，增长幅度较为显著。进口量已居世界第二位，第一位和第三位分别是泰国和日本，同期进口额分别为9455096万元和4629058万元。

六　行业竞争分析

（一）行业竞争格局

目前，国内生产经营五官保健用品的企业有数万家。总体来看，市场竞争极为激烈，加之该行业当前正处于蓬勃发展之际，而部分领域进入壁垒较低，大量企业纷纷进入，国外品牌也加大力度抢占国内市场，使总体竞争态势更为激烈。

1. 行业集中度分析

通过行业集中度 CR_4（即行业内前四位企业品牌市场份额之和）或 CR_8 两项数据分析，整体来看，中国五官保健用品行业市场集中度较高。

（1）口腔、眼部子行业集中度最高。中国五官保健用品较为知名的品牌多集中在口腔保健用品和眼部保健用品中的滴眼液类产品。以牙膏为例，根据云南白药方面掌握的数据，2010 年上半年，佳洁士牙膏品牌所占市场份额约在 20%以上，高露洁和黑人牙膏品牌都在 15% 以上，而云南白药和中华牙膏品牌在卖场的市场份额越来越接近，为 9% ~ 10%，总体来看，佳洁士、高露洁和黑人三种牙膏的总体市场份额接近 60%，因此属于高市场集中度行业。口腔保健用品中电动牙刷、漱口水等产品的市场也被这几大品牌瓜分，行业的集中度较高。

（2）其他子行业集中度较低。口腔保健用品行业属高集中度行业。在眼部保健用品中，滴眼液类产品在国内较为知名的品牌有润洁、闪亮、珍视明等，它们在整体市场中占据较高市场份额，几乎等同于该行业的代名词。因此，这一行业也处于高市场集中度。其余子行业则企业数目众多，各自占有的市场份额较小，市场集中度较低。

2. 品牌竞争分析

从国内外品牌竞争看，自从中国加入 WTO 后，国外资本和企业大量涌入国内市场，参与国内竞争，使市场空间在短期内被迅速挤压，而对于国内五官保健用品企业来说，能够在海外市场立足的很少，因此，只能在国内发展，造成巨大的赢利压力。同时，在品牌竞争方面，国内企业处于明显劣势，一些大城市的大型商场甚至拒绝销售国内品牌。国外品牌在国内市场层出不穷，价格低廉，大大限制了国内品牌的生存和发展，给国内市场带来前所未有的冲击。

（1）国外公司市场份额大。在牙膏行业，高露洁、宝洁、联合利华等跨国公司旗下的品牌占领了大部分市场，属于第一梯队，占据七成的市场份额；而本土品牌如云南白药、冷酸灵、黑妹等则属于第二梯队，仅占据三成的市场份额。目前，第一梯队在稳固占据一、二线城市后，营销重心开始大幅向农村倾斜，价格由高价位向低价位渗透，如高露洁就推出了价格仅为 2.9 元的牙膏，而第二梯队的民族品牌开始由低端向中、高端价位反攻，国内外品牌竞争日益激烈。云南白药牙膏近年来异军突起，2010 年市场份额上升为第五位，尽管未能改变国外品牌垄断格局，但对国内牙膏行业的结构产生了深远影响。

（2）国外公司产品竞争力强。在助听器市场中，国外品牌竞争力更以压倒性优势将国内品牌的市场空间压至最低，十大知名助听器品牌斯达克、优利康、瑞声达、科尔声、奥德声、峰力、唯听、奥迪康、奥迪亚和西门子全部为欧美国家品牌，国内没有能与之抗衡的品牌。

（3）国内企业具有成本优势。国内发展较好的五官保健用品行业为保健牙刷业，这一劳动密集型行业在国内丰富劳动力资源环境中茁壮成长，出现了很多世界范围内知名的牙刷品牌，如三笑、五爱、今晨、兴盛、怡雪、倍加洁等，尽管高露洁、佳洁士等牙刷品牌仍占据优势地位，但国产众多品牌联合占据了不小的市场份额，国内外牙刷品牌的竞争可谓势均力敌。

3. 技术竞争分析

（1）注重产品研发。据课题组统计，在五官保健用品行业中，研发人员数少于 5 人的企业有 359 家，占比 24%；研发人员为 5 ~ 10 人的企业有 653 家，占比 44%，数量最多；研发人员为 11 ~ 20 人的企业有 210 家，占比 14%；研发人员为 21 ~ 30 人的企业有 81 家，占比 6%；研发人员为 31 ~ 40 人的企业有 38 家，占比 3%；研发人员为 41 ~ 50 人的企业有 26 家，占比 2%；研发人员多于 50 人的企业有 103 家，占比 7%（见图 8）。

可以看出，五官保健用品行业中每家企业的研发人员数主要为 5 ~ 10 人，因此，选取此科研人数阶段的企业做进一步挖掘，通过分析这些企业研发人员占比情况来评价企业是否重视研发及其投入。经过分析，研发人员占总员工 1.0% 的有 3 家，占此阶段企业的 0.5%；研发人员占总员工 5.0% 的有 101 家，占此阶段企业的 15.5%；研发人员占总员工 20.0% 的有 246 家，占此阶段企业的 37.7%；研发人员占总员工 33.0% 的有 306 家，占此阶段企业的 46.9%（见图 9）。

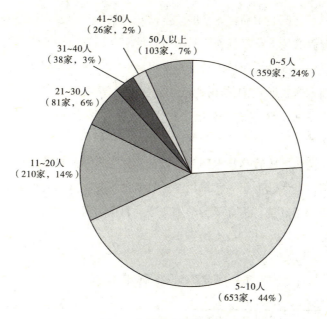

图8 企业研发人员情况

资料来源：中国保健用品产业发展报告课题组项目企业数据库。

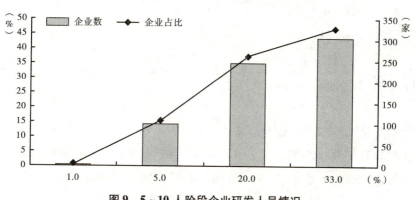

图9 5~10人阶段企业研发人员情况

注：根据研发人员占总员工数的比例分为四组：1.0%、5.0%、20.0%和33.0%。

资料来源：中国保健用品产业发展报告课题组项目企业数据库。

这说明中国五官保健用品企业重视相关产品的研发并且愿意在研发上加大投入。在产品研发上加大投入，势必会使企业研制出更具竞争力的产品，形成核心竞争优势和经营模式，为企业由弱变强，甚至成长为大型企业奠定了坚实基础。

（2）注重知识产权保护。随着经济快速增长，人们生活水平提高，人口绝

对数的增长，五官保健用品行业发展前景良好，整体呈高速增长态势，需求不断增长带动了行业的技术革新，新产品、新品牌不断涌现。企业为应对日益激烈的竞争，加大研发力度，行业整体技术水平提高。

在国家知识产权局查询关于牙膏类的专利共3110项，其中，发明专利922项，实用新型专利2086项，外观设计专利102项（见表4）。大量新型牙膏，如药物牙膏、纳米牙膏、竹炭牙膏开始进入市场。目前在技术装备方面，大多数企业通过引进、消化、吸收和技术创新，牙膏膏体生产从间歇式生产改为封闭式一步法真空制膏，彻底改变了一直采用湿法制膏的历史。牙膏灌装生产线实现了自动化，从而改善了环境，提高了劳动生产率。目前，各种生物工程技术融入口腔保健用品行业，推动了牙膏技术的进步。

表4　部分五官保健用品申请专利数

单位：项

种　　类	发明专利	实用新型专利	外观设计专利	合　　计
牙膏	922	2086	102	3110
牙刷	1117	4845	382	6344
漱口水	84	31	2	117
眼部按摩仪	1	20	3	24
护眼灯具	6	50	5	61
助听器	374	189	4	567

资料来源：国家知识产权局网站。

牙刷行业技术在不断进步，统计的专利共6344项，其中，发明专利1117项，实用新型专利4845项，给牙刷上牙膏的牙刷架装置、一次性铝箔密封型套装牙具等各种新型牙刷以其实用、美观、多功能等特性不断出现。

眼部保健用品和耳鼻喉部保健用品企业也不断加大研发，各种功能的眼部保健仪、助听器进入市场，依托中国中医理论和现代科学技术，产品质量和技术水平日益提高，受到越来越多的消费者欢迎。

尽管行业内研发力度有所加强，但总体来看，近年来几乎没有重大的技术创新。为抢占市场和消费者，企业必须不断推陈出新，因为技术竞争是企业在市场中的制胜法宝。在这方面，国家应出台相关政策，加强行业监管，对符合标准的企业加大支持力度，在产品审批、研发过程中给予支持。

（二）行业竞争关键因素分析

1. 行业特点

五官保健用品行业的重要经济特性是行业内产品大多与日常生活息息相关，属于快速消费品行业，其需求不会随时间的变化而变化，只会随产品的变动而变动，因此，行业需求量会随着人口总量的增长而不断增长。

（1）产品便利性。对于五官保健用品，消费者的消费率高，使用时限短。其拥有广泛消费群体，但消费者对于消费的便利性要求很高，很难想象消费者会为买某一品牌牙膏而花费大量搜索时间。因此，生产者往往选择在各个社区附近的超市、连锁店售卖自己的产品。

（2）产品视觉化。在五官保健用品行业，消费者在购买决策时很容易受到外部环境的影响而进行冲动购买。这些外部环境包括商场的促销、产品的外观包装、价格等。

（3）产品推陈出新。通过以上两条分析，可得出这样的结论，即在五官保健用品行业，顾客忠诚度较低，很容易在同类产品中转换不同的品牌。消费者日异多样化的需求和技术革新，促使新技术的产生和新产品的开发成为行业变革的主要驱动因素。

2. 行业竞争关键因素

结合五官保健用品行业特点，可以看到，企业要想在激烈市场竞争中占据优势地位，必须满足不同层次消费者需求，品牌建设、价格策略、营销策略三个方面成为该行业竞争的关键因素。

（1）品牌建设。提高产品质量，在顾客中形成良好的产品声誉，培育顾客品牌忠诚，不仅是品牌的"脸面"，更是品牌的"素质"，从"内涵"上提高品牌"气质"，从核心价值上将品牌做大做强。中国是公认的"制造大国，品牌小国"，对于企业来说，如何让消费者来热爱你的品牌更胜于你的产品，成为企业竞争的关键点。品牌建设有利于保持和扩大市场占有率，吸引消费者重复购买，建立顾客偏好，而且品牌本身就是企业重要的宣传手段，企业宣传品牌要比介绍企业名称或产品制造技术方便得多。实施品牌建设，着力打造民族品牌，是国内企业对抗国外企业的重要途径。

（2）价格策略。价格体现着产品价值，是决定企业的市场份额的最重要因

素之一。近年来，中国市场供求关系发生了显著变化，形成了买方市场，市场上普遍出现供大于求的现象，迫使企业为争夺有限的市场份额而运用低价竞争策略，同时，产品的同质化使得消费者对价格非常敏感。因此，价格竞争能在产品差异不大的市场竞争中迅速扩大本企业市场份额，淘汰小竞争者。

（3）营销策略。产品营销已成为企业取得成功最重要的竞争力，企业应当认识到只有转变经营观念，才能求生存、谋发展。对五官保健用品行业，显著买方市场特征和消费者日益丰富多变的需求，正确的营销策略能使产品尽快进入消费者眼帘，占领市场，更能为品牌营造良好发展环境。例如，宝洁公司利用差异化市场定位策略，把产品整体市场划分为若干个细分市场，从中选择两个以上甚至全部细分市场作为目标市场，并为每个选定的市场制订不同的市场营销组合方案，同时全方位地分别开展具有针对性的营销活动。这些策略使宝洁公司产品被各种类型的消费群体所接受。

七　行业营销模式分析

营销通过适时、适地、以适当价格把产品从生产者手中传递到消费者手中，以求得生产与消费在时间和地区的平衡，从而为促进社会总供需的平衡起着重大作用。市场营销观认为，实现企业各项目标的关键在于正确确定目标市场的需要，比竞争对手更有效地传送目标市场所期望的物品或服务，比竞争者更有效地满足目标市场需要。

目前，五官保健用品行业公众接受度并不是很高，且包含产品种类繁多，各种产品所面临的目标市场和消费群体都不同。为了满足不同的消费需求，需要选取合适的营销模式。

（一）口腔保健用品主要采用传统媒体营销模式

商家都针对牙膏特性、功效设计相应的广告，以吸引目标客户。对国内口腔保健用品企业而言，媒体营销重点在于重视广告投放的数据化、科学化，从而创造一批定位清晰、形象鲜明的品牌资产，使企业能够利用除了价格之外的其他因素与国外竞争对手抗衡，并获取较高利润。例如品牌联想能力，表5列出了牙膏知名品牌及与之对应的品牌联想关键词，这既给消费者留下了深刻的印象，也赋予了品牌有力的营销点。

表 5　牙膏知名品牌的联想关键词

品牌名称	联想到的关键词
高露洁	没有蛀牙
云南白药、两面针、田七	传统中药,止血,促进伤口愈合
黑人	皮肤黑,牙很白
六必治	治疗作用
冷酸灵	冷热酸甜,想吃就吃
竹盐	韩国传统护齿
牙博士	专业
钙尔奇	牙齿坚固

（二）眼部保健用品主打体验营销

比如，眼睛近视、弱视造成的中小学生眼球不够强壮，老年人晶状体混浊、白内障、老花眼等，都需要不同的保健用品。针对特定人群，其营销模式可采用体验营销、会议营销、网络营销等多种方式。随着经济发展，顾客体验、感受等个性化需求日益受到重视。企业为创造更好的经济效益，开始专门研究怎样才能使顾客满意并得到愉悦的体验和感受。而体验营销以拉近企业和消费者之间的距离为重要经营手段，成为企业获得竞争优势的新武器。

（三）耳鼻喉部保健用品营销应加强行业推广

耳鼻喉部保健用品适用面较窄，以助听器为例，其在传统营销模式基础上，更多的是采用小报、墙标、专家义诊及病例等营销方法。对于耳鼻喉部保健用品，目前消费者认知度不高，需要进一步行业推广，可选择采用"体育营销"和"事件营销"等新型营销手段，通过体育活动或策划、组织和利用具有新闻价值、社会影响及名人效应的人物或事件，吸引媒体、社会团体和消费者的兴趣与关注，迅速为企业或产品提升知名度，树立良好品牌形象，最终促成产品或服务的销售。

中国五官保健用品发展应结合行业实际，采取正确的产品与市场定位，对客户、产品、价格进行系统组合，从而在国内、国外市场双重竞争压力下选择正确的营销战略。突出品牌差异化、构建整合营销渠道、加大研发创新力度、开拓新增值市场领域，将是未来五官保健用品企业营销战略的重点。

八　中国五官保健用品行业前景与问题

（一）行业发展趋势

五官保健用品行业方兴未艾，随着国内经济环境改善，人们生活水平提高，对此类产品的需求将极大刺激行业发展。五官保健用品行业呈现三个显著发展趋势。

首先，以传统养生理论为基础的产品市场份额将会明显增加。中国传统养生理论汇集了中国历代劳动人民防病健身的众多方法，融会贯通儒、道、佛及诸子百家思想精华，堪称充满勃勃生机和浓厚东方神秘色彩的智慧树。作为焕发着勃勃生机的文化现象，传统养生理论将在口腔保健、眼部按摩等领域得到发扬。随着技术进步，将传统养生理论与现代科技相结合，使五官保健用品行业出现更多具有中华文明特色的产品，这些产品不仅易为国人接受，而且对国外消费者也具有吸引力，此类产品市场份额将会显著增加。

其次，产品定位和功能定位将更加清晰，市场细分更加明确。激烈的市场竞争促使五官保健用品企业更加注重核心竞争力，围绕核心产品加大研发和投入，通过营销策略，差异化将自己与竞争对手区分，形成优势经营模式，通过市场调查及时掌握消费者消费习惯与变化，提供适销对路、性价比高产品。

最后，监管将更加严格。随着国家一系列政策的制定与出台，五官保健用品行业监管范围将扩大，以促进行业公平竞争与健康发展，适应国际化需求，使产品更多地走出国门，参与世界竞争。

（二）行业发展中存在的问题

1. 缺乏行业统一标准，监管缺失

中国对药品、保健食品及医疗器械都有专门国家标准和批准文号，唯独保健用品没有全国性统一法规。以牙膏业来说，早在2006年牙膏业问题丛生的时候，中国口腔清洁护理用品工业协会就多次表示，正在制定行业性的中草药牙膏标准并有可能最终成为国家标准，但时至今日，中草药牙膏标准一直未能出台。目前牙膏行业认证标准和监督制度缺失，导致市场上"功效"满天飞。虽然国家发

改委 2008 年 9 月 1 日颁布的《功效型牙膏标准》对牙膏企业功效宣传作出明确规定，即必须通过口腔医学院或研究所的临床试验，并出具功效作用验证报告才能宣传功效，但是绝大部分牙膏均未进行功效临床验证，任凭厂家自卖自夸，消费者在广告"轰炸"中容易盲目购买。

2. 质量良莠不齐，市场竞争无序

五官保健用品行业中口腔保健发展较早，虽目前仍没有统一的行业标准，但由于国外品牌的强势冲击，国内品牌市场份额较小，行业进入壁垒较高，因此行业目前几乎处于垄断竞争格局。

眼部保健用品行业是近年来才发展起来的，随着近视问题日益凸显和人们对美的追求，行业近年涌现大量新产品，但产品质量参差不齐，行业竞争激烈。以眼部按摩仪为例，目前市场上还没有较为可靠的品牌，生产该类产品多是小型家电企业，没有统一行业标准，进入壁垒较低，质量无法保障，该类产品多通过震动按摩穴位，对神经起到一定刺激作用，若产品质量不过关，将对使用者身体造成危害，轻者局部皮肤松弛，穴位敏感性或局部痛阈降低重者有可能伤及眼球，引起视网膜脱落。产品质量差距使成本差异大，使正规厂家遭受到恶性竞争，严重影响行业发展。

3. 消费者认知度不高

对于五官保健用品，部分已深入人们日常生活中成为生活必备品，但即使如此，消费者对五官保健用品认知度仍不高。一方面，消费者对保健用品功效期待堪比药品；另一方面，消费者过分听从推销，促使厂商采取大规模广告促销，削弱了研发投入。这种以夸大产品功效来抢占市场的行为，摧毁了消费者对产品的信任，产品功效若没有达到预期效果，会促使消费者转向其他产品。

4. 应对国外产品的竞争力不强

目前，国内五官保健用品能与国外品牌抗衡的唯一武器是中医理论的应用，表现尤为明显的是牙膏和五官按摩类产品。早在 1922 年，国人在上海就发明了第一支真正意义上的牙膏（三星牌），此后一直到 20 世纪 80 年代前，国内市场上更多的是含有中草药成分的国产牙膏。此后在宝洁、联合利华等外资品牌的强大攻势下，国产品牌逐渐沦落，上海白玉、杭州小白兔、江西草珊瑚等纷纷失守。中国牙膏市场大半江山几乎姓"外"，仅高露洁和佳洁士就囊括了 60% 以上的市场份额，国产牙膏几乎全部在低端市场徘徊。与此同时，有些消费者在潜意识中对国产品牌存在比洋货差的偏见，外资品牌成为一些消费者寻找中产、小资

等社会身份认同感的手段。国内五官保健用品品牌影响力弱、研发与生产技术不强，生产企业多存在规模小、成本高、效益低、售后服务跟不上等问题，这都严重制约了国内品牌与国外巨头的竞争力。

（三）促进行业发展相关建议

1. 政府层面

保健用品是朝阳行业，符合以人为本的科学发展观，政府应努力使其成为新的经济增长点，充分发挥中医文化优势和中国制造业优势，通过产品归类、进入国家指导目录等方式推动行业发展，从政策、资金等方面对企业进行扶持。监管部门要加大监管力度，改善行业无序竞争的状况，建立良好市场秩序，给消费者一个可信度更高的消费环境，从根本上改变消费者心中国产品牌品质低劣的印象。

2. 行业协会层面

中国保健协会应积极组织行业相关企业成立专业行业协会，制定五官保健用品相关行业标准规范。通过专业行业协会作用，使企业能够自觉地做到相互监督、相互促进、公平竞争。同时，通过专业协会，使各企业能够共同合作，朝着既定目标前进，并通过基本情况调查，提出建议，利用出版刊物作为桥梁，使企业和政府能够更好的沟通，有助于政府制定和实施行业发展规划、行政法规和有关法律，实现规模效应。

3. 企业层面

企业要从发展战略、技术进步、产品研发方面加大力度，促进行业发展。

首先，采取扩张策略。目前越来越多的国外品牌进入国内市场，加剧了竞争，但同时国外品牌大量涌入也给中国企业提供了很好的学习机会，在产品研发、定位、营销等方面带来了全新的概念。市场规模是生存之道，国内企业要采取扩张策略，通过横向一体化、纵向一体化等策略，延展产品线，增加生产量、销售量，提高赢利水平。

其次，塑造品牌形象。通过合理设计、投放广告，将企业的产品特性、功能及企业信息传递给消费者，建立消费者与企业之间的联系，引起消费者的注意与兴趣，从而促进其购买。在这一点上，国内企业应多向国外企业学习，如高露洁牙膏，根据牙膏不同的特性和功效设计了不同的广告，深入人心，很容易引起消费者的共鸣，促进其购买。

　　最后，加大力度开发高档产品。从智能化、功能化、人性化三个方面加强产品研发，提高创新能力。以牙膏为例，目前中国生产的牙膏多为碳酸钙牙膏，尽管功能不存在缺陷，但口感较差，基本属于低档牙膏。当前居民生活水平提高决定了中高档产品的需求将会越来越大，在这点上高露洁、佳洁士等品牌牙膏已走在了前列。面对消费者日益多元化的需求，企业必须提高研发水平，改变国产品牌就等同于低档、低质产品的现状，在提高企业产品质量的同时，提升行业整体形象。

Industry of Health Care Products for
Five Sense Organs

　　Abstract：To further promote the development of the industry, the thesis deeply analyzes the general situation of the industry, the development environment of the industry, the comparison between the development of the industry both home and broad, the competition of the industry and the marketing mode of industry of health care products for five sense organs in China. Finally, it summarizes the problems that exist in the development of the industry of health care products for five sense organs in China and is for the opinion that factors such as absence of industry standard, product quality of various levels, low competitiveness and the like restrict the development of the industry. Corresponding policy and suggestions that further promote the development of the industry are proposed.

　　Key Words：Health Care Products for Five Sense Organs；Industry Research；Problems

B.8
生殖健康保健用品行业

　　摘　要：本文对中国生殖健康保健用品行业发展概况、国内外行业发展差异、行业发展背景、行业竞争情况、营销模式、行业发展存在的问题进行了深入分析。研究发现中国生殖健康保健用品行业市场需求巨大，行业发展环境良好，但发展水平低，技术含量不高，存在行业结构不完善、缺少行业标准、企业创新力不足等问题。为此，本文提出了促进行业发展的相关对策建议，旨在为行业政策和企业决策制定提供一定的指导。

　　关键词：生殖健康保健用品　行业研究　对策

一　生殖健康保健用品行业的基本概况

（一）定义及分类

　　生殖健康保健用品是指能起到调节和改善生殖系统及其功能和过程所涉及的一切适宜身体、精神和社会等方面的健康状态保健用品。作为新兴行业，生殖健康保健用品行业历史虽不长，但它的孕育和发展却迎合了时代发展趋势，使其在发展初期具备了良好的社会环境和快速成长潜力。

　　生殖健康保健用品主要分为四类：①计划生育用具器械类，主要包括橡胶避孕套、宫内节育器、早孕检测试纸、人绒毛膜性激素（HCG）检测试纸、节育注射剂、节育埋藏片、节育环、阴道隔膜、宫颈帽和宫内避孕环（IUD）等；②性保健功能器械类，主要包括男性性功能康复治疗仪、乳腺诊断仪、精子质量检测系统等；③成人玩具类；④辅助类，包括泡沫制剂、凝胶制剂、栓剂、卫生消毒剂、润滑剂等。

（二）行业总体情况

中国生殖健康保健用品行业起步晚，但作为一个新兴行业，随着人们生活水平的提高，人们对生活质量更加关注，对生殖健康的要求也日益提高。生殖健康保健用品从不同方面满足了人们对更高生活质量的追求，市场需求急剧扩大，行业快速发展。从市场开拓和市场细分两方面入手，行业发展步伐越来越快，规模越来越大。目前，生殖健康保健用品行业已粗具规模，成为现代新兴行业。据课题组的调研，目前中国生殖健康保健用品行业有企业约8000家。其中，规模以上企业1785家。中国生殖健康保健用品行业发展水平不高、技术水平低，但这是个崭新、年轻、充满发展潜力的行业，未来具有广阔的市场前景和发展空间。

二 国内外生殖健康保健用品行业发展概述

（一）国外生殖健康保健用品行业发展情况

1. 美国生殖健康保健用品的情况

2009年，全球安全套总产销量达150亿~160亿只。其中，美国是主要产销大国。

2. 欧洲地区生殖健康保健用品情况

在欧洲有5%~10%的育龄妇女使用宫内节育器，法国和北欧等国家或地区的使用率更高达20%。目前有大约200万名欧洲妇女使用宫内节育器，这种缓释孕激素的宫内避孕器，是最有效的避孕器之一，也是最受欢迎的可逆转方法之一，其使用率和满意度都高于其他可逆性避孕方法，并最大限度地减少了盆腔性疾病的发生率。

（二）中国生殖健康保健用品行业发展总体情况

1. 中国生殖健康保健用品行业的特点

（1）市场需求大。中国生殖健康保健用品行业的市场需求巨大。据不完全统计，2009年中国避孕产品和服务总销售额达36亿元，仅国家计生委用于购买

避孕产品的国家拨款就达4亿元。据国家计生委药具发展中心提供的调查数据显示，近年生殖健康保健用品支出增长速度达到15%～30%，已高出发达国家13%的增长率；每年"优生优育"的市场需求达到700亿元。由此可见，中国生殖健康保健用品市场需求大。

（2）发展水平低。目前中国生殖健康保健用品行业发展水平很低，总体处于分散、无序的自发发展阶段。产品和服务质量不高，品种不全，从生产到销售尚未形成体系。生殖健康保健用品行业的进入门槛不高，不需要太多投入，是一个可以小资金进入的大市场。因此，存在着"多、小、乱、差"的问题。混乱的市场秩序直接影响了生殖健康保健用品行业的快速发展，导致产品质量、企业规模和行业结构等各方面发展水平相对较低，有待进一步提高。

（3）技术含量低。

第一，生殖健康保健用品科技含量普遍较低。虽近几年中国性保健用品生产保持10%的增长速度，品牌达2000多个，但厂家普遍规模不大，有些产品质量低劣。中国有100多家经批准的生殖保健医疗器械企业，生产普及型超声诊断仪、红外线妇科治疗仪、红外乳腺诊断仪等，但产品技术含量很低。

第二，长期以来国内企业过分依赖仿制和引进，形成了企业安于现状的运行机制，缺乏创新压力和动力，造成了科技人员技术创新意识不强、能够进行高技术开发的企业不多、缺乏二次开发能力等问题。

第三，生殖健康保健用品行业R&D投入，尤其是前期投入以国家投入为主，缺乏风险投资基金支持，导致企业即使有好技术、好产品也没有财力使其更新换代。国外跨国公司每年用于避孕药具新产品的R&D投入基本占销售额的15%～20%，而中国R&D投入比例通常为1%，且还不能保证专款专用，无法以新品来促规模。

2. 企业规模

在被调研的7928家企业中，规模以下企业有6143家，占77.5%。规模以上企业有1785家，其中，大中型企业有530家，所占比为6.7%；小型企业有1255家，占15.8%。总体看来，大中型企业数量很少，规模以下企业占大部分（见图1）。

由于企业规模偏小，在技术、资金、人才、研发、营销等方面都不能实现规模经济，价格优势难以发挥，竞争处于劣势。为了提高市场地位，要推动企业兼并重组，鼓励优势企业强强联手，充分利用彼此产品优势、营销网络、研发力量

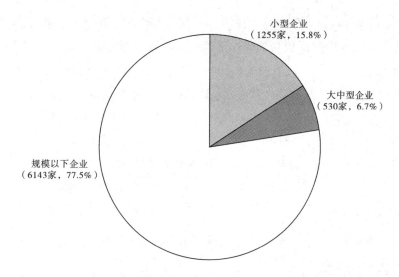

图1 生殖健康保健用品企业规模分布情况

资料来源：中国保健用品产业发展报告课题组项目企业数据库。

来降低运营成本，扩大经营规模，壮大竞争实力，形成企业集团，缩小与国外企业的差距。

3. 行业结构

根据波特的行业竞争结构分析模型，对生殖健康保健用品行业而言，进入门槛低，进入成本低，潜在竞争者多；产品间替代性强、差异小，价格成为消费者的首选因素；中小企业对原料采购不具有批量优势；现有竞争者间的竞争多是相似产品。因此，生殖健康保健用品行业竞争是较低层次的，行业结构有待优化提高。

三 生殖健康保健用品行业背景分析

（一）政策环境分析

1. 国家投入情况

《中共中央国务院关于加强人口与计划生育工作稳定低生育水平的决定》提出，开发、推广避孕节育、优生优育、生殖保健的新技术和新产品，发展生殖健

康产业。国家投入的人口和计划生育事业费逐年增加，2005～2008 年，人口计生事业费从 226.39 亿元提高到 364 亿元；人均人口计生事业费从 17.31 元提高到 27.41 元（见表 1）。政府投入增加一方面直接导致生殖健康保健用品需求增加，另一方面体现了政府的政策导向，政府对生殖健康保健用品行业大力支持使行业发展前景更加广阔，这将刺激厂商加大对行业的投资，带动行业发展。

表1　人口和计划生育事业费投入情况

年份	人口计生事业费(亿元)			人口计生事业费增长幅度(%)	人均人口计生事业费(元)
		中央投入比例(%)	省级投入比例(%)		
2005	226.39	5.82	9.66	20.48	17.31
2006	244.76	7.67	9.79	8.11	18.62
2007	303.25	7.98	10.61	23.90	22.95
2008	364.00	5.92	10.20	20.30	27.41

2. 市场监管情况

全国计划生育用具不良反应监测工作进展顺利。国家计生委、公安部、卫生部、海关总署、工商总局、质检总局、国家食品药品监督局等七部门共同开展全国计划生育药械市场专项整治行动，有效地规范了计划生育药械市场。

政府对生殖健康保健用品管理完善，引导行业规范发展。从 2002 年 8 月 28 日起，所有植入体内的硅胶制品（仿真型生殖器具）不再列入医疗器械管理范围，市场空间更为广阔。近几年国家取消了安全套免费发放政策，国家药检局放宽了对保健商品的广告宣传。以前国家相关文件明确禁止生殖健康保健用品做广告，现在已经看到了杰士邦安全套等的电视广告。良好的政策和外部环境，使生殖健康保健用品行业面临前所未有的发展机遇。

（二）社会环境分析

1. 人口因素分析

国家统计局人口计生统计报表和 120 个监测点调查数据表明，近几年人口变动态势基本平稳，低生育水平保持稳定。截至 2009 年底，全国总人口为 13.35 亿，比上年增加 672 万人。全年出生人口 1615 万人，出生率为 12.13‰；死亡人口 943 万人，死亡率为 7.08‰；自然增长率为 5.05‰。2006 年以来，受年龄结构影响，已婚育龄妇女人数增加，加之夫妻双方为独生子女可以生育二胎的家庭比例提高，出生人口略有增加。人口总量的增加和年龄结构的改变都将导致对生殖健康保健用品需求的增加，有利于该行业的发展。

2. 观念因素分析

（1）观念转变。随着社会进步，中国几千年"谈性色变"的儒家思想，已渐渐发生变化。中国国际成人保健及生殖健康展览会和中国成人用品产业发展高峰论坛的举行，更是把平日里躲躲闪闪的生殖健康保健用品直接摆上展台。全国各地很多电台都已开设性知识专栏，同时社会各种传媒大力推广，促进了人们的思想解放，令性知识迅速普及，人们的观念逐步发生转变，生殖健康保健用品已被大多数成年人所接受，行业随之迅速扩展。

（2）监管放松。政府对成人用品的遏制日渐减弱，近几年，国家取消了安全套免费发放政策，国家药检局放宽了对保健商品的广告宣传，从 2002 年 8 月 28 日起，所有植入体内的硅胶制品（仿真型生殖器具）不再列入医疗器械管理范围，这意味着监管放宽，使行业面临前所未有的发展机遇。

（三）国际环境分析

1. 有利方面

（1）利于借鉴学习。随着经济全球化，生殖健康保健用品行业有了更大的发展空间，企业有了更多、更广泛地参与国际分工和国际合作的机会，能更直接地引进国外资金和先进技术，借鉴国际先进经营理念和管理方法。这给企业带来了崭新的发展思路，对建立生殖健康保健用品行业发展新体制将产生积极影响，有利于制度创新、技术创新和管理创新。

（2）利于产业结构的调整。全球化将加速产业结构调整。为应对国际竞争，生殖健康保健用品行业要结构调整，通过兼并重组，上规模、上档次、上水平，改变无序竞争状态。一是通过与国外大公司竞争，提高企业综合竞争力；二是注重在跨国公司向国内市场扩散时，通过其技术"外溢"获得发展良机。

2. 不利方面

（1）竞争加剧。国外企业登陆中国市场，加剧了市场竞争。中国人口众多，市场潜力巨大，受到国外企业青睐。1998 年，英国伦敦国际公司与青岛双蝶集团公司组建青岛伦敦国际乳胶有限公司，开始在中国生产杜蕾斯安全套品牌，并

进入国内安全套高端市场。近年来，日本、美国、德国的安全套品牌，利用部分消费者崇拜进口产品心理，在国内形成了一定数量的消费群体。虽数量不大，但美国、英国、德国、日本等国的产品具有品牌优势和丰富的市场营销经验，一旦本土化生产，就会对国内企业产生较大冲击。

（2）"仿制"受阻。科研水平低，研发投入不足，致使国内企业开发能力弱，中国生殖健康保健用品行业多年的快速发展很大程度上得益于大量仿制产品。加入 WTO 后，中国将落实对 100 多个成员国实行知识产权保护规定。按照知识产权保护有关条款，严格遵守知识产权国际公约规定，依法保护专利权人的合法权益。在专利期内仿制某种新产品，开发方有权索取赔款，若买断一个专利新产品生产许可，亦需支付巨额资金，这将使以仿制为发展手段的国内中小企业面临严峻挑战。

四　生殖健康保健用品行业市场分析

（一）市场需求分析

1. 行业市场需求特征

（1）属消费性需求。生殖健康保健用品涉及人从成年到衰老各产业，与生命科学和保护生态环境紧密关联，以计划生育、优生优育及健康性生活和性传播疾病防治为主要内容。强劲的需求吸引大批资本进入该行业，这对行业结构升级，规模扩大，以及生殖健康保健用品质量的改进将有极大帮助。

（2）需求量逐年提高。构建和谐社会，伴随着人类更加关注自身发展，人性化、知识化、信息化时代到来，以新材料、新工艺、新产品、新技术为标志，以日常消费为特征的生殖健康保健用品行业，将成为朝阳性新兴行业。

2. 市场决定因素

市场的大小与发展，主要由三方面因素决定：一是具有某种需要的人群，一定的人口规模是形成市场的前提，也是行业形成的前提；二是满足这种需要的购买力水平，这是市场形成的必要条件；三是购买欲望，人们必须对某种商品或服务有购买欲望，才能产生实际的购买行为。所以，生殖健康保健用品行业消费市场 = 人口规模 + 购买欲望 + 购买力。下面分别考察这三个因素。

（1）人口规模庞大。中国育龄人群占到总人口的56%。从某种意义上说，育龄人群的需求决定了生殖健康保健用品行业市场的需求数量和发展方向。

1995～2000年，中国15～49岁育龄人群规模保持持续增长，从6.8亿人增加到7亿人，进入21世纪后，这一人群还会有较快和较大幅度的增长。可见，庞大的人口规模为市场的发展提供了广阔空间。

（2）购买欲望强。从购买欲望来说，随着社会发展，人们对生活质量关注越来越多，生殖健康是非常重要的一个方面。第一，随着社会发展，小家庭观念逐渐深入人心，导致育龄人群对避孕节育用品和服务有强烈的需求和购买欲望；第二，人们对高质量生活追求包括了对高质量满意而安全的性生活追求；第三，人们对健康追求包含了对生殖健康追求；第四，育龄人群既不同于少儿人群，也与老年群体不同。他们具有群体所特有的消费心理、消费习惯、消费偏好和消费模式，消费偏好于便捷、舒适和享受，具有一定的非理性特征，易接受新鲜事物，愿意尝试新产品和新服务。由于育龄人群正处于生育旺盛期，所以他们对于生殖健康保健用品的需求要远高于其他群体。

（3）购买力强。育龄人群作为劳动年龄人口，拥有稳定的收入，对各种生殖健康用品具有支付能力，且支付能力是持续的，发展前景是乐观的。育龄人群对生殖健康产品和服务的需求强大，且是有效需求。庞大的人口规模、巨大的购买力和强烈的购买欲望共同造就了生殖健康保健用品行业不可估量的市场发展潜力。

（二）市场规模分析

1. 总体规模

据课题组估算，2010年中国生殖健康保健用品行业实现产品年销售收入395.24亿元，其中，大中型企业累计实现产品销售收入约229.6亿元，小型企业累计实现产品销售收入142.27亿元，规模以下企业累计实现产品销售收入23.4亿元，其所占年营业比例分别为58.1%、36.0%和5.9%（见图2）。

由表2可知，无论是生殖健康保健用品整个行业，还是具体到每个类别，大中型企业的数量都很少，而小型及规模以下企业的数量则占多数。从类别来看，企业数量最多的是计划生育用具器械类，其次是性保健功能器械类和辅助类，成人玩具类的企业数量最少，并且与前三类相比差距较大。

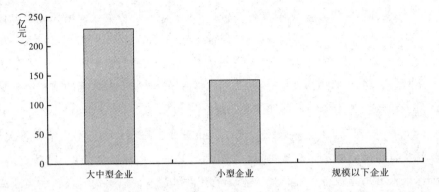

图2　行业份额分布

资料来源：中国保健用品产业发展报告课题组项目企业数据库。

表2　中国生殖健康保健用品企业按年营业额分布情况

单位：家

类别＼年营业额	10万元以下	10万~50万元	50万~200万元	200万~500万元	500万~3000万元	3000万~1亿元	1亿元以上
计划生育用具器械类	1479	69	183	199	396	137	23
性保健功能器械类	1248	55	162	187	405	127	17
成人玩具类	746	34	111	116	121	85	11
辅助类	1237	41	126	150	333	115	15
总计	4710	199	582	652	1255	464	66

资料来源：中国保健用品产业发展报告课题组项目企业数据库。

2. 各类别规模

由图3可知，虽大中型企业数量不多，但其所占市场份额处于绝对领先地位，其次是小型企业，规模以下企业则明显处于劣势地位。具体到每个类别，计划生育用具器械类和性保健功能器械类所占的市场份额比较高，辅助类次之，成人玩具类所占的市场份额最少。从企业规模的角度来看，在大中型企业中，所占市场份额最高的是计划生育用具器械类，其次是性保健功能器械类和辅助类，成人玩具类最少，并且相对于前三类差别较大；在小型企业中，所占市场份额最高的是性保健功能器械类，计划生育用具器械类稍微次之，再次是辅助类，成人玩具类最少，并且相对于前三类差距较大；在规模以下企业中，性保健功能器械类和计划生育用具器械类所占市场份额最高，并且二者相当，其次是辅助类，成人玩具类还是最少，但是差距相对较小。综合来看，在生殖健康保健用品行业中，计划生育用具器械类所占的行业份额处于领先地位，其次是性保健功能器械类和辅助类，成人玩具最少，并且与前三类差距较大。

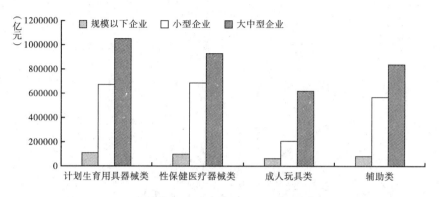

图3　按类别份额分布情况

资料来源：中国保健用品产业发展报告课题组项目企业数据库。

（三）区域市场结构

生殖健康保健产业集群地区优势明显。主产区集中在中东部地区，围绕着专业市场或出口形成了区域产业集群。按省份看，广东、浙江、江苏、山东、上海的企业数量排前五位，分别有1726家、1176家、456家、451家和443家。其余省份的企业数量相对较少，尤其在甘肃、青海、宁夏、西藏、海南等省份几乎没有生殖健康保健用品企业。由此可见，生殖健康保健用品行业是随着国民经济的发展而发展起来的，经济发达地区的保健用品产业发展明显快于欠发达地区，一线城市快于二线城市，这说明行业发展程度与当地的经济发展状况的关系，即生殖健康保健用品行业发展程度的高低与当地的经济发展状况基本呈递增关系。

（四）进出口市场分析

1. 出口市场分布情况分析

（1）市场分布。由表3可知，总体来看，在课题组调研的涉及进出口业务的6502家企业中，产品出口到中国港澳台地区的最多，有2375家，占比37%；其次是东南亚和北美，分别占25%和21%；出口到西欧的较少，占比17%。从各类别看，出口市场的分布和总体保持一致，中国港澳台地区是主要的出口市场。由此可见，中国生殖健康保健用品的出口市场还局限于少数发达国家或地区。

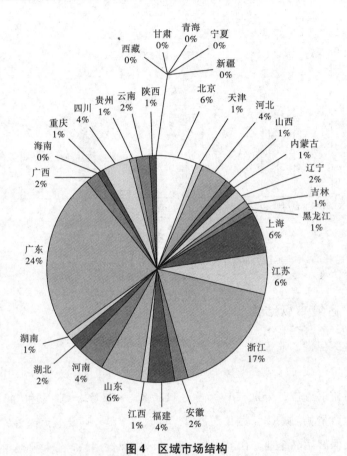

图4　区域市场结构

资料来源：中国保健用品产业报告课题组项目企业数据库。

表3　涉及出口的企业按出口市场分布情况

单位：家

类别＼主要市场	中国港澳台地区	北美	西欧	东南亚	总计
计划生育用具器械类	763	463	372	526	2124
性保健功能器械类	662	413	328	459	1862
成人玩具类	421	255	209	292	1177
辅助类	529	260	192	358	1339
总　计	2375	1391	1101	1635	6502

资料来源：中国保健用品产业发展报告课题组项目企业数据库。

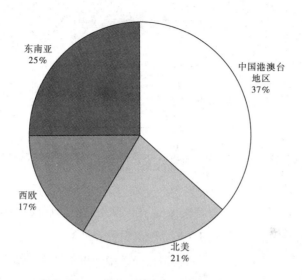

图5 生殖健康保健用品主要出口市场分布

资料来源：中国保健用品产业发展报告课题组项目企业数据库。

（2）原因分析。中国生殖健康保健用品出口市场的分布与其自身特点和各国家或地区的文化密切相关。首先，中国港澳台地区以及北美、西欧和东南亚物质文明和精神文明发展程度较高，从小开展性教育，思想比较开放，能够正视并普遍接受生殖健康保健用品。其次，这些国家或地区生活水平相对较高，人们关注生活质量，包括对高质量的、满意而安全的性生活追求，导致对生殖健康保健用品购买愿望强烈，需求旺盛。最后，这些国家或地区的人们普遍拥有稳定的高收入，对各种生殖健康保健用品具有较高的支付能力。

2. 进出口份额情况分析

（1）进出口情况。由表4可知，在中国生殖健康保健用品进出口中，2009年总计进口802530万美元，出口2133700万美元，出口大于进口，盈余1331170万美元。具体各类别，中国都处于贸易顺差地位。2009年，计划生育用具器械类，出口744710万美元，进口234045万美元，盈余510665万美元；性保健功能器械类，出口369725万美元，进口161965万美元，盈余207760万美元；成人玩具类，出口438085万美元，进口133810万美元，盈余304275万美元；辅助类，出口581180万美元，进口272710万美元，盈余308470万美元。

表4   2009年生殖健康保健用品进出口情况

单位：万美元

类　　别	进口额	出口额	顺差
计划生育用具器械类	234045	744710	510665
性保健功能器械类	161965	369725	207760
成人玩具类	133810	438085	304275
辅助类	272710	581180	308470
总　　计	802530	2133700	1331170

资料来源：中国保健用品产业发展报告课题组项目企业数据库。

（2）原因分析。中国生殖健康保健用品顺差局面的形成，既有主观因素影响，也有客观因素作用。客观因素是，随着世界经济复苏，外部需求强劲，拉动生殖健康保健用品出口。主观因素包括：一是中国生殖健康保健用品行业正处在特定历史发展期，生产力大幅提高，但国内消费需求有待扩大，供给大于需求，企业把目光转向海外市场，出口增加；二是中国中小企业已能够生产的产品种类日益齐全，对一般产品进口需求减弱，进口减少；三是政府对生殖健康保健用品行业的扶持，使产品在价格上具有竞争优势，给企业出口创造了有利条件。

五 行业竞争分析

（一）竞争格局分析

1. 集中度分析

通过市场集中度指标 Herfindahl-Hirschman 指数，行业中第一位企业所占比例（以下简称 C_1），行业中前两位企业所占比例（以下简称 C_2），行业中前三位企业所占比例（以下简称 C_3）来评估各行业的竞争状况。

由图6可见，生殖健康保健用品行业的 $CR_4 = 5\%$，行业处在低集中度阶段。在低市场集中度行业中，大、中、小各类企业面临的机会相对较多，但环境错综复杂，难以作出竞争是否激烈、行业是否成熟等看似简单的判断。企业需仔细分析低市场集中度行业的环境，深入分析造成各品牌市场份额低下的原因，结合自身优势，才可能从中找出真正的市场机会。以下分析中国生殖健康保健用品行业市场集中度低的原因。

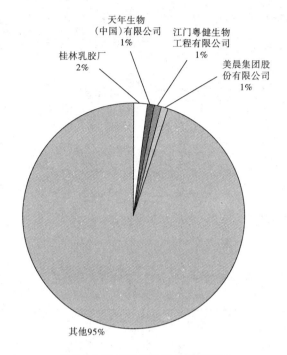

图6　生殖健康保健用品市场情况

资料来源：中国保健用品产业发展报告课题组项目企业数据库。

（1）供给方面。一方面，资金门槛低。生殖健康保健用品行业的启动资金较少，不需太多投入，是一个可以小资金进入的大市场，导致生殖健康保健用品行业中有很多小企业，降低了行业集中度；另一方面，技术门槛低。一般生殖健康保健用品技术含量不高，生产中低档产品几乎没有技术壁垒。这就使得想要投资此行业的小企业没有技术上的限制，投资成功率较高，进一步吸引了中小企业，导致市场集中度的再度降低。

（2）需求方面。消费需求多样化导致市场集中度低。一方面，整体市场由于市场内部细分使消费者对产品需求呈现多样性，从而使企业生产的产品，无论有多少品种也很难同时满足消费者不同层次的需求，导致市场需求不变情况下相对市场机会增多，使更多企业可以占有市场份额，从而降低市场集中度。另一方面，由于经济发展，市场竞争激烈，企业为发展对产品推陈出新，尽可能地扩大市场份额。这种做法即使优势企业开拓了新市场，同时市场细分后消费群体需求趋向多样化，企业也很难完全满足众多细分市场的需求。因此，企业市场拓展而

割让了部分市场给其他企业。由于市场细分,优势企业不一定会通过优胜劣汰法则提高市场集中度,在一定程度上还会降低市场集中度。

2. 行业规模分析

由表5可知,从企业数量看,规模以下企业占比高达77.5%,小型企业占比15.8%,大中型企业则只有6.7%。说明生殖健康保健用品企业中,大多数为规模以下企业,大型企业少。但从销售收入比例看,数量最少的大中型企业占比最多,达到了58.1%;小型企业次之,占比36.0%;数量最多的规模以下企业销售收入占比最少,只有5.9%。对比两个比例可以得出结论:生殖健康保健用品行业中,规模以下和小型企业占绝大多数,大中型企业很少,但是大中型企业和小型企业创造了绝大多数的销售收入。

表5　2010年生殖健康保健用品各类企业的数量及销售收入占比

单位:%

类别	规模以下企业	小型企业	大中型企业
企业数量比例	77.5	15.8	6.7
销售收入比例	5.9	36.0	58.1

资料来源:中国保健用品产业发展报告课题组项目企业数据库。

(二) 行业竞争因素分析

1. 品牌竞争

中国生殖健康保健用品行业是新兴行业,企业积累不够,因此少有国内著名品牌。尽管有企业创建品牌工作已开始,但因起步较晚,至今还没有形成国内强势品牌。以避孕套为例,市面上现有各种安全套品牌近千种,进口安全套品牌也有30多种,同样数量(10只装或12只装)产品,价格高的达到80元/盒,价格低的只有0.8元/盒。行业比较成熟,牌子众多,价格区间大,市场竞争激烈,但杜蕾斯仍然凭借品牌建设,在行业中占据绝对领导地位。据调查,杜蕾斯安全套在世界150多个国家或地区均有销售,并在40多个国家或地区的市场中占据领导地位,占据世界安全套市场份额的26%,是世界安全套第一品牌。

此外,由于中国实行计划生育政策,国家投入计生事业费用逐年增加。入围政府采购招标企业必须通过国家强制认证。目前，通过强质认证安全套生产企业共8家，品牌包括双蝶、杜蕾斯、高邦、双一、并蒂莲、双荷、计生、天地、金香、康乐。品牌建设不是短期工程，要有技术积累、良好质量、完善售后服务才能最终赢得消费者的认同。

2. 技术竞争

生殖健康保健用品行业产品技术竞争力不强，很多产品为贴牌生产。据统计，中国8000余家从事生殖健康保健用品生产经营的企业，仅3224家有研发部门，约占总企业总数的40.3%。其中，研发部门规模在10人以下的企业占有研发部门企业数的67.3%，研发部门规模在100人以上的企业仅占有研发部门企业数的1%，约占企业总数的0.41%。

表6 生殖健康保健用品行业中拥有研发部门的企业情况

单位：家

研发部门人数	10人以下	10~50人	50~100人	100人以上
计划生育用具器械类	702	288	26	8
性保健功能器械类	607	245	25	6
成人玩具类	374	149	17	3
辅助类	486	251	20	16
总　计	2169	933	88	33

资料来源：中国保健用品产业发展报告课题组项目企业数据库。

3. 产品竞争

产品竞争力是指产品与同类产品相比较时所具有的竞争优势，主要构成因素是价格、质量、新品、服务。

（1）当前产品竞争策略。目前，中国生殖健康保健用品行业产品竞争主要采取价格战略，以低廉的产品价格为支撑。生殖健康保健用品行业大都是劳动密集型行业，中国劳动力价格相对低廉，一些企业就在扩大生产规模基础上，通过降低生产费用，加强成本管理，严格控制支出，取得高于同行业平均利润的收益，并使产品以价廉为优势，扩大市场占有率。

低成本战略一般是建立在规模经济基础上，它可获得超额利润，或者在降低成本的同时采取低价策略，以吸引更多的消费者，达到薄利多销的效果。但低成本战略的缺点是成本降低总是有限的，特别是当投资与成本达到临界点后，再降低一个单位成本，就需要几个单位甚至是几十个单位的投资。因此，低成本策略不具有长期性和稳定性。

（2）科学产品竞争策略。为了中国生殖健康保健用品行业能够科学、持续、健康发展，在产品竞争方面，应采取差异化策略，在产品或服务上突出企业特色，树立独具一格的企业形象，从而形成企业固定的消费群。这样，产品生产（经营）者就可以不受成本限制，加大研发投入，用持续推新模式，获取较高收益，同时可避开价格竞争和与替代品生产者的威胁。

六　行业营销模式分析

（一）销售渠道分析

1. 整体分析

由表 7 可知，在课题组调研的可获得销售数据的 1632 家企业中，通过超市销售的有 797 家，约占 49%，几乎占到了所有销售渠道的一半；其次是商场、酒店和化妆品商店，分别占比约 10%、9% 和 9%；随后依次是医院、零售、专卖店，分别占比约 7%、6% 和 6%；出口所占的比例最少，只有 3% 左右。由此可见，超市是非常重要的销售渠道，在整个销售渠道中占有举足轻重的地位，其次是商场、酒店和化妆品商店、医院、零售、专卖店和出口。

表 7　主销售渠道的企业分布情况

单位：家

类　　别 ＼ 主要渠道	超市	酒店	商场	医院	零售	专卖店	出口	化妆品商店
计划生育用具器械类	263	44	58	41	38	25	22	37
性保健功能器械类	203	40	50	35	32	21	16	31
成人玩具类	126	26	36	24	17	14	11	17
辅助类	205	39	19	22	19	41	3	57
总　　计	797	149	163	122	106	101	52	142

资料来源：中国保健用品产业发展报告课题组项目企业数据库。

2. 分类分析

计划生育用具器械类销售渠道中，超市占比最大，约占50%；其次是商场，约占11%；接下来是酒店、医院、零售和化妆品商店，分别占比约8%、8%、7%和7%；专卖店和出口则占比较少，分别约为5%和4%。

性保健功能器械类的销售渠道中，超市占比最大，占比约47%；其次是商场，占比约12%；接下来是酒店、医院、零售和化妆品商店，分别占比约9%、8%、7%和7%；专卖店和出口则占比较少，分别约为5%和4%。

成人玩具类销售渠道中，超市的占比最大，占比约46%；其次是商场，占比约13%；接下来是酒店、医院、零售和化妆品商店，分别占比约10%、9%、6%和6%；专卖店和出口则占比较少，分别约为5%和4%。

辅助类销售渠道中，超市的占比最大，占比约51%；其次是化妆品商店，占比约14%；接下来是专卖店、酒店，均占比约10%；然后是医院、商场和零售，均占比约5%；出口则占比较少，不到1%。

由此可见，分类别来看，计划生育用具器械类、成人玩具和性保健功能器械类的销售渠道所占的比例保持一致，均是超市所占比例最大，约占50%，其次是商场、酒店、医院、零售和化妆品商店，专卖店和出口则占比较少。而辅助类的销售渠道有些差异，除了超市占比最大（约51%）以外，排序依次是化妆品商店、专卖店、酒店、医院、商场、零售和出口。

3. 原因分析

在销售渠道中，通过超市销售是主要方式，约占整个分销渠道的50%。这表明生殖健康保健用品已逐步为广大消费者所接受，从而成为日常用品。其次，商场销售占到了分销渠道的10%左右，是很有效的销售渠道，特别是在现在各大卖场都比较成熟条件下，生殖健康保健用品企业通过在全国各大商场开设专柜，使保健用品进入卖场专柜。同时，商场专柜趋势还可通过商场打折促销来提高产品和品牌的知名度，提升销售业绩与市场份额，在激烈市场竞争中占据有利地位。值得指出的是，虽然连锁加盟专卖店被公认为投入少、见效快、成功率最高的营销模式，可目前现实营销模式所占的比重并不大。生殖健康保健用品企业应意识到专卖店的种种优势，大力拓展专卖店经营，并开展丰富促销活动，在形成较好销售业绩的同时培养长期稳定的顾客群。

（二）经营模式分析

生殖健康保健用品企业经营模式主要有经销批发、商业服务、生产加工和招商代理。根据调研统计，生产加工的经营方式所占比重最大，有67%的企业涉及；其次为经销批发，占比28%；招商代理和商业服务约占比例分别为3%和2%。

表8 生殖健康保健用品生产企业经营模式统计

单位：家

经营模式	经销批发	商业服务	生产加工	招商代理
计划生育用具器械类	668	43	1731	75
性保健功能器械类	554	47	1516	53
成人玩具类	358	29	903	28
辅助类	624	46	1229	95
总　　计	2204	165	5379	251

资料来源：中国保健用品产业发展报告课题组项目企业数据库。

中国生殖健康保健用品企业大部分属中小企业，力量薄弱。在产品研发上投入不足，传统习惯造成了科技人员创新意识不强。因资金匮乏，有些企业即使有好技术、好产品，也没财力进行更新换代，使生殖健康保健用品行业创新手段落后，导致了生殖健康保健用品企业经营模式以生产加工为主。

七　前景预测及政策建议

（一）行业发展前景预测

作为人口大国，中国生殖健康保健用品行业对稳定低生育水平，提高出生人口素质，促进人的全面发展有着重要意义。生殖健康保健用品行业是一个亟待开发的方兴未艾的行业，符合国家产业政策和发展规划，适合国家产业结构、产品结构调整，既有短期效益，又有长期影响，既有经济效益，又有社会效益。生殖健康保健用品行业是国民经济新增长点，具有高需求量、高回报率，与其他产业高关联度、具有高就业率等特点。21 世纪与生命科学相关的生物技术、新材料技术和信息技术将成为世界三大热门课题，健康和福利产业将成为主导产业之一。

目前，国内直接从事生产计划生育产品的企业有数千家，产品数量、质量与结构发生了很大变化。避孕药具发展迅速，医疗设备异军突起，保健用品日新月异。中国有 13 亿人口、3.25 亿育龄妇女、3.48 亿户家庭，卫生、安全、可靠、便捷的高质量、低成本的成人保健产品具有巨大的市场需求。2010 年中国生殖健康保健用品市场规模已达 500 亿元，按每年 15% 的增长速度，到 2015 年市场规模将达到 1100 多亿元。

（二）行业发展中存在的问题

1. 产业结构亟待调整

中国生殖健康保健用品生产企业存在着"多、小、乱、差"的问题，即使大型企业也难以与世界一流企业相提并论，竞争处于劣势。随着中国参与经济全球化程度的加深，中国将进一步向世界开放，降低关税，减少非关税壁垒，向外国资本、跨国公司开放更多的投资领域和市场，预示着更多的外国生殖健康保健用品将涌入国门，加剧国内竞争，原有市场份额面临重新分配。来自国外的竞争，几乎对每个产业或企业都会形成不同程度的冲击，产业结构亟待调整。

2. 产品缺少行业标准

除了对计划生育用具器械类产品国家有严格监管，且实行国家强制认证制度，政府采购只有通过强制认证企业才可以参加投标之外，从行业整体来看，呈现产品质量良莠不齐，行业监管不足，市场秩序混乱。成人玩具类产品和辅助类产品，目前监管还是空白，没有统一行业标准，再加上受传统文化的影响，此类产品对大众来说还显得较神秘。但从行业长远健康发展而言，有必要尽快制定统一的行业标准，以促进行业的全面发展。

3. 企业缺乏创新的动力

在计生用品免费发放体制下，中国生产企业无法自主安排生产，缺乏市场意识。避孕药具结构长期一贯制，企业形成了安于现状的运行体制，缺乏创新的动力和压力。国外大型跨国公司每年用于避孕药具新产品 R&D 的投入基本上占销

售额的 15% ~20%。而中国生产企业的 R&D 能力弱、投入少，投入比例低，通常为 1%，且无法保证专款专用，使中国避孕药具企业尚未成为 R&D 的主体，能进行高技术开发的企业不多，过分依赖仿制与引进，缺乏二次开发能力。

4. 企业管理和高科技人才匮乏

长期以来，中国生殖健康保健用品一直"仿制"国外产品，新产品与研制滞后，缺少相关领域的专业人才和团队，专业化的信息服务工作也严重滞后。外国资本和跨国公司多以专业培训、出国培训、高薪聘用、组合报酬等种种优厚条件吸引专业人才，使研发和新产品储备保持优势。与之相比，中国生殖健康保健用品行业专业人才少，且少有的科技人才还外流严重、出现后继乏人的局面，构成生殖健康保健用品行业发展的潜在危机。

（三）策略建议

1. 宏观层面

中国生殖健康保健用品行业在经营理念、资本规模、技术水平等方面与国外差距大。可鼓励企业以技术优势进行兼并重组，促进行业技术进步。政府应对生殖健康保健用品行业在政策和资金方面进行扶持。

（1）政策扶持。产业政策是产业发展的关键因素。新兴产业在发展的初期，如果没有政府的政策扶植，给予各种优惠政策，就无法吸引物质资本和人力资本流入，产业自然也就得不到有效发展。因此，政府在政策层面应大力扶持生殖健康保健用品这个朝阳行业，培育其国际竞争力。

（2）资金扶持。资金是产业发展不可或缺的因素，如果没有资金投入，任何产业都不可能具有长久的生命力。资金投入通常有两种途径，政府投入和民间投入。在市场经济，民间资金的投入是产业走向市场化的决定性力量。但是，在产业发展初期，它需要外部有力支持，需要政府的"照料"，否则，襁褓中的婴儿未长大成人，就有可能夭折。因此，生殖健康保健用品行业在孕育发展过程，政府可出台有利行业发展的产业政策，吸引民间资本的进入，充分利用社会资源培育生殖健康保健用品行业。

2. 中观层面

（1）加速产业结构调整。生殖健康保健用品行业要积极调整产品结构、企业组织结构等的不合理状态。在产业结构调整方面，通过政府采购制度和质量认证体系的建立，淘汰市场需求有限、产能严重过剩的落后产品。在产品结构方面，通过制订产品目录，推出高科技含量、高品质、高信誉度、个性鲜明、市场占有率高的品牌，企业应围绕市场需求，调整产品结构，在创品牌、保品牌中得到壮大。在企业结构调整方面，通过产业基地建设，进行兼并重组，扩大优势企业规模，淘汰规模小、技术差、污染重、低水平企业，以推进产业进步，提高国际竞争力。

（2）壮大企业规模，培育优势企业。建立专业协会，鼓励引导企业对外一致，对内资源共享、优势互补，形成有凝聚力和发展前途的企业联盟。首先，要利用资本市场培育规模，将优势企业推向资本市场。其次，要推动行业内部兼并与重组，鼓励优势企业强强联手，充分利用彼此的产品优势、营销网络、研发力量，降低运营成本，扩大经营规模，壮大竞争实力，形成企业集团，缩小与国外企业的差距。最后，发展和组织中小企业，以适应新技术分工需要，满足消费者不同层次的需求。

3. 微观层面

（1）充分发挥潜能，开拓国际市场。利用关税降低等有利的出口形势，扩大优势产品的国际市场份额，引导企业注重产品质量、提高技术水平、开发适销对路的国际产品，积极推行企业 GMP 产品国际质量认证，通过联合、兼并、收购等形式扩大生产规模，以规模效益促进经济效益。

（2）适应市场消费需求。生殖健康保健用品往往会蒙上一层神秘色彩，这也给产品销售带来了困难。要把生殖健康保健用品推向市场，需要做大量推广工作。生殖健康保健用品不像其他产品那样适宜宣传，这需要在技术推广上下工夫。应根据不同年龄段的人群生理特点，推出满足不同需求的生殖健康保健用品。

（3）加速自主开发，进行技术创新。中国生殖健康保健用品研发条件与发达国家相比尚有较大差距，建立以企业为主体的技术创新体系，走"发扬优势，仿创结合"发展道路。生殖健康保健用品行业要大力培养核心竞争力。一方面，对科研体制、运行与激励机制进行改革，树立知识产权理念，在技术入股、期权激励方面进行创新，为人才创造良好的工作条件和生活条件；另一方面，增加R&D投入，大胆引入风险投资基金，并利用资本市场筹集资金，为生殖健康保健用品的R&D机构的建立提供良好融资渠道。

Reproductive Health Care Products

Abstract: As an emerging industry, though the history of the industry of reproductive health care products is not very long, its development caters for the tendency of the times. It is in possession of good social environment and the potential for rapid growth in the initial stage of the development. The thesis is a deep analysis on the general situation of the industry, the difference in development of the industry both home and abroad, the background of the development of the industry, the competition of the industry, marketing mode and the problems that exist in the development of the industry of reproductive health care products in China. It is discovered in the research that the market demand of the industry of reproductive health care products in China is very huge and the development environment of the industry is sound However, the development level is low, the technical content is not high, the competition of the industry is severe, problems such as imperfection of industry structure, absence of industry standard, insufficient enterprise innovation ability and the like abound. Finally, targeting at the conclusion of the analysis, corresponding countermeasures and suggestions that promote the development of the industry is proposed in the thesis with a view to providing some guidance on formulation of industry policy and enterprise decision.

Key Words: Reproductive Health Care Products; Industry Research; Countermeasures

B.9
其他保健用品行业

摘　要： 本文将分别就其他保健用品各子行业的行业规模、区域市场结构、进出口贸易情况、行业竞争情况、营销模式等进行全景展示，探究每一子行业的发展特点和发展过程中存在的问题，并针对每一行业特点给出相应的对策建议，以期对该行业的行业政策和企业决策制定提供一定的指导，进一步促进中国其他保健用品行业的发展。

关键词： 其他保健用品　行业研究　对策

其他保健用品是指一些产值规模较小、难以划分到以上五个类别中的保健用品，以及未来即将出现的保健用品。据不完全统计，2009 年其他保健用品行业市场规模达到 65.76 亿元（见表1）。

表1　2009 年主要类别的市场规模及其企业数量

单位：亿元，家

类　别	市场规模	企业数量
膏贴洗液类用品	54.55	1378
中医保健用品	5.21	138
保健器材	6.00	87

资料来源：中国保健用品产业发展报告课题组项目企业数据库。

在课题组调研的 2.5 余家企业的分类统计数据库中，其他保健用品企业共1603 家，膏贴洗液类用品企业约 1378 家，约占其他保健用品企业总数的85.96%。膏贴洗液类在保健用品行业所占比重虽然不大，但在其他保健用品行业中却举足轻重。据课题组调研统计，2009 年其他保健用品行业市场规模约65.76 亿元，膏贴洗液类用品市场规模高达 54.55 亿元，约占整个行业的 83%（见图1）。

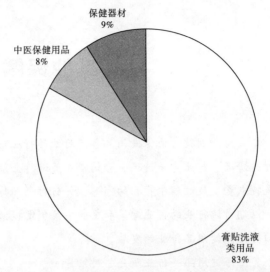

图1　2009 年其他保健用品行业中各类别的市场规模情况

资料来源：中国保健用品产业发展报告课题组项目企业数据库。

一　膏贴洗液类用品

（一）行业主要概况

1. 产品种类及特点

膏贴洗液类用品主要包括一些膏剂、喷涂剂、清洗液、保健贴等。膏剂类用品主要有黑膏剂、白膏剂、橡胶膏剂等；喷涂剂类用品主要有消炎镇痛涂剂、褥疮涂剂、风湿涂剂、酸痛涂剂、痤疮涂膜剂、阿达帕凝胶等；保健贴类产品主要有骨质增生保健贴、颈腰腿痛贴、百消祛斑贴、三八妇乐百消贴、保暖贴、感冒贴、咳喘贴、退热贴、腹泻贴、暖宫贴、失眠贴、颈腰腿痛保健贴、疝气贴、戒烟贴、晕车贴、护脐贴、乳腺增生贴、前列腺贴、游泳贴等。这些产品特点是价格低廉、经济实惠、效果明显、见效快、易于获得，应用范围广，属大众产品。据调查，有 36.32% 的消费者更认同此类产品的镇痛功效。这与中国传统膏药主要用于跌打损伤、腰酸腿痛的传统认知有关。所以，在膏贴洗液类用品中，止痛类产品在中国更容易被市场接受，市场前景可观。

2. 行业规模

根据课题组不完全统计显示，目前中国约有膏贴洗液类用品企业 1378 家。其中经营外用膏剂企业有 456 家，占企业总数的 33.1%；经营喷涂剂企业有 351 家，占企业总数的 25.5%；经营清洗液企业 435 家，占企业总数的 31.6%；经营保健贴企业 136 家，占企业总数的 9.9% （见图 2）。

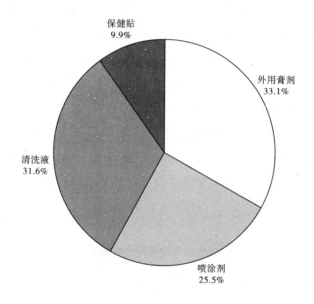

图 2 膏贴洗液类用品企业中各类别企业数量占比

资料来源：中国保健用品产业发展报告课题组项目企业数据库。

膏贴洗液类用品是外用，免除了消费者对口服药品副作用的顾虑。比起传统的口服方式，更能给人安全感，且使用膏贴洗液类用品操作简便，是工作忙碌的现代人普遍青睐的保健方式。由图 2 可知，在膏贴洗液类用品中，经营外用膏剂和清洗液的企业占比均为 1/3 左右，经营喷涂液的企业占比约为 1/4，经营保健贴的企业占比则相对较少，只有约 1/10。虽然经营保健贴的企业目前不多，但随着人们需求量的增加和需求种类的多样化，保健贴功效也日益丰富，逐步向美容、减肥、排毒、安眠、健身等方面扩展，发展潜力很大。

（二）行业市场分析

1. 市场规模分析

（1）企业规模分析。在课题组调研的可获取销售数据的1329家企业中，789家企业年营业额在10万元以下，占比59%，1亿元以上的企业只有32家，占比仅2.4%。从各类别看，经营外用膏剂的企业共417家，282家企业的营业额在10万元以下，占比67.6%，1亿元以上的企业只有11家，占比仅2.6%；经营喷涂剂的企业共344家，200家企业的营业额在10万元以下，占比58.1%，1亿元以上的企业只有8家，占比仅2.3%；经营清洗液企业共431家，228家企业的营业额在10万元以下，占比52.9%，1亿元以上的企业只有12家，占比仅2.8%；经营保健贴的企业共137家，79家企业的营业额在10万元以下，占比57.7%，1亿元以上的企业只有1家，占比仅0.7%。不管从总体还是从各个类别来看，营业额在10万元以下的企业都在一半以上，1亿元以上的企业占比没有超过3%（见表2）。可见，膏贴洗液类用品行业也具有多数企业规模偏小的特点。这是由膏贴洗液类产品自身价格低廉所导致的。

表2 企业年营业额分布情况

单位：家

类别 \ 年营业额	10万元以下	10万~50万元	50万~200万元	200万~500万元	500万~3000万元	3000万~1亿元	1亿元以上
外用膏剂	282	17	32	21	33	21	11
喷涂剂	200	11	31	26	51	17	8
清洗液	228	19	51	39	60	22	12
保健贴	79	1	6	12	30	8	1
合　计	789	48	120	98	174	68	32

资料来源：中国保健用品产业发展报告课题组项目企业数据库。

（2）产品价格分析。从当前社会消费水平看，膏贴产品单价在50元以下的为集中区域，价位在100~300元的产品较少；单贴价格集中在3元以下，30元以下的各价位区间中都有一些代表性产品。而价位在50~250元的贴膏产品应该算是中高价位区间。在膏贴类产品的单位销售价格中，最高的为297元，最低的仅 0.3 元, 相差 990 倍; 单贴价格最高的为 99 元, 最低仅 0.08 元, 相差 1238 倍。可见消费者对于该类产品的价格接受度极富弹性。从市场整体价位区间看, 传统膏贴产品仍然处于低层次产品认知类型。

(3) 年销售收入分析。2009 年, 膏贴洗液类用品行业实现产品年销售收入约 55 亿元。其中, 外用膏剂实现产品年销售收入 16 亿元, 约占总销售收入的 28%; 经营喷涂剂企业实现产品年销售收入 14.3 亿元, 约占总销售收入的 26%; 清洗液实现产品年销售收入 19 亿元, 约占总销售收入的 35%; 保健贴实现产品年销售收入 5.8 亿元, 约占总销售收入的 11%(见图 3)。

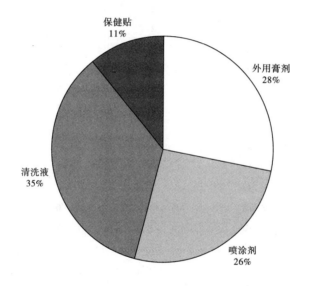

图 3 各类别产品的市场规模分布情况

资料来源: 中国保健用品产业发展报告课题组项目企业数据库。

2. 区域市场结构分析

据不完全统计, 此类产品主产区由多到少前五名依次为广东、上海、河南、北京、山东。企业分布有很大的地域差异, 主要集中在中东部地区, 最多的广东有 116 家企业, 宁夏和海南分别只有 1 家, 辽宁、黑龙江、广西、重庆、贵州的企业数量也都在 10 家以下 (见表 3)。整体来看, 分布企业数量多的地区的人均收入水平相对较高或者人口较多, 分布企业数量少的地区的人均收入水平相对较低或者人口较少。

表3   国内膏贴洗液类用品各类别生产企业分布情况

单位：家

地区 ＼ 类别	外用膏剂	喷涂剂	清洗液	保健贴
北　京	28	3	8	1
天　津	15	0	2	2
河　北	9	1	3	2
山　西	0	1	2	0
内蒙古	0	0	0	0
辽　宁	1	0	1	3
吉　林	6	2	2	0
黑龙江	4	2	2	0
上　海	25	15	5	10
江　苏	16	3	11	6
浙　江	22	5	6	5
安　徽	2	6	3	1
福　建	4	4	5	2
江　西	15	0	9	1
山　东	27	6	3	4
河　南	37	3	10	1
湖　北	10	2	6	3
湖　南	0	3	7	0
广　东	67	27	15	7
广　西	1	0	5	0
海　南	0	1	0	0
重　庆	5	1	3	0
四　川	4	2	8	0
贵　州	3	1	2	1
云　南	5	6	2	0
陕　西	20	5	8	2
西　藏	0	0	0	0
甘　肃	0	0	1	0
青　海	0	0	0	0
宁　夏	0	1	0	0
新　疆	0	0	0	0

资料来源：中国保健用品产业发展报告课题组项目企业数据库。

综合分析,一方面与地区经济发展水平相关,另一方面也与人口数量有关系。根据统计数据,颈腰椎增生、肩周炎及风湿性关节炎患者占全国总人口的18%,其发病率高达20%,患者群体约有2亿人,其中8000万为重病患者。尤其在中国南方地区,其发病率高达40%。在消费群体结构中,50岁以上人群约有一半是颈腰椎增生、肩周炎及风湿性关节炎患者。

3. 出口市场分析

(1)整体分析。从表4可见,在被调研的有进出口业务的665家企业中,出口产品到中国港澳台地区的企业有333家,占比约50%;出口到北美的有139家,占比21%;出口到西欧的有103家,占比15%;出口到日韩、东亚的有90家,占比14%。从总体上看,中国膏贴洗液类用品的出口市场主要是中国港澳台地区,以及北美、西欧、日韩和东亚。其中,中国港澳台地区独占一半市场,北美、西欧、日韩和东亚共分另外一半市场。

表4 调研企业中不同出口市场的企业数量

单位:家

类别＼市场	中国港澳台地区	北美	西欧	日韩和东亚	总计
外用膏剂	103	36	26	24	189
喷涂剂	103	48	35	28	214
清洗液	91	27	18	22	158
保健贴	36	28	24	16	104
合 计	333	139	103	90	665

资料来源:中国保健用品产业发展报告课题组项目企业数据库。

(2)分类别分析。从各类别看,经营外用膏剂的出口企业中,出口到中国港澳台地区的占比约54%,出口到北美的占比约19%,出口西欧的占比约14%,出口到日韩、东亚的占比约13%。经营喷涂剂的出口企业中,出口到中国港澳台地区的占比约48%,出口到北美的占比约22%,出口西欧的占比约16%,出口到日韩、东亚的占比约13%。经营清洗液的出口企业中,出口到中国港澳台地区的占比约58%,出口到北美的占比约17%,出口西欧的占比约11%,出口到日韩、东亚的占比约13%。经营保健贴的出口企业中,出口到中国港澳台地区的占比约35%,出口到北美的占比约27%,出口到西欧的占比约23%,出口到日韩、东亚的占比约15%。从分类来看，中国的膏贴洗液类用品的出口市场最大的是中国港澳台地区，其次分别是北美、西欧、日韩和东亚，分布情况和总体基本保持一致。

（3）原因分析。在膏贴洗液类用品的出口市场分布中，在中国港澳台地区所占的市场份额较大，这是由供给和需求两方面共同决定的。一方面，在地理位置上，中国港澳台地区占据很大的优势，直接为出口供给创造了有利条件；另一方面，中国港澳台地区对中国内地的价格低廉的膏贴洗液类用品的需求比较旺盛。在供给和需求的共同作用下，中国港澳台地区成了中国内地膏贴洗液类产品最大的出口目标市场。

（三）行业竞争分析

1. 外用膏剂

如图4所示，经营外用膏剂的企业的 $CR_4 = 9\% < 30\%$，市场集中度非常低，而从行业特性看，集中度低的情况在近期内是无法改变的。在低市场集中度的行业，一方面，意味着没有垄断企业，大中小各类企业面临的机会相对较多；另一

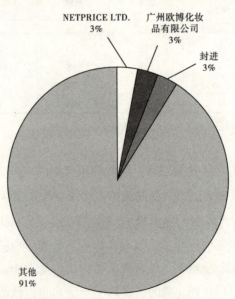

图4　经营外用膏剂的企业的市场份额构成情况

资料来源：中国保健用品产业发展报告课题组项目企业数据库。

方面，也意味着行业发展还很不成熟，资源配置不合理，品牌分散，企业很难把握市场机会，产业自身地位也比较低。

市场集中度低的原因是多种因素导致的，首先，外用膏剂产品以区域销售为主，未形成全国性市场；其次，业内企业综合实力普遍较弱，企业处于低水平竞争阶段，市场位于较低层次的均衡状态，企业无力打造强势品牌，各自偏居一隅；再次，为适应日渐多样化的消费者需求，外用膏剂产品更关注市场细分，细分市场越多，必然意味着市场集中度越低；最后，是由外用膏剂的市场发展阶段决定的，外用膏剂行业中小企业居多，中小企业实力决定了行业发展初期难以迅速扩张占领市场，反而极易形成万箭齐发、千帆争先的竞争局面，从而造成市场集中度较低。

2. 喷涂剂

如图 5 所示，经营喷涂剂的企业的 $CR_4 = 28\% < 30\%$，也属于低市场集中度行业。在喷涂剂行业中有四家较大企业，分别是中国新时代健康产业集团、雅筑发展有限公司、新疆伊犁天香香料有限责任公司和吉林东升伟业生物工程集团有限公司。它们的市场份额均为 7%，但总体来说，市场还是很分散的。主要是因为喷涂剂类用品的种类比较繁多，有消炎镇痛涂剂、褥疮涂剂、风湿涂剂、酸痛

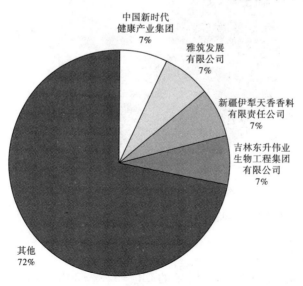

图5 经营喷涂剂的企业的市场份额构成情况

资料来源：中国保健用品产业发展报告课题组项目企业数据库。

涂剂、痤疮涂膜剂、阿达帕凝胶等，针对赘疣、灰指甲、癣症、脱色等各种不同的病症。因此，产品差异性较强，中小企业大都只选择其中的一种产品进行生产，市场集中度较低。

3. 清洗液

如图6所示，经营清洗液的企业的 $CR_4 = 39\% > 30\%$，属于中市场集中度行业。中市场集中度意味着行业在发展变化，业内竞争激烈，品牌处于从分散到集中，行业处于垄断竞争阶段。这对强势品牌是一次机会，对普通品牌则可能是威胁。在此阶段，行业正在成长，市场需求旺盛，利润率高，产品多样化、差别化，产品质量提高，竞争主要集中在价格上。清洗液类用品市场形成了几个大型企业，如湖南正好制药有限公司、深圳市亚洲制药有限公司和康乃馨集团海尔思生物科技有限公司，市场份额均达到10%，江西仁和药业营销部的市场份额也达到了9%。

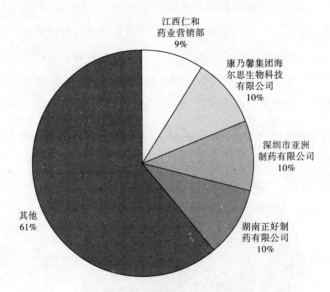

图6 经营清洗液的企业的市场份额构成情况

资料来源：中国保健用品产业发展报告课题组项目企业数据库。

4. 保健贴类

如图7所示，经营保健贴的企业的 $CR_4 = 32\% > 30\%$，属于中市场集中度行业。其中，真善美日用品（上海）直销公司的市场份额达到16%。安徽鑫露达医疗用品有限公司和上海盈都实业有限公司的市场份额都达到了8%。但保健贴的市场集中度要大幅提高很难。一方面，保健贴类用品行业具有一定的技术壁垒，限制了一些潜在竞争者的进入；另一方面，产品价格低廉，行业利润率不高。

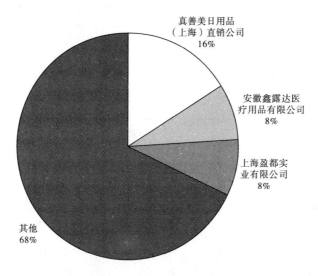

图7 经营保健贴的企业的市场份额构成情况

资料来源：中国保健用品产业发展报告课题组项目企业数据库。

（四）行业营销模式分析

1. 销售渠道分析

在调研的451家企业中，通过超市销售的有176家，占比39%；通过医院销售的有100家，占比22%；通过化妆品商店销售的有48家，占比11%；其次是商场和酒店，分别占比约10%和9%（见表5）。因此，在膏贴洗液类用品的销售渠道中，超市销售占主要部分，其次是医院、化妆品商店，采用专卖店和零售销售的则比较少。销售渠道的分布是由膏贴洗液类用品本身的特性决定的。首先，膏贴洗液类用品被大众普遍接受，尤其是洗液类产品，甚至被列入日化的行列，在超市中销售量较大。其次，膏贴类大都具有治疗风湿、腰椎间盘突出等功效，医院也就成为比较重要的销售渠道。再次，有的保健贴具有排毒养颜等功效，和化妆品可以配合使用，也可以通过商场和化妆品商店销售。最后，由于此类产品价格低廉，产品附加值低，因而专卖店销售并不成功，现实中也很少找到此类产品的专卖店。

表5 各类销售渠道的企业分布

单位：家

类别＼主要渠道	超市	酒店	商场	医院	零售	专卖店	化妆品商店
外用膏剂	45	0	16	31	1	8	22
喷涂液	30	6	10	7	3	6	15
清洗液	78	31	14	51	8	6	9
保健贴	23	3	3	11	1	1	2
合　计	176	40	43	100	23	21	48

资料来源：中国保健用品产业发展报告课题组项目企业数据库。

2. 经营模式分析

在被调研的 1354 家企业中，生产加工的企业有 660 家，占比约 49%；经销批发的企业有 549 家，占比约 41%；招商代理的企业有 108 家，占比约 8%；商业服务的企业有 37 家，占比约 3%（见表 6）。各个分类的经营模式和整个膏贴洗液类用品基本保持一致。这种经营模式的形成是由中国的实际情况和膏贴洗液类用品的特点共同导致的。一方面，中国的劳动力相对于发达国家来说比较廉价，生产加工是中国大多数企业的强项，虽然膏贴洗液类用品的附加值不高，但是若大批量生产，吸引力还是很大的；另一方面，膏贴洗液类用品价格低廉，普遍的经营模式就是经销批发、薄利多销。同时，低价也决定了商业服务的提供是不切实际的。但是，随着产业的不断优化升级，膏贴洗液类用品的附加值将会被不断地提高，将会有越来越多的的企业采用招商代理和商业服务的经营模式。

表6 经营模式类别分布

单位：家

类别＼经营模式	经销批发	商业服务	生产加工	招商代理
外用膏剂	165	9	233	43
喷涂液	168	10	141	27
清洗液	182	17	200	26
保健贴	34	1	86	12
合　　计	549	37	660	108

资料来源：中国保健用品产业发展报告课题组项目企业数据库。

（五）行业前景预测及政策建议

1. 行业前景

随着中国老龄人口的增加和经济的不断发展，国家将逐步加大对养老保健的投入，老年保健行业必将发展壮大，膏贴洗液类用品无论在治疗方面和保健方面都有其独特的作用，因此，充分发挥中国民间膏贴洗液类用品在基层医疗中的应用，既可以使广大的患者得到较好治疗，又可以大大减轻患者的经济负担，这在目前卫生资源还不是非常丰富的情况下，还是可以利用的。另外，中国民间膏贴在中国已存在有几千年，时至今日仍为广大民众所乐用，可见对其疗效的肯定。同时，随着新科技的研发应用，膏贴洗液类用品也在不断发展之中，膏贴洗液类用品被挖掘出越来越多的新用途，如降压、减肥、避孕、助眠等。因此，未来膏贴洗液类用品必将有广阔的发展前景。

2. 行业中存在的问题

（1）市场秩序混乱。主要表现在产品质量参差不齐，无序发展。如在膏贴类产品质量的单位销售价格中，最高的为 297 元，最低仅为 0.3 元，相差 990 倍；单贴价格最高的为 99 元，最低仅为 0.08 元，相差 1238 倍。这也反映了产品价格差距大，市场无序竞争等问题。再加上很多厂商对产品过度虚假宣传，给行业造成了不良的影响。使得膏贴洗液类产品长期以来在消费者心中地位不高，不利于行业良性发展。

（2）产品缺少行业标准。由于膏贴洗液类用品属于中国传统中医范畴，是以中医传统理论为指导，而与现代西医理论差别很大。没有统一的行业标准，未经现代科学验证，可能存在副作用，再加上生产流程不透明，许多西方国家对此持怀疑态度，影响了产品的出口。因此亟待制定一个统一的行业标准。

（3）企业研发不够。中药膏剂长期以来在人们心中属于低端产品，最主要原因就是产品没有与时俱进，而仍然是陈旧的制作工艺。没有系列化的产品，也没有规模的生产能力。行业发展严重滞后。

3. 政策建议

（1）相关部门加强监管。一方面，要规范市场秩序，制定促进行业发展的制度、法规、政策；另一方面，相关部门应加大执法力度，严厉打击虚假宣传，查处假冒伪劣产品。

（2）加快建立行业标准。中国保健协会应尽快推动建立统一的行业标准，这样既有利于规范产品，便于监管，还可以扩大出口。目前有些标准似是而非，产生误导消费者的后果，使企业经营受到影响。解决这些问题，必须及时反映行业诉求、反映行业的迫切要求，必须加快行业标准的建设，用标准规范的行业行为来解决。

（3）加大研发力度。加大科研投入，建立技改专项资金，并引进不同层次、不同行业的技术人员以充实技术性强、支撑企业发展的关键部门，全力投入技术创新和科研开发，广泛搜集、挖掘传统膏药品种，大力推进技术创新，促进产品现代化。还要重视产品包装、膏剂用品品种保护等方面的知识产权保护。加大与科研院所的联系，充分应用相关学科的研究成果，建立创新体系。积极采用新工艺、新技术、新设备。加快产品生产现代化的进程，提高行业的整体水平。

（4）树立品牌形象。虽然单从中国橡胶膏剂传统市场来看，膏药的疗效也颇受认同。但是由于长期以来的虚假宣传，"狗皮膏药、大力丸等包治百病"的民间假药形象也已深入人心。因此，企业应高度重视这一问题，改变消费者传统的认知，树立产品良好的形象将极大地促进行业的发展。

二 中医保健用品

（一）行业主要概况

中医保健用品有刮痧板、刮痧油、拔火罐、针灸针、经络仪、保健袋、按摩玉器等。其中拔火罐又分为竹筒火罐、陶瓷火罐、真空拔火罐、玻璃火罐、紫铜罐、角质罐等；针灸产品包括针灸针、皮肤针、梅花针、针灸套针、塑管套针、三棱针；经络仪包括经络刷、经络疏导仪、镇痛仪、仿真推拿仪、数码经络仪。

据不完全统计，2009 年行业年营业额约有 5.21 亿元，相关产品生产厂家136 家。其主要出口地为中国港澳台和东南亚等地区。

（二）行业市场分析

1. 市场规模分析

（1）企业规模分析。在课题组调研的 132 家中医保健用品企业中，营业额在 10 万元以下的就有 95 家,占比约 72%。1 亿元以上的企业只有 1 家,占比不到 1%（见表 7）。由此可见,中医保健用品行业中小企业占大多数,大型企业非常少。

表7　2009 年按年营业额中医保健用品企业分布情况

单位:家

营业额	10 万元以下	10 万 ~ 50 万元	50 万 ~ 200 万元	200 万 ~ 500 万元	500 万 ~ 3000 万元	3000 万 ~ 1 亿元	1 亿元以上
企业数量	95	5	6	9	10	6	1

资料来源:中国保健用品产业发展报告课题组项目企业数据库。

（2）问题分析。中医保健用品行业的问题症结主要还在于行业的发展现状。中医保健文化产生于中国古代人民的养生实践,几千年来,中国人民就是依靠"一块树皮、一把草"的调理,使中华民族虽屡经天灾、战乱的磨难,且无现代医疗技术保健,但仍然生生不息、繁衍昌盛,充分说明了中医养生的正确性与科学性所在。然而,既有历史基础又有科学依据的中医保健市场规模却很小,这是由中医保健用品行业的技术标准缺失、行规混乱、监管不力导致的。

（3）原因分析。一方面,随着生活节奏的加快,城市里出现了一群"亚健康患者",他们总感到身体不舒服,通过西医各项检查,却看不出得了什么病,而又经常出现无力、情绪不稳定、失眠等症状。由于西医检查不出毛病,于是不少人寄期望于中医,希望中医师"把把脉",中医保健的需求强烈。另一方面,多数人对传统养生之道有认知信仰,却知之不深,在信息与专业知识不对称的现实情况下,社会上出现了一些能言善道的骗子,以低成本、粗技术、巧说辞,蛊惑人心,赚取高额利润,败坏了中医保健的名誉与形象,也令中医传统养生行业的商业模式、诚信体系受到了扭曲和破坏,扰乱了市场秩序,既阻碍了中医保健的健康发展,也使得中医保健用品行业得不到支撑发展。

2. 区域市场结构分析

在被调研的 109 家生产企业中,有 69 家分布在广东,占比 63%;北京次之,有 11 家企业,占比 10%;河北、天津、浙江、四川、山东、河南、香港、江苏、福建和内蒙古等地的企业分布数量则较少（见表 8）。

表8　中医保健用品生产企业分布情况

单位：家

地区	广东	北京	河北	天津	浙江	四川	山东	河南	香港	江苏	福建	内蒙古
企业数量	69	11	6	4	4	3	3	3	2	2	1	1

资料来源：中国保健用品产业发展报告课题组项目企业数据库。

由此可见，中医保健用品的市场分布与当地的发达程度、发展模式及人口数量有很大关系。相对于内陆城市来说，广东经济更发达、与外界的交流更便捷、能够引领潮流，所以在中医保健用品行业兴起之际，广东的生产企业较多；北京的文化气息相对浓一些，人们对于养生保健，尤其是简便且副作用小的中医保健，比较青睐；浙江、江苏等省份的中小企业较多，在中医保健需求增加的趋势下，部分企业会把眼光转向此领域；河北、山东和河南等省份的人口较多，市场较大，也有生产企业分布；一些偏远且不太发达的地区，中医保健的企业分布较少，甚至没有。

3. 进出口市场分析

（1）进出口主要市场。在课题组调研的涉及进出口业务的39家企业中，目标市场是中国内地的有12家，占比31%；出口到中国港澳台地区的有12家，占比31%；其次是南亚、日本、欧洲和北美（见表9）。中医保健用品的出口市场分布情况和中医保健本身有很大关系，随着中国文化的传播，中医保健逐步被海外了解和接受。相对于其他国家，中国港澳台地区对内地文化的吸收更加容易，对中医保健用品的需求也相对较强，在中医保健用品的出口市场中所占的份额较大。

表9　中医保健用品主要市场分布情况

单位：家

主要市场	中国内地	中国港澳台地区	其他	北美	日本	南亚	欧洲
企业数量	12	12	5	1	3	4	2

资料来源：中国保健用品产业发展报告课题组项目企业数据库。

（2）进出口总额。中国中医保健用品行业在2010年进口10270万元，出口18515万元，顺差8245万元（见表10）。中医保健用品进出口贸易顺差与中医保健自身的发展密切相关，中医保健在中国已有几千年的历史渊源，随着中国在世界经济中的地位逐步上升，中国对国际活动中的参与越来越频繁，越来越多的人对中医保健感兴趣，并随着了解的深入，形成了稳定的需求。随着国际化程度的加深，中医保健用品行业的海外市场将会越来越广阔。

表10　2010年中医保健用品进出口情况

单位：万元

中医保健用品进出口	进口	出口	顺差
金　　额	10270	18515	8245

资料来源：中国保健用品产业发展报告课题组项目企业数据库。

（三）行业营销模式分析

在调研的138家中医保健用品的企业中，生产加工的最多，有105家，占比约76%；其次是经销批发，有23家，占比约17%；从事商业服务和贸易的很少（见表11）。中医保健用品大都是刮痧板、拔罐、针灸、经络仪等产品，产品的技术含量不高，中国的中小企业具备生产加工的能力，从事生产加工的企业所占份额也比较大。在销售领域，由于产品本身价值不高，品牌效应不强，采用商业服务和招商代理方式的较少，还是以经销批发为主。

表11　中医保健用品企业经营模式统计

单位：家

经营模式	经销批发	商业服务	生产加工	贸易	招商代理
企业数量	23	3	105	1	6

资料来源：中国保健用品产业发展报告课题组项目企业数据库。

（四）行业前景预测及政策建议

1. 行业前景

近年来，中医保健用品的发展十分迅速，中医保健用品包括刮痧板、刮痧油、拔火罐、针灸针、经络仪、保健袋、各种按摩玉器等。这些产品的开发继承了中国保健养生文化，"有病治病，无病防病"。中医理论和传统的养生理论源

远流长，是中国发展中医保健用品行业得天独厚的优势。中医药学的特征正好与未来医学强调防重于治、提倡养生保健的发展方向高度契合，中医保健用品行业发展前景广阔。同时，在东南亚地区，包括日本、韩国、泰国、新加坡等国对中医养生都有非常高的认同感，这也为中医保健用品市场的扩大提供了很大的空间。

2. 存在的主要问题

（1）行业不规范。产品品种比较杂乱，市场口碑不佳，假冒伪劣和没有效果的产品严重影响了行业的健康发展。如拔罐产品，就分为竹筒火罐、陶瓷火罐、真空拔火罐、玻璃火罐、紫铜罐、角质罐等，而这些产品没有统一的行业规范，效果不一，极大地阻碍了人们对此类产品的认同。

（2）相关政策及法规尚不完善。现有的中医保健用品法规标准不统一，导致执行艰难，多头管理，部门间权力失衡，不利于行业健康发展。行业缺乏应有的法律地位，法律法规缺失、监督缺位的现象比较严重，影响了企业生产的积极性和消费者购买的积极性，导致投机分子有空子可钻，严重影响了整个行业的公信力。

（3）企业规模小，缺乏新产品。尚未形成规模生产，创新研发力度不够，一方面是缺乏中医保健用品科技人才，另一方面也是企业自身重视度不够，国家对传统中医保健和中医保健用品行业的政策扶持也较少。

3. 政策建议

（1）国家加大扶持力度。由国家有关部门制定中医保健用品行业发展战略，将其列入产业结构调整指导目录，并纳入国家行业统计目录；加强中医保健用品的市场监管；在技术、税收、金融政策等方面上给予支持。

（2）加强产品的监管。完善促进中医保健用品行业发展的法律法规和标准体系，尽快出台《中医保健用品管理办法》等管理办法；相关部门要加强市场管理，严厉打击假冒伪劣产品，营造公平竞争的良好行业环境，促进有序发展。

（3）制定统一标准。发挥行业协会在促进和规范中医保健用品行业健康发展中的重要作用，加强行业自律，国家授权或委托行业协会参与基础标准、质量技术指标、标准测定方法和协会标准的制定，推动行业和国家标准的出台，同时进行行业统计、分析、发布行业信息，为政府制定产业政策、发展战略提供参考等。

三 保健器材

（一）行业主要概况

此类保健器材主要为小型保健器材，是在日常使用的用具上应用现代科学原理如化学、纳米、光带技术等进行的发明创造。如保健杯、保健锅、催眠器、电脑辐射消除器等。从产业周期理论看，尚处于形成阶段，行业规模小，企业数量少，集中度高，产品种类单一、质量低且不稳定。据不完全统计，2009 年保健器材行业产值约为 6 亿元，相关产品生产厂商 80 余家，行业还处在快速发展中。

（二）行业市场分析

1. 市场规模分析

在课题组调研的 82 家保健器材企业中，年营业额在 10 万元以下的有 41 家，占比 50%；1 亿元以上的只有 2 家，占比 2.4%（见表 12）。可见，保健器材行业的企业规模普遍偏小，这是由保健器材行业所处的阶段决定的。在这一阶段，行业的产品刚刚投入市场，但是产品的市场规模还没有达到成为行业的规模性要求，市场机制在该市场发挥作用的程度还没有达到成为行业的市场性要求，即还没有形成真正意义上的行业。

表 12　保健器材企业年营业额分布情况

单位：家

年营业额	10 万元以下	10 万~50 万元	50 万~200 万元	200 万~500 万元	500 万~3000 万元	3000 万~1 亿元	1 亿元以上
企业数量	41	5	8	7	9	10	2

资料来源：中国保健用品产业发展报告课题组项目企业数据库。

2. 区域市场结构分析

在调研的 68 家保健器材生产企业中，分布在广东的有 37 家，占比 54%；其次是北京、上海和天津，分别占比 10%、9% 和 7%；分布在江苏、山东、河南、吉林、四川和福建的相对较少（见表 13）。

表 13　保健器材生产企业分布情况

单位：家

区域	广东	北京	上海	天津	江苏	山东	河南	吉林	四川	福建
企业数量	37	7	6	5	4	3	2	2	1	1

资料来源：中国保健用品产业发展报告课题组项目企业数据库。

　　保健器材生产企业的区域分布和中国整体上生产企业的分布是一致的，广东省有大量的从事生产的中小企业，具有沿海的一些优势，能够迅速地洞察到市场需求的变化，并调整自己的产品，尤其是在行业的兴起阶段。所以，保健器材的生产企业在广东的分布占较大份额。

3. 进出口市场分析

　　在课题组调研的保健器材行业的 78 家企业中，出口到中国港澳台地区的最多，有 33 家，占比 42%；其次是出口到北美、欧洲的企业数均占比约 15%；出口到日本的企业较少，仅占比 8%（见表 14）。保健器材行业主要出口市场分布情况很大程度上是由中国的出口方向和出口市场对产品的需求决定的，中国港澳台地区相对于内地来说较发达，是主要的出口市场之一。另外，北美和欧洲等较发达的西方国家对保健器材的需求也较多。

表 14　保健器材企业主要出口市场分布情况

单位：家

主要市场	中国港澳台地区	其他	北美	日本	南亚	欧洲
企业数量	33	4	12	6	11	12

资料来源：中国保健用品产业发展报告课题组项目企业数据库。

　　2009 年，中国保健器材进口 9765 万元，出口 5975 万元，逆差 3790 万元（见表 15）。这是由保健器材用品本身的特点和中国保健器材用品行业所处的阶段决定的。一方面，此类保健器材大都应用现代科学原理进行发明创造，技术要求高；另一方面，中国的保健器材行业还处于形成阶段，不管从行业整体，还是企业自身来讲，实力都比较弱，竞争力不强。中国的大多数中小企业由于缺乏资金支持，技术手段落后，导致产品种类单一、质量低，出口受阻。

盘点年度资讯　　预测时代前程

社会科学文献出版社

皮书系列

（2012年版）

权威·前沿·原创

社会科学文献出版社
SOCIAL SCIENCES ACADEMIC PRESS (CHINA)

社长致辞

我们是图书出版者，更是人文社会科学内容资源供应商；

我们背靠中国社会科学院，面向中国与世界人文社会科学界，坚持为人文社会科学的繁荣与发展服务；

我们精心打造权威信息资源整合平台，坚持为中国经济与社会的繁荣与发展提供决策咨询服务；

我们以读者定位自身，立志让爱书人读到好书，让求知者获得知识；

我们精心编辑、设计每一本好书以形成品牌张力，以优秀的品牌形象服务读者，开拓市场；

我们始终坚持"创社科经典，出传世文献"的经营理念，坚持"权威、前沿、原创"的产品特色；

我们"以人为本"，提倡阳光下创业，员工与企业共享发展之成果；

我们立足于现实，认真对待我们的优势、劣势，我们更着眼于未来，以不断的学习与创新适应不断变化的世界，以不断的努力提升自己的实力；

我们愿与社会各界友好合作，共享人文社会科学发展之成果，共同推动中国学术出版乃至内容产业的繁荣与发展。

社会科学文献出版社社长
中国社会学会秘书长

2011 年 11 月

　　"皮书"起源于十七八世纪的英国，主要指官方或社会组织正式发表的重要文件或报告，并多以白皮书命名。在中国，"皮书"这一概念被社会广泛接受，并被成功运作、发展成为一种全新的出版形态，则源于中国社会科学院社会科学文献出版社。

　　皮书是对中国与世界发展状况和热点问题进行年度监测，以专家和学术的视角，针对某一领域或区域现状与发展态势展开分析和预测，具备权威性、前沿性、原创性、实证性、时效性等特点的连续性公开出版物，由一系列权威研究报告组成。皮书系列是社会科学文献出版社编辑出版的蓝皮书、绿皮书、黄皮书等的统称。

　　皮书系列的作者以中国社会科学院、著名高校、地方社会科学院的研究人员为主，多为国内一流研究机构的权威专家学者，他们的看法和观点代表了学界对中国与世界的现实和未来最高水平的解读与分析。

　　自20世纪90年代末推出以经济蓝皮书为开端的皮书系列以来，至今已出版皮书近800部，内容涵盖经济、社会、政法、文化传媒、行业、地方发展、国际形势等领域。皮书系列已成为社会科学文献出版社的著名图书品牌和中国社会科学院的知名学术品牌。

　　皮书系列在数字出版和国际出版方面也是成就斐然。皮书数据库被评为"2008～2009年度数字出版知名品牌"；经济蓝皮书、社会蓝皮书等十几种皮书每年还由国外知名学术出版机构出版英文版、俄文版、韩文版和日文版，面向全球发行。

1. 经济蓝皮书

2012年中国经济形势分析与预测

陈佳贵　李扬/主编　　2011年12月出版　　定价：59.00元

◆　本书为"总理基金项目"，由中国社会科学院副院长陈佳贵、李扬领衔主编，囊括了刘树成、汪同三等国内众多知名经济学家的研究成果。全方位解读年度中国经济发展大势，聚焦房价、物价等民生热点，剖析宏观决策、财政金融、对外贸易等焦点问题，并对2012年中国经济的发展走向作出科学的预测，是2012年最值得期待的年度经济报告。

2. 金融蓝皮书

中国金融发展报告（2012）

李扬　王国刚/主编　　2012年4月出版　　估价：79.00元

◆　本书由中国社会科学院金融研究所主编，对2011年中国金融业总体发展状况进行回顾和分析，聚焦国际及国内金融形势的新变化，解析中国货币政策、银行业、保险业和证券期货业的发展状况，预测中国金融发展的最新动态，包括投资基金、保险业发展和金融监管等。

3. 国家竞争力蓝皮书

中国国家竞争力报告No.2

倪鹏飞/主编　　2012年10月出版　　估价：98.00元

◆　本书运用有关竞争力的最新经济学理论，选取全球100个主要国家，在理论研究和计量分析的基础上，对全球1990~2010年的国家竞争力进行了比较分析，并以这100个国家为参照系，指明了中国的位置和竞争环境，为研究中国的国家竞争力地位，制定全球竞争战略提供参考。

4. 农村经济绿皮书

中国农村经济形势分析与预测（2011~2012）

中国社会科学院农村发展研究所　国家统计局农村社会经济调查司/主编
2012年2月出版　　估价：59.00元

◆　本书依托研究中国农村和农村经济问题的两大权威机构，剖析金融危机背景下，2011年中国农业、农村经济发展的特点及粮食总产量、城乡居民收入差等一系列主要指标的变化，对2012年中国农业、农村经济形势作出展望和预测。

5. 区域蓝皮书

中国区域经济发展报告(2011~2012)

戚本超　景体华 / 主编　　2012年3月出版　　估价：59.00元

◆　本书云集了北京社科院、河北社科院、上海社科院等机构的专家学者，从国家经济发展战略的宏观视角分别对长三角、珠三角和京津冀等各大经济圈经济、社会发展的分工协作、产业结构、空间分布、劳动力布局进行分析，并对存在的问题给出解决方案，突出了区域协调发展的理念。

6. 城市蓝皮书

中国城市发展报告No.5

潘家华　魏后凯 / 主编　　2012年7月出版　　估价：59.00元

◆　本书由中国社会科学院城市发展与环境研究所主编，以聚焦新时期中国城市发展中的民生问题为主题，紧密联系现阶段中国城镇化发展的客观要求，回顾总结中国城镇化进程中城市民生改善的主要成效，并对城市发展中的各种民生问题进行全面剖析，在此基础上提出了民生优先的城市发展思路，以及改善城市民生的对策建议。

7. 城市竞争力蓝皮书

中国城市竞争力报告No.10

倪鹏飞 / 主编　　2012年4月出版　　估价：65.00元

◆　本书由中国社会科学院城市与竞争力中心主任倪鹏飞主持编写，汇集了众多研究城市经济问题的专家学者关于城市竞争力研究的最新成果。本报告构建了一套科学的城市竞争力评价指标体系，采用第一手数据材料，对国内重点城市年度竞争力格局变化进行客观分析和综合比较、排名，对研究城市经济及城市竞争力极具参考价值。

8. 西部蓝皮书

中国西部经济发展报告（2012）

姚慧琴　任宗哲/ 主编　　2012年7月出版　　估价：79.00元

◆　本书由西北大学中国西部经济发展研究中心主编，汇集了源自西部本土以及国内研究西部问题的权威专家的第一手资料，对国家实施西部大开发战略进行年度动态跟踪，并对2012年西部经济发展态势进行预测和展望。

9. 经济蓝皮书春季号

中国经济前景分析——2012年春季报告

陈佳贵 李扬／主编　2012年4月出版　估价：59.00元

◆　本书是经济蓝皮书的姊妹篇，是中国社会科学院"中国经济形势分析与预测"课题组推出的又一重磅作品，在模型模拟与实证分析的基础上，从我国面临的国内外环境入手，对2012年春季及全年经济全局及工业、农业、财政、金融、外贸、就业等热点问题进行多角度考察与研究，并提出政策建议，具有较强的实用性、科学性和前瞻性。

10. 宏观经济蓝皮书

中国经济增长报告（2011~2012）

张 平／主编　2012年1月出版　估价：69.00元

◆　本书由中国社科院经济研究所组织编写，独创了中国各省（区、市）发展前景评价体系，通过产出效率、经济结构、经济稳定、产出消耗、增长潜力等近60个指标对中国各省（区、市）发展前景进行客观评价，并就"十二五"时期中国经济面临的主要问题进行全面分析。

11. 就业蓝皮书

2012年中国大学生就业报告

麦可思研究院／主编　王伯庆／主审　2012年6月出版　估价：98.00元

◆　大学生就业是社会关注的热点和难点，本书是在麦可思研究院"中国2010届大学毕业生求职与工作能力调查"数据的基础上，由麦可思公司与西南财经大学共同完成的2012年度大学毕业生就业暨重点产业人才分析报告。本书从就业水平、薪资、工作能力、求职等各个方面，分析2012年大学生的就业形势，并提出相应政策建议。

12. 世界经济黄皮书

2012年世界经济形势分析与预测

王洛林　张宇燕／主编　2011年12月出版　估价：59.00元

◆　本书由中国社会科学院世界经济与政治研究所精心打造，对2011年世界经济形势进行回顾与总结，并对2012年世界经济的发展态势进行预测。其延续了历年世界经济黄皮书的风格，是关注世界经济发展的各阶层人士必备的案头书。

13. 社会蓝皮书

2012年中国社会形势分析与预测

汝 信 陆学艺 李培林/主编　2011年12月出版　估价：59.00元

◆　本书为中国社会科学院核心学术品牌之一，荟萃中国社会科学院社会学所等众多知名学术单位的原创成果。本书分析2011年中国社会发展的热点和难点问题，针对未来可能出现的社会热点和发展趋势作出科学预测，并提出对策建议，其前瞻观点代表着中国社会发展的风向标。

14. 法治蓝皮书

中国法治发展报告No.10（2012）

李　林/主编　2012年3月出版　估价：78.00元

◆　本书由中国社会科学院法学研究所组织编写，对中国年度法治现状和法治进程进行深度分析、评价和预测，回顾总结2011年我国法治发展所取得的一系列进步和成就，并展望2012年我国的法治发展走向，是对中国年度法治现状和法治进程的客观记述、评价和预测。

15. 教育蓝皮书

中国教育发展报告（2012）

杨东平/主编　2012年3月出版　估价：59.00元

◆　本书由著名教育和文化学者杨东平担任主编，大胆直面当前教育改革中出现的应试教育、择校热等热点问题以及学术腐败、学术失范等难点问题，通过对国内多个城市的调查，反映中国教育发展的现状和难点，并提出有价值的对策和建议，代表了中国教育界的国际视野和专家立场。

16. 环境绿皮书

中国环境发展报告（2012）

杨东平/主编　2012年3月出版　估价：59.00元

◆　本书由民间环境保护组织"自然之友"组织编写，汇集了学者、记者、环保人士等众多视角，考察中国的年度环境发展态势，附加经典环境案例分析，展望2012年中国环境与发展领域的全局态势；为中国走向可持续发展的历史性转型留下真实写照和民间记录。

17. 公共服务蓝皮书

中国城市基本公共服务力评价（2011~2012）

侯惠琴／主编　　2012年7月出版　　估价：78.00元

◆　本书由中国社会科学院马克思主义研究院和华图教育集团组织编写，汇集了众多研究城市公共服务问题的专家学者的最新成果。以地方政府基本公共服务力评价指标体系为依据，对全国各直辖市、省会城市、经济特区和计划单列市的公共服务现状和能力进行系统评估、比较，并发布城市基本公共服务客观评价排行榜、城市基本公共服务满意度排行榜。

18. 行政改革蓝皮书

中国行政体制改革报告No.2（2012）

中国行政体制改革研究会 魏礼群／主编　2012年8月出版　估价：59.00元

◆　本书是中国行政体制改革研究会推出的年度研究报告，由国内公共行政领域的专家和实际工作者编写，对我国行政体制改革的进程和成就、热点和难点问题进行深入分析和展示，展示了中国行政体制改革领域的前沿性研究成果。

19. 房地产蓝皮书

中国房地产发展报告No.9

潘家华　李景国／主编　　2012年5月出版　　估价：59.00元

◆　本书由中国社会科学院城市发展与环境研究所组织编写，秉承客观公正、科学中立的原则，深度解析2011年中国房地产发展的形势和存在的主要矛盾，并预测2012年中国房价走势及房地产市场发展大势。观点精辟，数据翔实，对关注房地产市场的各阶层人士极具参考价值。

20. 资本市场蓝皮书

中国场外交易市场发展报告（2011~2012）

高峦　钟冠华／主编　　2012年1月出版　　估价：59.00元

◆　本书通过研究场外交易市场组织模式、结构模式、交易模式、融资模式和监管模式的发展脉络、演变节点及演变原因，总结其发展规律，为推进有中国特色的场外交易市场建设提供有益的理论指导，是系统研究我国场外交易市场发展规律的力作。

21. 文化蓝皮书

2012年中国文化产业发展报告

张晓明　胡惠林　章建刚／主编　　2012年4月出版　　估价：59.00元

◆　本书是由中国社会科学院文化研究中心和文化部、上海交通大学共同编写的第10本中国文化产业年度报告。内容涵盖了我国文化产业分析及政策分析，既有对2011年文化产业发展形势的评估，又有对2012年发展趋势的预测；既有对全国文化产业宏观形势的评估，又有对文化产业内各行业的权威年度报告。

22. 文化软实力蓝皮书

中国文化软实力研究报告（2012）

张国祚／主编　　2012年12月出版　　估价：79.00元

◆　本书由中国文化软实力研究中心组织编写，对2011年中国文化软实力研究的最新进展进行全面回顾和总结，内容涉及文化软实力的理论框架、中国文化软实力研究的现状分析和热点问题、中国文化软实力发展的对策研究等，为学界提供文化软实力研究的翔实资料，为党政部门提供决策参考。

23. 传媒蓝皮书

2012年中国传媒产业发展报告

崔保国／主编　　2012年4月出版　　估价：69.00元

◆　本书云集了清华大学、人民大学等众多权威机构的知名学者，对2011年中国传媒产业发展进行全面分析。剖析传统媒体转型过程中，中国传媒界的思索与实践；立足全球传媒产业发展现状，探索我国传媒产业向支柱产业发展面临的路径；并为我国构建现代国际传播体系，提升国际传播能力提供前瞻性研究与观点。

24. 新媒体蓝皮书

中国新媒体发展报告（2012）

尹韵公／主编　　2012年7月出版　　估价：69.00元

◆　本书由中国社科院新闻与传播研究所和上海大学合作编写，在构建新媒体发展研究基本框架的基础上，全面梳理2011年中国新媒体发展现状，发表最前沿的网络媒体深度调查数据和研究成果，并对新媒体发展的未来趋势做出预测。

25. 住房绿皮书

中国住房发展报告(2011~2012)

倪鹏飞/主编　　2011年12月出版　　估价：69.00元

◆　　本书从宏观背景、市场体系和公共政策等方面，对中国住房市场作全面系统的分析、预测与评价。在评述2011年住房市场走势的基础上，预测2012年中国住房市场的发展变化；通过构建中国住房指数体系，量化评估住房市场各关键领域的发展状况；剖析中国住房市场发展所面临的主要问题与挑战，并给出政策建议。

26. 旅游绿皮书

2012年中国旅游发展分析与预测

张广瑞　刘德谦　宋瑞/主编　　2012年4月出版　　估价：59.00元

◆　　本书由中国社会科学院旅游研究中心组织编写，从2011年国内外发展环境入手，深度剖析2011年我国旅游业的跌宕起伏以及背后错综复杂的影响因素，聚焦旅游相关行业的运行特征以及相关政策实施，对旅游发展的热点问题给出颇具见地的分析，并提出促进我国旅游业发展的对策建议。

27. 汽车蓝皮书

中国汽车产业发展报告（2012）

国务院发展研究中心产业经济研究部、中国汽车工程学会、大众汽车集团（中国）/编著　　2012年7月出版　　估价：69.00元

◆　　本书在大量权威数据基础上，深度解析中国汽车产业发展现状和问题，并对2012年中国汽车产业的发展态势进行预测。本书对2011年我国汽车产业的创新模式、创新战略和创新能力进行全面分析，从企业、行业和政府三个层面对提高汽车产业创新能力提出对策建议。

28. 能源蓝皮书

中国能源发展报告（2012）

崔民选/主编　　2012年4月出版　　估价：79.00元

◆　　本书结合中国经济面临转型的新形势，着眼于构建安全稳定、经济清洁的现代能源产业体系，盘点2011年中国能源行业的运行和发展走势，对2011年我国能源产业和各行业的运行特征、热点问题进行了深度剖析，并提出了未来趋势预测和对策建议。

29. 国际形势黄皮书

全球政治与安全报告（2012）

李慎明　张宇燕 / 主编　2011年12月出版　估价：59.00元

◆　本书是由中国社会科学院世界经济与政治研究所精心打造的又一品牌皮书，关注时下国际关系发展动向里隐藏的中长期趋势，剖析全球政治与安全格局下的国际形势最新动向以及国际关系发展的热点问题，并对2012年国际社会重大动态作出前瞻性的分析与预测。

30. 美国蓝皮书

美国问题研究报告（2012）

黄　平 / 主编　2012年6月出版　估价：69.00元

◆　本书由中华美国学会和中国社科院美国研究所组织编写，从美国内政、外交、中美关系等角度系统论述2012年美国政治经济发展情况，既有对美国当今实力、地位的宏观分析，也有对美国近年来内政、外交政策的微观考察，对观察和研究美国及中美关系具有较强的参考作用。

31. 欧洲蓝皮书

欧洲发展报告（2011~2012）

周　弘 / 主编　2012年3月出版　估价：69.00元

◆　本书由中国社会科学院欧洲研究所及中国欧洲学会联合编写，从政治、经济、法治进程、社会文化和国际关系等角度，深度剖析2011年欧洲各国的政治经济发展情况，并对2012年欧洲经济社会发展趋势进行预测与展望，值得关注欧洲和欧洲问题的各阶层人士珍藏。

32. 服务业蓝皮书

中国服务业发展报告No.10

荆林波　史　丹　夏杰长 / 主编　2012年3月出版　估价：59.00元

◆　"十一五"是服务业迅速发展的时期，"十二五"我国可能迎来服务经济时代。本书由中国社会科学院财政与贸易经济研究所主编，探讨中国服务业发展现状和存在的问题，并指出未来服务业发展的全新思路和发展战略，对我国实施创新、融合、集聚、开放的服务业发展战略有着重要意义。

经济类

经济蓝皮书
2012年中国经济形势分析与预测
著(编)者：陈佳贵 李 扬 2011年12月出版／定价：59.00元

经济蓝皮书春季号
中国经济前景分析——2012年春季报告
著(编)者：陈佳贵 李 扬 2012年4月出版／估价：59.00元

经济信息绿皮书
中国与世界经济发展报告（2012）
著(编)者：王长胜 2012年12月出版／估价：65.00元

宏观经济蓝皮书
中国经济增长报告（2012）
著(编)者：张 平 刘霞辉 2012年1月出版／估价：69.00元

城市竞争力蓝皮书
中国城市竞争力报告No.10
著(编)者：倪鹏飞 2012年4月出版／估价：65.00元

农村经济绿皮书
中国农村经济形势分析与预测（2011～2012）
著(编)者：中国社会科学院农村发展研究所
　　　　　国家统计局农村社会经济调查司
2012年2月出版／估价：59.00元

人口与劳动绿皮书
中国人口与劳动问题报告No.13
著(编)者：蔡 昉 2012年7月出版／估价：59.00元

国家竞争力蓝皮书
中国国家竞争力报告No.2
著(编)者：倪鹏飞 2012年10月出版／估价：98.00元

省域竞争力蓝皮书
中国省域经济综合竞争力发展报告（2010～2011）
著(编)者：李建平 2012年3月出版／估价：258.00元

民营经济蓝皮书
中国民营经济发展报告（2010～2011）
著(编)者：黄孟复 2012年9月出版／估价：69.00元

发展和改革蓝皮书
中国经济发展和体制改革报告No.5
著(编)者：邹东涛 2012年11月出版／估价：98.00元

中小城市绿皮书
中国中小城市发展报告（2012）
著(编)者：中国城市经济学会中小城市经济发展委员会
2012年10月出版／估价：59.00元

中国总部经济蓝皮书
中国总部经济发展报告（2011～2012）
著(编)者：赵 弘 2012年12月出版／估价：55.00元

企业蓝皮书
中国企业竞争力报告（2012）
著(编)者：金 碚 2012年10月出版／估价：69.00元

民营企业蓝皮书
中国民营企业发展报告 No.6
著(编)者：刘迎秋 徐志祥 2012年10月出版／估价：69.00元

低碳经济蓝皮书
中国低碳经济发展报告（2012）
著(编)者：薛进军 2012年3月出版／估价：59.00元

城市蓝皮书
中国城市发展报告No.5
著(编)者：潘家华 魏后凯 2012年7月出版／估价：59.00元

国际城市蓝皮书
国际城市发展报告（2012）
著(编)者：屠启宇 2012年6月出版／估价：69.00元

金融蓝皮书
中国金融发展报告（2012）
著(编)者：李 扬 王国刚 2012年4月出版／估价：79.00元

工业化蓝皮书
中国工业化发展报告（2012）
著(编)者：陈佳贵 黄群慧 2012年3月出版／估价：69.00元

社会政法类

社会蓝皮书
2012年中国社会形势分析与预测
著(编)者：汝 信 陆学艺 李培林
2011年12月出版／估价：59.00元

人权蓝皮书
中国人权发展报告（2012）
著(编)者：罗豪才
2012年8月出版／估价：59.00元

法治蓝皮书
中国法治发展报告No.10（2012）
著(编)者：李 林 2012年3月出版 / 估价：78.00元

舆情蓝皮书
中国社会舆情与危机管理报告（2012）
著（编）者：谢耘耕 2012年7月出版 / 估价：78.00元

社会心态蓝皮书
中国社会心态发展报告（2012）
著(编)者：王俊秀 杨宜音 2012年3月出版 / 估价：59.00元

公共服务蓝皮书
中国城市基本公共服务力评价（2011~2012）
著(编)者：侯惠勤 2012年7月出版 / 估价：78.00元

气候变化绿皮书
应对气候变化报告（2012）
著(编)者：王伟光 郑国光 2012年11月出版 / 估价：68.00元

环境绿皮书
中国环境发展报告（2012）
著(编)者：杨东平 2012年3月出版 / 估价：59.00元

环境竞争力绿皮书
中国环境竞争力发展报告（2010～2011）
著(编)者：李建平 李闽榕 王金南
2012年10月出版 / 估价：148.00元

生态文明绿皮书
中国省域生态文明建设评价报告（ECI 2012）
著(编)者：严 耕 2012年8月出版 / 估价：118.00元

教育蓝皮书
中国教育发展报告（2012）
著(编)者：杨东平 2012年3月出版 / 估价：59.00元

教师蓝皮书
全国中小学教师状况分析报告(2012)
著(编)者：曾晓东 曲恒昌 2012年3月出版 / 估价：55.00元

就业蓝皮书
2012年中国大学生就业报告
著(编)者：麦可思研究院 2012年6月出版 / 估价：98.00元

青少年蓝皮书
中国未成年人互联网运用报告（2011～2012）
著(编)者：李文革 沈 杰 2012年6月出版 / 估价：59.00元

妇女绿皮书
中国性别平等与妇女发展报告（2011～2012）
著(编)者：谭 琳 2012年12月出版 / 估价：79.00元

妇女发展蓝皮书
中国妇女发展报告 No.4（2012）
著(编)者：王金玲 2012年8月出版 / 估价：59.00元

女性生活蓝皮书
中国女性生活状况报告 No.6（2012）
著(编)者：韩湘景 2012年7月出版 / 估价：69.00元

女性教育蓝皮书
中国妇女教育发展报告No.2（2011～2012）
著(编)者：莫文秀 2012年9月出版 / 估价：79.00元

城乡统筹蓝皮书
中国城乡统筹发展报告（2012）
著（编）者：厉以宁 李 扬 2012年3月出版 / 估价：59.00元

科普蓝皮书
中国科普基础设施发展报告（2012）
著(编)者：任福君 2012年4月出版 / 估价：69.00元

民族发展蓝皮书
中国民族区域自治发展报告（2012）
著(编)者：郝时远 王希恩 2012年8月出版 / 估价：59.00元

华侨华人蓝皮书
华侨华人发展报告（2012）
著(编)者：丘 进 2012年2月出版 / 估价：59.00元

宗教蓝皮书
中国宗教发展报告（2012）
著(编)者：金泽 邱永辉 2012年6月出版 / 估价：59.00元

社会工作蓝皮书
中国社会工作发展报告（2011～2012）
著(编)者：蒋昆生 戚学森 2012年7月出版 / 估价：59.00元

社会建设蓝皮书
2012年北京社会建设分析报告
著(编)者：陆学艺 张 荆 唐 军
2012年7月出版 / 估价：59.00元

社会科学蓝皮书
中国社会科学学术前沿报告 No.3
著（编）者：高 翔 2012年8月出版 / 估价：68.00元

北京律师蓝皮书
北京律师发展报告（2012）
著(编)者：王 隽 周塞军 2012年9月出版 / 估价：70.00元

殡葬绿皮书
中国殡葬事业发展报告（2012）
著(编)者：朱 勇 2012年3月出版 / 估价：59.00元

中国政府创新蓝皮书
中国政府创新报告（2012）
著(编)者：俞可平 2012年11月出版 / 估价：78.00元

危机管理蓝皮书
中国危机管理报告（2012）
著(编)者：文学国 范正青 2012年11月出版 / 估价：59.00元

民间组织蓝皮书
中国民间组织报告（2011~2012）
著(编)者：黄晓勇　2012年12月出版 / 估价：59.00元

慈善蓝皮书
中国慈善发展报告（2012）
著(编)者：杨　团　2012年12月出版 / 估价：59.00元

企业公民蓝皮书
中国企业公民报告（2012）
著(编)者：邹东涛　2012年4月出版 / 估价：58.00元

企业社会责任蓝皮书
中国企业社会责任研究报告（2012）
著(编)者：陈佳贵　黄群慧　钟宏武等
2012年10月出版 / 估价：55.00元

小康监测蓝皮书
中国小康监测发展报告（2012）
著(编)者：吕庆哲　2012年5月出版/估价：55.00元

信用蓝皮书
中国信用发展报告（2012）
著(编)者：章政　田侃　2012年7月出版/估价：55.00元

创新蓝皮书
创新型国家建设报告（2012）
著(编)者：詹正茂　熊思敏　2012年9月出版/估价：59.00元

民生蓝皮书
中国民生指数报告（2012）
著(编)者：吴晓灵　2012年9月出版 / 估价：59.00元

政治参与蓝皮书
中国政治参与报告（2012）
著(编)者：房　宁　2012年9月出版 / 估价：59.00元

人口老龄化蓝皮书
中国人口老龄化报告（2012）
著(编)者：田雪原　2012年9月出版 / 估价：59.00元

城乡一体化蓝皮书
中国城乡一体化发展报告（2012）
著(编)者：汝　信　傅崇兰　2012年7月出版 / 估价：59.00元

残疾人蓝皮书
中国残疾人事业发展报告（2012）
著(编)者：曹　元　2012年12月出版 / 估价：59.00元

非传统安全蓝皮书
非传统安全报告（2012）
著(编)者：余潇枫　2012年3月出版 / 估价：59.00元

食品安全蓝皮书
食品安全发展报告（2012）
著(编)者：周青杰　2012年3月出版 / 估价：59.00元

海洋安全蓝皮书
中国海洋安全报告（2012）
著(编)者：姜　安　2012年7月出版/估价：69.00元

行政改革蓝皮书
中国行政体制改革报告(2012)No.2
著(编)者：中国行政体制改革研究会　魏礼群　汪玉凯
2012年8月出版 / 估价：59.00元

社会保障绿皮书
中国社会保障发展报告（2012）
著(编)者：陈佳贵　王延中　2012年3月出版/估价：59.00元

劳动关系蓝皮书
2012年中国劳动关系报告
著(编)者：中国劳动关系学院
2012年3月出版 / 估价：59.00元

福建妇女发展蓝皮书
福建省妇女发展报告（2012）
著(编)者：刘群英　2012年10月出版/估价：58.00元

基金会绿皮书
中国基金会发展独立研究报告（2012）
著(编)者：康晓光　冯利　程刚
2012年7月出版/估价：68.00元

行业协会蓝皮书
中国行业协会发展报告（2012）
著(编)者：刘忠祥　2012年7月出版/估价：68.00元

创新蓝皮书
创新型国家建设报告（2012）
著(编)者：詹正茂　熊思敏
2012年12月出版 / 估价：59.00元

人口与健康蓝皮书
深圳人口与健康发展报告（2012）
著(编)者：陆杰华　2012年1月出版 / 估价：59.00元

汽车社会蓝皮书
中国汽车社会发展报告（2012）
著(编)者：翟双合 等　2012年10月出版/估价：59.00元

口腔健康蓝皮书
中国口腔健康发展报告（2012）
著(编)者：胡德渝
2012年5月出版/估价：59.00元

文化传媒类

文化蓝皮书
2012年中国文化产业发展报告
著(编)者：张晓明　胡惠林　章建刚
2012年4月出版 / 估价：59.00元

文化软实力蓝皮书
中国文化软实力研究报告（2012）
著(编)者：张国祚　2012年12月出版/估价：79.00元

全球传媒蓝皮书
全球传媒产业发展报告（2012）
著(编)者：胡正荣　2012年3月出版 / 估价：59.00元

传媒蓝皮书
2012年中国传媒产业发展报告
著(编)者：崔保国　2012年4月出版 / 估价：69.00元

新媒体蓝皮书
中国新媒体发展报告（2012）
著(编)者：尹韵公　2012年7月出版 / 估价：69.00元

动漫蓝皮书
中国动漫产业发展报告（2012）
著(编)者：卢　斌　郑玉明　牛兴侦
2012年4月出版 / 估价：59.00元

纪录片蓝皮书
中国纪录片发展报告（2012）
著（编）者：何苏六　2012年9月出版/估价：88.00元

广告主蓝皮书
中国广告主营销推广趋势报告No.7
著(编)者：黄升民　杜国清 等　2012年10月出版 / 估价：68.00元

电影蓝皮书
中国电影产业发展报告（2012）
著(编)者：侯克明　2012年9月出版 / 估价：68.00元

电视蓝皮书
中国电视产业发展报告（2012）
著(编)者：盘　剑　2012年9月出版/估价：68.00元

广电蓝皮书
中国广播电影电视发展报告（2012）
著（编）者：庞井君　2012年8月出版/估价：88.00元

视听新媒体蓝皮书
中国视听新媒体发展报告（2012）
著(编)者：庞井君　2012年8月出版 / 估价：88.00元

期刊蓝皮书
中国期刊发展报告（2008/2009）
著（编）者：李　频　2012年8月出版/ 估价：79.00元

文化遗产蓝皮书
中国文化遗产事业发展报告（2012）
著(编)者：刘世锦　林家彬　苏　杨
2012年10月出版 / 估价：79.00元

文学蓝皮书
中国文情报告（2011~2012）
著（编）者：白　烨　2012年9月出版 / 估价：68.00元

文化蓝皮书
中国文化消费需求景气评价报告（2012）
著(编)者：王亚南　2012年6月出版 / 估价：59.00元

文化蓝皮书
中国乡村文化消费需求景气评价报告（2012）
著（编）者：王亚南
2012年3月出版 / 估价：59.00元

文化蓝皮书
中国城镇文化消费需求景气评价报告（2012）
著（编）者：王亚南
2012年3月出版 / 估价：59.00元

文化蓝皮书
中国中心城市文化消费需求景气评价报告（2012）
著（编）者：王亚南
2012年3月出版 / 估价：59.00元

文化蓝皮书
中国少数民族文化发展报告（2012）
著（编）者：张晓明　胡惠林　章建刚
2012年3月出版 / 估价：59.00元

文化创新蓝皮书
中国文化创新发展报告（2011~2012）
著（编）者：詹正茂　熊思敏
2012年12月出版 / 估价：59.00元

地方发展类

区域蓝皮书
中国区域经济发展报告（2011～2012）
著(编)者：戚本超　景体华　2012年3月出版 / 估价：59.00元

西部蓝皮书
中国西部经济发展报告（2012）
著(编)者：姚慧琴　任宗哲　2012年7月出版 / 估价：79.00元

中部蓝皮书
中国中部地区发展报告（2012）
著(编)者：李中元　2011年9月出版 / 定价：59.00元

东北蓝皮书
中国东北地区发展报告（2012）
著(编)者：鲍振东　曹晓峰　2012年8月出版 / 估价：69.00元

长三角蓝皮书
2012年科学发展长三角
著(编)者：宋林飞　2012年8月出版 / 估价：59.00元

长株潭城市群蓝皮书
长株潭城市群发展报告（2012）
著(编)者：张 萍　2012年10月出版 / 估价：69.00元

海峡西岸蓝皮书
海峡西岸经济区发展报告（2012）
著(编)者：张志南　李闽榕　2012年5月出版 / 估价：59.00元

中原蓝皮书
中原经济区发展报告（2012）
著(编)者：欧继中　2012年3月出版 / 估价：59.00元

武汉城市圈蓝皮书
武汉城市圈经济社会发展报告(2011～2012)
著(编)者：肖安民　2012年6月出版 / 估价：69.00元

关中—天水经济区蓝皮书
中国关中—天水经济区发展报告（2012）
著(编)者：李忠民　2012年11月出版 / 估价：59.00元

北部湾蓝皮书
泛北部湾合作发展报告(2012)
著(编)者：吕余生　2012年5月出版 / 估价：65.00元

广西北部湾经济区蓝皮书
广西北部湾经济区开放开发报告(2012)
著(编)者：吕余生　2012年5月出版 / 估价：59.00元

大湄公河次区域蓝皮书
大湄公河次区域合作发展报告(2012)
著(编)者：刘 稚　2012年10月出版 / 估价：59.00元

首都圈蓝皮书
中国首都圈发展报告 （2012）
著(编)者：祝尔娟　2012年4月出版 / 估价：79.00元

欧亚大陆桥蓝皮书
欧亚大陆桥发展报告（2012）
著(编)者：李忠民　2012年3月出版 / 估价：79.00元

北京蓝皮书
北京经济发展报告(2011～2012)
著(编)者：谭维克　戚本超　2012年3月出版 / 估价：59.00元

北京蓝皮书
北京社会发展报告(2011～2012)
著(编)者：戴建中　2012年9月出版 / 估价：59.00元

北京蓝皮书
北京文化发展报告(2011～2012)
著(编)者：张 泉　2012年4月出版 / 估价：59.00元

北京蓝皮书
北京社区发展报告(2011～2012)
著(编)者：刘牧雨　2012年4月出版 / 估价：59.00元

北京蓝皮书
北京城乡发展报告(2011～2012)
著(编)者：黄 序　2012年4月出版 / 估价：59.00元

北京蓝皮书
北京公共服务发展报告（2011～2012）
著(编)者：张 耘　2012年7月出版 / 估价：58.00元

北京人才蓝皮书
北京人才发展报告（2012）
著(编)者：张志伟　2012年6月出版 / 估价：59.00元

上海蓝皮书
上海经济发展报告（2012）
著(编)者：屠启宇　沈开艳　2012年1月出版 / 估价：59.00元

上海蓝皮书
上海社会发展报告（2012）
著(编)者：卢汉龙　2012年1月出版 / 估价：69.00元

上海蓝皮书
上海文化发展报告（2012）
著(编)者：叶 辛　蒯大申　2012年1月出版 / 估价：59.00元

上海蓝皮书
上海资源环境发展报告（2012）
著(编)者：周冯琦　2012年1月出版 / 估价：69.00元

上海社会保障绿皮书
上海社会保障改革与发展报告（2011～2012）
著(编)者：汪 泓 2012年1月出版 / 估价：65.00元

上海蓝皮书
上海法治建设发展报告（2012）
著(编)者：叶 青 史建三 2012年1月出版 / 估价：69.00元

上海蓝皮书
2012年上海传媒发展报告：全媒体时代的创新与发展
著(编)者：强 荧 2012年1月出版 / 估价：69.00元

浦东蓝皮书
上海浦东经济发展报告(2012)
著(编)者：沈开艳 2012年1月出版 / 估价：69.00元

河南经济蓝皮书
2012年河南经济形势分析与预测
著(编)者：刘永奇 2012年3月出版 / 估价：59.00元

河南蓝皮书
河南经济发展报告(2012)
著(编)者：张 锐 2012年3月出版 / 估价：59.00元

河南蓝皮书
2012年河南社会形势分析与预测
著(编)者：林宪斋 赵保佑 2012年1月出版 / 估价：59.00元

河南蓝皮书
河南文化发展报告（2012）
著(编)者：张 锐 2012年1月出版 / 估价：59.00元

河南蓝皮书
河南城市发展报告（2012）
著(编)者：林宪斋 喻新安 王建国
2012年1月出版 / 估价：59.00元

陕西蓝皮书
陕西经济发展报告（2012）
著(编)者：杨尚勤 石 英 裴成荣
2012年4月出版 / 估价：59.00元

陕西蓝皮书
陕西社会发展报告（2012）
著(编)者：杨尚勤 石 英 江 波
2012年4月出版 / 估价：65.00元

陕西蓝皮书
陕西文化发展报告（2012）
著(编)者：杨尚勤 石 英 王长寿
2012年4月出版 / 估价：55.00元

陕西蓝皮书
陕西人力资源和社会保障发展报告（2012）
著(编)者：杨尚勤 鬲向前
2012年7月出版 / 估价：59.00元

陕西蓝皮书
榆林经济社会发展报告（2012）
著(编)者：胡志强 杨尚勤 石 英
2012年8月出版 / 估价：69.00元

辽宁蓝皮书
2012年辽宁经济社会形势分析与预测
著(编)者：曹晓峰 张 晶 张卓民
2012年2月出版 / 估价：69.00元

广州蓝皮书
中国广州经济发展报告（2012）
著(编)者：汤应武 刘江华 2012年6月出版 / 估价：59.00元

广州蓝皮书
中国广州创意产业发展报告（2012）
著(编)者：李江涛 简文豪 2012年9月出版 / 估价：59.00元

广州蓝皮书
中国广州文化发展报告（2012）
著(编)者：王晓玲 2012年6月出版 / 估价：59.00元

广州蓝皮书
中国广州城市建设发展报告（2012）
著(编)者：李江涛 简文豪 2012年5月出版 / 估价：59.00元

广州蓝皮书
中国广州汽车产业发展报告（2012）
著(编)者：李江涛 朱名宏 2012年6月出版 / 估价：59.00元

广州蓝皮书
中国广州农村发展报告（2012）
著(编)者：李江涛 汤锦华
2012年7月出版 / 估价：59.00元

广州蓝皮书
中国广州科技与信息化发展报告（2012）
著(编)者：李江涛 谢学宁
2012年7月出版 / 估价：59.00元

广州蓝皮书
广州创新型城市发展报告（2012）
著(编)者：李江涛 简文豪
2012年7月出版 / 估价：59.00元

广州蓝皮书
广州社会保障发展报告（2012）
著(编)者：李江涛 简文豪 2012年7月出版 / 估价：59.00元

广州蓝皮书
广州国际化发展报告（2012）
著(编)者：李江涛 简文豪 2012年7月出版 / 估价：59.00元

广州蓝皮书
广州商贸流通业发展报告（2012）
著(编)者：李江涛 简文豪 2012年7月出版 / 估价：59.00元

广州蓝皮书
2012年中国广州经济形势分析与预测
著(编)者：李江涛 简文豪 2012年7月出版/估价：59.00元

经济特区蓝皮书
中国经济特区发展报告（2012）
著(编)者：钟 坚 2012年6月出版/估价：85.00元

深圳蓝皮书
深圳经济发展报告（2012）
著(编)者：乐 正 2012年3月出版/估价：59.00元

深圳蓝皮书
深圳社会发展报告（2012）
著(编)者：乐 正 祖玉琴 2012年5月出版/估价：69.00元

深圳蓝皮书
深圳劳动关系发展报告（2012）
著(编)者：汤庭芬 2012年5月出版/估价：69.00元

武汉蓝皮书
武汉经济社会发展报告（2012）
著(编)者：刘志辉 2012年4月出版/估价：59.00元

郑州蓝皮书
2012年郑州文化发展报告
著(编)者：丁世显 2012年4月出版/估价：59.00元

温州蓝皮书
2012年温州经济社会形势分析与预测
著(编)者：金 浩 王春光 2012年3月出版/估价：69.00元

扬州蓝皮书
扬州经济社会发展报告（2010）
著(编)者：董 雷 2012年3月出版/估价：79.00元

南通蓝皮书
南通经济社会发展报告（2012）
著(编)者：南通市社科联 2012年4月出版/估价：79.00元

江苏法治蓝皮书
江苏法治发展报告（2012）
著(编)者：南京师大法学院 南京师大江苏法治发展研究院
　　　　李 力 2012年3月出版/估价：69.00元

海峡经济区蓝皮书
海峡经济区发展报告（2012）
著(编)者：李闽榕 王秉安 2012年3月出版/估价：79.00元

山西蓝皮书
山西资源型经济转型发展报告（2012）
著(编)者：李志强 2012年3月出版/估价：79.00元

太原蓝皮书
太原经济社会发展报告（2012）
著(编)者：太原社科院 2012年4月出版/估价：79.00元

天津蓝皮书
天津滨海新区发展报告（2012）
著(编)者：周立群 2012年9月出版/估价：79.00元

广东蓝皮书
广东外贸发展报告（2012）
著(编)者：陈万灵 2012年10月出版/估价：79.00元

广东现代服务业蓝皮书
广东现代服务业发展报告（2012）
著(编)者：祁 明 程 晓 2012年8月出版/估价：79.00元

贵州蓝皮书
贵州社会发展报告（2012）
著(编)者：王兴骥 2012年11月出版/估价：79.00元

湖南蓝皮书
2012年湖南"两型社会"发展报告
著(编)者：梁志峰 2012年6月出版/估价：79.00元

湖南蓝皮书
2012年湖南产业发展报告
著(编)者：梁志峰 2012年6月出版/估价：79.00元

湖南蓝皮书
2012年湖南经济展望
著(编)者：梁志峰 2012年6月出版/估价：79.00元

湖南蓝皮书
2012年湖南法治发展报告
著(编)者：梁志峰 2012年6月出版/估价：79.00元

黑龙江蓝皮书
黑龙江经济发展报告（2012）
著(编)者：曲 伟 2012年4月出版/估价：79.00元

黑龙江蓝皮书
黑龙江社会发展报告（2012）
著(编)者：艾书琴 2012年4月出版/估价：79.00元

黑龙江产业蓝皮书
黑龙江产业发展报告（2012）
著(编)者：艾书琴 2012年4月出版/估价：79.00元

安徽社会蓝皮书
安徽社会发展报告（2012）
著(编)者：王开玉 2012年4月出版/估价：79.00元

中国省会经济圈蓝皮书
合肥经济圈发展报告No.4（2011~2012）
著(编)者：王开玉 董昭礼
2012年4月出版/估价：79.00元

港澳珠三角蓝皮书
粤港澳区域合作与发展研究报告（2011~2012）
著(编)者：梁庆寅 2012年4月出版/估价：79.00元

西部工业蓝皮书
中国西部工业发展报告（2012）
著(编)者：方行明　2012年8月出版 / 估价：79.00元

青海蓝皮书
2012年青海经济社会发展报告
著(编)者：青海社科院　2012年5月出版 / 估价：79.00元

甘肃蓝皮书
甘肃经济发展报告（2012）
著(编)者：魏胜文　2012年3月出版 / 估价：79.00元

甘肃蓝皮书
甘肃文化发展报告（2012）
著(编)者：魏胜文　2012年4月出版 / 估价：79.00元

甘肃蓝皮书
甘肃社会发展报告（2012）
著(编)者：魏胜文　2012年4月出版 / 估价：79.00元

行业报告类

产业蓝皮书
中国产业竞争力报告（2012）
著(编)者：张其仔　2012年8月出版 / 估价：69.00元

金融蓝皮书
中国银行业风险管理报告（2012）
著(编)者：王力　2012年5月出版 / 估价：65.00元

金融蓝皮书
中国金融中心发展报告（2011~2012）
著(编)者：王力　2012年4月出版 / 估价：65.00元

金融蓝皮书
中国金融生态发展报告（2012）
著(编)者：刘煜辉　2012年9月出版 / 估价：59.00元

金融蓝皮书
中国商业银行竞争力报告（2012）
著(编)者：王松奇　2012年5月出版 / 估价：69.00元

金融蓝皮书
中国银行投资发展报告（2012）
著(编)者：张志前　2012年10月出版 / 估价：69.00元

金融蓝皮书
中国金融监管发展报告（2012）
著(编)者：刘煜辉　2012年6月出版 / 估价：69.00元

金融蓝皮书
中国期货发展报告（2012）
著(编)者：车卉淳　2012年10月出版 / 估价：69.00元

保险蓝皮书
中国保险业竞争力报告（2012）
著(编)者：王力　2012年10月出版 / 估价：59.00元

服务外包蓝皮书
中国金融服务外包发展报告（2011~2012）
著(编)者：王力　2012年8月出版 / 估价：69.00元

西部金融蓝皮书
中国西部金融发展报告（2012）
著(编)者：李忠民　2012年11月出版 / 估价：59.00元

住房绿皮书
中国住房发展报告(2011~2012)
著(编)者：倪鹏飞　2011年12月出版 / 估价：69.00元

房地产蓝皮书
中国房地产发展报告No.9
著(编)者：潘家华　李景国
2012年5月出版 / 估价：59.00元

汽车蓝皮书
中国汽车产业发展报告（2012）
著(编)者：国务院发展研究中心产业经济研究部
　　　　　中国汽车工程学会　大众汽车集团（中国）
2012年7月出版 / 估价：69.00元

服务业蓝皮书
中国服务业发展报告No.10
著(编)者：荆林波　史丹　夏杰长
2012年3月出版 / 估价：59.00元

商业蓝皮书
中国商业发展报告（2011~2012）
著(编)者：荆林波　2012年5月出版 / 估价：85.00元

信息化蓝皮书
中国信息化形势分析与预测（2012）
著(编)者：周宏仁　2012年8月出版 / 估价：98.00元

会展经济蓝皮书
中国会展经济发展报告（2012）
著(编)者：王方华 过聚荣
2012年7月出版／估价：55.00元

电子政务蓝皮书
中国电子政务发展报告（2012）
著(编)者：王长胜 许晓平 2012年6月出版／估价：59.00元

电子商务蓝皮书
中国电子商务服务业发展报告NO.2
著(编)者：荆林波 2012年8月出版／估价：59.00元

商会蓝皮书
中国商会发展报告（2012）
著(编)者：刘忠祥 2012年9月出版／估价：98.00元

中国商品市场蓝皮书
中国商品市场竞争力报告NO.2
著(编)者：裴长洪 荆林波 2012年6月出版／估价：69.00元

产权市场蓝皮书
中国产权市场发展报告（2011～2012）
著(编)者：曹和平 2012年10月出版／估价：69.00元

资本市场蓝皮书
中国场外交易市场发展报告（2011~2012）
著(编)者：高峦 钟冠华 2012年1月出版／估价：59.00元

私募市场蓝皮书
中国私募股权市场发展报告（2012）
著(编)者：曹和平 2012年10月出版／估价：59.00元

中国农业竞争力蓝皮书
中国省域农业竞争力发展报告No.2
著(编)者：郑传芳 宋洪远 李闽榕 等
2012年9月出版／估价：128.00元

中国林业竞争力蓝皮书
中国省域林业竞争力发展报告No.2
著(编)者：郑传芳 李闽榕 张春霞 等
2012年8月出版／估价：129.00元

旅游绿皮书
2012年中国旅游发展分析与预测
著(编)者：张广瑞 刘德谦 宋瑞
2012年4月出版／估价：59.00元

休闲绿皮书
2012年中国休闲发展报告
著(编)者：刘德谦 高舜礼 宋瑞
2012年5月出版／估价：69.00元

医疗卫生绿皮书
中国医疗卫生发展报告NO.6
著(编)者：杜乐勋 张文鸣 徐宝瑞
2012年9月出版／估价：68.00元

医药蓝皮书
中国传统医药发展报告（2012）
著(编)者：中国中医药管理局
2012年8月出版／估价：69.00元

食品药品蓝皮书
食品药品安全与监管政策研究报告（2012）
著(编)者：上海市食品药品安全研究中心
2012年5月出版／估价：69.00元

餐饮产业蓝皮书
中国餐饮产业发展报告（2012）
著(编)者：荆林波 2012年6月出版／估价：59.00元

交通运输蓝皮书
中国交通运输业发展报告（2012）
著(编)者：民生银行交通金融事业部课题组
2012年5月出版／估价：59.00元

体育蓝皮书
中国体育产业发展报告（2012）
著(编)者：江和平 张海潮
2012年3月出版／估价：69.00元

茶业蓝皮书
中国茶产业发展报告（2012）
著(编)者：李闽榕 杨江帆
2012年11月出版／估价：79.00元

测绘蓝皮书
中国测绘发展研究报告（2012）
著(编)者：徐德明 2012年11月出版／估价：58.00元

物联网蓝皮书
中国物联网发展报告（2012）
著(编)者：黄桂田 张全升 2012年5月出版／估价：69.00元

能源蓝皮书
中国能源发展报告（2012）
著(编)者：崔民选 2012年4月出版／估价：79.00元

煤炭蓝皮书
中国煤炭工业发展报告（2012）
著(编)者：岳福斌 2012年5月出版／估价：69.00元

基金会蓝皮书
中国基金会发展报告（2012）
著(编)者：刘忠祥 2012年11月出版／估价：69.00元

服务外包蓝皮书
国际服务外包发展报告（2012）
著(编)者：王晓红 2012年8月出版／估价：69.00元

工业设计蓝皮书
中国工业设计发展报告（2012）
著(编)者：国家发改委宏观经济研究院
2012年8月出版／估价：69.00元

投融资蓝皮书
中国中小企业投融资报告（2012）
著(编)者：中小企业投融资杂志社　2012年9月出版／估价：69.00元

投融资蓝皮书
中国国际贸易投资报告（2012）
著(编)者：赵忠秀　2012年10月出版／估价：69.00元

流通蓝皮书
湖南省流通发展报告（2012）
著(编)者：柳思维　2012年2月出版／估价：69.00元

供销社蓝皮书
中国供销社发展报告（2012）
著(编)者：赵亚平　2012年10月出版／估价：69.00元

奢侈品蓝皮书
中国奢侈品报告（2012）
著(编)者：冷柏军　2012年3月出版／估价：69.00元

产业安全蓝皮书
中国产业安全报告（2011~2012）
著(编)者：李孟刚　2012年6月出版／估价：69.00元

产业安全蓝皮书
中国能源产业安全与发展报告（2012）
著(编)者：李孟刚　2012年3月出版／估价：69.00元

产业安全蓝皮书
中国城市投资公司安全与发展报告（2012）
著(编)者：李孟刚　2012年3月出版／估价：69.00元

产业安全蓝皮书
中国粮食深加工产业安全与发展报告（2012）
著(编)者：李孟刚　2012年3月出版／估价：69.00元

产业安全蓝皮书
中国新能源产业安全与发展报告（2012）
著(编)者：李孟刚　2012年3月出版／估价：69.00元

产业安全蓝皮书
北京市房地产业安全与发展报告（2012）
著(编)者：李孟刚　2012年3月出版／估价：69.00元

产业安全蓝皮书
中国保险产业安全与发展报告（2012）
著(编)者：李孟刚
2012年3月出版／估价：69.00元

产业安全蓝皮书
中国私募股权产业安全与发展报告（2012）
著(编)者：李孟刚
2012年3月出版／估价：69.00元

产业安全蓝皮书
中国证券产业安全与发展报告（2012）
著(编)者：李孟刚　2012年3月出版／估价：69.00元

煤炭市场蓝皮书
中国煤炭市场发展报告（2012）
著(编)者：山西汾渭能源咨询公司
2012年3月出版／估价：69.00元

物流蓝皮书
中国物流发展报告（2012）
著(编)者：赵　娴
2012年10月出版／估价：79.00元

软件和信息服务业蓝皮书
中国软件和信息服务业发展报告（2012）
著(编)者：李　颖
2012年10月出版／估价：79.00元

"老字号"蓝皮书
中国"老字号"企业发展报告（2012）
著(编)者：张继焦
2012年10月出版／估价：79.00元

"两化"融合蓝皮书
中国"两化"融合发展报告（2012）
著(编)者：朱金周
2012年8月出版／估价：79.00元

中国养老金蓝皮书
中国养老金发展报告（2012）
著(编)者：郑秉文
2012年3月出版／估价：79.00元

国别与地区类

国际形势黄皮书
全球政治与安全报告（2012）
著(编)者：李慎明　张宇燕　2011年12月出版／估价：59.00元

世界经济黄皮书
2012年世界经济形势分析与预测
著(编)者：王洛林　张宇燕　2011年12月出版／估价：59.00元

世界社会主义黄皮书
世界社会主义跟踪研究报告（2011~2012）
著(编)者：李慎明　2012年3月出版／估价：69.00元

上海合作组织黄皮书
上海合作组织发展报告（2012）
著(编)者：吴恩远　2012年3月出版／估价：59.00元

拉美黄皮书
拉丁美洲和加勒比发展报告（2011 ~ 2012）
著(编)者：苏振兴　2012年3月出版 / 估价：69.00元

美国蓝皮书
美国问题研究报告（2012）
著(编)者：黄　平　2012年6月出版 / 估价：69.00元

欧洲蓝皮书
欧洲发展报告（2012）
著(编)者：周　弘　2012年3月出版 / 估价：69.00元

德国蓝皮书
德国发展报告（2011 ~ 2012）
著(编)者：李乐曾　郑春荣
2012年7月出版 / 估价：59.00元

俄罗斯东欧中亚黄皮书
俄罗斯东欧中亚国家发展报告（2011 ~ 2012）
著(编)者：邢广程　2012年6月出版 / 估价：59.00元

中东非洲黄皮书
中东非洲发展报告（2011 ~ 2012）
著(编)者：杨　光　2012年3月出版 / 估价：59.00元

亚太蓝皮书
亚太地区发展报告（2012）
著(编)者：李向阳　2012年3月出版 / 估价：69.00元

日本蓝皮书
日本发展报告（2012）
著(编)者：李　薇　2012年3月出版 / 估价：69.00元

日本经济蓝皮书
日本经济与中日经贸关系发展报告(2012)
著(编)者：王洛林　2012年3月出版 / 估价：69.00元

越南蓝皮书
越南国情报告(2012)
著(编)者：吕余生　2012年5月出版 / 估价：59.00元

缅甸蓝皮书
缅甸国情报告 No.1
著(编)者：刘　稚　2012年5月出版 / 估价：59.00元

印度蓝皮书
印度国情报告 No.1
著(编)者：刘　稚　2012年6月出版 / 估价：69.00元

G20国家创新竞争力黄皮书
G20国家创新竞争力发展报告（2011 ~ 2012）
著(编)者：李建平　李闽榕　赵新力
2012年11月出版 / 估价：98.00元

新兴经济体蓝皮书
金砖国家经济社会发展报告（2012）
著(编)者：林跃勤　周　文　2012年11月出版 / 估价：89.00元

东南亚蓝皮书
东南亚经济发展报告（2012）
著(编)者：厦门大学　2012年11月出版 / 估价：98.00元

俄罗斯蓝皮书
俄罗斯发展报告（2011 ~ 2012）
著（编）者：吴恩远　2012年7月出版 / 估价：98.00元

非洲蓝皮书
非洲发展报告（2011 ~ 2012）
著（编）者：杨　光　2012年6月出版 / 估价：98.00元

韩国蓝皮书
韩国发展报告（2011 ~ 2012）
著(编)者：牛林杰　2012年6月出版 / 估价：98.00元

澳门蓝皮书
澳门经济社会发展报告(2012)
著(编)者：郝雨凡　2012年6月出版 / 估价：59.00元

澳门会展蓝皮书
澳门会展业发展报告（2011 ~ 2012）
著(编)者：林广志　2012年6月出版 / 估价：59.00元

香港蓝皮书
香港经济社会发展报告（2011 ~ 2012）
著(编)者：薛凤旋　2012年3月出版 / 估价：69.00元

社会科学文献出版社成立于 1985 年，是直属于中国社会科学院的人文社会科学专业学术出版机构。

成立以来，特别是 1998 年实施第二次创业以来，依托于中国社会科学院丰厚的学术出版和专家学者两大资源，坚持"创社科经典，出传世文献"的出版理念和"权威、前沿、原创"的产品定位，走学术产品的系列化、规模化、数字化、市场化经营道路，社会科学文献出版社先后策划出版了著名的图书品牌和学术品牌"皮书"系列、《列国志》、"社科文献精品译库"、"全球化译丛"、"气候变化与人类发展译丛"、"近世中国"等一大批既有学术影响又有市场价值的图书。

在国内原创著作、国外名家经典著作大量出版的同时，社会科学文献出版社长期致力于中国学术出版走出去，先后与荷兰博睿出版社合作面向海外推出了《经济蓝皮书》、《社会蓝皮书》等十余种皮书的英文版；此外，《从苦行者社会到消费者社会》、《二十世纪中国史纲》、《中华人民共和国法制史》等三种著作入选新闻出版总署"经典中国国际出版工程"。

面对数字化浪潮的冲击，社会科学文献出版社力图从内容资源和数字平台两个方面实现传统出版的再造，并先后推出了皮书数据库、列国志数据库、中国田野调查数据库等一系列数字产品。

在新的发展时期，社会科学文献出版社结合社会的需求、自身的条件以及行业的发展，提出了新的创业目标：精心打造人文社会科学成果推广平台，发展成为一家集图书、期刊、声像电子和数字出版物为一体，面向海内外高端读者和客户，具备独特竞争力的人文社会科学内容资源经营商和海内外知名的专业学术出版机构。

创社科经典　　出传世文献

联系我们：
咨询邮购：社会科学文献出版社读者服务中心
地　　址：北京市西城区北三环中路甲29号院3号楼华龙大厦13层
邮　　编：100029　　　　电　话：010-59367070
邮　　箱：duzhe@ssap.cn　QQ：1265056568

经销图书：社会科学文献出版社发行部
地　　址：北京市西城区北三环中路甲29号院3号楼华龙大厦13层
邮　　编：100029　　　　电　话：010-59367088
开 户 名：社会科学文献出版社发行部
开户银行：工商银行北京北太平庄支行
账　　号：0200010009200367306

更多信息请登陆：
社会科学文献出版社　www.ssap.com.cn
中国皮书网　www.pishu.cn
皮书微博　http://weibo.com/pishu
皮书博客　http://blog.sina.com.cn/pishu

表15　2009年保健器材用品进出口情况

单位：万元

保健器材行业	进口	出口	逆差
金　　额	9765	5975	3790

资料来源：中国保健用品产业发展报告课题组项目企业数据库。

（三）行业营销模式分析

由表16可知，在课题组调研的93家企业中，生产加工的企业有54家，占比58%；销售的企业有39家，占比42%，其中经销批发的企业有31家，而商业服务和招商代理的企业较少。中国保健器材行业的企业经营模式是由中国企业的特点和产品的特性共同决定的，一方面，中国从事保健器材的多为中小企业，技术实力不强；另一方面，保健器材要求的技术含量较高。所以，中国从事创新生产的并不多，大都是生产加工。在销售领域，由于中国产品质量不高，还没有形成品牌，招商代理和商业服务还很少，多以经销批发为主。

表16　保健器材行业企业经营模式统计

单位：家

经营模式	经销批发	商业服务	生产加工	招商代理
企业数量	31	5	54	3

资料来源：中国保健用品产业发展报告课题组项目企业数据库。

（四）行业前景预测及政策建议

1. 行业前景

近年来，随着人们生活水平的提高，人们的保健意识也在增强，保健产品也纷纷进入日常生活用品当中。如保健杯、保健锅、功能饮水机、催眠器、电脑辐射消除器等。2009年4月由中国保健协会推动发布的功能水杯行业标准《微电解制水器（杯）行业技术指导规范》的出台，标志着中国功能水杯行业进入了一个新的发展阶段，有助于国家主管部门对整个功能水杯行业的发展进行良好的

监管，将大大加快中国功能水杯行业的发展。同时，可以对市场上各类低劣假冒、仿冒产品及市场投机行为进行有力的打击，维护行业和市场的健康发展，也为消费者选购功能水杯提供有力的参考。从人们追求健康的方面讲，行业有巨大的发展空间。

2. 行业中存在的问题

（1）行业不规范。由于一些保健器材企业夸大宣传使得市场上产品质量良莠不齐，消费者对于各种旗号的产品缺乏信心。盲目、恶性的低价竞争行为严重影响了行业的发展，以次充好的产品更是充斥整个市场。规范市场，促进行业健康发展显然成为业内共识。

（2）企业规模小。据不完全统计，行业中中小企业占了总企业数的90%。中小企业生产的产品质量差，科技含量低，研发投入少，且中小型抗风险能力差，不利于行业的良好发展。

3. 政策建议

（1）尽快制定相关标准。为进一步规范保健器材市场，促进企业健康发展。有关部门应尽快出台相关产品标准，为政府规范市场、企业设计开发、消费者安全使用提供可靠的依据，以推动这一行业健康发展。

（2）加大创新力度。企业应加大科研投入，生产出市场接受、消费者口碑好的产品。如中国功能水杯龙头企业——北京水宜生科技发展有限公司以创新寻求市场突破，在国家发明专利、权威机构严格检测、医院临床试验等方面，做了大量艰苦细致的工作。凭借过硬的质量、体质的服务、实在的效果，该公司目前已成为最畅销的功能水杯品牌，同时也为行业技术制定规范的起草提供了大量基础数据。

四　其他保健用品

（一）电子香烟简介

这里的其他保健用品包括市面上刚刚出现，尚未形成一定规模的产品，如电子香烟类产品。电子香烟也称为"雾化电子烟"，其与香烟有着本质上的不同，它不燃烧、只含提纯的烟碱，不含焦油、不含普通香烟含有的导致呼吸系统与心血管系统疾病的化学物质，去除了普通香烟中的其他致癌物质。它外形颇像卷烟，其前端装有红色发光二极体，当使用者吸用时，该产品的前端会发出红光，犹如真实的点燃，同时还会产生烟气，在烟雾缭绕中，使用者能够享受到和真实香烟一样的意境。电子香烟按照烟碱分量可分 3 种型号：含有 6 毫克尼古丁的低含量版、含有 11 毫克尼古丁的中含量版以及含有 16 毫克尼古丁的高含量版。

（二）电子香烟市场现状

据世界卫生组织统计，全世界每年死于与吸烟有关疾病的烟民达 500 万人，每年因吸烟造成的直接损失和间接损失超过 2 万亿美元，其中全球 8% ~ 12% 的医疗支出可归咎于烟害。面对巨大的社会资源浪费和健康、环保、绿色的消费理念在全球市场的日益普及，各国政府和公共组织开始重新审视烟草所带来的影响，纷纷颁布相关法律法规，控制或禁止烟草的流通和消费。借助于全球控烟禁烟运动的东风，戒烟、控烟产品市场也开始迅速发展。据世界卫生组织预测，戒烟、控烟产品市场消费容量将达 1000 亿美元，随着各国控烟力度的加强，市场容量将会进一步扩大。

电子香烟，目前已在中国及巴西、加拿大、芬兰、以色列、黎巴嫩、荷兰、瑞典、土耳其、韩国、美国、奥地利、澳大利亚、英国等 20 多个国家或地区合法销售，具有很大的潜在发展空间。但整体上还处于萌芽阶段，据了解，市场上销售的电子烟有近 30 种，但品牌鱼龙混杂。美国和波兰市场是最为成熟的市场，在美国已有厂商 300 多家，年销售收入达上亿美元。韩国、南非、英国等紧随其后。中国的电子香烟行业还很弱小，生产和销售市场主要集中在深圳和江浙一带。

（三）原因分析

1. 宏观层面

在政策环境方面。当前各国对电子香烟的看法不一样，有一些国家对电子烟持保守态度，电子香烟全球合法身份还有待于进一步论证，特别是关于电子香烟的一些法律法规还有待于完善。

在管理方面。目前容许电子烟销售国家中很多国家并没有明确的管理机构，

有的国家是烟草管理部门，有的是食品和医药管理部门，管理相对混乱，导致了市场上劣质和假冒产品比较多。

2. 微观层面

在价格方面。目前由于电子香烟造价偏高，消费阶层还局限于中高阶层，普通民众很难承担其价格，这对电子香烟的推广造成一定影响。

在消费者方面。已有香烟的传统文化对其有一定的冲击，传统的吸烟习惯，使消费者在一定程度上对电子香烟有抵触心理。

在产品方面。产品功能过于单一，目前国内市场上出现的电子香烟几乎没有任何附带功能，只是在口味和烟体材质（如名贵木材和金属）上玩花样。

Other Health Care Products

Abstract：The thesis will respectively provide a panoramic display on the industry scale, regional market structure, the situation of import and export, marketing mode and the like of each sub-industry of other health care products, research the development characteristics and the problems that exist in the process of the development of each sub-industry and put forward corresponding countermeasures and suggestions targeting at the characteristics of each industry with a view to providing some guidance on formulation of industry policy and enterprise decision of the industry and further promoting the development of the industry of other health care products in China.

Key Words：Other Health Care Products；Industry Research；Countermeasures

企 业 篇

Enterprise Report

B.10

中国保健用品企业发展策略

　　摘　要：本文对中国保健用品企业发展策略进行了深入研究。研究认为中国保健用品企业要做大做强，应建立起具有高质量、让消费者信任的品牌，实施品牌战略；企业应加强诚信形象建设，树立良好的企业形象；转变营销模式，通过生产企业、经营企业及整个供应链环节的多方配合，构建先进营销体系；加大科研投入，提升产品质量；加强内部管理；实施国际化战略，积极开拓国际市场。

　　关键词：保健用品　企业发展　策略

　　面对当前保健品行业存在的主要问题，中国保健用品企业要做大做强，应当树立品牌意识，重视品牌建设，转变营销模式，找准市场定位，注重产品质量，提升产品的核心竞争力。同时企业应该加强诚信形象建设，完善内部管理和质量监督管理体系，使消费者更信任企业。双管齐下，保健用品企业才能立足于某一细分市场，之后再通过不断的投资，加强企业产品的研发，扩展产品生产线，这样企业才能做大，并通过充分参与国际竞争，扩大企业的市场占有率。

一　树立品牌意识

企业应该树立明确的品牌意识，着重提高产品附加值。要提高企业效益，建立品牌形象是中国保健用品企业未来发展的必然选择。企业想在未来的保健用品市场上站稳脚跟，单凭广告宣传已经不足以长期抢占市场份额，保持良好的销售势头。因为，随着消费者的消费心理逐渐成熟和理性，对广告的认识也会逐步成熟，不会再一味地相信广告，开始由注重产品功效宣传转向对品牌的信任选择，未来保健用品市场的品牌化道路已不可动摇。高质量、知名品牌的保健用品市场将会扩大。企业将在保健用品的质量控制和产品研发等项目上加大投入，明确产品功能，品牌建设将受到重视。

保健用品在市场上销售功能诉求一定要集中、明确，在宣传推动中不能功能泛滥，这样会严重削弱消费者对产品的精确认知。即使某种保健用品的功能有两到三种，也应着重突出目标消费群集中的一种来拓展或延伸内涵。如果产品把多种功能同时作为主功能诉求，就会因缺乏明确症状上的说服和认定，在进行产品宣传时就很难形成冲击力，其市场表现也就可想而知。

（一）功效是企业品牌根基

在中国保健用品市场发展初期，一些保健用品企业抓住市场空白，大力发展。当时，保健用品企业只要想出一个点子、用广告来炒作一下，就能吸引一大批消费者。初期的保健用品企业只要广告投入达到一定的密集度，产品销售量便会直线上升。但随着多年的保健知识积累和人们生活水平的大幅提高，无论是消费者还是企业都对保健用品广告和保健用品市场有了较为成熟的认识，人们不再盲从广告。因为保健用品产业的性质决定了消费者关心的应该是产品的安全与功效等方面的因素，而不是心里感觉上的形象、气质与认同、归属。因此，仅仅依靠广告，不能成就保健用品企业。

消费者因深受保健用品虚假广告之害，不再轻易相信保健用品的功效宣传，转而越来越重视对保健知识的学习，用保健知识去辨别市场上保健用品的优劣真假，维护自己的合法权益。消费者的消费心理逐渐成熟，对于一些明显没有科学根据，过分夸大产品功效的广告具有一定的识别能力。例如，对于一些像"华格纳"一样，将一个小小的生物晶片吹嘘成能治疗五十多种人类常见疾病，并且能让人活到 150 岁的广告，一定不会像以前那样受到许多消费者的"疯狂"追捧。同时，消费者的消费心理将更加理性，不再轻信广告和产品的宣传，而相信口碑，相信产品的功效。尤为相信那些功效明确、专一化的保健用品，而不是具有能"包治百病"功效的产品。随着保健用品产业发展，市场竞争越来越激烈，保健用品企业单凭打广告战，夸大产品功效宣传，将产品吹嘘的神乎其神，已经不能长期保持客观的销售势头了。因此，真实功效是企业品牌的根基，重功效建设是企业可持续发展的必由之路。

（二）明确市场定位

1. 市场定位的必要性

根据现代营销学的市场细分理论，任何一种产品都不可能满足人们的所有需要，它只能满足某一部分人的特殊需要，因此，每个产品都必须根据满足消费者的需要情况给自己一个合适的市场定位。其他产品是这样，保健用品亦不例外。这就要求保健用品生产企业在研制产品的时候，一定要想到并且做到使自己的产品有某种独特的保健功能，从而为产品寻找到一个合适的市场空间和市场定位。那种认为自己的产品从男人到女人、从小孩到老人、从脚尖到发梢都无所不保其健的想法是错误的，是严重违背市场定位理论的，最终的结局就是毁灭这个产品的市场。清晰的市场定位是决定企业及其产品成功与否的关键，中国的保健用品企业应该谨慎的对待，并且高度的重视。

2. 市场定位的分类

市场定位可分为对现有产品的再定位和对潜在产品的预定位。对现有产品的再定位可能导致产品名称、价格和包装的改变，但是这些外表的变化是为了保证产品在潜在消费者的心目中留下值得购买的印象。对潜在产品的预定位，要求营销者必须从零开始，使产品特色确实符合所选择的目标市场。企业在进行市场定位时，一方面要了解竞争对手的产品具有何种特色，另一方面要研究消费者对该产品的各种属性的重视程度，然后根据这两方面进行分析，再选定企业产品的特色和独特形象。从内容上，市场定位又可以分为产品定位、企业定位、竞争定位和消费者定位。

3. 保健用品的市场定位

保健用品市场定位是指保健用品企业通过市场细分，确定目标市场之后，研制与之适应的产品和提供相应的服务，并采用合适的营销模式将产品推向目标客户群，在企业与竞争者之间进行区别，从而树立企业形象，提升企业核心竞争力的过程。

根据里斯和特劳特的定位理论，为了使某一品牌、企业或产品在消费者心目中获得一个据点，一个认同的区域位置，或者占有一席之地，应将视觉扭转到"请注意消费者"，将火力集中在一个狭窄的目标上，在消费者的心智上下工夫，要创造出一个独有的位置，在消费者心中造成难以忘怀、不易混淆的优势效果。定位的差异性要显示出品牌之间的类的差别。这样的定位一旦建立，无论何时何地，只要消费者产生了相关的需求，就会自动地、首先地想到这种品牌、这家企业及其产品，以便达到"先入为主"的效果。具体到中国保健用品市场，可采取功能导向定位、象征导向定位、背书导向定位和渠道导向定位四种方法对保健用品进行合理的定位。

今天的保健用品市场同时也是细分化的。假如企业仅仅为某个单一的细分市场生产一种产品，同时竞争对手只有一个的话，确定一个特定的产品定位，而且持续地传递给消费者也许不会太困难。然而，如果企业有多种保健用品或服务，同时又有多个竞争对手的话，那么就会有比在单一市场生产单一保健用品，并且竞争对手单一的市场环境下多得多的产品定位方式。这样，对企业来说关键的问题就是，企业应当在各个不同的细分市场中传递一个什么样的总体的品牌的定位。同时对各个不同的细分市场采取不同的定位。

为了在众多细分市场中定位不同的产品，企业需要一种系统的方法来设计和开发它们的产品和服务，使得其目标市场中的消费者能够感觉到企业所提供的产品和服务的独特性，而且认为比竞争对手的产品和服务的价值更大。第一步，管理者首先了解目标市场的消费者判别产品是否处于同一类别产品所依据的维度，以及与竞争对手的产品和服务相比，消费者如何看待企业的产品和服务。换句话说管理者必须了解消费者所感觉到的市场竞争结构：我们的顾客（当前的和潜在的）如何看待我们的品牌？客户认为哪些品牌是企业最接近的竞争对手？哪些产品和企业特性造成了客户所感觉到的差异？

一旦管理者对这些问题有了答案，他们就可以判断企业的产品和服务是否定位得非常恰当。然后，他们可以确定区分企业及其竞争对手的产品和服务的营销计划的关键元素。

（三）实施品牌战略

企业品牌代表企业形象，传递的是企业的信誉、信用、创新能力等整体性信息。企业品牌效应实际上就是企业实力的一种外化表象。企业若想在激烈的市场竞争中脱颖而出，获得长足发展，必须建立品牌意识，实施品牌战略。随着市场的不断成熟，消费者的重复购买才是企业实现销量增加的途径。产品存在生命周期，品牌却是永恒的。所以注重品牌的建立才是保健用品保持发展潜力的长久之策。而许多企业的品牌营销管理缺乏长期的、系统的、战略的规划，缺乏一个长期不变的品牌核心价值。

做品牌是保健用品企业发展的趋势，也是需要。要想保持其长久的发展就应当在产品的基础之上树立自己的品牌。市场经验证明一个企业要想获得真正意义上的成功，必须以消费者的利益为中心，并用这个理念来规划企业的一切经营活动。所以，作为一个成功的营销理念，必须时刻重视品牌的培育和养护。从企业的角度来分析，企业卖的是产品，带来的是收益；从消费者的角度来分析，买的是功能、效果、满足，以及诚实可信的品牌。品牌的积累是一个长期、连续的过程，企业要结合自身的资源优势、产品优势、市场优势等多种因素，对品牌资产进行积累与整合。

1. 品牌战略

品牌战略，包括品牌化决策、品牌模式选择、品牌识别界定、品牌延伸规划、品牌管理规划与品牌远景设立六个方面的内容。品牌化决策是解决品牌的属性问题；品牌模式选择解决的则是品牌的结构问题；品牌识别界定确立的是品牌的内涵，也就是企业希望消费者认同的品牌形象，它是品牌战略的重心；品牌延伸规划是对品牌未来发展领域的清晰界定；品牌管理规划是从组织机构与管理机制上为品牌建设保驾护航，在上述规划的基础上为品牌的发展设立远景，并明确品牌发展各阶段的目标与衡量指标。

2. 实施品牌战略的意义

第一，实施品牌战略能引领保健用品企业前进的方向。一个企业如果没有明确的目标和发展方向，就会像随波逐流的浮萍一样，淹没在众多的商品中，迷失

了企业的发展方向。建立品牌意识，实施品牌战略为企业描绘了明确的蓝图，避免企业因缺乏明确的目标而停滞不前，陷入发展的瓶颈。同时，品牌意识的树立能唤起企业员工的激情与斗志，形成一种无坚不摧的精神力量，激励员工为了实现共同的理想和目标而拼搏。

第二，实施品牌战略能够帮助保健用品企业抢占消费者的心智，开辟企业的生存空间。品牌战略的一个重要内容就是提炼品牌的核心价值。个性鲜明独特且高度异化的品牌核心价值，往往能使企业的产品在众多的同质的产品竞争中脱颖而出，以低成本吸引消费者，抢占消费者的心智，在激烈的市场竞争中开辟自己的生存空间。

第三，实施品牌战略能够降低保健用品企业品牌建设的成本。品牌战略要求企业用以品牌核心价值为核心的产品统率企业的一切经营活动，只有这样才能保证企业的产品研发、广告宣传、包装设计、公关活动、新闻炒作、软文宣传、终端建设等营销传播活动都在围绕品牌的核心价值展开，从而使企业的每一分营销传播费用都投入在加深消费者对品牌核心价值的认知和记忆上，都是在为品牌资产做加法，这样必然就会大大降低品牌建设的成本，节约企业经营活动的费用。

第四，实施品牌战略有助于深度挖掘品牌价值，扩大经营规模。科学的品牌战略要求提炼品牌核心价值要有战略眼光。品牌核心价值要有包容性，要为未来品牌延伸预埋管线。理性的品牌延伸能够深度挖掘品牌价值，最大限度的提高品牌资源利用率，使企业以最低成本进入新产业、新领域，带动更多的品牌畅销，迅速扩大企业经营规模。

3. 培育品牌

（1）品牌建设。企业品牌建设要在加强企业自身建设的基础上，准确地运用好品牌战术、战役和策略，不断提高广告资源投放的准确性，不断提高品牌的知名度和美誉度，进而培养用户对于企业品牌的忠诚度，打响企业品牌双响炮，为企业的长远发展起到积极的拉动作用。

（2）品牌联合。优秀的产品品牌是企业攻城略地的利器，而优秀的企业品牌可以对具体产品品牌作出信誉、技术、服务或实力上的保证与承诺，使企业成为一艘真正的航空母舰。因此，企业应该走出一条以优势产品品牌提升企业品牌知名度，再利用企业品牌带动更多的产品品牌的滚动发展的道路。在企业开发出与原产品联系较小的产品时，建立起以企业品牌为轴心的品牌系，对新产品的品牌采用"产品品牌 + 企业品牌"的策略。这种品牌策略可以充分利用企业品牌的市场号召力，减少新品牌的陌生感和市场因缺乏信任而表现出的犹豫，也避免了在企业品牌之下的多产品分布使顾客无法认知品牌。

（3）品牌道路。在走联合品牌道路方面，中国保健用品企业应该向大型跨国公司学习。宝洁旗下有"飘柔"、"汰渍"、"海飞丝"等多个成功的产品品牌，每个品牌满足不同的细分市场，互不影响。宝洁公司在推出新产品"沙宣"时，重点突出"沙宣"这个产品品牌的特性，仅仅在广告终了时提出一句"宝洁公司荣誉出品"，这就足以为该品牌作品质保证了。中国的保健用品产业也可以培养出家喻户晓的大品牌，在这个消费者信赖的品牌下可以细分很多保健用品市场，如保健功能纺织品、保健器械、五官保健用品、生殖健康保健用品等，其中某个类别的产品可以带动整个品牌价值的提高，开发的新产品就可以在企业品牌的保证下，更顺利地向市场推广。

二　树立企业诚信形象

（一）加强企业诚信建设

如今，市场经济已经进入诚信时代，诚信已成为市场经济的基本条件，是企业生存发展的最高原则和必备的道德理念。对保健用品企业也是如此。因为保健用品的特殊性（因为它毕竟是一种关乎人体健康的产品），企业要想真正在社会和消费者面前树立诚实守信的形象，可能比其他行业企业更困难一些，这意味着企业要付出更大的努力去关心消费者和社会的反映，投入更多的精力，满足各方面的要求：对消费者，要细心深入地研究不同消费者的需求，如社交的需求、自我使用的需求、炫耀身份的需求等，努力开发出不同档次、不同类型的产品，赢得消费者的信任和忠诚；对社会，要以更加积极的姿态参与到环境保护和公共福利活动中去，并且以一贯的态度执行制度和遵从法律，树立遵纪守法的良好形象，赢得社会的赞誉；对全体员工，要切实关心他们的利益，了解他们的想法，尽一切努力创造良好的工作环境，赢得员工的信任和支持。

1. 企业诚信经营的含义

一般来说，企业的诚信经营至少应包括以下三层含义：一是对消费者要讲信

誉，关心广大的消费者，如企业要深入了解消费者的需求，使产品满足其使用方便、美观、安全等方面的要求，真诚地为消费者服务；二是对社会要讲信誉，关注社会和公众福利，如要自觉遵守社会公德、制度或法律，不污染环境，不破坏生态平衡等；三是对员工要讲信誉，关心企业的全体员工，如为职工提供足够的薪金报酬和精神鼓励，创造良好的工作环境，避免生产过程中的噪音、有毒物质及不良管理方式对员工身心健康的损害，使全体员工能够以较好的精神状态投入到本职工作中去。

2. 企业诚信经营的重要性

诚信意味着企业具有良好的信誉，它虽然不像物质产品那样给企业带来直接的市场和利润，但它是企业的一种资源，是企业经济发展的一种无形推动力。

诚信经营使企业赢得忠诚的顾客，提高产品的市场占有率；赢得忠诚的员工，增强企业凝聚力；赢得合作者的信任与支持；更加有效地参与国际竞争，获得持久的发展。就保健用品而言，是指具有缓解疲劳、调节人体机能、预防疾病、改善亚健康状态、促进康复等增进健康的特定功能的用品，产品本身的特性就是以日常保健为目的而且直接或者间接作用于人体，因此，对产品和企业的品质要求更高。对企业而言，信誉就显得更为重要。诚信经营可以使保健用品企业在激烈的市场竞争中不断提高竞争力，占据有利的市场地位，从而能够维持企业长久的生存和发展。总之，诚信经营是企业可持续发展的基础，是企业的第一形象。只有"讲信用、守信用、用信用"，才能在激烈的市场竞争中求生存、求发展，永远立于不败之地。

3. 如何加强诚信建设

中国保健用品产业中企业失信问题仍然比较严重，尤其是在诚信营销方面。以前，保健用品价格虚高、夸大疗效等市场炒作行为，扰乱了各个行业的经济秩序、危害着行业的经济安全，对整个产业的健康发展十分不利。因此，有必要加强企业诚信建设，提高企业诚信经营水准，使企业在国内、国际两个市场的竞争中进一步提高竞争能力，保证企业的健康发展。

（1）企业要以身作则。在加强企业诚信建设方面，企业承担着特殊责任。因为企业的诚信水平，直接影响着企业的品牌建设和未来。所以，企业领导要从企业内部着手，由加强自身的商业伦理修养开始，树立诚信的观念，成为对消费者、对员工、对社会公众负责的活动家和示范者。企业领导应该意识到，只有将商业伦理责任有机地整合于企业发展的远景规划和策略方针之中，例如，建立良好的消费者与企业的关系，积极发展与合作伙伴的信用关系，积极进行环境保护，以及成为社区公益活动的倡导者和参与者，创造更加具有人文关怀的工作环境等，才能赢得更多的社会信任，才能取得更好的经济效益。

（2）开展诚信教育。企业的信誉高低还与企业中的每一名员工有关。因此，企业的领导干部除了要加强自身的诚信建设外，还要不断地对员工进行诚信教育，丰富员工的诚信经营水平。诚信教育的内容应当结合企业的实际而设计，最好能够通过案例的形式告诉员工应该做什么，不应该做什么。对员工的诚信教育是一项长期性的工作，不可能一蹴而就。

（3）建立严格的监督和奖惩机制。要想在企业中形成一种良好的诚信经营环境，企业就必须建立一套严格的监督和奖惩机制。例如，成立督查小组，定期或不定期督查，并根据督查情况，对那些严守企业诚信经营规则、业绩较佳的管理者和员工给予奖励，以起到鼓励作用；而对于违反企业诚信经营准则并给企业利益带来损害的管理者和员工，给予严厉的处罚，以起到警示作用。之所以要这样做，是因为只有员工有了卓越的表现，企业才会走向辉煌；一旦员工发生不符合诚信经营的行为，不但会使企业利润深受影响和损害，而且很可能使多年辛苦积累的企业诚信经营的形象和良好声誉一夜之间化为乌有。

（4）全行业共同努力。企业诚信经营的建设，绝不是单个企业的事情，而是一项长期而艰巨的系统工程，需要社会各行各业上下共同努力。各行各业应建立企业信用档案，并通过惩戒失信行为的方式，形成守信者得益、失信者承担相应责任的良好氛围，促使企业努力增强自身信誉，不断提高诚信经营水准。

（二）用诚信打造企业形象

1. 企业形象的介绍

企业形象是企业内外对企业的整体感觉、印象和认知，是企业状况的综合反映。在印象的基础上，加入人们的判断，进而形成具有内在性、倾向性和相对稳定性的公众态度，多数人的肯定或否定的态度才形成公众舆论。公众舆论通过大众传播媒介和其他途径（如人们的交谈、表情等）反复作用于人脑，最后影响人的行为。企业形象当然有好与不好之分，当企业在社会公众中具有良好企业形象时，消费者就愿意购买该企业的产品或接受其提供的服务；反之，消费者将不

会购买该企业的产品，也不会接受其提供的服务。

2. 用诚信树立良好的企业形象

（1）树立优质的产品形象。优质的产品形象，是塑造良好企业形象的首要任务，而优质产品形象的确立离不开诚信经营基本原则。对保健用品产业更是如此，企业若想生存，必须要提供优质的产品。首先，企业必须对产品的质量充分重视，因为产品的好坏不仅是经济问题，而且关系到企业声誉，是企业文化最直接的反映。抓好产品形象这个重点，就能带动其他形象的同步提高。其次，要把抓产品形象渗透到质量管理体系当中去，严格遵守诚信经营的原则，完善产品的生产工艺，杜绝偷工减料，在企业员工中形成人人重视质量，个个严把质量关的良好风气。最后，企业必须实事求是地扩大自己的知名度，加强对外宣传，强化市场竞争。而在中国保健用品市场上对保健用品进行宣传时，往往会出现夸大宣传、虚假宣传等违背诚信原则的宣传现象。

（2）树立良好的企业形象。树立良好的企业形象，有助于企业赢得更高的市场占有率，用最少的广告宣传投入，实现企业最大的市场价值。企业通过诚信经营，树立良好的企业外部形象，从而使顾客产生忠诚，从信任企业到信任企业的品牌和产品，再到忠诚地购买企业的产品，这样，有众多这样的忠诚顾客的企业就可以最大限度地赢得市场，提高市场占有率。举例来讲，由于保健用品自身的多样性，加上产品生产的工艺、原料的差别，各个品牌会有不同于其他产品的特殊性，符合某个消费者群体的品位。该企业良好的诚信经营形象，能赢得这些消费者的忠诚，从而使其不断重复购买。

在市场竞争中，企业要有诚信观念，根据诚信准则行事，在经营活动中信守承诺、履行约定，不坑蒙拐骗，不出现损害消费者、其他企业乃至国家利益的行为，自觉地维护企业的形象。企业形象必须建立在诚信经营的基础之上，能够经得起诱惑，放弃既得利益，最大限度地保证消费者的利益，以此在消费者中树立正面的企业形象，获得消费者的尊重和信任，这种尊重和信任一定会转化为企业持续发展的利益。

三 转变营销模式

由于市场环境的快速变化，新型的营销模式不断涌现，呈现与传统营销模式并存的局面。中国的保健用品企业若想不被市场淘汰，就必须根据企业和市场的需要，因地制宜、因时制宜，采用最适合的营销方式。

（一）中国保健用品营销模式分析

在竞争日趋激烈的保健用品市场，市场营销由于其在企业整个价值链当中占有独特的重要地位，企业通过市场营销体系的建设提高市场竞争力，成为当下业内企业最为关注的竞争要素。目前，对保健用品企业的营销模式进行分类，大致可以分为直销、会议营销、传统营销、连锁经营、电子商务营销及其他营销模式。而目前，报刊、电视广告漫天飞的店铺销售，以及包括会议营销、服务营销在内的直销模式有日渐萧条的趋势。很多保健用品企业甚至完全抛弃原有依赖店铺销售的渠道模式，而替代为以互联网为平台的远程销售模式。但中国保健用品还存在缺乏创新营销手段、缺乏熟悉市场的营销决策人才和奖罚制度不切合企业自身实际等问题。

（二）中国保健用品市场营销分析

1. 保健用品市场营销发展趋势及管理变化

随着保健用品市场环境的不断变化和互联网的迅猛发展，中国保健用品市场的营销模式也在不断的发展变化。中国保健用品市场营销总体上呈现以下发展趋势。

（1）营销模式不断推陈出新。随着保健用品市场的不断发展，将使那些依赖虚假广告生存的投机商逐渐被淘汰。有实力的企业仍然需要运用广告武器提升知名度，而对于广大中小型企业来说，创造研究新的营销办法才是生存之道。近些年涌现的社区营销、服务营销、店铺直销等新型营销手段强调精细化、个性化，取得了明显的成功。展望未来，各种新型的营销手段将不断出现，并与传统营销模式一起发展壮大。

（2）营销重点从功效宣传转向保健知识和品牌宣传。长期以来，中国保健用品市场的功效宣传"同质化"现象严重，消费者因深受保健用品虚假宣传之害，不再轻易相信保健用品的功效宣传，转而越来越重视对保健知识的学习，用保健知识去辨别市场上保健用品的优劣真假，维护自己的合法权益。同时，消费者对保健用品的品牌意识也越来越强，会更加认同具有品牌优势的保健用品。在

市场经济的驱动下，中国保健用品企业的营销已经从功效宣传转向保健知识宣传和品牌宣传。

（3）诚信营销将成为市场主流。诚信是市场营销的基本原则，以前价格虚高、夸大疗效等市场投机炒作行为，使得保健用品市场出现严重的信任危机。国家对保健用品产业的整顿，首先就是要打击这种市场投机炒作的短期行为，促进保健用品产业的健康发展。在保健用品产业面临严重信任危机，急需重建消费者信任的时刻，企业应理性对待，坚决走诚信营销的道路，随着市场的不断完善和发展，诚信营销将成为市场主流。

2. 中国保健用品市场营销策略分析

现今的保健用品市场逐渐走向成熟，大众的消费心态越来越理智，市场的划分越来越细。各大类的市场发展趋向平衡，形成群雄割据之势，要想在激烈的竞争中保持或争取到理想的市场份额，其营销策略非常关键，本课题组认为如下的营销策略可供各保健用品企业参考。

（1）定位策略。定位包括消费群体的定位、销售价格的定位、销售方式的定位。

消费群体的定位。该定位就是指确定目标市场中目标客户群、潜在客户群。根据该类保健用品是供哪类消费群体使用，并根据该类消费群体的特点，制定销售策略。如针对亚健康人群的按摩椅等按摩器械，针对肥胖人群的减肥器械，针对中青年人群的特殊用途化妆品等。销售策略上有的需要把握好销售时间，有的需要制定合理的价格，有的需要做好宣传和解释工作，有的需要做好售后服务。使各消费群体均有较青睐的产品和较满意的选择。

销售价格的定位。保健用品营销中，价格定位策略虽然不是万能的，但对市场是有一定影响的。根据经济学的基本原理，保健用品的单价在一般消费者的接受范围，比较符合大众购买力时，能够使经济运行更有效率。对高端市场中有较强购买力的客户，价格定位可相对较高。另外，社区专营店的价格应比大商场的价格略低。

销售方式的定位。销售方式包括大型商场、连锁药店和社区专卖店等。根据不同的消费群体选择合适的销售方式是必要的，亚健康人群使用的按摩器械在大型超市中营销比较合适；中青年女性使用的特殊用途化妆品采用连锁专卖的形式能够获得更好的销售效果。也要非常注重网络购物，这种购物方式特有的私密性和便捷性非常适合年轻人群，也要大力推进电子营销。

（2）时间策略。购买保健用品的消费者有两类，一类是供自己使用，时间对这一类消费者影响不大；另一类是作为礼品使用，作为礼品使用的保健用品，时间对他们就非常重要。如节假日、纪念日、特殊日子等的销售会比较旺盛。老年人使用的按摩椅等保健器械，在中秋节和春节期间销售很好；特殊用途化妆品和保健功能纺织品，在情人节、结婚纪念日的销售看好。所以，商家应根据这些不同的日子，抓住商机，做好产品的宣传和广告。

（3）宣传型策略。保健用品市场的消费群体中有很大一部分是亚健康人群，他们对使用后的感觉受多种因素的影响，而影响最大的应是周围人的口碑。包括社区老年人群体、办公室上班族群体、商海商人群体、女人群体、男人群体等，他们之间的相互交流和探讨，对保健用品的销售会产生很大影响。所以营销中应培养、扶持和优惠这些群体中的骨干，如社区内威信较高、知名度较大的知识分子、老干部、老军人；上班族群体中比较时尚和前卫的人；商海中信誉较好的商人。与他们多沟通和探讨，使他们对该类保健用品产生兴趣，尝试使用，及时做好咨询、答疑和售后服务工作，树立该产品良好的口碑。这样，他们会向周围的人群推荐、宣传，其商业效果比广告和商家上门推销要好。

综上所述的所有策略都应建立在：对保健用品产品做到质量可靠、可控，使用效果好，购买便捷、方便；对已有的保健用品市场应维护好，做好售后服务和终端铺货；商家守信誉。中国人口众多，人们的消费水平越来越高，保健用品消费市场潜力巨大，各商家只要策略正确，产品有效，相信中国的保健用品产业会得到长远的发展。

3. 中国保健用品广告营销分析

（1）广告营销的作用。广告是为了某种特定的需要，通过一定形式的媒体，并花费一定的费用，公开而广泛地向公众传递信息的宣传手段。广告的作用是改变消费者脑中的印象，使其倾向于购买某个产品。对于保健用品产业而言，广告同样也发挥着重要的作用。

第一，传递信息，沟通产需。通过广告，能帮助消费者认识和了解各种商品的商标、性能、用途、使用和保养方法、购买地点和购买方法、价格等内容，从而起到传递信息，沟通产需的作用。

第二，介绍知识，指导消费。保健用品市场上新产品层出不穷，由于分散销

售，人们很难及时买到自己需要的东西，而广告通过商品知识介绍，就能起到指导消费的作用。

第三，促进竞争，开拓市场。大规模的广告是企业的一项重要竞争策略，当一种新商品上市后，企业通过大规模的广告宣传，能使本企业的产品对消费者产生吸引力，这对于企业开拓市场是十分有利的。

第四，增加品牌忠诚度，增加弹性价格空间。广告对利益和附加价值的强调和挖掘、塑造，可以加深消费者购买后的满足感，从而形成重复性购买。而当消费者建立对某种品牌的忠诚后，就缺乏弹性需求，在这种情况下，企业就有了提价的弹性空间。

（2）广告营销现状。

①发展历程。在保健用品产业发展初期，大多数企业都是通过新闻炒作来吸引目光，这种"软文策略"对于市场新进者来说，初期会起到"低成本、高关注"的效果，但随着产品的普及，神秘感也在消退。在中国保健用品产业大量的"软文策略"刺激下，消费者已变得麻木。到20世纪90年代末期，保健用品企业开始在电视、平面媒体上狂轰滥炸，利用大区域媒体塑造产品的品牌价值，借助地方媒体配合地面活动拉动销售。之后，一线的保健用品品牌都开始集中到央视投放广告，采用高端聚焦策略，把产品的品牌与媒体的品牌结合到战略高度上。

②存在问题。保健用品产业容易互相效仿，产品同质化非常严重，并且新产品的生命周期越来越短，老产品不愿就此死去，仿效产品不愿默默无名，于是营销战变成了广告战，企业之间在广告投放密度上你追我赶。营销战变成了资本战，投入回报比越来越低，而且企业越做越苦，越做越累，而如此高的成本投入又间接导致了部分企业没有把重心放在产品质量上来，进入恶性循环。要逃出这个怪圈唯有创新，新包装代替旧包装、新产品代替旧产品、保证产品优质、发现新的消费群体、开拓新的市场空间。唯有不断地变化发展，才能跟得上市场的变化。

（三）中国保健用品市场营销对策分析

为了顺应中国保健用品市场营销的发展趋势，中国的保健用品企业、经销商等各方应共同作出努力。

1. 生产商与经销商应建立和谐"伙伴关系"

（1）市场整体策划。保健用品生产企业应以"培训、联谊、座谈会"为内容，多角度、多侧面实现双方良好沟通，增进彼此了解。同时，保健用品生产企业要从"大市场"和全局的角度，切实维护经销商正当合理的利益，在市场策划上根据每个地方的情况提供个性化服务，对经销商合理的要求要及时兑现。而经销商要依据自己的实力适当发展，还要配合生产企业的市场运作，不为一时利益而自断财路。

（2）具体操作。保健用品生产企业和经销商不仅应在理念层面（合作共同理念、成长理念、文化认知理念等）达成共识，保健用品生产企业还应该帮助经销商切实解决在经营管理、员工培训、多产品多品牌经营等方面的矛盾，让经销商感觉到自己既是生产企业的合作伙伴，又是企业的管理者和经营者，真正形成一种深度的合作关系，达到互利共赢。

（3）沟通营销。保健用品生产企业和经销商应建立诚信的互动沟通体系。通过精准的沟通系统，在企业、经销商、员工、消费者之间建立双方互相理解的沟通营销体系，让双方互相理解、支持的目的既能满足双方的个性化需求，又能为双方提供个性化的服务，从而树立企业产品和服务在顾客心中的良好形象，实现企业与消费者的沟通转化为消费者与消费者的沟通，实现企业客户的无限倍增。

2. 企业和经销商应选择多层次、多元化发展方向

（1）重视对目标群体的精神需求的刺激和发掘。保健用品不是医疗器械，更不是药品，多数消费者的购买动机是来源于心理需求而并非实际需要。相关调查结果显示，相当高比例的购买者购买保健用品是出于冲动和虚荣心。随着生活水平的提高和健康意识的增强，消费者越来越注重健康。健康需求与日俱增，保健用品也越来越受到消费者的青睐。这种青睐的产生，并不能与病人对医院的青睐相提并论，精神层面的需求远远超越了身体的实际需求。因此，对于消费者心理需求的刺激和发掘是提升产品销售的重要方面。

（2）同质化产品宣传要体现自己特色卖点。随着生产保健用品的企业越来越多，不可避免地会在保健用品市场上出现不同品牌的同质化产品。就保健器械中的按摩椅而言，目前市场上各种品牌的按摩椅除去品牌、产品外观的不同之外，诸如产品功能、面料、做工等都近乎雷同。同质化产品的增多，无疑为产品

的营销带来了困难。一款产品，营销的着力点往往定位于功能或者效果，但若产品功能（或效果）都是一样的，如何让自己的产品脱颖而出，独领风骚呢？依然以按摩椅为例，在众多的生产企业都在产品的效果上做文章的前提下，企业不妨在产品的售后服务、使用方法等方面多为消费者着想。让使用方法更简单安全、售后服务更加贴心，扭转消费者对"新鲜"的向往，有特性的产品往往容易被消费者认知并认同。

3. 引进科学的管理方法

（1）员工管理更加人性化。员工队伍建设和管理是企业所面临的一个老话题。人才的流失和短缺，经常是销售企业头疼的课题，特别是复合型人才少之又少。员工的管理已进入精细化阶段，企业除了在工资、奖金、分红等方面给予物质奖励以外，应建立内部的培训系统，让员工不断调整心态和学习知识，使团队有共同的、明确的目标和行为方式，既能为企业和个人创造效益，又能让员工在拥有主人翁的感觉同时也能得到发展，根据每位员工的特点进行人性化的管理，充分发挥个人优势，实现个人和团队价值的最大化。

（2）客户管理三分天下。如何开发、维护和管理客户一直以来是销售企业的重中之重。通过客户管理技能满足客户健康的需求，又能增加客户心理收入，让客户找到社会归属感，实现价值的最大化，同时防止由各种原因造成的客户流失。随着市场的竞争和客户消费的个性化，客户管理已经成为企业不可忽视的问题。

（3）区域联动、共创双赢。营销本身就是一种活动，企业、经销商、员工、客户之间的互动决定营销的成败。随着区域营销团队的增加、产品同质化的竞争、营销成本的增加、客户资源匮乏和营销环境的变化，这就需要以厂家牵头、经销商配合，在区域内实现双方互动，实现各种资源的合理分配，实现保健用品生产企业互动、专家互动、公共资源互动、客户互动、营销团队互动；在营销中互动是核心，谁会互动，谁就会成功。只有在销售中建立区域联动机制，才能共创双赢，在市场的竞争中立于不败之地。

（4）先进的文化营销体系。随着知识经济的全球化发展，企业之间的竞争越来越表现为文化竞争，企业文化对企业的生存和发展起着基石和决定作用。营销企业以"人"为核心的文化尤为重要，因为人员的素质决定销售的成败，只有企业家、中高级管理层、一线员工等都受到先进的文化引导，形成共同的目标和行为方式，企业才能生生不息，持续发展。

四 提升产品质量

（一）科技研发投入的意义

1. 保健用品产业科技研发投入不足

长期以来，中国保健用品产业一直存在着科技研发投入不足、保健用品功能趋同、产品更新换代慢等问题。在保健用品产业高额利润的驱使下，企业经营者往往以急功近利的心态催生市场。以巨额广告投入来迅速扩大销售额和市场规模，以期在最短的时间内收回投资并获得最大赢利，而不愿将精力和财力集中投放在产品的改进和新产品的研究开发上。企业对产品研发的投入严重不足，不注重对产品质量的提升，其直接后果就是产品雷同，生存能力差，附加值低，企业品牌价值和科技含量不断缩水。中国现有保健用品中很大一部分仍属于第一、第二代保健用品，产品科技含量低。

2. 加大科技研发投入的必要性

从保健用品市场的发展趋势来看，必须清醒地认识到，保健用品市场竞争的核心将是科技含量的竞争，走科技路线才是保健用品市场发展的根本出路。加大保健用品科技研发投入，不断进行科技创新，是中国保健用品产业发展的必然趋势，也是中国保健用品产业能够获得长足发展的必要保证。

（1）产业发展的要求。开发新型的保健用品，将是保健用品产业发展的大方向。目前，中国很多的保健用品企业缺少创新，仍然照搬照抄《黄帝内经》、《本草纲目》的传统配方或理论，产品无论在外观还是在核心技术上，都难以与国际市场的产品相比。技术含量高、功效显著是保健产品的生命。占领未来市场的将是符合消费者需求的功效显著、品质卓越的产品。只有做到产品的使用价值真正满足消费者需求，企业才能立于长久的不败之地。如果中国保健用品企业想在国内市场的激烈竞争中站稳脚跟，并且能够与国外企业相抗衡，就必须要加大科技研发投入。

（2）增加产品附加值的要求。在保健用品市场，企业通过加快产品的创新速度，提高产品的质量，能够获得市场上的溢价。保健产品创新的关键是纵向的挖掘，即当一个产品在市场上站稳之后，就要充分考虑如何完善其形状、包装、功能和质量等基本问题，尽量使其精益求精。在做好产品纵向创新的同时，还要

做好产品的横向创新。即当企业成功地创造了一个保健用品品牌之后，应利用成熟的技术再开发与原产品功能不同的新产品，使每个成功的保健用品品牌之下都有一批稳定的目标客户群，达到最大限度地利用品牌的效果。

（3）产业升级的要求。要摆脱中国现在保健品行业乱局，让产品从低层次的价格战、广告战中走出来，转向高层次的技术战、服务战，进行产业升级，走科技创新之路。为取得长远发展，企业需要不断加大研发投入，更新技术和提高技术含量，使保健用品企业向高科技企业过渡。依靠科技投入，不断提高和改进产品质量，开发出效果好、质量高的保健用品。

（4）消费理念的要求。随着保健知识宣传力度的不断加大，消费者对保健用品的消费理念也越来越成熟，不再轻易相信和购买"包治百病"的保健用品，而更多地相信和认同功能专一化的保健用品。这种消费理念的变化必将导致保健用品生产企业开始重视研发保健功能专一化的产品。

（二）加大科技研发投入

1. 建设以企业为主体的保健技术开发体系

（1）国家层面。国家可以通过深化科技体制改革，引导、鼓励和支持具备条件的公益性科研院所向企业化转制，促进形成以企业为主体的保健用品技术开发体系。另外，也可以加强对国外先进技术的引进。

（2）行业协会层面。一些技术上的突破不是一两家企业就能完成的，所以中国保健协会就要发挥带头作用，把企业和研究机构组织起来，形成规模效益，增加科技投入，提高产品的技术含量。另外，中国相当一部分保健用品产品是以中医养生保健理论为依据的，需构建一套以中医药养生理论为依据的保健功能描述标准，避免产品雷同、阻碍创新等问题。

2. 实施自主专利策略

专利策略是指通过合法途径获取新保健用品专利进行开发，再对这些基本专利进行消化吸收，融合自身的优势，在再创造中产生具有自主知识产权的专利，从而达到自主创新的目的。日本就是不断对引进的技术加以更新改进，围绕国外的基本专利，衍生出很多具有日本特色的从属专利，不仅成功地促进了经济的高速增长，而且使日本成为世界公认的专利大国。日本的成功经验对中国保健用品产业中新保健用品研发的自助创新具有启示意义。这一策略主要适用于一般的中型企业，虽无力进行完全具有自主知识产权的研发投入，但其具备一定的研发技术基础，因而对大企业采取跟进策略，通过市场细分对原有技术在应用上加以改进。各级政府可以在金融、财政等方面对保健用品生产的创造性模仿策略加以支持，但是也需要联合中国保健协会和保健行业的企业制定相应的行业技术规范，成立保健用品知识产权纠纷仲裁机构等，有效解决实施专利策略过程中经常出现的知识产权纠纷问题，保护企业技术创新的积极性。

3. 实施横向联合策略

横向联合策略是指科研院所与保健用品企业进行横向联合，充分利用科研机构的科研优势以及企业的生产、销售优势，实行强强联合，优势互补。产、学、研的紧密合作可促进技术交流和信息反馈，有效降低自主创新的成本，缩短创新时间。中国保健协会可以利用其作为企业、科研院所以及政府间桥梁的作用，促进参与这种横向联合的各主体对接；各级政府也应该从政策优惠、资金扶持等方面对这种横向联合加以支持，促进科技成果的转化。

4. 对中医技术实行创造性开发

每个国家，每个地区都有自身的优势和特色，挖掘和发挥自身优势，大打特色品牌，是发展保健用品产业的重要途径。中医中药在中华民族的生息繁衍中建立了不朽功勋，是祖国的"国珍"、民族的"珍宝"，是一座伟大的文化宝库，是自立于世界文化之林的丰碑。中国有着五千多年的中医药养生保健历史，中国传统的中医中药和养生之道，在国际上正日益受到重视。中华民族的保健理论使中国保健用品产业发展具备了得天独厚的优势，因此，要从战略的高度上加倍重视中医中药的保健功能，挖掘和发挥自身优势，大打特色牌。

首先，中国保健用品企业应重视发挥传统中药优势，重视具有中药保健功能的保健用品的研究开发，在市场适应性、需求性和品种自身质量功效上扎实钻研，力求产品的性能更高、更安全。其次，应尽快出台相应的保健用品产业技术标准，加快对保健用品产业的规范化。最后，要吸收国外先进的技术，打造中国特色的保健用品产业，在立足国内的基础上，走向世界，在国外大力推行中国的传统中医中药保健。

五　加强内部管理

管理是企业最具竞争力的一个软件，加强企业内部管理，苦练内功，增强企

业的竞争力，迎接挑战和参与竞争，这是大多数企业必修的新课题。实践证明，任何一个具有生机和活力的企业，它们之所以能够持续不断地提高资本运营效益与效率，都是根植于科学的企业管理。

（一）企业内部管理概述

企业内部管理是指企业的管理者或管理机构为了达到预期的管理目标，有计划地指挥、调节和监督其经济活动而采取各种方式、方法，合理地组织企业内部的人与物的因素的活动。现在中国保健用品企业管理存在很多问题，中国绝大部分保健用品企业面临以下问题：企业内部管理意识淡薄，缺乏竞争能力；重生产，轻管理；企业领导抓管理的动力机制和激励机制没有充分建立起来；企业人力资源管理环节薄弱；目光短浅，缺乏战略指导思想。

（二）加强企业内部管理

1. 制度化建设是抓好内部管理前提条件

无论何种行业，无论何种企业，要搞好内部管理，必须加强制度化建设，这是抓好内部管理的必备前提条件。只有建立一套完善的、行之有效的内部规章制度，企业运行才能处于有序状态，才能提高工作效率。目前，保健用品产业内的企业以中小型企业居多，企业内部管理混乱，需要加强制度化建设，把靠人管事，变成制度管人管事，公司管理不断制度化、正规化。

（1）制订详细的规章制度。规章制度是企业的"内部立法"，也是企业最常用、最有效的管理工具。详细制订一系列企业规章制度，就可以轻松应对和处理各种日常工作和复杂问题。因为有了健全完善的规章制度，员工就可以遵循一定的程序去从事自己的工作，履行自己的职责，完成自己的任务；管理人员也就可以依照规章制度去履行管理职能，进行科学、规范管理。企业的生产经营就会有条不紊，井然有序，一环紧扣一环，一旦某个环节上出现了问题，完全可以按照规章制度去处理，问题就会很快得到解决。

（2）制订科学有效的绩效考评制度。要调动员工的劳动积极性和创造性，必须用严格的奖惩制度去约束和激励，就必须要建立一套完整的科学管理考核制度。"完整"就是要使考核制度能够覆盖企业各个部门和各个专业，使企业全体人员都受制约和激励。"科学"是指，考核制度的建立有其科学道理，不是简单制订几条考核项目就可以了，要达到考核制度确实能起到激励企业全体员工的工作积极性，确实能够促进管理水平的不断提高，能达到考核制度能够合理有效地运作，管理人员和操作者容易理解，便于操作。还要能够实现对全体员工的公正和公平的管理考核。保健用品企业应在分解细化企业对内部员工各项考核目标的基础上，结合保健用品企业的实际情况，制订相应的综合绩效考核体系。

2. 贯彻以人为本的管理理念

规章制度的健全完善，贯彻执行，对企业的管理至关重要，是企业管理的重要手段。但只靠制度管理企业、管理员工是不全面的，是有欠缺的。特别是社会不断发展进步，文明化程度日益提升的今天，人本思想，人文关怀，人性化教育已成为各行各业有识之士的共识。企业管理也毫不例外，只有把人本思想，人文关怀，人性化教育体现到企业管理之中，才能符合时代发展的要求，企业管理才能更加富有成效。因为每位员工都需要也希望在一个宽松和谐、文化精神生活丰富、有朝气和活力的企业工作。因此要大力加强企业文化建设，塑造企业品牌和核心竞争力。

（1）企业文化建设。企业文化建设是一个系统工程，要坚持不懈地去抓，作为企业管理者更要不断引导积极向上的企业文化氛围的养成。当前和未来企业竞争中越来越显示出企业人才、企业员工素质的重要性。只有全面提升员工综合素质，努力建设一支人品好、能力强、技术精、有使命感的员工队伍，才能适应不断发展的现代科学技术进步和现代思想文化进步的需求，才能为企业发展壮大奠定人才资源基础。在开展企业文化建设中，企业应特别注重发挥党团组织、工会组织的职能作用。只要企业的党团、工会组织根据自身工作的性质、特点紧密联系企业实际开展丰富多彩的企业文化建设，把企业文化建设渗透到企业管理的方方面面，并持之以恒长期不懈地抓下去，企业员工的综合素质就一定会不断提高，战斗力也就一定会增强，企业的管理也就会收到事半功倍的效果来。

（2）关爱员工。作为管理者要充分认识到员工是企业财富的创造者，应该善待员工。无论在工作中还是生活中都要关爱关心员工，经常深入到员工当中，了解和倾听员工的呼声和建议，帮助员工解决生产生活中遇到的各种实际困难和问题，使员工有一种企业如家的感觉。这就要求作为管理者既要做有心人，又要做有情人。做有心人就是全面了解掌握员工情况，既要了解掌握员工思想意识和生产技能等情况，又要了解掌握员工家庭生活和兴趣爱好等情况。做有情人，就

是既要要求员工勤奋努力工作，又要及时给员工在生产生活上的热情帮助支持，在企业不断发展的同时，逐步改善员工生产生活条件。特别是对那些在企业工作时间较长，作出较大贡献的员工更要关爱有加，无微不至，使他们时时处处感受到企业的温暖和亲切。对新到企业工作的员工也要从工作上、生活上、思想上给予关心关爱，把培养年轻一代全面健康成长作为企业的职责，使新员工一到企业，就有一种温馨和谐之感。只有企业做到爱员工，员工就会做到爱企业，这样就可以使企业和员工产生亲近感、依托感。就会形成企业靠员工发展，员工靠企业生存，谁也离不开谁的思想。企业的凝聚力、向心力、号召力就会增强，企业的发展壮大就有了坚实的思想基础。

3. 强化成本管理

成本管理是企业管理的重中之重，成本控制得好坏直接关系到企业的经济利益，甚至生存发展。企业的基本目的是追求投资回报，实现效益的最优化，而效益的一个最突出指标就是利润，与利润矛盾地统一于一体的是成本。对于中国保健用品产业而言，企业缺乏科技创新意识，技术实力不足，产品的附加值不高，很大程度上是依靠低廉的价格获取竞争力，因此，对成本的控制就显得更为重要。

抓成本管理首先要教育和动员全体职工，要提高全体职工的成本意识，确定科学的成本目标，使之积极参与并监督搞好成本核算和控制，挖掘降低成本的潜力，减支节约，降低消耗。另外，在具体的实施中，要从基础抓起，严细管理标准，严格进行财务管理，加强质量成本管理，消除过剩成本，杜绝无效成本。

六　开拓国际市场

中国已成为 WTO 的正式成员，面对跨国公司等大型企业的进入，国际竞争国内化。国内保健用品企业面临更加激烈的市场竞争。在中国保健用品企业规模普遍较小的情况下，如何能够在稳定国内市场份额的基础之上，开拓国际市场是值得重视的问题。

（一）抓住全球化浪潮对保健用品产业的机遇

加入 WTO，使得中国的保健用品市场对外敞开了大门，众多的国际保健用品企业纷纷进驻中国，给中国保健用品企业带来挑战的同时也带来了机遇。一方面，海外同行的进入给中国保健用品企业带来了先进的营销模式、管理理念、高端研发技术、雄厚的资金、高素质的保健人才，也给中国保健用品企业向海外发展业务提供了便利条件。另一方面，国外保健用品企业在产品创新、资金、技术、品牌等方面更具优势；在营销方面，它们规避了"短视"行为，多采用长期的、稳扎稳打的战略，商业模式更倾向于规范化。与此相比，国内的保健用品企业多是"目光短浅"，不注重产品研发和品牌培育，采取的多是快速收益、见好就收的营销手段，较之国外同行，后劲明显不足。当今，如何抓住机遇，迎接挑战，开拓国际市场，是摆在中国保健用品企业面前的一个亟待解决的大问题。

（二）提高保健用品的国际竞争力

中国保健用品企业众多，但对于尚未定型的国内保健用品市场来说真正有实力并能成为国内保健用品业领导者的企业并不多，中国保健用品产业只有走技术创新，加快企业的技术进步，提升产品的质量，进而提高中国保健用品的国际竞争力，才能在国内市场站稳脚跟的基础上，开拓国际市场。

此外，中国的保健用品企业可以通过企业兼并重组和优胜劣汰，促进企业战略提升，有助于形成中国保健用品产业的跨国公司。在市场走向成熟的过程中，结束无序竞争、盲目跟从、一哄而上的状态，走上产业良性发展的道路。中国保健用品产业前景在于企业能否审时度势，利用自身资源开拓国际市场，成为该领域内国际市场上的新锐。

（三）实施国际化战略

1. 必然性

（1）企业发展壮大的必然选择。改革开放使中国经济积累了坚实的基础，全球化使中国企业与国外企业一样，能够享受世界贸易组织框架下的同等优惠待遇。客观上中国改革开放由"单边型"向"双边型"转变的国际环境已经形成，无论从经济全球化的趋势看，还是从中国经济发展的要求出发，中国保健用品企业"走出去"已是势在必行。

（2）借鉴国外先进技术和管理经验的要求。作为国际化初期的中国保健用品企业，与跨国公司相比属于"后来者"，在技术和管理上都有很大的差距，但这也是它们发展的契机。一方面，它们有明确的追赶目标，可以快速地追随；另一方面，它们可以对国外先进技术和管理经验进行模仿，也可以对其消化吸收，并结合当地的市场条件，充分利用各种资源实现新的优势组合。

（3）增强保健用品市场经济活力的要求。中国保健用品企业参与国际市场竞争，可以充分发挥资源配置作用，打破市场垄断，促进中国企业技术创新，优化产业结构，加快产品更新换代和产业升级，使中国保健用品企业进入一个高技术、高产值、高赢利的良性循环阶段。

2. 中国保健用品企业国际化的路径选择

（1）选择海外目标市场。海外目标市场具有宏观和微观两个层面的含义：一是在众多国家中选择某个或某些国家作为目标市场；二是在一国众多的子市场中选择某个产业、行业或某些产品作为目标市场。中国保健用品企业国际化过程中海外目标市场的选择则是取第一层含义。

在海外目标市场的选择上，应做好充分的可行性研究工作，注意聘请当地知名咨询机构、顾问公司协助调研，以取得第一手的、详细的真实资料，特别是在境外企业的选择上，一般都选择那些政局稳定、劳动力丰富、产品有出口配额的地区。

（2）选择海外合作伙伴。中国保健用品企业走出国门，进入一个全新的环境，当地的法律法规、经营环境、市场信息、文化差异，乃至工商注册、盖房用地、原料选购、置车雇工等一系列具体问题，都必须要有熟悉当地的诚心诚意的合作伙伴。毫无疑问，海外华商是理想的合作伙伴。遍及海外的华商，熟知中国与所在国的国情，与当地民族和睦相处，拥有雄厚的实力、丰富的经验和广泛的商业网络。如今中国保健用品企业实行国际化战略，可以与华商携手合作，借助他们资金、信息等方面的优势，更快、更好地融入国际市场。

（3）选择海外市场进入方式。中国保健用品企业对海外市场竞争情况缺乏了解，以及资金和人力资源方面的匮乏是困扰其海外扩张的主要瓶颈。因此，保健用品企业在海外市场进入方式的选择上，可以采用"渐进式推进"战略：第一，通过向目标市场出口，以检验产品、服务在目标市场的竞争力和市场潜力，熟悉国际市场环境，建立营销网络，积累经营经验；第二，当产品在目标市场站稳脚跟后，再建立拥有经营控制权的销售机构，或与当地进口商合作，将销售服务环节延伸到目标市场；第三，取得稳定市场份额后，市场还有发展潜力，可进一步投资，将装配、储运系统移至当地；第四，如果东道国资源、劳动力等条件有利，市场前景看好，可加大投资，将更大的生产经营系统移至当地，完成直接投资全过程。一般情况下，中国保健用品企业进入海外市场，应从低风险、低控制的进入方式逐渐向高风险、高控制的进入方式过渡。

Development Strategy of Health Care Product Enterprises of China

Abstract：A deep research on the development strategy of health care product enterprise of China is conducted in this section. To make the health care product enterprise of China bigger and stronger, it is proposed that it is necessary to build the high-quality brands that the consumers trust, implement brand strategy; the enterprise shall strengthen the construction of the image of integrity build good product image and enterprise image; it is necessary to transform marketing mode, get rid of the old restrictive factors and innovate, conduct marketing activities from various layers and various angles through the cooperation of several aspects such as manufacturers, sales enterprises and the whole supply chain and construct an advanced marketing system; it is necessary to increase the input in scientific research, enhance product quality, strengthen the internal management; it is necessary to implement internationalization strategy and actively develop the international market.

Key Words：Health Care Products；Enterprise Development；Strategy

B.11
保健用品行业典型企业案例分析

摘　要：本文以三家保健用品行业的成功企业——中脉公司、广东紫薇星、山东康泰公司及其成功经验为案例，探究适合中国保健用品企业可持续发展之路，为其他企业产品定位、市场开拓、战略制定等事项提供参考。本研究发现：注重营销模式的转变和先进的薪酬体系是中脉公司近几年获得成功的关键；品牌建设辅以人力资源管理帮助广东紫薇星近年来披荆斩棘；个性化营销策略和科技创新推动了山东康泰公司的快速扩张。

关键词：成功企业　案例分析　经验总结

一　南京中脉科技控股有限公司

南京中脉科技控股有限公司（远红外保健纺织品）是《保健功能纺织品CAS115 – 2005》标准下首批达标的企业之一，该企业也是《保健功能纺织品CAS115 – 2005》标准起草工作组的主要起草人及单位。其发展情况在保健功能纺织品企业中具有很强的代表性，并且作为中国保健功能纺织品龙头企业对于其他企业的发展无疑有着巨大的借鉴意义。

（一）公司介绍

南京中脉科技控股有限公司，公司前身创立于 1993 年。公司经过艰苦卓绝的创业、拼搏，已经从一个名不见经传的小企业发展成为在全国拥有 300 多个地市级经销商，2000 多个专卖店、养生馆的大型高科技健康企业。

中脉公司是目前唯一一家主营业务涵盖保健食品、保健用品、保健服务三大领域的企业，主要包括：医疗器械、保健服饰、保健用品、健康食品及养生养老服务等。

中脉公司以传承中华传统文化为己任，大力倡导"伙伴文化"，其核心价值观是"共创与共享"，它倡导中脉与顾客共享健康，分享快乐，优化人生价值；中脉与创业者共享利益，共存共荣，改善员工福祉；中脉与政府共创文明，共享发展，携手造福民生；中脉与社会共享资源，和谐发展，共创健康基业。当下中脉正组织1万多名干部、员工和经销商学习、践行《弟子规》、《孝经》等传统文化，引导中脉伙伴在家爱父母、爱伴侣、爱儿女、爱兄弟，在社会爱国家、爱企业、爱顾客、爱大众，带头践行诚实守信的做人、做事原则，共同创造美好幸福的人生，并着力为广大中老年顾客建设一个终生相伴的健康长寿的乐园。

中脉公司以其提供的优质产品成为中国最具有生命力的健康产业的领军企业。中脉公司是国家高新技术企业，连续八年（2004～2011年）被世界品牌实验室评为"中国500最具价值品牌"（品牌价值达20.06亿元），连续三年被国家税务总局统计为中国私营企业纳税第九名、第十名和第十一名，"中脉"商标被国家认定为中国驰名商标。主导产品被国家认定为国家高新技术产品、中国名牌产品、国家免检产品。中脉公司董事会主席王尤山被评为"全国职业道德十佳标兵"、"全国十大爱心大使"，荣获"世界经理人成就奖"、"全国五一劳动奖章"。

中脉公司以"同步世界、领先中国"为科技目标，源源不断地研发、生产高科技健康产品。其中脉烟克、中脉远红、中脉蜂灵、中脉磁疗睡眠系统等产品畅销国内，远销欧盟、美国、日本等国家或地区。市场年销售额近20亿元。中脉公司拥有以研发健康食品、健康服装、健康寝具、健康器械、LED节能灯具、红外夜视仪为主的中脉研究院。在日本、美国、法国、加拿大成立了四个中脉生命科学研究所，瞄准"同步世界、领先中国"的高科技健康标准，研发、生产了具有自主知识产权的五大类300多种健康产品，目前保健功能纺织品占46%，家用医疗器械和保健食品占54%，研发费用占销售额的4.6%。中脉公司以其卓越的品质，涵盖吃、喝、穿、睡、用，为人类健康生活提供全方位的呵护。

中脉公司的发展战略是"立足国内，面向全球，打造一个国际化的健康企业集团"。公司投资50亿元在世界长寿之乡巴马，建立世界顶级的生态养生度假项目"巴马国际长寿养生都会"，并计划在三亚、大理、大连等地发展具有中国传统人文特色的中老年养生养老服务，中脉公司还计划将在全国扩建3000家中脉专卖店和10000家中脉健康养生馆，为广大顾客提供最优质的养生资源和长寿幸福家园，实现中国健康产业的新突破。中脉公司在扩大国内市场的同时，做到

国际、国内市场同时扩展，目前已在美国、印尼、日本、马来西亚等 12 个国家和地区开展直销业务。整个中脉公司将建设一个以健康长寿为核心的国际化健康产业集团。

（二）企业产品

1. 产品理念

自成立以来，中脉公司一直坚持王尤山总裁提出的"同步世界、领先中国"的科技目标，坚持以人为本、生态养生、立体健康，建立顾客互动反馈机制，不断施行科研技术的革新、整合应用与创新应用，实现产品的更新和升级，确保产品在市场上的领先地位。

2. 产品标准

中脉公司所有产品均严格按照国家 ISO9001 质量管理体系认证、ISO14000 环境管理体系生产与管理，投入大量资金用于生产线的更新，引进大量科研人才，与国内外高校和科研机构紧密合作，在日本、美国、法国、加拿大设有四个中脉生命科学研究所，不断提升产品品质，实现行业标准的超越与自我超越。

中脉公司主导产品被国家认定为：国家高新技术产品、中国名牌产品、国家免检产品。中脉公司被科技部认定为国家重点高新技术企业。

3. 产品简介

（1）产品类别。中脉公司目前的主要产品有四大类别。

①功能纺织品类。包含床垫、护具、功能服装等远红外保健产品。"中脉远红"是中脉公司的首创品牌。

②保健食品类。"中脉蜂灵"是全国闻名的品牌，在黄山有自己的灵芝种植基地，公司还有定点专供的蜂胶提纯厂。另外还有企业自主研发生产的牛初乳等产品。

③器械类。在国内市场具有巨大影响力的有华脉牌活性水生成器、中脉远红负电位治疗仪、中脉远红超氧光谱仪等产品。华脉牌活性水生成器以其优秀的售后服务占领了国内市场，目前在全国的销量达 30 万台，为国内销售量最大的品牌。

④日化美容、洗漱用品。包括中脉烟克、洗化用品（如蜂胶牙膏、洗面奶、洗发露等）。

作为一家重视知识产权，产品全部实行自主研发的技术密集型企业，中脉公司的研发费用达到了销售额的 4.6%。

（2）主销产品。

①中脉远红失眠治疗寝具。中脉远红失眠治疗寝具是国内唯一一款辅助治疗失眠的功能纺织床上用品的医疗器械产品，运用远红外线与生物磁场的叠加作用，改善失眠等症状。经过中国人民解放军第 323 医院、南京中医院、北京友谊医院、山西医科大学第二附属医院、河南省中医院等五所三级甲等医院临床实验。

②中脉远红负电位治疗仪。中脉远红负电位治疗仪由中脉公司采用国际一流技术研制而成，主要由负电位发生器、控制器和温热系统组成。垫子由特卫强表面层、远红面料层、远红针刺棉层、高弹定型棉、丙纶无纺布、乳突按摩层、阻燃层、温热及负电位功能层、阻燃层、丙纶无纺布、软质硬质棉、硬质棉、远红面料层等 13 层组成，分为单人治疗和双人治疗两种。

③中脉远红超氧光谱仪。中脉远红超氧光谱仪是中脉科学研究院 2010 年最新研发的"生命之光"产品，产品运用中医经络学、中医全息理论、航空航天技术、主动远红外技术、高分子科学技术精制而成，结合巴马阳光长寿元素，集主动远红外、超氧、温热于一体，可有效杀菌、消毒、除臭、改善血液循环、提高机体携氧能力。

④华脉牌活性水生成器。中脉公司出品的华脉牌活性水生成器——智水星，融合多项国际尖端水科学技术，纳米抗菌中空纤维三级过滤系统，超强净化过滤，能全面清除病菌、杂质、有机物、重金属和异味，水质全面达到国家生饮水标准。同时，制出的活性水富含矿物质和微量元素，活氧含量充沛，pH 值呈弱碱性，活性小分子团结构更接近人体体液，经多项检测报告显示，用智水星制出的活性水，水质已经全面达到世界卫生组织提出的"好水六大标准"，是真正有益健康的活性水、好水。

⑤华脉光电治疗仪。华脉光电治疗仪通过 630～780nm 激光照射穴位或经络，产生类针灸效应，从而引起机体的相应变化，达到温经通脉，调理脏腑生理功能的作用。电针可调整人体生理功能，有止痛、镇静、促进气血循环、调理肌张力的作用。

⑥颐芯微碱活力杯。采用优质 AST 材料，美国进口配方，AST 材料利用的

是电子转移方式，将有害余氯和重金属离子转化成无害的氯盐和金属络合物。该产品携带方便、功能全面、结构合理、外观精美，荣获"第三届中国保健品公信力产品"、"海峡项目成果交易会金奖"等。

⑦中脉生态能量睡眠系统。集合当今世界前沿的材料科学、制造科学和健康理论，将自然环境中的远红外线、磁场及负离子通过物理转换融为一体。富含磁、托玛琳、复合弹性按摩垫三大功能材料，磁力线发生器、托玛琳纤维层、杜邦特卫强面料等十层高科技结构。

⑧中脉远红镇痛护具。创新性地通过高科技物理手段，将远红外线、负离子、生物磁场等生态能量融为一体，富含磁、托玛琳及超弹力按摩面料等功能材料，严格依据人体工程学设计，高弹性的 OK 面料配合高品质加宽松紧带，大大增加人体活动时的稳定性。

（三）企业文化与理念

曾获得中国优秀企业文化奖的"伙伴文化"是中脉公司享誉全国的企业文化。这一思想由王尤山总裁提出并在公司内广为实践，为中脉公司的快速发展提供了正确的思想指导和强大的精神动力。"伙伴文化"追求企业与顾客、经销商及员工等之间的和谐关系，是中脉公司培育创新力，提升管理品质的哲学，是优化企业经营生态，推动企业可持续发展的理念，是凝聚人心、凝聚团队的思想。

1. 中脉文化内涵与价值体系

赢得中脉人共同认可的"伙伴文化"具有深厚的内涵和广泛的价值体系：

核心价值观：共创与共享

企业使命：让更多人健康，让更多的人快乐！

企业愿景：以健康长寿为核心的国际化健康产业集团

企业理念：守法、诚信、关爱、合作、发展

科技目标：凝聚大自然的力量，同步世界，领先中国

产品定位：生态养生

品牌形象：用心的家庭健康专家

中脉与顾客：共享健康，分享快乐，优化人生价值

中脉与员工：共享利益，共存共荣，改善员工福利

中脉与政府：共享文明，良性互动，携手造福民生

中脉与社会：共享资源，和谐发展，共创健康基业

2. 伙伴文化构建中脉价值观

小胜凭智，大胜唯德。中脉公司以其独有的"伙伴文化"向全体员工传播着这样的理念，建立起员工与企业相同的价值观，共同的使命感。

2003年下半年，中脉公司总裁王尤山提出以"关心两个人，提升三个品"为核心的"伙伴文化"。"关心两个人"，即关心员工、关心顾客；"提升三个品"，即提升员工的品德、提升产品的品质、提升企业的品牌。同时强调中脉的"伙伴文化"就是中脉与四个相关方面的关系：中脉与顾客，共享健康，分享快乐；中脉与员工，共享利益，共存共荣；中脉与政府，共享文明，良性互动；中脉与社会，共享资源，和谐发展。

2004年初，中脉实施关心员工二十一项计划。其后，中脉又提出管理者的品德体现在和谐观、责任观、人本观，进一步对管理者的品德和行为提出要求。

2005年，中脉开始在全国范围内实施员工爱心互助基金计划，以企业资金的注入为主，辅以员工个人自愿捐款，成立员工爱心互助基金，用于中脉内部员工的大病扶持和救助，充分体现中脉对员工的关心和帮助，彰显企业的精神与文化。

2006年，中脉在全国子公司实施员工持股计划，通过股权激励留住公司的核心、优秀人才，助推企业的发展，充分体现了中脉共创与共享的企业价值观。同年3月，中脉于南京举行全国优秀顾客与优秀员工表彰大会，对优秀的员工进行表彰和奖励。

2007年，中脉员工俱乐部建立，建立各类员工兴趣和活动小组，组织各类文娱活动，提升员工业余生活情趣和素养。

2008年，根据员工工作特点和需求，在常规保障以外，建立补充保险体系，通过补充性的意外、医疗等商业保险，帮助员工更好地规避工作、生活中可能遭遇的风险，让员工无后顾之忧，充分体现中脉对员工的人文关怀。

2009年，依据中国传统和公司业务特点，对员工福利活动进行规划，举办了如"六一亲子"活动、端午单身团聚、"迎国庆，赛厨艺"联欢会等活动，以人文主线贯穿员工活动，体现企业文化。

2010年，中脉建立怡康商学院，通过怡康商学院，对企业文化和公司战略进行传播，同时培养员工的专业技能，为员工的成长提供了最佳的载体。

2011年，中脉引入中华优秀传统文化，并在全国重点推行中国孝德文化，发动集团高管、员工参与敬老院慰问、孤儿院慰问等社会公益慈善活动，努力打造面向顾客的"孝养其身，孝养其心，孝养其志，孝养其慧"的孝德服务体系，中脉力争做到"为儿女尽孝，为社会分忧"。

卓越的中脉"伙伴文化"，带给中脉人共同的价值观，共同的使命感，也给所有中脉人带来了共同的发展指引，凝聚了中脉力量，实现了企业的快速发展。

3. 中脉文化凝聚顾客，中脉服务打造顾客家园

中脉公司"伙伴文化"的核心对象是员工和顾客。公司致力于在全国建立"两张网"：一张是稳定性强、美誉度高的"服务网络"，目前直接进入中脉公司客户数据库的人数就超过300多万；另一张是功能健全的"顾客维权网"。为了做好顾客的售后服务和维护工作，中脉公司的顾客服务与维护工作遵循着以下原则。

（1）产品ID码管理原则。自2006年7月开始，中脉公司生产的单价1000元以上的产品都编排了唯一的产品ID码，通过产品ID码管理，可以更加便捷和准确地了解顾客使用的产品信息，包括生产日期、原材料信息、包装信息、出厂信息、产品流向等，更好地防止市场窜货、假冒产品，为顾客提供售后服务。

（2）首接负责制原则。维修投诉受理必须严格实行首接负责制，保证对所有投诉的处理一单跟踪到底，直至给投诉人满意或基本满意的处理为止。

（3）效率最高化原则。在投诉规定的处理时限内，应最大可能地提高效率，尽可能缩短处理时间，以最快的速度处理。

（4）投诉人满意原则。顾客维修投诉一定要处理到顾客满意或基本满意为止。

（5）100%回访的原则。对所有投诉应设专门的台账，对投诉人信息（地区、姓名、联系电话等）、提交内容概要、首接人、首接日期、处理人、处理日期、投诉人对处理的满意度等加以记录，要求件件有着落，事事有跟踪。

4. 承担社会责任，彰显企业精神

中脉公司一直秉承"国家是根，人民是本，一朝哺乳，终身报恩"的指导思想，提升产品品质、企业品牌和管理者道德，先后连续三年被国家税务总局统计为中国民营企业纳税第九名、第十名和第十一名，累计上缴利税12亿多元，累计向灾区、弱势群体捐助6000多万元。

2009年11月1日，由中国保健协会主办、中脉公司协办的"全民健康121"工程表彰大会在北京人民大会堂召开。全国人大常委会原副委员长铁木尔·达瓦买提、中国保健协会理事长张凤楼、副理事长兼秘书长徐华锋、副理事长栾成章，民政部原副部长、中国老龄事业发展基金会会长李宝库等领导出席会议。会上，中脉公司对全国范围内为倡导健康生活方式作出了卓越贡献的代表们进行了表彰，这次会议对传播健康生活方式起到了积极的推进作用。

"伙伴文化"诉求企业的和谐观和社会责任意识，注重对顾客、员工、政府和社会尽责并与其和谐发展，共存共荣。中脉公司为社会创造了 1.6 万人的就业机会。作为南京最大的福利企业，中脉公司还接收了南京市 300 多位残疾人进入集团工作。

（四）企业发展经验及对行业发展的启示

1. 企业发展经验总结

现在，越来越多的企业正面临着越来越多的经营难题：来自竞争对手的市场压力与威胁越来越大了，营销费用的大量投入却不能换来销售收入的持续增长，厂商关系越来越复杂，整个市场环境的商业信誉越来越淡薄，"窜货"、"杀价"搞得市场人员成了"消防队员"，营销队伍的管理难度加大、人才流失率升高，整体营销绩效下降，很多以往曾被奉为圭臬的营销模式失灵了。过去那些维持企业优势的力量，正在迅速瓦解，在这样的环境中，没有一种优势可以永远屹立不倒。企业必须转变经营思路，从过去的粗放式营销转向精细化营销，从以往的所谓经验与模式的束缚中挣脱出来，不再沉迷于昨天的辉煌成就之中，转而以创新的思维、创新的手法去谋求新发展，中脉公司在经营与管理方面有许多值得借鉴的经验。

（1）诚信经营，打造中脉品牌基石。

①在生产经营活动中，中脉以实际的产品品质和企业信誉来树立行业的"新标杆"。中脉产品通过了 ISO9001：2000 国际质量体系认证；中脉生产的远红保健内衣和保健床上用品被国家质检总局评定为国家免检产品；中脉被中信银行等多家银行授予 AAA 信用企业称号。

②在市场宣传中，中脉始终坚持诚信原则，科学、客观、实事求是地向顾客宣传产品。中脉专门制定了"十大宣传禁令"，对集团设计制作的产品包装、说明书、企划文案、宣传单页、画册、专题片、广告片等一切宣传物品实行严格的送审检查、批准制度，凡是违反宣传禁令的，发现一起，查处一起。

③在纳税方面，中脉公司在全国私营企业中销售额排名 100 位之外，但纳税排名曾连续三年位居中国民营企业纳税榜第九、第十、第十一位。

（2）营销模式合理转变，提升市场经营战略。

①营销模式发展历程。中脉公司最早的营销模式是卫星电视广告。其比较有代表性的是该时期的"中脉烟克"。之后该公司又以中央人民广播电台"中脉健康之声"节目为平台，宣传中脉远红外保健内衣，同时在各省台、地区台、市广播台也播放广告和宣传类节目。这种经营模式使中脉给广大消费者留下了深刻的印象。

随后因电台费用上升，中脉公司首创了服务营销。从以前的广告营销模式，发展为会议营销＋养生服务的模式，采用"旗舰店＋普通店＋社区店"的销售方式组合。受中脉公司的影响，2004～2006 年，全国保健品公司大多模仿这种营销方式，会议营销如雨后春笋般发展起来。

2005 年，中国开始研究直销（即自我推动、自我前进的一种营销手段）。中脉公司因贡献大，声誉好，成为全国保健用品领域第一个拿到直销牌照的企业。但是因为缺乏操作经验、没有专业人才，无法根据会销与直销的区别进行市场、产品、客户、团队的细分，因此中脉公司的直销事业一直未全面启动。截至 2009 年 6 月，中脉公司才创建并培训了专业的直销团队，开始全面启动直销模式。

该企业营销模式经历了广告—服务营销—会议营销—整合营销（健康管理）的发展过程。其新的直销模式计划涉及千店万馆，同时解决了千百万人的就业。直销方式的成功应用，使中脉公司走出国门，目前公司在国外的发展已具有一定的规模。

②现行营销模式。现在的中脉有以下几种营销模式：一是服务营销模式，二是直销模式，三是养生养老模式。

第一，服务营销模式。需求引导了供给，如果市场中存在赚取利润的机会，模仿者就会陆续进入，逐渐加剧竞争，这便是中脉公司近些年来面临的处境。由于产品研发的大规模投入，和对产品质量的严格把握，中脉公司的产品的价格优势并不明显，这就要求它对营销理念的不断更新，而服务营销模式便是中脉营销模式创新的典型代表。服务营销模式是以顾客的需求为中心，在满足消费者需求的前提下，通过关注顾客，进而为顾客提供服务，与顾客建立良好和谐的关系，最终实现价值交换的营销手段。传统意义上的营销，购买意味着销售活动的结束，但在中脉服务营销的概念中，销售成功只不过是顾客服务的开始。中脉所追求的是"让更多人健康，让更多人快乐"，通过中脉产品和中脉服务，为顾客提供健康管理和健康服务，最终帮助顾客实现从亚健康到健康，从健康到持续健康，最终实现立体健康和快乐长寿的目标。

服务营销的市场营销理念不仅改变了传统的逻辑思维方式，而且在经营策略和方法上也有很大突破。它要求企业在营销管理中贯彻"顾客至上"的原则，将管理重心放在善于发现和了解目标顾客的需要，逐步满足顾客和提升顾客需求，从而实现企业目标。因此，企业在决定其生产经营时，必须进行市场调研，根据市场需求及企业本身条件选择目标市场，组织生产经营，最大限度地提高顾客满意程度。而中脉以其独有的贴近顾客的营销模式，能够更加快速直接地获取顾客需求，减少市场调研的投入，更快速、更准确地满足顾客需求。同时，中脉公司更致力于在全国范围内建立覆盖面广、服务力强的营销网络，公司在全国拥有 300 多个大中城市经销商、1200 多个县级经销网点，形成了"一对一健康服务"的营销网络，构建了服务营销模式的最佳载体。

中脉公司秉承顾客至上的原则，一切从顾客需求出发，注重顾客关系管理，不断强化企业的营销理念，进行营销模式的创新，在中脉的经营和发展中起到了显著的效果。

第二，直销模式。直销实际上是最古老的商品销售方式之一。早在远古时期人们进行商品交换之后，首先学会的就是直销。凡是不经过批发环节而直接零售给消费者的销售形式都称之为直销，包括电视销售、邮购、自动供货机、目录销售、登门销售等。

中脉直销模式自启动以来，秉承中脉企业文化与价值观，遵循国家法律法规，守法经营、守规经营，在全国范围内迅速开展直销业务，并获得了快速的发展。中脉直销模式与其他企业最大的不同是——中脉的直销更加注重社会责任的承担和社会效益的体现。中脉在过去的经营中，始终着力通过爱心慈善行为来承担社会责任。

目前中国有 29 家企业可以直销，但在这当中有 18 家是外国的企业，如安利、雅芳、玫琳凯，其中市场份额最大的是安利。安利的优势是经销商就是消费者，消费者就是经销商。

目前，中脉公司已在美国、日本、中国台湾、东南亚等国家或地区开展业

务，并获得了一定成功。但中脉作为中国企业，有一个制约其发展的困惑之处：政府对直销区域和直销产品的限制。安利可以在全国直销，中脉却只可以在江苏省直销，在这一方面，还期待国家的政策给予更多的扶持，相关的法律法规能够进一步明确和完善。

第三，养生养老服务模式。一是中脉养生养老健康产品。发挥中脉研究院和中脉生命科学研究所的作用，汲取中国传统养生文化中的精华，凝聚大自然的力量。如中脉根据巴马长寿村的生态环境，通过生态技术充分利用阳光、空气、水、磁场等自然生态中蕴涵的远红外、负离子、小分子团弱碱性水、地磁等健康因子，推出了有利于人们健康长寿的生态健康睡疗系列、生态衣着系列、生态保健理疗系列、生态保健食品系列、生态能量水系列等生态养生产品体系。二是中脉养生养老服务。中脉养生养老服务理念：传承中国孝德文化，经营幸福人生，一边呵护生命，一边温暖心灵；实现住养与康复结合，养生与调理并重，身体与心灵和谐，以行孝、行善、感恩为中脉养生养老文化理念。中脉养生养老核心价值观：活到老，做到老；活到老，学到老；有所为，有所爱，有所希望，将中脉建成是一个可再学习、再发展，并可达成心愿和作出贡献的场所。中脉养生养老规划的服务内容：以衣、食、住、行、医、乐为核心，覆盖日常生活全部内容的基础服务；以运动养生、文化养生、心灵养生为主的特色养生服务；涵盖八大养生模式，12个服务项目，极具中脉特色，具备极强的文化特性。如特色配餐服务、医疗救护、护理服务、24小时应急服务系统、安全定位系统、智能安保系统等增值服务。中脉独特的养生养老服务模式实现的方式：养身——以专业化护理、健康管理、健康教育为核心，衣、食、住、行、医、乐全面健康呵护，帮助会员实现健康长寿的目标。养心——中脉将开发适合不同层级会员学习的专业养生养老课程，对会员实施百年福寿教育，让会员拥有健康快乐的心灵。养志——以会员的兴趣和特长为核心，帮助会员完成愿望，实现创业式养生养老。养慧——兼顾不同信仰的会员需求，同时带领会员力所能及地投身到公益事业中，助人为乐，开启智慧，实现心灵的成长。

③未来中脉市场战略。中脉公司比肩全球保健品企业，打造"全球健康管理服务平台"，以客户需求为中心，建立了集客户网络、服务网络、营销网络和宣传网络为一体的多维营销网络体系。集结全球最前沿的健康理念，让顾客享受全方位的健康管理服务。

2010 年，中脉对战略进行了重新部署，建立了以保健品提供商、养生服务提供商、养生养老地产商为定位的全新战略，围绕这一战略目标，对资源配置、人才储备、产品结构、业务流程、经营架构进行了调整、补充和提升。

不断优化资源配置与使用效率，秉承"做强优先，因势谋大"的竞争战略，强化企业竞争力，吸纳国际先进管理经验，建立现代企业管理制度，确保在三大领域均做成首屈一指的健康产业企业。

④企业发展启示。彼得·德鲁克说过，任何企业都有且只有两种最基本的功能，即营销与创新。随着经济全球化和国外企业的进入，中国消费者的消费将变得越来越理性和个性化，企业间营销竞争会越来越激烈。以顾客需求为核心，通过为顾客提供解决问题的整体方案，实现顾客价值最大化，是中国企业营销发展的一个新模式。企业必须以新的目光重新审视消费者，不断对他们进行定位和细分，不断去改善与消费者的沟通方式，并结合本行业内顾客的特征，一切从顾客出发，结合产品和企业的特点，寻找适合企业自身的营销模式。

（3）科技的不断创新，是中脉实现可持续发展，打造百年民企的不竭动力。

公司拥有以健康食品、功能纺织品、医疗器械、生物医药、LED 节能灯具、红外夜视仪等高科技开发和产业化为主的全球研发中心，下属功能纺织品、保健食品、医疗器械、植物提取、生物制药五个研发中心和一个现代化生产基地，工厂面积达 40000 多平方米，有 20 多条生产线，具有极强的生产能力。

①建立四大生命研究所，助力中脉健康事业。中脉公司先后在日本、美国、加拿大、法国等国家成立了四个中脉生命科学研究所，每年研发十多种具有世界先进水平的高科技健康产品。

②吸纳顶尖科技人才，形成研发技术优势。中脉以其品牌、文化和发展战略，吸引了一大批博士、教授、国家"333"计划人才、享受国务院特殊津贴专家等加盟中脉。中脉研发中心拥有的专业博士研发团队及高级技术研究群体，是中脉公司研发的中坚力量。此外，公司与南京大学、江南大学、南京理工大学、中国科学技术大学、华南理工大学、东南大学等国内顶级高等院校建立了长期的战略性合作关系。

③领先产品设计制造，以科技含量提升竞争力。中脉研发、生产了具有自主知识产权的五大类 300 多种健康产品，以其卓越的品质，为人类健康生活提供全方位的呵护。产品包括以"中脉远红"为代表的功能纺织品四大系列 100 多种

产品，以"中脉蜂灵"为代表的有蓝帽子的保健食品 27 种，以"华脉活性水生成器"、"中脉远红负电位治疗仪"等为代表的医疗器械产品 9 种。此外，红外夜视摄像仪、红外光源及 LED 节能灯正被广泛地应用于公安、银行和交通系统；建立为诊断、预防、治疗人体疾病或评估人体健康提供信息的医学检测中心，对取自人体的材料进行生物学、微生物学、免疫学、化学、血液免疫学、血液学、病理学等方面的检验，并已通过江苏省医学实验室质量和能力认证。

④企业发展启示。俄林的要素禀赋学说中假定"各国在生产中对技术的可获得是相同均等的"，"某一项创新技术可以瞬间在全球扩散"。实际上，技术往往是一个企业的竞争优势，它通过技术领先来创造新产品或降低制造成本以实现经营目标。

技术研发在企业经营中起到了重要作用，它是企业在日益剧烈的竞争环境中不断创造和保持竞争优势的重要动力。企业通过创新技术、开发新产品可以更好地满足客户需要，形成成本企业或产品企业竞争优势，从而实现生产和经营目标。所以，研发、生产和经营是密不可分的环节。

(4) 健全的服务网络，是中脉实施售后服务，构建和谐客户关系的载体。

①用心的家庭健康专家。做用心的家庭健康专家，重在"用心"和"专业"，中脉以亲情为纽带，把健康理念融入品质生活，让顾客感受科技化的人文关怀，让更多的人拥有健康，获得快乐。

②中脉服务人员网络。中脉公司在中国拥有 1200 万用户，为了让更多的人享受到关于健康的服务，中脉在全国建立了全方位领先的服务体系，并拥有6000 多名中脉健康管理营销人员，1000 多名售后服务专员，2000 多名中脉医学专家和家庭医生，为广大消费者提供"亲和、亲近、亲情"的人性化服务。

③中脉服务硬件优势。为打造国内领先的健康服务质量，从 2002 年起，公司累计投资 5000 多万元，建设信息化网络、CRM 系统，在行业率先设立 95105558 呼叫平台，率先在全国各地级市设立医疗器械"悦尔"售后服务网点，构建了覆盖全国的顾客维权网络和售后服务网络（技术服务站），坚持定期上门维修存量器械，实现周期性保养，提供立体式服务。

④企业发展启示。在市场经济条件下，服务理念与服务质量已经越来越被企业所重视，企业的营销环境和服务条件发生了巨大的变化，高科技的广泛应用，信息高速流动，产品硬件标准趋同；公平、有序的市场竞争环境逐渐形成；商品

的品种、质量和价格大体相当；销售价格已低到接近成本，这一切使价格竞争达到极限。所以，谁能为顾客提供更优质的服务，谁就能赢得顾客，赢得市场。服务竞争正是为适应这一规律应运而生的，它是对传统的竞争模式的变革。服务是商品的附加价值。向高附加值产品发展，市场将无穷尽。从对顾客的利益来说，服务是投资，它能够取得丰厚的回报，帮助企业更快实现永续经营的目标。

（5）领先的人才战略，是中脉实现战略目标，获得常青基业的根本。为实现企业发展目标，中脉把人才作为企业最重要的战略资源，对人才培养、吸引和使用作出全局性构想与安排，制订了人才培养与发展的战略蓝图，通过各种资源的匹配与整合，实施人才引进、使用、发展计划，实现人才战略目标。

①中脉人才战略核心目标。根据中脉整体发展目标和规划，中脉制订了自己的人才战略，其核心目标是通过外部引进和内部培养，整合中脉各类资源，不断创新人才使用、激励和开发模式，打造中国领先的健康服务与管理、养生养老服务与管理团队。

②中脉的人才使用理念。中脉人才使用准则是，小胜凭智，大胜靠德。中脉的员工要求德、才、行兼备。有德无才，培养使用；有才无德，坚决不用；德才兼备，重点使用。中脉人才培养方式是，以师带徒，轮岗锻炼，反复培训，竞争上岗。中脉用人方针是，文凭服从水平，资历服从能力，晋升服从业绩。

③中脉人才战略实施措施。

第一，创新人才引进渠道，建立中脉人才蓄水池。中脉的数据库管理与营销享誉全国，数据库营销带来了最佳的客户与市场细分，实现了精准营销，大大提升了市场营销与推广的效率。而中脉的外部人才引进模式，也参考了中脉的数据库营销模式，逐步建立了行业的人才数据库，通过数据库筛选出最合适的人选，大大提升了招聘的成功率。同时，中脉对于各岗位的任职资格和要求进行细致的分析，做到岗位任职资格和要求精准，从而为招聘指引精确的方向，以招聘到合适的人才。

除了外部引进外，中脉更在内部推行"赛马机制"，提倡"赛马不相马"，给内部员工提供广阔的发展平台，让员工展示自己的才能，获得成长的机会。同时，公司内部推行 A – B 角互补机制，建立起核心岗位人才梯队，保证核心岗位和关键岗位的可置换性。

第二，创新人才培养模式。为实现中脉人才培养和发展战略目标，中脉成立

了怡康商学院，并以此为载体，进行人才培养。与一般的企业培训不同的是，中脉怡康商学院并非单一的进行员工知识、技能的培训，而是根据公司对人才的要求和使用理念对员工进行结构化的训练。一方面是进行企业文化的理解和渗透，形成统一的价值观；另一方面是从企业的战略角度出发，形成一致的使命感。在上述两方面的基础上，进行知识和技巧的学习和训练，培养出中脉需要的人才。

在实际的工作中，通过导师制和训练体系的实施，保证训练计划的执行，对不同层级的员工进行知识的培训和技能的训练。一方面，很好地提升了员工的知识、素养和技能；另一方面，也可以从中选拔出优秀的管理型人才。

中脉建立分层员工培训体系，所有员工实现"终身学习，终身培训"。通过集中办班、个性化课程等方式给予员工不同的学习和成长机会，帮助员工不断获得成长。

第三，创新人才激励模式。绩效管理是人力资源管理的重要环节，是体现员工价值、兑现员工薪酬的关键因素。如果绩效考核失当，将造成放大的负面效应，会直接影响团队的效率和员工的工作热情，最终导致整个团队的效率下滑。

中脉公司根据总体发展策略和人力资源管理目标，设计并推行以公司战略为导向、体现员工工作价值的绩效管理体系，从而激励员工，提升员工内在的积极性和主观能动性，提高员工的工作效率。

一方面，设计以"关键性绩效指标"为导向的业绩考核指标。"关键性绩效指标"注重以人为本，强调团队绩效实现基础上的个人价值的体现，将公司的阶段性目标分解到各个团队，制订严格可操作的团队 KPI 指标，再进一步细分转化成具有时限、量化约束、能够达成的个人 KPI 绩效指标，依此类推，层层细分，将管理中心和责任中心不断下移，通过个人的努力和团队的高效合作来实现公司的总体战略目标。设计以公司核心价值观为导向的行为指标。通过上述两项指标，将绩效考核制度充分量化，使公正公平的考核和激励有据可依。

有了科学的绩效评估体系，还需要有合理的薪酬体系，充分体现员工的工作价值，从而调动员工的工作积极性和主观能动性。为此中脉公司实行了与员工工作价值相匹配、富有行业竞争力和灵活激励性的宽带薪酬体系。宽带薪酬体系的特点是能够根据员工工作价值和贡献拉开内部薪酬差距，在体现自身工作价值的同时，与其他人进行了区隔，具有极高的激励性和分配弹性。同时，宽带薪酬结合绩效体系，使薪酬与公司效益、岗位责任、个人绩效及团队配合指标相结合，具有严谨的理论依据和坚实的实际数据支持，既充分体现了对员工贡献、价值和能力等素质的全面尊重，同时也保证了公司整体的薪酬导向和发展目标得以实现。

④制度保障。为了保证中脉公司人才战略顺利有效的实施，从而实现公司的人才战略目标，中脉制订了一系列的制度，作为上述战略实施的保障。从普遍的《招聘管理规定》、《薪酬管理规定》、《绩效管理规定》、《员工福利管理规定》等，到具有中脉特色的《储备人才培养和管理办法》、《导师制实施办法》、《员工晋升管理办法》等。

制度体系的制订是前提，实施和执行是关键。为此，公司专门成立了质量监督管理与考核办公室，对制度的执行进行定期和不定期的检查，保证各项制度的执行力度与效果。

⑤企业发展启示。"21世纪最宝贵的是人才"，几乎每个企业都在叫喊这句话，仿佛人才工作已经成了企业的核心工作了。但真正情况是这样吗？传统管理理论认为，企业应先确定战略，再确定组织和流程，最后是人员安排。但事实上，越来越多的企业发现制定宏伟的战略后，却找不到人才来实施。于是，企业要么只能暂时将战略束之高阁，先去招募人才，要么仓促起步，最后壮烈落马。吉姆·柯林斯在《从良好到伟大》一书中提出了"第五级领导者"概念。而在"第五级领导者"的工作中，第一是人才，第二才是战略。他们吸纳称职的人，淘汰不合格的，把人才放到合适的位置上，然后，他们才去思考该向哪个方向前进。企业可以找到N种战略，但它一定要选择适应自身人才状况的战略。

2. 企业未来展望

（1）实施战略转型，打造国际化健康产业集团。中脉公司的发展战略是"立足国内，面向全球，打造一个国际化的健康产业集团"，为此，公司对发展战略进行了重新梳理和定位，树立了以健康产品提供商、养生养老地产商及养生养老服务商为三大业务主体的战略方向，立志成为中国最受尊敬的健康产品提供商，以及最具影响力的养生地产投资商与养生养老服务连锁运营商。涵盖以"健康长寿"为核心指向的吃、喝、穿、睡、用、住等全方位的产品与服务。

（2）发力养生产业，打造国际长寿养生都会。锁定生态养生广阔前景的中脉公司，除了继续丰富产品体系外，还将着眼点扩展到"为顾客提供更多优质养生资源"。巴马，以其不可复制的养生资源，悠久的长寿历史、优越的长寿环

境和秀丽的自然山水，成为向顾客提供优质养生资源的首选。

中脉公司与巴马县政府共同搭建了一个可持续发展的平台，走健康可持续之路，使生态养生养老地产能够形成持续的经济效应，构建闻名全国乃至世界的生态养生养老旅居胜地，同时为中国社会的老年问题提供一个非政府的、市场化的解决模式，创造一个全新的养生养老经济与养生养老产业模式。

这个总投资达50亿元的项目，是中脉与巴马县人民政府于2010年10月20日在东盟会上签订的，是典型的企业行为与政府行为结合。位于世界长寿之乡最核心地带——甲篆乡长寿村（弄劳屯），三面环山、一面临水，独享天地灵气。项目占地550亩，建设内容包括3000套普通养生公寓，100套高级养生公寓、五星级酒店、假日酒店、国际康复中心、会员专属洞穴疗养中心等，总建筑面积达25万平方米。

在中脉公司看来，总投资50亿元的巴马国际长寿养生都会项目还只是一个开始，公司还将投资28亿元在南京建设首家养生养老中心。当南京、巴马养生养老项目积累经验、受到老顾客的欢迎认可后，公司还计划进一步在各大省会、地级城市建设高、中端的养生养老设施，10年内建成全国性连锁养生养老度假中心，打造中国中高端养生养老度假休闲典范，把健康和快乐带给更多的人。

（3）规划三年内上市，瞄准百亿元市值。面临生态养生的广阔前景，要把握机遇，企业就需要有裂变式的发展。中脉公司启动上市计划，并纳入股东会的讨论议程。中脉公司完全具备五项法定条件：主体资格、独立性、规范运行、财务与会计、募集资金运用。

中脉公司有较为明显的优势，在于其产品技术先进，拥有各种专利、保健食品批文；业务模式具有直销牌照这一稀缺资源；行业地位具备核心竞争力及细分市场优势；有良好的品牌效应、成熟的管理团队、优质的客户群，以及稳定的营销网络。

中脉公司整合现有的生产研发基地资源，立足会销和直销两个平台，培育养生地产、养生服务、养老服务多种新兴业务，将最具赢利能力、最有前途的优质资产注入上市公司。

上市之后，中脉公司的生产经营将更加规范，公司的知名度、产品的知名度将有更显著的提升，公司也将有更多的资源研发新品、拓展渠道，提供更多更好的产品与服务。更为重要的是，公司还将借上市之梯登陆国际市场，让民族健康品牌真正走进世界一流行列。

二 广东紫薇星实业有限公司

（一）公司介绍

广东紫薇星实业有限公司成立于 1993 年，是广东省高新技术企业、中国保健协会理事单位，总部设于广东省汕头市潮阳区，注册资本 8208 万元，主要生产经营经国家卫生部、国家食品药品监督管理局、广东省食品药品监督管理局注册、批准的医疗器械、保健食品、营养食品和美容护肤洗涤用品。公司于 1998年通过了 ISO 国际质量体系认证，2006 年通过了保健食品 GMP 认证和国家计量保证体系认证。

公司注重对产品的研发，与中国科学院、中国食品发酵工业研究院、北京大学、北京中医药大学、华南理工大学、汕头大学等科研机构和高等院校建立广泛的联系，针对产品研制开发、技术攻关等项目进行密切的合作。公司现有下属的汕头市紫薇星保健品厂有限公司，并在山东、青海、广州设有营养食品、美容护肤洗涤用品生产基地，同时还与澳大利亚绿澳天然保健品有限公司、加拿大Canomega 工业公司及上海葡萄王企业有限公司、上海安塞纳生物科技有限公司、广东雅泰生物科技有限公司、广州普正生物科技有限公司等国内外知名企业建立密切的合作关系，积极引进优质的保健食品和营养食品，形成强强联合、合作共赢的局面。

公司目前在北京、上海、山东、辽宁、云南、四川、新疆、黑龙江、湖北、江西、广州等地设立了 11 家分公司和上千家专卖店及几千个服务站，销售终端和服务网络遍布全国 31 个省（市、自治区）的省级城市、大部分的地级城市及相当部分的县级城市，并逐步向广阔的农村市场延伸，形成全国统一的市场发展战略布局。此外，在新加坡、马来西亚、越南、泰国、俄罗斯等国也有公司产品代理商。公司产品畅销海内外，深受消费者的好评。2008 年，公司实现销售额2.5403 亿元，在国内同类企业中高居首位。

公司秉承"二十一世纪，人人享有健康和美丽"的理念，以传送健康、奉献

爱心为己任，大力倡导家庭医疗保健工程和绿色健康疗法，力求让每一位紫薇星产品的消费者获得健康。

（二）企业产品

公司在对行业的发展趋势科学预测和对产品的准确市场定位的基础上，以"家庭医疗保健"和"绿色健康疗法"为中心研制开发家用医疗保健器械、保健食品和营养食品，公司目前产品有医疗保健器械系列，保健食品、营养食品系列和美容护肤洗涤用品系列。产品结构合理，系列产品多样，产品优质高效，各具特色，不但紧贴市场销售热点，而且满足不同消费者的健康需求。

1. 医疗保健器械系列产品

（1）产品介绍。公司医疗保健器械系列产品是根据中国传统医学的经络学说、生物全息学理论、足部健康法、静磁疗法及西医的高温医学、电位平衡法、电脉冲疗法、超长电磁波疗法等，结合现代电子技术在医学上的应用而研制生产的高科技医疗保健器械，具有按摩、温灸、电位平衡、电子针灸、电子刮痧、静磁、电脉冲、超长电磁波等多项功能。产品投放市场以来，已经进入几百万户家庭，使用者逾千万。经大量的临床实践和用户的信息反馈，公司医疗保健器械系列产品对颈椎病、肩周炎、腰腿痛、膝关节疾患等有镇痛、消炎作用，同时对神经衰弱、失眠、胃肠不适、末梢神经炎慢性病有辅助治疗作用和保健理疗作用。广大用户一致认为公司医疗保健器械系列产品是值得信赖的家庭现代理疗保健器械，是"不会说话的家庭医生"。

（2）产品荣誉。产品获国家相关权威部门和行业主管部门的充分肯定和多项奖项。其中，紫薇星多功能理疗仪 1998 年 10 月入选《改革开放 20 年中国医药卫生科技成就展览成果汇编》；2001 年 10 月在第二届中国国际保健节获"科技进步奖"，并被评选为"十佳保健品"；2005 年 1 月被中国保健协会评选为"中国保健行业名牌产品"；2005 年 6 月在人民日报社市场信息中心等单位举办的中国消费者（用户）最喜爱的品牌民意调查的大型公益活动中，被评选为"中国消费者（用户）满意首选第一品牌"；2006 年 5 月在首届中国保健品公信力品牌推选活动中，紫薇星多功能理疗仪和紫薇星超长电磁波理疗器被评选为"中国保健品公信力产品"；2006 年 6 月在第六届中国国际保健节上，紫薇星超长电磁波理疗器获"优秀产品奖"；2007 年 9 月在第七届中国国际保健节上，紫薇星超长电磁波理疗器获"十佳保健品奖"。

2. 保健食品、营养食品系列产品

紫薇星保健食品、营养食品系列产品是采用国际保健品的最新科技成果，运用现代生物技术和先进生产工艺精制而成的保健食品和健康食品，由通过 GMP 认证的保健品厂生产。产品技术含量高、品质优良，对不同的适应人群具有明显的保健功效，产品在市场上深受消费者的欢迎。

3. 美容护肤洗涤系列产品

紫薇星美容护肤洗涤系列产品是以国际美容界流行的元素，由美国紫薇星国际有限公司提供配方，采用现代生物技术和先进生产工艺，根据不同的肌肤特性和发质，科学组方生产。产品功效独特，各具特色，能有效地改善肌肤和发质状况，保持青春靓丽的风采。

（三）企业理念与文化

1. 企业理念

广东紫薇星实业有限公司自 1993 年成立以来，逐步发展为集科研、生产、销售为一体的知名高科技企业，公司的经营理念也在不断升级变迁。1993 年，公司提出"开发高科技保健产品，发展保健事业"的理念，研制开发出促进血液循环机，开始进军中国医疗保健市场。1998 年，公司把理念提升为"二十一世纪，人人享有健康和美丽"，公司的产品从医疗保健器械扩展到保健食品、营养食品和美容护肤洗涤用品，形成三大系列产品。2001 年，公司大力倡导"家庭医疗保健工程"，推广"安全无毒绿色健康疗法"，系统宣传现代物理疗法，在业界开现代物理疗法的先河，成为中国医疗保健行业开展家庭现代理疗的倡导者和先驱者。2008 年，公司提出"理疗食疗治未病，传送健康紫薇星"的新理念，全面倡导理疗食疗文化，推广理疗食疗产品，成为中国第一家把理疗食疗治未病作为公司理念并诸之实践的企业。

2. 企业产品文化

公司在中国传统医学和养生理论的基础上，经过不断地实践、整理、总结、积累、创新和发展，逐步形成了以"治未病"为核心，以现代理疗和营养食疗为手段，把预防、保健、养生、治疗、康复有机结合的产品文化，转化为企业的核心竞争力。这种产品文化具有五方面的特点。

（1）开创性。在国内医疗保健行业开创了现代理疗和营养食疗相辅相成的先例。通过现代理疗促进机体循环系统的畅通。通过营养食疗增加机体的营养补充，两者相辅相成，充分体现了"治未病"的思想。

（2）继承性。继承和发扬了中国养生理论中"术养"和"食养"的精神。紫薇星的现代理疗和营养食疗与传统养生之道中的"术养"和"食养"一脉相承，而且更为全面，更为安全，也更具有针对性和科学性。

（3）融合性。实现传统与现代、中医与西医的有机融合。紫薇星的现代理疗在继承中国传统医学文化的基础上，融合了西医的电、磁技术，开创性地把力、热、电、磁等多种物理治疗能量元素同时作用于人体，通过多功能的叠加效应，对人体产生综合调理的效果。紫薇星的营养食疗在传统"药食同源"的基础上，以现代营养学理论为指导，把基础性营养和功能性营养相结合，保证营养均衡，全面提高人体生理机能。

（4）整体性。把预防、保健、养生、治疗、康复有机结合，形成一个整体。紫薇星的现代理疗和营养食疗均属绿色健康疗法，具有广泛适用性。健康者可以用以保健，预防疾病的产生；亚健康者可以用以调节机体，恢复健康状态；患病者可以用以治疗疾病，促进机体康复，从而做到"辨证施治，审因施养"，达到维护健康的目的。

（5）独特性。经过总结提炼，公司形成一套现代理疗和营养食疗的方法。在多年的实践中，紫薇星人和广大紫薇星产品的消费者探索出许多现代理疗和营养食疗的独到方法。公司对这些方法进行整理、总结、提炼，逐步形成了一套具有指导性和实效性的现代理疗和营养食疗的方法，并通过多种形式予以推广应用，使广大消费者通过了解"治未病"的理念，掌握"治未病"的方法，养成健康的生活习惯和生活方式，实现健康的自我管理。

3. 社会效益

作为企业，公司并不单纯以追求利润为目的，而是把经营的诚信和产品的实效放在首位，把提升紫薇星人的人生价值和回报社会作为义不容辞的职责，在取得良好经济效益的同时，也获得了很好的社会效益。

（1）公司获得众多荣誉。紫薇星健康产品进入了千千万万的家庭，使广大的消费者获得了健康，为社会节约了大量的医疗资源，为老百姓节约了大量的医疗费用，取得了良好的社会效益和经济效益，同时也为地方经济的发展作出了积极的贡献。公司被汕头市人民政府授予"汕头市优秀民营企业"称号。公司连续14年被广东省工商行政管理局评为"守合同重信用企业"。公司还被汕头市国家税务局和地方税务局评定为"A级纳税人"。

（2）创造就业岗位、提升员工人生价值。许多有志于健康事业者在公司获得了事业的发展平台，并在事业的发展过程中增长知识，增长才干，提高综合素质，提升人生价值。特别是2004年公司响应党中央、国务院的就业再就业政策，提出为国家减负，为政府分忧，为下岗待业人员解愁，实施紫薇星就业、再就业工程和帮扶工程，大力开发就业岗位，采取一系列的优惠措施和帮扶措施，吸收下岗待业人员再就业，免费向下岗待业人员提供各种业务技能培训，为社会提供了近万个就业岗位，得到了各级有关部门的肯定和支持。

（3）多渠道回报社会获得赞许。公司发展不忘社会，通过多种形式、多条渠道，积极回报社会：向灾区捐款，为老区修建校舍，慰问老红军、边防部队、离退休老干部，赞助国家文体事业和老年事业，捐资建设希望小学，设立奖教奖学基金，资助失学青少年，奖励优秀大学生，救助经济困难员工……种种善举，不但极大地增强了企业的向心力和凝聚力，使广大紫薇星人更加自尊、自信、自强、自主，对企业充满浓郁的光荣感和归属感，而且受到了社会各界的普遍赞誉。

（四）企业发展经验及对行业发展的启示

1. 企业发展经验总结

（1）注重品牌建设。公司十分重视品牌建设。自成立以来一直采用多种方式加强品牌建设，早在1998年，公司便提出"打造家庭医疗保健工程第一品牌"的目标，全面实施品牌战略，采取"电视广告＋媒体报道＋形象建设＋消费者口碑"的形式，全方位地推进品牌建设。

①品牌发展历程。自从1994年9月注册使用"紫薇星"商标以来，公司逐渐在多个领域中注册"紫薇星"商标，扩大了"紫薇星"商标的商品类别涵盖面。由于"紫薇星"商标的良好声誉和公司的稳健发展，2000年，"紫薇星"商标被汕头市列为重点保护商标。2004年，"紫薇星"商标被认定为广东省著名商标。2006年5月在首届中国保健品公信力品牌推选活动中，"紫薇星"商标荣获"十大最具公信力品牌"称号。目前，公司正向国家商标总局申报"紫薇星"商

标为全国驰名商标。

②全面品牌战略。公司实施的全面品牌战略总结起来主要包括以下几个方面。第一，央视广告提高品牌知名度。2003年11月至今，紫薇星医疗保健器械系列产品广告连续在中央电视台多个频道多个栏目中播放，有效地提高了紫薇星品牌的广告效应。第二，依靠名人效应提升品牌影响力。2006年6月，公司聘任中国著名相声表演艺术家唐杰忠先生为公司的企业和产品形象代言人，进一步提升了紫薇星品牌的影响力。第三，平面媒体扩大品牌宣传覆盖面。多年来，《人民日报·市场报》、《保健时报》、《中国食品报》、《健康报》、《消费日报》、《中国消费者报》，以及各主流媒体多次刊登公司的各种专题报导，扩大紫薇星品牌的宣传覆盖面，极大地提高了紫薇星品牌的知名度和美誉度。第四，公司手册全面推广品牌形象。公司根据企业文化内涵，设计制作了《紫薇星视觉识别管理系统手册》和《紫薇星展示系统指导手册》，表现紫薇星品牌的形象，体现紫薇星品牌的个性，显示紫薇星品牌的精神。从公司、分公司至专卖店、服务站全面推广统一应用，进一步提升了紫薇星品牌形象。第五，内部刊物增强品牌渗透力。1998年至今，公司设立紫薇星网站并出版《紫薇星》内部刊物，发行了一大批音像类和纸质类涉及各种内容的宣传资料，从而在更加广泛的层面上增强了紫薇星品牌的渗透力和宣传力。第六，体验营销提升消费者的信任度和忠诚度。此外，公司在市场营销中让消费者体验产品功效，享受优质服务，了解公司的理念和文化，使之既成为公司产品的忠实用户，又成为公司的义务宣传员。这种出自于消费者客观的口碑式传播，更是收到了事半功倍的效果，在极大程度上提升了消费者对紫薇星品牌的信任度和忠诚度。

（2）加强技术研发。在激烈的市场竞争中，新产品的开发是企业维持竞争优势的重要手段。在企业取得和维持竞争优势的这一过程中，企业的技术创新能力显得尤为重要。紫薇星公司成立伊始，便立足于"开发高科技保健产品，发展中国的保健事业"，坚持自主创新，潜心研制开发家庭理疗保健器械，最终成为中国保健用品产业的领跑者。公司在技术研发领域的经验主要包括以下两点。

①注重传统中医和现代西医的融合。中医是中国的瑰宝，是几千年来中国养生文化的精华浓缩，保健用品产业的发展应注重对中医理论的应用，将其与西医融合，研发出具有中国特色和文化内涵的独有产品，使企业具备更多的自主知识产权。经过多年的研发，紫薇星医疗保健器械系列产品汲取了中华传统理疗的精

华，融合了西医电磁学理疗技术的精华，熟练地运用机械式按摩（滚动式按摩、筛动式按摩）、温灸、电疗（脉冲、静电）、磁疗（静磁、动磁）等技术生产出单一式或组合式的理疗保健器械系列产品，开创性地把力、热、电、磁等多种物理治疗元素同时作用于人体，打破传统理疗的单一性，达到对人体综合调理的理疗保健效果。公司是中国首家把按摩、温灸、电疗、磁疗、超长电磁波等疗法集中糅合在一起，研制生产出多功能理疗仪的企业，是首家把超长电磁波理疗器应用于理疗保健器械的企业，是中国开展家庭现代理疗的倡导者和先驱者，也确立了其在理疗保健器械行业中的领先地位。

②严把产品质量关。质量是产品的生命线，任何研发和科技创新的目标都是使产品的质量和性能不断提升，具备高科技的高质量产品才能使企业走得更长、更远。紫薇星公司在理疗保健器械的设计上遵循中西医的医学理论，严格执行国家和行业标准，采用先进技术控制性能指标。在生产上重视工艺、质量的管理，实施 ISO 质量管理体系和国家计量保证体系。在销售上不断跟踪产品的使用信息，促进产品质量的改进提高，确保产品的安全、高效和优质。公司的医疗器械系列产品共获得国家一项发明专利，三项实用新型专利和四项外观设计专利。过硬的质量使紫薇星系列产品赢得了广大消费者的信赖。

（3）建立特色营销体系。根据企业的市场发展战略，公司于 1998 年 5 月推出了特许专卖制度，确立了以专卖店为销售终端的营销体系。随后在实践中不断创新发展，逐步建立起以公司、分公司、专卖店、服务站、店员为五级通路，集传统、特许、专卖、连锁、代理等多种营销模式的优点于一体，具有紫薇星特色的复合型营销模式，并于 2001 年在国内首倡和实践"体验营销、服务营销、教育营销"的市场营销策略。这种公司独创的复合型营销模式和市场营销策略具有先进性和可操作性，并被行业中众多公司所仿效。

2003 年，公司董事会又提出了"大店多店、大店多点、大店多员"的公司营销战略，在此后几年的工作中，不论是紫薇星帮扶工程，紫薇星就业再就业工程，还是专卖店数量建设和质量建设两翼齐飞的实施，都是紧密围绕这一战略中心而开展。这一发展战略符合中国地广人多的国情，符合市场运作规律，迎合市场的发展趋势，是紫薇星专卖店持续健康发展的根本保障，也是专卖店业绩持续增长的关键所在，有效地促进了紫薇星销售业绩的持续快速增长。

（4）加强企业人力资源管理。市场上产品和服务竞争的背后是人才的竞争。

市场的得失是暂时的，人才才是竞争力的核心。目前许多企业都从注重企业的资本增值转向注重人力资源的合理开发与利用。

公司本着"以人为本"的原则，根据企业的发展战略和经营计划，切实做好人力资源管理工作。一是通过多条渠道、多种形式招聘人员，对应聘人员经过笔试、面试、情景模拟等方法进行择优录用。二是严格执行《劳动合同法》，与聘用人员签订劳动合同，办理社会保险、医疗保险、工伤保险等相关手续，提供良好的工作环境和生活设施，维护员工的合法权益。三是对新员工进行岗前培训，内容包括公司的发展状况和历史使命、职业道德和劳动纪律、岗位职责和业务技能、安全生产和质量要求、员工权益和规章制度等。四是经常开展具有针对性的事业发展前景讲座和职业技能培训，全方位地提升员工的综合素质，为员工提供各种自我提升的机会。五是根据员工的学历资历、岗位职责、职务职级、工作成绩制订相应的工资福利制度，每年对员工的业务能力和工作表现进行综合评价并以此作为加薪晋升、表彰奖励的主要依据。六是制订奖励制度，每年组织优秀员工参加海内外旅游，对有突出贡献的员工给予奖励。公司还每年开展一期"紫薇星秋之光"奖学金活动，奖励考上大学的公司员工子女。公司充满人性化的人力资源管理，增强了公司的向心力和凝聚力，让员工产生强烈的归属感，使个人的目标和价值观与公司的目标和价值观和谐统一，实现公司与员工的共同发展。

2. 企业未来展望

公司坚持以科学发展观引领紫薇星健康事业的进一步发展，以"创百年企业，树百年品牌"为目标，进一步强化企业核心竞争力，坚持自主创新的企业精神，弘扬理疗食疗文化，引领健康生活新潮流；要不断加大科技投入，提高产品的科技含量，发挥科研和生产的优势，进一步丰富产品线。形成多元化系列，以适应各个层面的消费群体；要加大力度推进品牌建设，把品牌建设贯穿于产品的研制、开发、生产、销售和服务的整个过程，全方位地提升紫薇星品牌的影响力，使紫薇星品牌成为中国家庭医疗保健工程第一品牌。要实现公司的可持续发展，为国民经济的发展作出更大的贡献，在做强做大紫薇星健康事业的同时，更大程度地履行企业的社会责任，为构建和谐社会作出更大的贡献。

三 山东康泰实业有限公司

(一) 公司介绍

1. 基本情况

山东康泰实业有限公司是国内按摩保健器材行业的龙头企业,总部位于山东省招远市。公司目前拥有员工 1100 人,占地面积 20 万平方米,建筑面积 12 万平方米,固定资产 4.2 亿元。公司拥有全国按摩健身行业唯一的"中国驰名商标",其按摩椅产品是唯一进入上海世博会国家主题馆的产品。公司是按摩器械行业唯一一家承担国家高技术研究发展计划(863 计划)重点项目单位,《GB/T 26182 - 2010 家用和类似用途保健按摩椅》标准起草单位。为了拓展业务,山东康泰公司在北京成立了北京康泰威尔科技有限公司,在上海成立了上海泉康健身器材有限公司和康泰实业外贸上海公司,在烟台注册了山东康泰烟台分公司,在日本滋贺设立了康泰事务所。公司业务涉及除西藏、澳门以外的 32 省(市、自治区),分布在全国 237 个城市,同时产品向美国、加拿大、德国、意大利等 50 多个国家或地区出口。

2. 发展历程

20 年前,山东康泰公司通过引进日本松下公司的按摩椅研发、生产工艺技术,生产出了国内第一台真正意义上的按摩椅,从而引领了中国按摩保健器材行业的发展。

公司长期与日本松下公司合作,是松下按摩椅在中国最大的加工基地,在品质管理与技术方面互相深入交流,极大地提高了企业的设计研发和生产能力。公司于 1999 年通过了 ISO9002 质量管理体系认证,取得了自营进出口权;2003 年通过了 ISO9001:2000 质量体系认证;2004 年通过 ISO/TS16949:2002 质量管理体系认证;2007 年通过了 ISO14001:2004 环境管理体系认证、OHSAS18001:1999 职业健康安全管理体系;2009 年换版通过了 ISO9001:2008 质量体系认证,将质量、环境、职业健康安全三体系合一,是全国按摩器材行业唯一一家同时获得三体系认证的企业。按摩椅产品还通过了 ETL、GS、CE、SASO 和 ROHS 认证;企业先后被授予"全国守合同重信用企业"、"国家级重点高新技术企业"、

"山东省消费者满意单位"、中国农业银行"AAA 级信誉等级企业"、"青岛海关 AA 级企业"、第十一届全运会运动员专用按摩椅等称号，2009 年被列为国家 "863 计划"重点项目机器人实施单位。

3. 战略目标

多年来，山东康泰公司始终坚持以人为本、以诚为信、追求卓越、用户至上、服务完善的原则，其产品广销国内市场，并远销美洲、欧洲、中东、东南亚、非洲等国家或地区，深受客户信赖。目前，山东康泰公司计划通过上市融资，利用其广告效应，将企业发展壮大。山东康泰公司将继续坚持以人为本、锐意创新、文化兴企战略，为全面推进"提供一流保健产品，造福人类健康事业"的目标而努力奋斗。

（二）企业产品

山东康泰公司先后推出了三大系列 300 多种产品，一是以按摩椅为主导的按摩保健健身系列产品；二是以汽车车桥悬架为主导的汽车零部件系列产品；三是自动化仪表和五金门类系列产品。

山东康泰公司的三大产品系列中，为企业在全国创出名号的是保健按摩器械系列，这其中又以按摩椅为主打产品。目前，山东康泰公司已经形成 30 余种型号和款式的按摩椅，以及 15 种型号的按摩器的产品体系。2010 年 11 月 26 日，荣康按摩椅更是荣膺行业内首家中国驰名商标这一殊荣。

企业在 2001 年将日本的保健按摩椅的生产技术引进国内，当时仍为"贴牌"企业，以代工为主。2005 年后，国内品牌开始真正发展起来。值得介绍的是，山东康泰公司通过对中医的按摩手法（经络和穴位）和物理疗法等的合理运用，积极打造具有高度技术含量的自有品牌，目前已经获得了四项发明专利。

（三）企业理念与文化

1. 企业文化

企业之间的竞争，归根到底是企业文化的竞争。企业文化是企业素质的综合体现，是企业内在的、柔性的、持久的竞争力。康泰的企业文化源于企业自身，融入中国特色，秉承时代特征，是企业发展不竭的精神动力和源泉。山东康泰公司始终坚持以人为本、以诚为信、追求卓越、用户至上、服务完善的原则，在全球经济一体化的今天，致力于发展高、精、尖的产品，生产出民众喜欢、质量可靠的产品。

近年来，山东康泰公司通过赠送按摩椅给老干部活动中心、敬老院、养老院、医院等社会机构，在履行企业社会责任的同时，也传播了企业品牌和文化，树立了良好的企业形象。这也是山东康泰公司所坚持的企业文化的一个侧面写照。

2. 企业理念

公司宗旨是提供一流保健产品，造福人类健康事业。它秉承着"康泰人生，优质生活"的发展理念，通过"有德才有得，有为才有位"的人才理念，"诚信守约，顾客为本"和"控制有效，持续改进"的质量方针，以及"强烈的竞争意识，自觉的守法观念，扎实的工作作风，协作的团队精神"这一行为规范的不断实践，推动着企业上下锐意进取。

（四）企业发展策略总结

1. 加强品牌建设

按摩椅行业突破的重要机会之一是品牌突破，获得先发优势。面临国内同类市场上日趋激烈的竞争，在品牌推广上，山东康泰公司将选择重点区域、重点媒体，实行空中与地面紧密结合、店内传播与店外传播相结合、传统媒体与网络媒体相结合，并以高档会所等特殊推广渠道为辅助，将品牌传播与区域销售紧密联动，构建基于立体传播网络，迅速提升荣康按摩椅品牌知名度和消费者认知度。

（1）品牌建设历程。1987年，山东康泰实业有限公司引进日本松下技术，生产了国内第一代真正的按摩椅，注册商标为"招松"。1997年组建康泰工业集团公司以后，成立了专业的按摩椅研发和生产企业，将"招松"重新注册"荣康"商标。为了全面提升"荣康"品牌的形象和知名度，企业邀请专业品牌策划公司对"荣康"商标进行了精心设计，使"荣康"商标以一个崭新的面孔来展现给广大消费者。同时通过与知名媒体合作，在央视"经济信息联播"、"购物街"和山东生活频道"生活帮"，以及动车杂志《旅伴》、《报林》等媒体上对企业的产品进行了强有力的宣传，让更多的消费者更深入地了解山东康泰公司和"荣康"产品。

企业以新颖的产品和过硬的质量来进一步维护"荣康"产品形象，使"荣康"产品真正成为广大消费者最值得信赖的产品，"荣康"在多年前已取得山东名牌称号，如今已被认定为中国驰名商标。通过一系列的品牌建设，"荣康"已经成为国内一流品牌，山东康泰公司也被公认为国内按摩器行业的龙头企业。

（2）企业发展启示。只有了解客户的想法和需求，把握他们的心理动态，才能准确制订市场策略，占据市场的制高点。企业的竞争，归根到底是品牌的竞争。品牌战略，是企业的必由之路，只有树立了较强的品牌意识，多从消费者的利益考虑，重视技术和服务创新，把握消费者的心理和市场动态，才能制订出一系列差异化的营销策略，才能赢得消费者的信赖，企业才能健康、稳固地发展。

2. 建立个性化营销策略

山东康泰公司的整体营销工作在"深度营销"思想的指导下展开，通过不断强化公司、经销商、终端及消费者的关系，构建以山东康泰公司为主导的厂家管理型渠道，获得基于整体竞争战略的系统优势和系统效率。

（1）营销策略的实施。山东康泰公司营销策略的具体思路是，在区域市场科学规划和合理布局的前提下，将公司与经销商关系从以往的买卖关系转变为基于共同市场目标、利益目标的战略合作伙伴关系，通过为经销商提供稳定而持续的管理、指导、支持、考核、激励及严格的市场保护，不断深化与开发客户价值，在区域市场培育自己的核心经销商；在此基础上，充分嫁接和利用经销商资源，公司、核心经销商和分销商三位一体，合理分工、各负其责，采用集中、滚动、渐进和持续的市场拓展方式，以市场为导向，以消费者、客户需求为中心，提升自己满足消费者、满足客户需求的能力，对区域市场进行精耕细作，实现区域第一的市场目标；注重公司的长期利益，在"先市场、后利润"的经营思想指导下尽可能实现利润最大、风险最小。

在产品营销方面，山东康泰公司的战略是导入深度营销模式，以渠道突破实现行业领先。一方面，加快研发，提升新品增量；另一方面，拓展营销网络，提升渠道增量。与此同时，提高终端质量，是渠道运作的重点。山东康泰公司旨在强化针对经销商的管理、指导、支持、考核与激励，为经销商和终端提供增值服务，强化客户关系，实现从"买卖关系"到"战略合作伙伴关系"转型，获得经销商主推乃至专推支持，从而实现公司的迅速发展及其对市场的占领。

（2）企业发展启示。山东康泰公司在这方面的成功经验，给同行业企业带来了一些的启示。

第一，始终以能为消费者提供个性化的营销方案为目标，建立科学、合理、有效的营销观念。通过创新营销观念的建设，培养与企业共同生存和发展的价值观念，从而形成一种凝聚力和向心力。同时强调企业与市场的互动关系，努力发现潜在的市场并创新市场，以注重企业、顾客和社会三方共同利益为中心，把与消费者的沟通放在特别重要的位置，促使营销观念不断创新。

第二，以市场作为企业的目标，向市场提供更有特色的产品和服务，如制订市场策略，使产品和服务突出地理区域特色、文化特色、技术特色。另外向消费者提供超值服务，不仅仅关注提供有形的产品，更要关注延伸产品的创新。对消费者进行市场细分，建立科学化的营销方案，根据地理、人口和市场的特点细分变量，充分调动一切营销资源，建立个性化的营销策略。

3. 注重人才战略

山东康泰公司始终把人才战略作为发展的核心。本着"以人为本、科技兴企"的发展战略，"有德才有得，有为才有位"的人才理念，近年来山东康泰公司以灵活的人才选拔机制、广阔的事业发展空间、优良的人才成长环境、有效的激励机制吸纳和造就了一大批高素质的人才队伍。近年来，公司为加大产品研究开发力度，进一步提高产品的技术含量，增强企业核心竞争力，更加注重人才战略。

为使人才引得进，留得住，干得好，公司坚持以人才为本的管理理念，努力营造良好的工作和生活环境。一是落实各项优惠政策，鼓励优秀人才为企业作贡献。如优先安排住房、在经济待遇上特殊照顾、每年划出一定的专款奖励有突出贡献的技术专才等。二是实行聘任制，起用了一批年富力强，德才兼备的专业人才担当领导职务和技术骨干，让他们运用专业知识在实践舞台上展现自我。三是建立和完善创新激励机制。公司坚持对作出贡献的个人和机构给予奖励，并积极向上级有关部门申报奖项，鼓励科研人员开展科技创新，在企业内部形成了以产业为基础，以企业为主体，以市场为导向的自主创新机制。

目前，公司有研发人员119人，其中享受国家特殊津贴者3人，形成了一支结构合理、开拓创新的高科技人才队伍，为企业发展提供了人才支撑，初步实现了公司总经理康炳元提出的"创建学习型企业，打造知识型团队"的目标。

4. 大力推进科技创新，加快成果转化

（1）以科技为动力，坚持技术创新。近年来，公司在新技术、新工艺、新材料等方面进行深层次的改进，提高了产品的稳定性、可靠性、安全性，使公司在国内同行中占有明显的技术领先优势和专业化规模优势。公司每年的科研经费投入占销售收入的5%以上。并通过组建企业技术中心，成立上海、烟台技术研究所等措施，形成了较强的产品开发能力，造就了一批富有经验的技术管理型人

才和技术工人队伍。企业先后通过了 ISO9001、ISO14001、ISO18001 国际体系认证和 TS16949 质量体系认证，按摩椅已通过了 GS、CE、ETL、SASO、RHOS 认证。目前，企业已获国家专利 136 项，其中已授权发明专利 4 项，受理 16 项，美国发明专利一项。

（2）技术创新成果的快速转化，为企业带来良好的经济效益。技术创新成果只有转化，形成产业化才称之为技术创新成果。公司成果转化能力强，产业化速度就快。目前，公司在国内外设立了良好的销售和服务网络，仅国内就有 500 多个销售网点，遍及全国各省市，同时出口日本、美国、欧盟、韩国、中东等国家或地区，这是公司快速实现市场化的保障。公司每年开发的 10 ~ 20 个具有自主知识产权的新产品都能迅速投放市场，新产品的贡献率在 50% 以上，技术创新成果的快速转化，为企业创造了明显的经济效益，实现了企业的可持续发展。

Case Study on Successful Case of Enterprise Management

Abstract：In this section, three successful enterprises from health care product industry— Nanjing Joymain Science & Technology Company Limited, Guangdong Ziweixing Industrial Company Limited and Shandong Kangtai Industrial Company Limited and their successful experience are selected as case study, the way for sustainable development of health care product enterprises in China is explored, this provide references for issues such as product orientation, market development, strategy formulation and the like for other enterprises. In this section, the magic weapon that assures the success of the three enterprises is uncovered in the research: Paying special attention to transformation of the marketing mode and advanced salary system is the key that leads to the success of Nanjin Joymain Science & Technology Company Limited in recent years; brand construction coupled with human resources management helps Guangdong Ziweixing Industrial Company Limited make great achievement and individualized marketing strategy and technological innovation promote the fast expansion of Shandong Kangtai Industrial Company Limited.

Key Words：Successful Enterprise；Case Study；Experience Summarization

政策建议篇

Policy and Suggestions

$\mathbb{B}.12$
中国保健用品产业标准与市场监管

摘　要：目前，中国关于保健用品的标准和监管方面还没有完善的国家标准体系。本文从国家标准体系和地方标准体系的定义入手，探究了中国保健用品产业国家标准的现状和国家标准缺失的原因，分析了保健用品产业地方标准的局限性。并从市场准入机制和市场监管角度对如何促进行业标准的制定进行了探讨。

关键词：行业标准　市场监管　准入机制

一　国家标准现状

（一）国家标准体系简介

《中华人民共和国标准化法》将中国国家标准体系分为国家标准（GB）、行业标准、地方标准（DB）和企业标准（QB）四级。《中华人民共和国标准化法》第二章第六条规定：对需要在全国范围内统一的技术要求，应当制定国家

293

标准。国家标准由国务院标准化行政主管部门制定。对没有国家标准而又需要在全国某个行业范围内统一的技术要求，可以制定行业标准。行业标准由国务院有关行政主管部门制定，并报国务院标准化行政主管部门备案，在公布国家标准之后，该项行业标准即行废止。对没有国家标准和行业标准而又需要在省、自治区、直辖市范围内统一的工业产品的安全、卫生要求，可以制定地方标准。地方标准由省、自治区、直辖市标准化行政主管部门制定，并报国务院标准化行政主管部门和国务院有关行政主管部门备案，在公布了国家标准或者行业标准之后，该项地方标准即行废止。

企业生产的产品没有国家标准和行业标准的，应当制定企业标准，作为组织生产的依据。企业的产品标准须报当地政府标准化行政主管部门和有关行政主管部门备案。已有国家标准或者行业标准的，国家鼓励企业制定严于国家标准或者行业标准的企业标准，在企业内部适用。

在中国，中国国家标准化管理委员会（又称，中华人民共和国国家标准化管理局）是国务院授权的履行行政管理职能，统一管理全国标准化工作的主管机构。

（二）国家标准定义

国家标准是指由国家标准化主管机构批准发布，对全国经济、技术发展有重大意义，且在全国范围内统一的标准。国家标准是在全国范围内统一的技术要求，由国务院标准化行政主管部门编制计划，协调项目分工，组织制定（含修订），统一审批、编号、发布。法律对国家标准的制定另有规定的，依照法律的规定执行。国家标准的年限一般为 5 年，过了年限后，国家标准就要被修订或重新制定。此外，随着社会的发展，国家需要制定新的标准来满足人们生产生活的需要。因此，标准是种动态信息。

国家标准分为强制性国标（GB）和推荐性国标（GB/T）。国家标准的编号由国家标准的代号、国家标准发布的顺序号和国家标准发布的年号（采用发布年份的后两位数字）构成。强制性国标是保障人体健康、人身、财产安全的标准和法律及行政法规规定强制执行的国家标准；推荐性国标是指生产、交换、使用等方面，通过经济手段或市场调节而自愿采用的国家标准。但推荐性国标一经接受并采用，或各方商定同意纳入经济合同中，就成为各方必须共同遵守的技术依据，具有法律上的约束性。

按照标准化对象，通常把标准分为技术标准、管理标准和工作标准三大类。

技术标准——对标准化领域中需要协调统一的技术事项所制定的标准，包括基础标准、产品标准、工艺标准、检测试验方法标准及安全、卫生、环保标准等。

管理标准——对标准化领域中需要协调统一的管理事项所制定的标准。

工作标准——对工作的责任、权利、范围、质量要求、程序、效果、检查方法、考核办法所制定的标准。

（三）国家标准现状分析

1. 国家标准现状

目前，中国关于保健用品的标准和监管方面还没有完善的国家标准体系。在监管方面，除 2006 年 5 月国家认监委和卫生部共同起草的《口腔保健用品认证管理办法（征求意见稿）》之外，没有国家级统一的保健用品标准和审批法规。随着企业知识产权意识的加强，商标和专利技术申报保护等工作的开展，一些行业在专利共享等组织协调工作的过程中逐渐发展出对行业标准的需要，也成为保健用品国家标准建立实施的一大推动力。2004 年 6 月 1 日，中国牙刷行业首个国家标准正式实施，该标准对牙刷的产品分类、技术要求、试验方法、检验规则、标志、包装、运输和贮存等方面都作了具体规定。这一标准也涉及一些具有保健功能的牙刷，如具有老年保健作用的带刮舌板的牙刷的标准。这个国标就是在牙刷协会主导下，由被称为"中国牙刷之都"的杭集镇的几家私营企业起草，并由国家轻工业联合会和全国日用杂品标准化中心审查通过的。

这些散见于不同行业的国家标准中涉及其中保健用品的规定也是保健用品国家标准体系的组成部分。但是，专门的保健用品国家标准体系还未出台。

目前，中国保健用品产业正在由中国保健协会牵头，开展标准化的建设工作。2006 年，由中国保健协会组织制定的《保健功能纺织品 CAS115 – 2005》协会标准，已经成为保健功能纺织品行业首个行业规范性技术文本，被商务部等部门作为行政审批时针对该类产品的技术参考依据。2007 年底，中国保健协会在其官方网站上公布了《关于申报保健品及原材料标准制定项目的通知》，全面启动了保健食品、保健用品、保健器械等技术标准的管理和工作标准的制定。从2010 年起，中国保健协会又牵头开始进行"全国保健用品标准化技术委员会"

申报及筹建工作。

总之，目前中国保健用品产业的国家标准体系还未完善，行业标准和监管都处于缺失的状态。

2. 国家标准缺失原因分析

中国保健用品产业的国家标准体系不完善，行业标准和监管缺失的现状主要有以下几个方面的原因。

（1）从保健用品自身的特点来分析。中国保健用品具有自己独特的特点，这些特性从不同方面加大了保健用品产业标准制定的难度，造成产业标准的缺失。

首先，保健用品普遍存在生命周期短的问题，很多保健器械和特殊用途化妆品往往只流行一时，很快就在市场上消失了。这些产品还没有得到充分发展形成行业规模就已经消失在消费者的视线中，导致标准的制定难以跟上产品更新的步伐。其次，中国保健用品较之国外产品，产品成分复杂且功能原理较为模糊，标准难以制定。例如，一些加入中医药技术的特殊用途化妆品和以中药为主要成分的性保健产品都因为存在这类问题而难以制定严格的标准。再次，中国各类保健产品与药品、医疗器械与日常用品之间存在着概念的冲突、混淆和交叉，导致保健用品在定义和界定上难以统一，给标准的制定增加了难度。最后，保健用品产业作为朝阳产业，新技术新工艺的不断开发和更新，这对标准的制定也是一大挑战。

（2）从保健用品产业发展状况来分析。中国保健用品产业起步较晚，产业发展还处在混乱期，造成产业标准的缺失。

一般来说，任何产业发展的初期都必然会经历一段混乱的时期，然后经过市场的重新"洗牌"最终走上规范化、标准化的道路。标准竞争是一个产业产品竞争的最高阶段，目前中国保健用品产业还处在产品竞争和价格竞争的低水平阶段，标准制定工作将随着行业的发展而逐步展开。

具体地说，一方面，从中国保健产品发展来看，保健用品是随着经济增长和人均收入水平提高，居民的消费观念升级而发展起来的。与保健食品产业相比，中国的保健用品产业无论是在发展程度上还是在规模上都相形见绌。因而，在标准的制定上，中国保健用品产业的标准制定工作也落后于保健食品。另一方面，纵观保健用品产业的各个子行业，依托于发展成熟的化妆品的特殊用途化妆品行业和发展较早的保健功能纺织品行业的标准制定工作也超前于其他子行业。可见，保健用品产业起步晚、发展不成熟是造成产业内国家标准缺失的主要原因。

（3）从中国国家标准体系来分析。就中国国家标准体系整体来说，与西方发达国家相比还不够完善，各级标准的制定存在着"滞后"、"落后"的问题，水平普遍偏低。特别是对于像保健用品产业这样的新兴产业，由于国家标准等各级标准的制定不能以市场为导向及时地通过标准的形式使新的科技成果得到推广、国家标准的前瞻性和预告性差、技术储备不足等原因，造成了中国保健用品产业国家标准体系的缺失。

二 地方标准现状

（一）地方标准定义

地方标准又称为区域标准，对没有国家标准和产业标准而又需要在省、自治区、直辖市范围内统一的工业产品的安全、卫生要求，可以制定地方标准。地方标准由省、自治区、直辖市标准化行政主管部门制定，并报国务院标准化行政主管部门和国务院有关行政主管部门备案，在公布国家标准或者行业标准之后，该地方标准即应废止。地方标准属于中国的四级标准之一。

（二）地方标准现状

保健用品的存在及其拥有巨大的市场潜力已经是客观事实。由于宏观和微观层面中各种因素的影响，当前中国对保健用品产业还没有相应的国家标准和行业标准，但各省市一直没有中断过对保健用品产品安全、卫生要求等标准评价方法和管理对策的研究探索。在国家标准和行业标准缺失时，地方标准不可避免地充当了保健用品产业标准体系中"过渡者"的角色。

1. 中国保健用品产业地方标准概况

目前，陕西、辽宁、吉林、黑龙江、贵州、河南、天津、广西等省市均先后颁布了相应的地方管理法规，但与相关法规相配套的地方标准体系的完善程度却有很大差距。其中，陕西省在保健用品产业地方标准体系制定方面走在了其他省份的前列。陕西省人民政府于1998年4月25日就颁布了《陕西省保健用品卫生监督管理办法》，不仅如此，陕西省还制定了《保健用品卫生要求》、《保健用品

微生物检验方法》、《保健用品安全性毒理学评价程序和检验方法》、《保健用品功能学评价程序和检验方法》等 4 套地方标准规范（见表 1）。

表 1　陕西省保健用品产业地方标准情况

标准名称	颁布时间
《保健用品卫生要求》	1998
《保健用品微生物检验方法》	1998
《保健用品安全性毒理学评价程序和检验方法》	1998
《保健用品功能学评价程序和检验方法》	1998

2010 年，陕西省根据保健用品地方标准实施以来的经验，组织修订了《陕西省保健用品管理条例》，并于 7 月经由省人民代表大会常务委员会第十六次会议通过，对保健用品的注册、生产经营、管理监督等作出规定。

当然，其他的省份也在完善其行政区域内的地方标准方面做了许多努力。例如山东省，1997 年就在借鉴、参考其他省份经验的基础上，起草了《山东省保健用品卫生管理办法》报批稿，并针对山东省存在的主要保健用品类型，研制出与其配套的《山东省保健用品卫生要求》、《山东省保健用品微生物检验方法》、《山东省保健用品安全性毒理学评价程序和检验方法》、《山东省保健用品功能学评价程序和检验方法》等 4 套标准规范。但上述标准和规范在向有关部门申报作为地方标准规范发布实施的过程中遇到了一些问题，至今没能正式出台。①

2. 地方标准的作用和局限性

自 1989 年《中华人民共和国标准化法》实施至今，地方标准在特定的历史阶段对地方经济的健康发展发挥了应有的作用。在保健用品产业，地方标准也对促进行业的发展发挥了不容忽视的作用。各省市保健用品产业地方标准的出台和实施不仅规范了本省市的保健用品市场，也使本省市的保健用品进入法制化管理轨道，同时也振兴了该省市的保健用品产业。事实证明，标准越完善的地方，保健用品产业就越发达。同样，地方标准越完善，消费者的利益也就越有保障。

但是面临全球经济一体化、市场经济深入完善、政府职能转变的大环境，地

---

① 李凤霞：《山东省保健用品卫生问题及管理对策》，《中国公共卫生管理》2001 年第 6 期。

方标准的局限性也日益凸显。

首先，地方标准实施的地域局限性与不存在地域局限性的保健用品市场流动存在矛盾。地方标准只对其标准制定的行政区域内的保健用品的生产等相关活动具有约束效力，而保健用品却是在全国范围内流通的，一个地区制定的地方标准对来自其他地区的保健用品就不具有约束效力。比如，陕西省出台的一系列地方标准体系只对陕西省境内生产的保健用品具有约束效力，而对于广东省、吉林省等以外地区生产的并流入陕西市场的保健用品则不具有约束效力。地域性特征大大降低了有关部门对企业异地销售的监管，这在很大程度上限制了保健用品产业地方标准作用的发挥。

其次，虽然中国一些省市出台了保健用品产业的地方标准，但各地的标准、程序和要求存在很大的区别，甚至对于保健用品的定义都缺乏统一的界定。各地的地方标准的不统一，给保健用品的监管带来了困难，造成了保健用品市场上产品质量参差不齐，鱼龙混杂的现状。

最后，地方标准难以满足加入 WTO 后国际对中国行业审批监管的要求。在国际贸易中，地方标准较之国际标准一般较低，很难获得国际方面的认可，给中国保健用品企业的出口带来技术壁垒的障碍。

三　行业标准现状

（一）行业标准定义

根据《中华人民共和国标准化法》的规定，由中国各主管部、委（局）批准发布，在该部门范围内统一使用的标准，称为行业标准。例如，机械、电子、建筑、化工、冶金、轻工、纺织、交通、能源、农业、林业、水利等，都制定有行业标准。行业标准由国务院有关行政主管部门制定，并报国务院标准化行政主管部门备案。当同一内容的国家标准公布后，则该内容的行业标准即行废止。

行业标准由行业标准归口部门统一管理。行业标准的归口部门及其所管理的行业标准范围，由国务院有关行政主管部门提出申请报告，国务院标准化行政主管部门审查确定，并公布该行业的行业标准代号。

（二）行业标准现状

中国保健用品的行业标准体系正在建设当中。除特殊用途化妆品在投放市场前，按照国家《化妆品卫生标准》对产品进行卫生质量检查之外，保健功能纺织品、保健器械及其他保健用品行业都没有统一的行业标准。

1. 保健功能纺织品行业的标准现状

近年来，具有高科技、高附加值的保健功能纺织品异军突起，成为保健用品产业新的增长点。2009 年保健功能纺织品的年销售额已经超过了保健用品产业的"老大哥"保健食品的年销售额。从 20 世纪 90 年代开始到现在，中国保健功能纺织品已经历了十几年的发展，目前正由无序发展的阶段向盘整期过渡。当下，保健功能纺织品的发展具有以下特点：发展快速、消费需求旺盛，行业整合、期待规范发展，管理缺失、标准匮乏，产品质量和技术水平参差不齐，夸大宣传、价格体系混乱。到目前为止，中国保健功能纺织品还没有相应的国家标准和行业标准出台。

2008 年 1 月 16 日，中国保健协会正式公开发布的《保健功能纺织品 CAS 115－2005》彻底结束了中国功能纺织品管理不规范的历史，这是目前首部也是唯一的一部针对保健功能纺织品的协会标准。该标准确定了具有发射远红外线、产生磁场、抗菌的保健功能纺织品作为标准制定的范围，并规范了保健功能纺织品的术语和定义、分类、要求、试验方法，保健功能结果判定、检验规则、标志和包装等内容。该标准出台的目的就是希望行业更多优秀企业通过了解标准、采用标准来规范行业，实现优胜劣汰。

《保健功能纺织品 CAS115－2005》的制定范围不包括防电磁辐射、负离子、抗血栓等保健功能纺织品。但目前，中国保健协会与中国标准化协会、中国针织工业协会正在着手制定具有以上三种保健功能的保健功能纺织品标准。

2. 保健器械行业的标准现状

当前中国的保健器械行业还没有出台国家统一的标准，也缺乏行业标准，也没有明确的归属部门，造成了中国保健器械市场混乱的现状。由于国家和行业标准的缺失，目前中国保健器械行业执行的是企业标准，但现在的企业标准参差不齐。保健行业的业内专家将保健器械行业的企业标准大体分为三类：一是优秀的标准，对行业有引导作用；二是基本合格的标准；三是企业按照自身需求制定的标准，俗称"别人看的标准"。此外还有一些企业根本没有制定标准。

目前，中国保健器械行业的国家标准和行业标准的缺失、企业标准的参差不齐，不仅在一定程度上影响了企业的生产积极性和消费者的购买积极性，而且导致投机分子有空子可钻，严重影响了整个行业的公信力。① 可见，保健器械行业急需更加规范的行业标准。

保健用品产业的业内专家指出，"以产业标准带动企业标准，以产业标准促进国家标准，从而加快中国保健器械行业的标准化进程"，是解决中国保健器械行业标准体系不完善的一条可行之路。

据了解，中国保健协会已把制定保健器械行业标准列入工作日程，其中将包括产品技术标准、管理标准和工作标准。

3. 加快保健用品产业标准化发展的紧迫性

长期以来，标准作为国际交往的技术语言和国际贸易的技术依据，在保障产品质量、提高市场信任度、促进商品流通、维护公平竞争等方面发挥了重要作用。随着经济全球化进程的不断深入，标准在国际竞争中的作用更加凸显，继产品竞争、品牌竞争之后，标准竞争成为了一种层次更深、水平更高、影响更大的竞争形式。因此，世界各国越来越重视标准化工作，纷纷将标准化工作提到国家发展战略的高度。

就国际形势来说，技术壁垒是参与国际竞争的一大障碍，中国急需出台行业标准以规范中国保健用品产业的生产活动，提升产业整体的国际竞争力，进而促进该产业国际贸易的增长。

就国内形势来说，目前中国保健用品产业的标准总体水平低，国家标准和行业标准长期缺失，地方标准和企业标准参差不齐，标准的缺失在以下几个方面制约着行业的发展。首先，标准的缺失导致保健用品产业监管无法可依，市场混乱，产品质量良莠不齐；导致保健用品产业内"信任危机"时有发生，危及整个产业的信誉。其次，标准的缺失导致消费者的权益难以得到保障，消费者在购买保健用品时，既缺乏事前的甄别根据，也缺乏事后的申诉依据。最后，缺乏标准就难以形成有效的技术屏障，假冒伪劣产品充斥市场，必然会打压企业技术创

---

① 芳菲：《保健器械期待行业标准》，《医疗保健器具》2006 年第 9 期。

新的热情，影响产业的长远发展。

可见，现有的标准已经远远无法适应中国保健用品产业高速发展的要求，反而制约着产业的长期健康发展。因此，中国保健用品产业标准化事业的推进已经成为一项十分紧迫的任务。

4. 加快保健用品产业标准化建设意义重大

标准可以有效地规避恶性竞争，淘汰不符合标准的企业，提高竞争门槛，提升整个产业的美誉度。因而，标准是一个产业发展的支撑，出台和完善保健用品产业的国家标准、行业标准、地方标准及企业标准，加快保健用品产业标准化发展，具有以下重要意义。

（1）制定技术标杆，提供行业监管基础。标准是政府部门对行业实施监管的基础，只有标准完善，行业的监管工作才有据可循，才能依据标准制定抽查细则，进而实施行业审批等监管程序。监管部门只有根据标准的具体规定，才能作出是否对该企业发放卫生许可的决定，才能作出企业产品的安全性评价和功效鉴定。这些审批工作的进行都需要标准为其提供决策支撑。

（2）统一检验方法，促进行业健康发展。由于现在保健用品无统一检验方法，各检验机构只能依据自己制定的实验室方法进行检验，造成同一产品在不同检验机构的检验结果差异较大，使消费者无法甄别产品质量的优劣。通过产品标准的制定，可为产品检验提供统一的技术标尺，达到扶优治劣的目的，保护企业的合法利益，促进行业的健康发展。

（3）提高产品质量，保护消费者合法权益。通过保健用品国家标准和行业标准的出台，给企业施加一定的压力，使其提升自己的产品质量，从而达到提高产业整体质量水平的目的，使保健用品真正改善人们的生活质量。同时，标准也是消费者作出购买决定的重要参考，有利于消费者甄别真伪。在消费者购买到假冒伪劣产品时，标准也是消费者用以维护自身合法权益的武器。

综上所述，只有保健用品国家标准和产业标准尽早出台，并通过质量技术监督等部门的监督管理和扶持引导以及企业的共同努力，中国的保健用品的整体质量水平和竞争力水平才能有一个新的突破，才能从根本上规范保健用品市场，使保健用品企业走上良性发展的轨道。

四　市场准入机制

（一）市场准入定义及意义

市场准入（Market Access），是国家市场管理的基本方式，是指通过审查、许可、批准、备案等建立起进入市场的门槛，成为保证产品质量、服务水平的横杆。市场准入就是一国允许各种经济要素通过一定的渠道，按照一定的条件进入本国市场的程度，是国家通过各种法律和规章制度对本国市场开放程度的一种掌握和控制，体现为一种国家管理行为。这里的管理行为包括确定进入条件、进入方式和进入程度等。因而市场准入和国内经济政策、法律的联系是非常紧密的，对国内相关政策的制定会产生直接影响。

市场准入是实现市场开放与统一，实现市场公平竞争、反对垄断，避免有形的、无形的贸易壁垒，争取商业机会的利器，是实现公平竞争的手段。从国家经济调控的角度，市场准入意味着市场进入的条件、标准、程序等规则的设立，这是规范市场，合理竞争并维护消费者利益的重要方式。

从市场主体的角度，市场准入反映了其对统一、开放、公平竞争的要求。二者之间也有许多内在的互动关系：市场准入体现为国家维护公平开放的市场环境，并服务于市场参与者。而市场主体的需求是推动市场准入制度走向完善的动力，也是准入规则的检验者。

因此，市场准入是国家为维护国内市场秩序，保持公平竞争的市场环境，对市场进行管理的行为。

（二）市场准入的办法及现状

中国企业法律制度中规定的市场准入的方法有许可或审批、标准、行业管理、立法特许，以及对企业结合的控制等五种。目前中国保健用品产业的市场准入方法主要是许可或审批和标准两种。

1. 许可或审批准入制度

许可或审批是使用的最为广泛的市场准入方法，包括批准、注册、核准、登记、资质认可、许可证等任何具有审批性质的政府规制方法。

在中国保健用品领域，特殊用途化妆品的准入是采取审批的方法。特殊用途化妆品的准入由国家卫生部负责。申请人报卫生部审批办公室审批，经过卫生部专家评审委员会评审合格后报卫生部批准，由卫生部授予"中华人民共和国卫生部国产特殊用途化妆品卫生许可批件"后才能够进入市场。中国特殊用途化妆品的审批程序如图 1 所示。

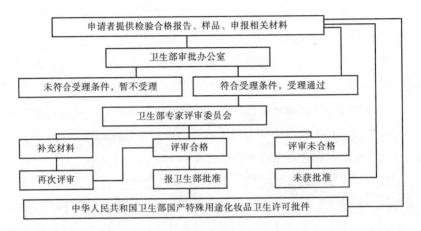

图 1　特殊用途化妆品审批程序

各地方在一些相关的保健用品市场管理法规中规定，保健用品实行卫生许可证制度。此种制度也可以划分为市场准入办法中的许可或审批，如贵州省在《贵州省保健用品管理条例（草案）》中明确说明，保健用品实行卫生许可证制度。

由于中国保健用品领域中保健器械行业存在一定特殊性，到目前为止在国内还没有相应的部门对保健器械行业的产品的市场准入负责，中国保健器械市场准入的审批环节处于"缺位"状态。这种现状的存在主要有以下几个原因：第一，保健器械既不是保健食品也不属于医疗器械，不在国家食品药品监督管理局的管理范围之内；第二，保健器械不属于运动器材，中国体育用品联合会没有管理的权限；第三，工商行政部门只能按照一般的广告管理法规和广告审查标准对保健器械进行管理。

中国保健用品的市场准入管理还不够系统、不够完善，一定程度上造成了中国保健用品市场的混乱。在中国法律不断完善，人们的守法、知法意识不断加强的情况下，一些企业为了提高产品的信誉，寻找法律保护，采取能靠就靠、能沾就沾的方法，纷纷找有关部门鉴定审批，导致审批部门众多。从全国的情况来看，涉足保健用品管理的部门包括卫生行政部门、医药管理部门、医学会、行业协会等，批准文号有医械字、健字、卫字、消字、药准字、医字、卫妆字、品字、化字、卫监健字等，审批部门和审批文号五花八门。

2. 作为市场准入的标准

市场准入的标准是指有关机关或者团体制定的各类标准。企业生产的产品达不到最低的强制性标准，就无法进入特定领域或地区从事经营活动，从而构成市场准入。有些标准不具有社会性规制目的，主要是为了解决技术问题的标准也是一种变相的市场准入标准。市场准入方法中的标准和上面提到的许可审批的区分是相对的，也可以结合着运用。

制定统一的质量标准，严格市场准入，不仅可以很好地保护正规企业生产的积极性，使企业获得长期的效益，而且利用标准实施市场准入，有利于提高行业门槛、形成保健用品市场的技术壁垒。这样可以将一些不能达到技术要求的企业拒之门外，提高整个保健用品市场产品质量，保障消费者的利益。

五　市场监管

（一）市场监管的意义

一个产业的发展不仅受外部经济、政治、社会环境以及国家产业政策的影响，其产品和服务的质量等内部因素也推动或制约着这一产业的发展。同样，保健用品产业的发展在受到外部各种因素影响的同时，也受到自身产品质量和服务的制约。中国的保健用品产业由于起步时间较晚，在中国仍然是一个朝阳产业，产品和服务的质量难免存在良莠不齐的现象。目前中国保健用品市场秩序比较混乱，如果不对保健用品市场进行监管，任其"自由"发展，就会使投机分子有机可乘，进而影响了企业的生产积极性和消费者的购买积极性，破坏整个行业的公信力，严重阻碍保健用品产业的长远发展。因此，对保健用品市场进行监管是有意义的，也是极其必要的。对保健用品市场进行监管的基本目标是：充分发挥市场机制的积极作用，限制其消极的影响，保护消费者利益，引导合理的投资，促进保健产业的发展与稳定，建立一个公平、有序、健康的保健用品市场。

（二）市场监管的现状

1. 中国保健用品市场监管的手段

市场监管的手段一般有法律手段、经济手段和行政手段。目前中国保健用品市场监管的主要手段比较单一，主要是法律手段。这一手段是通过法律与法规来实现的，是监管部门的主要手段，具有约束力强的特点。

从实践来看，由于标准和法规等的缺失，单一的法律手段使监管工作存在很多的漏洞。在中国保健用品的监管体系中，应当更加注重发挥行业协会的作用，即加强运用行业自律、内部监督和协调等非政府主导的监管手段，通过行业内部的惩罚机制约束企业行为，以此作为政府监管的有效补充。

2. 中国保健用品市场的监管机构

在中国，商务部对保健功能纺织品的一般生产经营活动进行监督管理，特殊用途化妆品的监管机构则是卫生部，而保健器械行业还没有明确的监管部门。保健器械生产企业不需要向卫生和食品药品监督部门申报，只需要向质检部门证明其产品无害、无质量问题，就可以生产经营，并不需要证明其产品是否具有保健功效。总之，保健器械市场的监管主体不统一，监管存在严重的漏洞。

另外，一个行业自律机构——中国保健协会也起到了一定的监管作用。作为卫生部直属的中国保健协会是保健产业的非营利性机构，在法律规范、产品研发、市场管理、行业自律及标准化建设等各个方面为中国保健产业提供全方位的服务，成为代表行业公信力的权威机构。但是，中国保健协会发展还不够完善，不够成熟，对中国保健用品市场的监督和管理的法制也不健全，中国保健协会协助政府部门加强行业管理的作用并未得到充分发挥。[①]

3. 中国保健用品产业的法律法规

法律法规是监督和管理保健用品产业的基础和依据。中国保健用品产业的相关法律法规还不成熟，没有统一的基础性的、综合性的法规，整个法律法规体系缺乏系统性，法规之间缺乏协调性。某种程度上说，中国对保健用品监管存在法律缺失。

---

① 中共中央党校课题组、中国保健协会：《中国保健产业发展战略体制和政策研究》，2009 年 4 月 10 日。

目前对药品、保健食品、医疗器械、消毒产品的监督管理都有全国适用的专门的法律法规，但保健用品却没有全国适用的法律依据，形成各地保健用品管理各行其是的混乱局面。有些地区的保健用品归卫生部门管理，有些地区的保健用品则是由药品监管部门负责，有的地方制定了规范保健用品的行政规章或地方法规，而有的地方则没有任何管理制度。目前，陕西、辽宁、吉林、黑龙江、贵州等省均先后颁布了相应的地方管理法规，但各省之间的法律法规制定差异较大。例如，陕西省通过了由省人大制定的《陕西省保健用品管理条例》，而贵州省则是依据《贵州省保健用品受理审批暂行办法》对保健用品进行监管。表2为保健用品产业主要法律法规的制定和修改情况。

表2　中国保健用品产业管理体系的有关法律法规

颁布时间	法律法规名称	颁布单位	是否废止	废止时间
1989	《化妆品卫生监督条例》	卫生部	否	—
2005	《化妆品卫生监督条例实施细则（修正）》	卫生部	否	—
1998	《陕西省保健用品卫生监督管理办法》	陕西省人民政府	是	2005
2005	《陕西省保健用品管理条例》	陕西省人大	否	—
2006	《陕西省保健用品生产质量管理规范（暂行）》	陕西省食品药品监督管理局	否	—
2006	《陕西省保健用品审批管理办法》	陕西省食品药品监督管理局	否	—
1993	《辽宁省保健用品卫生管理规定》	辽宁省卫生厅	是	2004
2004	《吉林省保健用品生产管理办法》	吉林省人民政府	是	2005
1999	《黑龙江省保健用品卫生监督管理规定》	黑龙江省人民政府	否	—
2008	《贵州省保健用品管理办法》	贵州省人民政府	否	—
2009	《贵州省保健用品受理审批暂行办法》	贵州省卫生厅	否	—
2009	《贵州省保健用品管理条例（草案）》	—	—	—

从表2可以看出，中国保健用品产业管理体系中的法律法规大部分是地方法律法规。在国家尚未颁布保健用品管理法规的情况下，地方性法规对规范保健用品市场和保护消费者健康可以起到一定的积极作用，但也会带来一些负面影响。

首先，在审批上，各省市的保健用品法规不一致，从而各省市的审批往往相互不予承认，导致企业的产品一旦跨省市销售就得重新审批，加重了企业负担，也造成行政上的重复。其次，各省市颁布的保健用品管理法规出自省市政府的不同部门，也会给将来国家卫生行政部门实施归口管理造成一定难度。最后，同地方标准一样，地方法规由于地域局限性也在实际监管中带来困难。例如《陕西省保健用品管理条例》只能规范保健用品在陕西省境内的生产和销售，该省生产的保健用品流通出了陕西省，就不在《陕西省保健用品管理条例》的监管范围之内了。如果消费者在其他省市购买了陕西省生产的保健用品，发生消费纠纷时，往往难以界定权责归属，因而可能出现各地的监管部门互相推诿，"踢皮球"的现象，造成实际监管中的漏洞。

Industry Standard and Market Regulation
Health Care Products Industry in China

Abstract： At present, there is no sophisticated national standard system concerning standards and supervision of health care products in China. The thesis starts from the definition of national standard system and local standard system, studies the current situation of national standard concerning health care product industry in China and the reason for the absence of national standard and analyzes the general situation and limitation of local standard concerning health care product industry.

Key Words： Industry Standard; Market Supervision; Access Mechanism

B.13
中国保健用品产业发展存在的问题

　　摘　要：本文从行业定义、行业监管、行业标准化建设、市场竞争等角度，对保健用品产业发展面临的重大问题进行了深入分析。研究发现中国保健用品产业存在定义和范围界定不统一，监督管理工作难以开展，执法主体不明确，行业标准化建设落后，市场竞争不断加剧，产业发展面临多方面的压力等问题。

　　关键词：保健用品　产业发展　问题

　　从保健用品产业内部组织管理和外部监督管理来看，中国保健用品产业面临着一些问题。这些问题的产生主要是因为：第一，产品生命周期短，很多保健食品和保健器械往往是在市场上名噪一时之后就销声匿迹；第二，某些产品存在虚假宣传、炒作过度的现象，使保健用品的市场信任度受损；第三，近年来随着媒体上对保健用品曝光率的提高，很多产品的违规现象被披露，这其中的很多产品没有批准文号，还有一些产品虽有批准文号，但批准文号也是五花八门，相当混乱，暴露出中国保健用品产业监管方面的不完善。

　　从外部的体制政策和市场环境来看，尽管政府陆续出台了一些法律、政策来对保健用品产业加以规范，但在中国保健用品产业管理体制中多头管理、无人管理、监管滞后、执行不力等问题仍然很突出，尤其是至今保健器械业仍然游离在保健产业管理体制之外，保健器械既不归药监部门管理，也不归体育用品联合会或者工商行政部门管理，没有明确的归属部门，这一领域的管理责任"缺位"、"不到位"现象严重，监管存在一定的空白。

一　定义与范围界定不统一

　　保健用品涉及面广，分散在各类产品中，这是保健用品的一个突出特点。正

是由于这个特点，才使保健用品在定义与范围界定上存在着一定的困难。

1. 保健用品尚无权威的定义

目前，国内还没有出台保健用品的权威定义。各方学者对保健用品定义的探讨也很多，且目前学术界也没有一个统一的定义，但使用比较广泛的有广义和狭义两种定义。狭义地讲，保健用品应该是指通过个人直接使用或通过媒体改善生活小环境质量等可达到调节机体机能、增进健康的物品。① 此定义从保健用品的使用对象、使用方式和功能上与医疗器械、保健食品和生活用品作了区分。而就广义而言，但凡不以治疗为目的，用于人体消除疲劳、调节人体机能，改善亚健康状态、增进健康、预防疾病的各种不破坏皮肤而进行理疗的器械、特殊用途化妆品等与健康相关的产品都可称为保健用品。②

除上述两种定义之外，各地方为了规范本省行政范围内的保健用品市场，出台的相关法规中也给出了保健用品的概念界定。例如《陕西省保健用品管理条例》《贵州省保健用品管理办法》《黑龙江省保健用品卫生监督管理规定》《吉林省保健用品生产管理办法》等相关的法规都分别对保健用品的概念作了界定，但不同省份的地方法规给出的定义也有一定差异。

通过对现有法规中的保健用品的定义进行比较，不难发现，保健用品应同时满足以下条件：①作用对象为一般健康人群，不以治疗为目的。②通过直接或间接的方式发挥作用，是一种非食用产品。③具有调节机能，促进健康的作用。③

然而，各种法规对保健用品的定义还是比较的含糊，都没有明确地给出保健用品的内涵及其外延，并且几个法规中所规定的保健用品的范围也有一定的差异。很难对上述几个定义的权威性、准确性等进行判断。如果保健用品的定义不能确定，那么要对保健用品进行研究、监管，就无法确定研究对象，尤其是研究范围难以界定。只有明确保健用品的定义，使之与医疗器械、保健食品、生活用品区别开来，才有利于保健用品监督管理工作的顺利开展。

2. 保健用品范围界定不统一

保健用品一词在国外还未发现有与其对应的词，在国内多种词典中也未发现

---

① 金银龙：《保健用品的定义和分类方法初探》，《中国卫生监督》1997 年第 4 期。

② 中共中央党校课题组、中国保健协会：《中国保健产业发展战略体制和政策研究》，2009 年 4 月 10 日。

③ 朱宝铎等：《卫生监督学》，人民卫生出版社，1997。

其分类位置。中国市场上流通的保健用品及与其相类似的物品，在国外分别归类在食品、药品或类药品、化妆品、医疗器械、服装、日用品、体育锻炼用品、婴幼玩具八类。所以，在中国要对保健用品进行分类研究，可供参考的国外经验并不多。

由于中国保健用品没有统一的定义，很难对保健用品进行清晰的范围界定。国内常见的保健用品的界定方法就是对保健用品进行分类，通过分类说明每一类中包含哪些产品，最后再对保健用品的范围进行整体的界定。但中国保健用品究竟应该如何分类，目前没有统一标准。常见的分类方法有五种，分别为按照使用的群体分类、按身体使用部位分类、按其使用的形式分类、按其性质和原理分类、按保健功能分类。虽然上述几种分类方法基本上都能将现阶段市面上流通的保健用品包括进去，但是由于分类方法的不同，某些产品（例如性保健用品）是否属于保健用品仍然是众说纷纭，有待进一步讨论。在中共中央党校课题组组织撰写的《中国保健产业发展战略体制和政策研究》中，将保健用品分为保健功能纺织品、保健器械、特殊用途化妆品三类，此外还有外用膏剂（具有治疗作用的除外）、漱口液、牙膏等。从中共中央党校课题组所确定的保健用品的范围来看并不包括性保健用品。但按身体使用部位分类，则保健用品应该包括性保健用品。像性保健用品这样不是"主流"的产品是不是保健用品、用哪种分类方法能更加全面地界定保健用品的范围，这些问题还没有得到较好的回答。明确而又合理的保健用品范围界定是对保健用品进行各项研究与监管的基础，是实现保健用品产业合理、健康、快速发展的前提。保健用品范围界定的不明确、不统一，在一定程度上也造成了中国保健用品产业监管上的困难。

二 行业监管缺位

（一）行业执法主体不明确

实现依法管理，首先要有明确的执法主体。根据宪法和有关法律规定，执法主体的成立必须有合法的依据。在中国，行政执法主体产生方式主要有两种：一种是国家明文规定建立某一机关或组织承担某种行政执法任务，另一种是国家通过法律法规授权的方式将某种执法权直接赋予某个业已存在的机关或组织。由于

我国保健用品产业监管一直没有通过全国人大进行立法，所以在全国范围内，保健用品产业的执法主体仍不明确。从中国目前的体制来看，对被移送的部门还缺少制约，有些违法违规产品在被移送到相关部门之后并不见得能得到迅速有效的处理，每个部门考虑的问题并不一致。

如果药监部门发现了问题产品不归自己管，移送到相关部门，被移送的部门不处理怎么办？在日本、美国都曾经出现过类似案例，药监部门查处了违法违规产品，但企业认为自己的产品不是药品，从而起诉药监部门非法干预。不管是药品还是食品、保健品，都属于健康产品，涉及的管理部门很多，这样的职责分工在现有的监管制度下客观上加大了整治的难度。

为了规范保健用品产业，促进保健用品产业健康发展，一些省级人民代表大会也通过立法，明确了本省行政范围内的保健用品产业执法主体。例如，陕西省人民代表大会于 2005 年 9 月 29 日经陕西省第十届人民代表大会常务委员会第二十一次会议通过了《陕西省保健用品管理条例》。该条例明确规定，陕西省食品药品监督管理部门主管全省保健用品的监督管理工作，负责保健用品的注册审批；产品质量监督、工商等有关行政管理部门在各自的职责范围内，负责做好保健用品的监督管理工作。

目前中国只有少部分省份通过人大进行立法，明确保健用品的执法主体。行政执法主体不明确或者不合法，就不能保证法律法规的贯彻实施；不具备行政执法主体资格，就有可能越权执法或执法不力。保健用品产业执法主体不明确，将间接阻碍中国保健用品产业的发展。保健用品产业的一些违法违规现象，如果不进行严格及时的执法纠正，不仅合法经营企业的正当利益将得不到有效保护，甚至消费者的合法权益也得不到保证。即使有关部门愿意出面进行管理，也存在着"名不正，言不顺"的尴尬。为规范保健用品市场，使中国保健用品产业健康、有序、快速地发展，必须尽快通过全国人大或省级人大进行立法，对保健用品生产销售及监督管理等做出明文规定，明确执法主体，加大对保健用品生产销售过程中违法行为的查处力度，使保健用品产业生产与管理走向法制化轨道。

（二）保健用品产业监管法律缺失

中国对保健用品的监管制度存在法律的缺失。目前对药品、保健食品、医疗器械、消毒产品的监督管理都有全国适用的专门的法律法规，但对于保健用品却没有全国适用的法律依据，出现各地保健用品监督管理各行其是的情况。比如，有些地区的保健用品归卫生部门管理，而有些地区的保健用品管理则由药品监督管理部门负责，还有的地方制定了规范保健用品的行政规章或地方法规，而有的地方则没有任何管理制度。

由于目前保健用品的界定和归属管理不明确，在利益的驱使下，许多部门争相对保健用品进行审批，使得保健用品的审批文号五花八门。而保健用品厂家也多采取能靠就靠、能沾就沾的办法。它们认为只要有一个批准文号，就相当于有了尚方宝剑。有一些企业钻法律空子，对批准文号的有效期、检验报告日期进行任意涂改，在高利润的驱使下，堂而皇之地违法生产和经营假冒伪劣产品。在一些省份的保健用品市场调查中发现，很多保健用品根本就没有卫生许可证或批准文号，部分有审批发证的产品管理也比较混乱，存在多头管理和乱发证现象。

对于这些问题审批部门也无能为力。保健用品存在的这些问题不但损害了消费者的合法权益，影响消费者的购买积极性，而且导致合法生产企业由于得不到应有的市场保护而无法进行大规模生产，严重阻碍了保健用品产业的健康发展。

为此，很多专家学者提出了"谁准入，谁监管"，或者指定一个部门进行监管的治理思路，以此规范审批部门的行为，加强对保健用品产业的监管，避免保健用品"只有审批，没有监管"现象的继续存在，以促进保健用品产业健康发展。

三 法规制定及行业标准化建设落后

（一）行业法律规定不完善

到目前为止，对保健用品还没有全国适用的专门的法律法规，只有少部分省份出台了相关的地方法规。现行的法律体系中缺乏统一的法律法规来明确执法主体及保健用品的法定概念。

与其他产业相比，中国保健用品产业的法律规定显得落后。1995 年颁布的《食品卫生法》规定卫生部为保健食品的主管部门，根据《食品卫生法》制定的《保健食品管理办法》明确规定了保健食品的定义。《食品卫生法》、《保健食品管理办法》以及后来以《保健食品管理办法》为核心制定的一系列法规、标准等，基本形成了中国保健食品的管理体系。2004 年底，《保健食品注册管理办法》颁布，国家食品药品监督管理局代替卫生部行使保健食品准入的权利，将保健食品产品的功能审批制改为注册制，使中国保健食品的审批制度更加科学完善。截至 2007 年 12 月，中国总共出台涉及保健食品的部级相关法规 120 部。表 1 为保健食品行业主要法律法规制定和修改情况。

表 1　中国保健食品管理体系的有关法律法规

颁布时间/标准号	颁布单位	法律法规名称	备注
1995 年 10 月	全国人大常委会	《中华人民共和国食品卫生法》	中国保健食品自此纳入法制化轨道
1996 年 3 月	卫生部	《保健食品管理办法》	对保健食品作出了全面的规定
1993 年 8 月	工商行政管理局、卫生部	《食品广告管理办法》	—
GB15193 - 1994	卫生部	《食品安全性毒理学评价程序》	—
1996 年 7 月	卫生部	《保健食品评审技术规程》	—
1996 年	卫生部	《保健食品功能学评价程序和检验方法》	—
1996 年	卫生部	《保健食品通用卫生要求》	—
1996 年	卫生部	《保健食品功能学检验机构认定与管理办法》	—
1997 年 3 月	卫生部	《食品卫生监督程序》	—
1997 年 6 月	卫生部	《卫生部关于保健食品管理中若干问题的通知》	—
GB16740 - 1997	国家技监局	《保健食品(功能)通用标准》	—
GB17405 - 1998	卫生部	《保健食品良好生产规范》	—
2004 年 12 月	国家食品药品监督管理局	《保健食品注册管理办法》	将保健食品的产品功能评审制改为注册制，责任主体由国家变为企业
2005 年 7 月	国家食品药品监督管理局	《保健食品广告审查暂行规定》	—

资料来源：中共中央党校课题组、中国保健协会撰《中国保健产业发展战略体制和政策研究》，2009 年 4 月 10 日。

法律法规是监督和管理保健用品产业的基础和依据。中国保健用品产业的相关法律法规还很不成熟，没有统一的基础性和综合性的法规，整个法律法规体系缺乏系统性，法规之间缺乏协调性。某种程度上说，中国对保健用品监管存在法律缺失。很多不法商贩正是利用这种缺陷而大做文章，钻法律空子。因此，为完善中国保健用品产业市场机制，确保中国保健用品产业规范、健康、稳定、发展，制定切实可行的保健用品产业的法律法规是十分必要的。

（二）产业标准体系建设落后

1. 中国保健用品产业标准体系概况

从国家四级标准体系的角度讲，中国的保健用品产业的标准体系比较落后。

首先，中国保健用品的国家标准体系正在建设当中。目前为止，中国保健用品产业还没有统一的国家标准。其次，中国保健用品产业标准不完善。除特殊用途化妆品在投放市场前，需按照国家《化妆品卫生标准》对产品进行卫生质量检查之外，保健功能纺织品、保健器械及其他保健用品行业都没有统一的行业标准。

由于受宏观层面和微观层面各种因素的影响，当前中国对保健用品产业还没有相应的国家标准和产业标准。根据《中华人民共和国标准化法》规定，对没有国家标准和产业标准而又需要在省、自治区、直辖市范围内统一的工业产品的安全、卫生要求，可以制定地方标准。地方标准由省、自治区、直辖市标准化行政主管部门制定，并报国务院标准化行政主管部门和国务院有关行政主管部门备案，在公布了国家标准或者行业标准之后，该项地方标准即行废止。在保健用品产业国家标准和行业标准缺失时，地方标准不可避免地充当了保健用品产业标准体系的主角。在保健用品产业相对发达的省份，保健用品的产品安全、卫生要求标准的评价方法和管理对策的研究探索也一直在进行之中。目前，陕西、辽宁、吉林、黑龙江、贵州、河南、天津、广西等省市均先后颁布了相应的地方管理法规，但存在的问题是，各地方之间法规内容及完善程度有很大的差别。

在标准不统一的情况下，产品质量达标也无从谈起。目前，市场销售的保健用品中有相当一部分产品，未进行有害成分检验和保健有效性检验，未经过科学实验、人体试验或者动物实验，或者根本未通过卫生部门检验，这样就难免出现假冒伪劣、安全性差及无保健功效的产品。例如膏贴洗液类用品由于缺少统一的行业标准，很多产品都是以中医传统理论为指导，与现代西医理论差

别很大，未经现代科学验证，可能存在副作用，再加上生产流程不透明，许多西方国家对此持怀疑态度，从而影响了产品的出口，进而影响中国保健用品产业的生产规模。因此，亟待制定统一的行业标准，来促进保健用品产业的合理健康发展。

2. 保健用品产业标准体系建设迫在眉睫

从中国保健用品产业的标准体系现状看，中国保健用品产业的标准化体系建设已迫在眉睫。

首先，国内保健用品产业的混乱现状与标准体系不完善有密切的关系。由于中国保健用品产业缺乏国家标准与行业标准，使得产品进入市场的门槛比较低，中国保健用品产业存在低水平重复建设的现象。业内专家指出，技术水平低是中国保健用品企业的通病，缺少行业标准是导致低水平重复建设的主要原因。同时，由于缺乏统一的标准，造成保健用品产业监管上政出多门，产品流通方面缺乏有效的监管，监管力度欠缺。[①]

其次，标准化建设落后不利于提高中国保健用品的国际竞争力。标准作为国际交往的技术语言和国际贸易的技术依据，在保障产品质量、提高市场信任度、促进商品流通、维护公平竞争等方面发挥了重要作用。随着经济全球化进程的不断深入，标准在国际竞争中的作用更加凸显，继产品竞争、品牌竞争之后，标准竞争成为一种层次更深、水平更高、影响更大的竞争形式。在加入 WTO 之后，为实现与国外市场的互通，我国必须尽快完善中国保健用品产业的标准体系。

此外，由于中国保健用品企业缺乏创新理论，技术水平落后，与国外企业相比已有相当大的差距。面对国外保健用品进入中国市场的步伐加快，中国更加迫切需要建立起保健用品产业标准体系。

四 保健用品市场混乱

（一）保健用品广告不规范现象泛滥

长期以来，中国保健品产业就存在着虚假宣传、夸大宣传产品功效的通病。

---

① 吴青之：《保健品行业着手建立标准化体系》，2007 年 3 月 16 日《中国现代企业报》。

作为保健品产业中的一员，保健用品产业也同样存在着这样的问题。由于保健用品从其本质上讲是不以治疗为目的，所以保健用品必然不是药品，也不能发挥药物的作用，因此保健用品广告宣传疗效也是不规范的。

1. 虚假宣传泛滥

（1）广告宣传不规范。在工商部门对虚假广告进行清理时，发现目前保健用品市场上存在不少不实广告。很多保健用品在宣传上夸大其词，甚至名不符实。比如，有些在名称中使用"神"、"魔"、"超级"、"特效"等字眼；有些自称是宫廷秘方、祖传秘方或最新科技成果等，而实际上并非如此；有些保健用品在宣传中采用模糊手法，如在产品上仅仅标有医科大学医学院监制，但不标明医科大学的名称；有些厂家在宣传中对专家的评审意见断章取义，取其所需；还有些保健用品明明是国产货，却用外文标上某某国生产，冒充进口货；等等。①

广告将保健用品描述得无所不能，神乎其神。但是这些产品宣称的诸如抵抗电磁波、抗疲劳、治颈椎疾病、消除疼痛等功能并没有科学证明，有一些甚至被证实根本就没有这些功效。部分不法保健用品企业通过各种媒介进行大肆宣传，或者打着"送药"、"义诊"等旗号对产品进行夸大宣传，使消费者（多为中老年人）误认为所宣传的保健用品就是药品。这些宣传行为都违反法律法规关于非药品不得宣传治疗作用的规定的。

（2）宣传误导现象严重。目前保健用品的宣传方式已发生了很大变化。保健用品的宣传除了仍沿用以前的电视广告、报刊宣传、发放宣传单等传统方式外，又出现了销售点坐诊"大夫"的方式，消费者只要经过坐诊"大夫"诊断，几乎百分之百有病，而且所患疾病都可以使用坐诊"大夫"推销的保健用品治好。另外，目前电视"大夫"也明显增加，有些电视"大夫"是保健用品生产者，有些是电影明星，有些是电视节目主持人，这些人从未学过医学，但一讲起保健用品的功能就都成了医学专家，而真正的医学专家、保健用品专家对他们所讲的却无法理解。国家已颁布了医师法，对医生都有一定的资格要求。这些坐诊"大夫"、电视"大夫"不但扰乱了医疗秩序，而且对广大消费者的健康带来了

---

① 金银龙：《保健用品应尽快实施法制化管理》，《中国卫生监督》1996年第4期。

危害。①

欺骗、不守信用已经成为个别保健品企业的"法宝"，广告成为"强心剂"，"科学"成为幌子。中国社会调查事务所对全国 30 个省（市、自治区）做的大型调查显示，超过七成的被调查者对广告有着不同程度的反感。其中，多达58% 的被调查者对保健品的广告不感兴趣，表示不信任保健品广告的占 53%，表示非常不信任保健品广告的占 34%。这足以证明群众对整个保健品市场"信用危机"的严重性。

铺天盖地的保健用品广告和虚假广告的频频曝光，致使许多消费者对保健用品广告有着不同程度的反感，并且对保健用品的信任程度大打折扣。相关的调研证明了消费者对保健用品广告不同程度的怀疑或不信任。

2. 广告审查监管制度不完善

中国保健用品企业长期存在整体规模偏小、同质竞争过度、行业自律不够、普遍不重信誉等"亚健康"问题，导致对市场风险的"免疫力"下降、自身竞争力削弱，最终顽疾难愈。

广告宣传的不规范，易使消费者进入消费误区。受广告宣传的影响，部分消费者在选购保健用品时会首先注重功效宣传和企业名称，相当一部分厂家趁机误导、迷惑消费者。消费者在购买上当后，就会不再信赖企业的产品，没有了消费者的信任，保健用品产业的发展也就没有了基石。中国的保健用品产业曾一度深陷诚信危机。"诚信"是重振中国保健用品市场的关键，建立监管制度严格广告审查是建立"诚信"体系的必要手段。②

此外，明星、名人做广告成风，"事先不调查，事后不负责"。广告代言人代言一则广告的酬金是相当可观的，收益必然与风险成正比，产品出了问题，就应该追究代言人的连带责任。同时，已颁布实施很多年的广告法，已不适应当前市场经济发展的需要，在监管方面出现无力和无法可依的现象。

（二）产品质量和卫生安全无法保证

中国保健用品市场上的产品的质量和卫生安全无法保证，功效值得怀疑，主

---

① 金银龙：《四省市保健用品市场现状调查》，《中国卫生监督》2001 年第 6 期。
② 铁军：《保健用品行业应"谁准入谁监管"》，《吉林人大工作》2008 年第 207 期。

要由以下几方面原因造成。

从保健用品的生产层面来讲，保健用品的质量和卫生安全存在隐患。由于无保健用品的国家标准和行业标准，保健用品基本采用企业标准。相关机构对保健用品企业提供的生产标准进行卫生审查时发现，很多企业的生产标准缺少卫生要求，卫生管理人员和从业人员，大都没有进行过健康检查和卫生知识培训，更谈不上基本的卫生检验设备。出厂的产品仅是做一些技术指标的检验，这必然造成潜在危害，保健用品产品的卫生质量得不到保障。为了保证保健用品的卫生质量，维护消费者利益，必须从保健用品生产入手，从源头抓好卫生安全工作。

在保健用品的流通领域也同样存在着不安全因素。一些保健用品经营单位法制意识淡薄，进货时并未向生产企业或者推销商索取有效的卫生许可批件、卫生检验证明和功效鉴定等有关证件。因为国家没有对保健用品实行卫生法制化管理，使得一些不法商人有机可乘，使得产品质量和卫生安全没有保证，缺少功效鉴定的保健用品，甚至是假冒伪劣产品大量涌入市场，影响了人们的身体健康，甚至使机体遭到长期和潜在性的危害。

中国保健用品在卫生监管上也存在不足。目前，中国还没有全国统一的保健用品卫生监督管理规定，虽已有陕西、黑龙江等少部分省份通过并颁布了地方法规，制定了保健用品卫生监督管理的相关规定，但法规在实施的过程中由于存在技术、经验、管理等方面因素的限制，执行力度明显不够，监督管理不到位。

在技术层面上，中国的保健用品的检测技术还不够成熟，也阻碍了保健用品产业的健康发展。目前，中国保健用品的安全性检测手段还比较落后，安全性和卫生标准的研究还不够成熟，某些材料与人体作用的剂量反应关系及其对人体的危害程度尚不明确。很多产品有卫生检测报告、功效鉴定报告，但几乎市场上所有产品都没有进行安全性评价。这是由于有些审批部门只为追求经济利益或没有承担这些产品试验的技术和能力。为了给保健用品的监督管理提供科学的依据，便于保健用品的科学管理，必须要加大对保健用品安全性的研究力度，制定严格的卫生标准。

五　市场竞争不断加剧

在整个保健用品行业，现有企业之间的竞争非常激烈，这常常表现为价格

战、广告战、服务战等。中国已经加入了 WTO，不管愿不愿意都要和雅诗兰黛、兰蔻、资生堂等各行业的国际巨头展开激烈的竞争。必须看到，改革开放 30 多年来，中国的许多产业都获得了长足的进步，并具备了一定的国际竞争力，很多国际上流通的商品正在打上"中国制造"的标签，但中国的保健用品产业依然徘徊在初级状态。随着国外保健用品的不断涌入，对比国内保健用品具有明显的竞争优势，并且很快占领了市场。面对有备而来、管理水平先进的国外竞争对手，中国的保健用品产业面临更大的挑战。

由于中国的市场巨大，并且中国保健用品产业发展水平还不高，国外保健用品在中国市场上存在很大的发展空间，巨大的市场潜力必然会吸引竞争者不断加入。以下根据波特五力竞争理论对中国的保健用品产业市场竞争环境进行简要的分析。

（一）消费者的威胁

目前诚信危机是保健用品产业的首要威胁，而消费者人群结构的变化和需求重点的转移也不容忽视。因此对消费者的威胁分析也就可以从消费者的信任危机、消费者需求重点转移和人群结构变化两方面展开。

消费者的信任危机。保健作为一门学科，其专业性不是一般人能够领悟透彻的，而商家将保健用品的概念营销运用得淋漓尽致，可以说在一定程度上就是找准了消费者专业知识欠缺的弱点。企业怎么说，消费者就怎么听，反正企业有医生提供的一大堆临床病例，专家提出的各种保健理论，消费者无法进行反驳，因此大多数企业在保健理论的宣传上都"以我为主、为我所用"，对保健知识、概念宣传的断章取义更是信而不疑。然而现在的消费者已经不再像从前那样冲动了。消费者被各式各样的理论灌输多了，自己俨然成为一个保健专家，谈起保健的相关知识也头头是道。商家的夸大宣传最终导致整个保健用品产业的信任危机，而诚信恰恰是企业得以立足发展的基石。保健用品企业的市场观念一向很重，但如果为了眼前利益而破坏长期稳定发展的基础，就等于自掘坟墓。"如实告知、充分告知"是一个成熟市场必须坚持的原则，如果继续用虚假病例、夸大疗效的宣传方式最终会毁掉企业的前途。

消费者需求重点转移和人群结构变化。"保健用品不是药，保健用品也不是医疗器械，使用保健用品是为了保健而不是为了治病"，时下这种观念逐渐被广泛认可，这将最终导致消费者需求发生根本性变化。所有沿袭传统营销方式，把保健用品作为药品、作为医疗器械销售的企业都将走上一条越来越窄的道路。

中青年保健用品消费群体的崛起对保健用品的传统营销方式构成双重威胁。城市化、工业化进程的加快使城市人口患上以"亚健康"为代表的"现代病"的比率越来越大，中青年则是"患病"的主要人群。以老三类人群（老人、小孩和女性）为对象的传统保健用品对这类人群吸引力不大。这些人大都受过高等教育，消费非常理性，一般的广告轰炸显得无效，此类消费人群的扩大无疑对相当部分的保健用品企业的发展构成威胁。

此外，城市化进程的加快使得保健用品原先的主攻市场之一——农村，与城市趋于同质。乡镇县逐步转变为卫星城市，环境的改变使得原来效果极佳的标语、传单、病例专题等促销手段的使用范围越来越窄。传统的农村市场定位和营销模式正面临着市场环境变化带来的压力。农村网络营销型保健用品企业不得不重新面对一个城市化了的农村市场，再次调整市场定位战略，转变营销模式，谁抢先一步完成转变，谁就有了占位优势。

（二）潜在进入者的威胁

随着中国人民生活水平的不断提高，居民消费能力不断增强，人们的保健意识也不断提升，再加上中国人口众多，具有广阔的市场空间，中国的保健用品市场必定会吸引海外保健用品军团的大量涌进。

虽然目前某些保健用品企业还能轮流在市场上风光几年，但面对同类产品的强劲冲击，中国保健用品企业要想保住自己的一杯羹，绝非易事。提高保健用品企业自身素质、规范保健用品产业制度、促进消费者树立明确的保健观念等工作，已迫在眉睫。

国外企业对于国内传统企业的威胁还在于其全新的保健概念，细分化、系列化的产品，全新的营销方式和国人对洋品牌打心眼里的信任。国外保健用品企业动不动就是几十种甚至上百种的产品系列，与国内单一产品形成极大的反差。尽管中国市场的特殊性使得外国产品着实栽过一轮跟头，但是调整过来的国外竞争者凭借强大的资金、技术支持和领先的保健理念必将继续占领中国市场的相当份额。

中国保健品行业的新进入者将会层出不穷，而且，这里有太多的不可预测性。然而，可以肯定的一点是，将有大型的医药集团的进入，也有一些私营企业的进入，还会有一些小的作坊式企业等进入。它们进入市场后，预计将采用的营销策略仍然会是以现行保健品企业的营销模式或现行营销模式变异的方式进行操作，这是由企业自身的资源、认识、能力决定的。它们的进入将加剧保健品市场的竞争，导致保健品行业的盈利率进一步降低。同时，促使部分企业逐步思索和寻求新的营销模式，以寻求竞争优势。

（三）商业流通企业的威胁

连锁店、专卖店以及超市销售的迅速发展对保健用品生产企业构成了来自下游的威胁。这些销售终端将众多零散的终端集成一个整体，大大加强了与供应商讨价还价的能力。因为保健品的消费者越来越注重将超市作为保健品的购物场所，使得连锁超市在保健品销售中占据了相当重要的地位，并且将越来越重要，这将使连锁超市对保健品企业的议价能力日益增强。

而来自消费者的压力将导致产品价格普遍下降，连锁终端对利润的剥夺能力要比独立的营销终端强得多。随着买方议价能力的日益增强，保健品企业要想占据一个有利的地位，将必须提升自身的竞争能力，通过加强自身产品的差异化谋求在市场上的不可替代性，否则保健品企业将会被这些增加的成本压得不堪重负。企业自身的利润空间进一步缩减，维持高昂的销售成本和管理成本都将成为实际的困难。

（四）社会机构与利益团体的威胁

保健用品作为与人类生命健康密切相关的产品，在国内外都属于政府严格管制的产品，也是社会各团体关注的对象，这些都会对保健用品产业的发展产生重大影响。随着保健用品产业的发展，政府对保健用品产业必将给予更多的关注。保健用品产业的市场准入制度将更加严格，保健用品产业的各级标准将趋于完善，保健用品产业的相关法律法规将更趋规范，在政府一道道"紧箍咒"之下，新的营销模式是什么？保健用品如何定位？

媒体将站在消费者和社会角度对待保健用品。媒体一方面收钱为企业做广告，一方面接受消费者投诉，曝光假冒伪劣保健用品和违法广告。媒体出于炒作热点、取悦观众的动机，自然不会放过保健用品这个长盛不衰的靶子（同时部分媒体对于"出格"的医疗广告也开始拒绝），保健用品企业如何应对媒体的这种变化呢？采取公关的方式只是短期行为，需从营销策略角度重新考虑解决方案。在目前的形势下，中国的保健企业如果不居安思危，如果不从行业和企业长期发展的角度来考虑问题，如果不加强自身企业和行业的核心竞争能力的建设，那么十年后或许中国保健品市场的前十名就不再有中国的企业了，这绝非危言耸听。

（五）替代产品的威胁

过去保健用品的产品定位是"包治百病"，凡能涉足的疗效都想沾一点边。宽泛的定位之后却迎来了八方攻击，最后陷入四面楚歌的境地。很多新产品的出现都对保健用品构成了替代的威胁，如医疗器械、家庭健康用品、社会医疗保健机构、心理治疗、药膳、营养饮食、健身运动等产品与服务都会直接分化保健用品的市场人群。

对于保健用品来说，其替代品的威胁主要来自保健用品行业内部。一些保健器械的治疗作用，可能会与其他保健食品产生相互的竞争。产品售价和获利潜力，将由于存在着能被用户方便接受的替代品而受到限制。另外，由于替代品的出现，使得单一的保健用品必须进一步提高其产品附加值，或者通过降低成本来降低售价，或者使其产品具有特色，否则其销量与利润增长的目标就有可能受挫。

Problems Existing in the Development of
Health Care Product Industry in China

Abstract：The thesis deeply analyzes the important problems in the development of health care industry from the perspectives of definition of the industry, industry regulation, standardization construction of the industry, market competition and the like. It is discovered that the definition and scope definition of health care product industry in China is not uniform, supervision and management is hard to be conducted,

industry regulation is in a mess, subject of law enforcement is not made clear, supervision law is not available and standardization construction of the industry lags behind. Absence of special laws and regulations applicable to the whole country, false publicity inside the market, severe product quality problem, and aggravated market competition, the development of the industry encounters many stresses from various aspects.

Key Words: Health Care Products; Industry Development; Problems

B.14
中国保健用品产业发展策略

摘　要：本文从宏观角度对促进中国保健用品产业发展提出了政策建议。研究认为，要用科学发展观指导保健用品产业健康发展，坚持以人为本，政府部门和行业组织要加强监管，积极引导；要为产业制定合理发展战略，使长期战略和阶段性目标相结合，引导产业持续发展；要因地制宜、弘扬中国传统保健文化，注重发挥自身优势，创立独具中国特色的企业品牌和产业特征；要出台相应的政策，用多方面的配套措施促进和鼓励产业发展。

关键词：保健用品　产业发展　政策建议

一　用科学发展观指导产业健康发展

（一）贯彻落实科学发展观

科学发展观是在坚持以邓小平理论和“三个代表”重要思想为指导，在准确把握世界发展趋势、认真总结中国发展经验、深入分析中国发展阶段性特征的基础上提出的重大战略思想，是对经济社会发展一般规律认识的深化，是指导发展的世界观和方法论的集中体现，是推进社会主义经济建设、政治建设、文化建设和社会建设全面发展必须长期坚持的指导方针。

保健用品产业是一个“预防、保健、养生”的产业，其要健康发展，关键是要贯彻落实好科学发展观，努力把科学发展、自主创新、完善监管的要求落到实处。在指导产业健康发展的关键问题上，要自觉、坚定地贯彻落实科学发展观，注重从思想上、组织上、作风上和制度上形成贯彻落实科学发展观的有力保障，切实把科学发展观贯穿于制定产业政策的全过程，推动产业发展真正转入以人为本、全面协调可持续发展的轨道。

1. 坚持以人为本

以人为本，就是要把人民的利益作为一切工作的出发点和落脚点，不断满足人的多方面需求和促进人的全面发展。坚持以人为本，这不仅是科学发展观的本质和核心，也是保健产业发展的本质和核心。对于保健用品产业来说，能否做到以人为本，关键在于是否始终把消费者权益放在突出的位置，是否能够满足消费者对产品安全性和功效性的要求。因为保健用品是一种关乎民众健康安全的特殊消费品，存在着广泛的社会需求。维护消费者权益，就是要不断提高产品质量，满足消费者需求，其最终目的也就是要维护广大人民群众的根本利益。

2. 确保可持续发展

可持续发展是一种注重长远发展的经济增长模式，它是指既满足当代人的需求，又不损害后代人满足其需求的发展模式，是科学发展观的基本要求之一。要实现保健用品产业的可持续发展，第一，要认真研究产业发展的规律，维护企业和消费者的合法权益，实现产业健康发展。第二，要加快企业管理水平的提高，深化内部管理体制改革，切实提高产品的质量和科技含量，在实现产业健康发展的基础上促进新兴产业的快速发展。第三，要正确把握宏观调控目标，健全完善宏观调控体系，合理优化宏观调控手段，确保保健用品产业发展在宏观方面不出问题，并努力为企业发展创造更加良好的宏观环境，实现可持续发展。

3. 转变发展方式

随着人们生活质量的提高和消费观念的改变，人们由以前的只对保健用品的价格和质量关注，逐渐转移为更多的关注保健用品的健康度。只有以消费者的需求为根据才能研发出受大众欢迎的保健用品，才能够保持和提高中国保健用品市场上国内品牌的占有率，同时，这些都需要具有一定的研发实力。技术变革和行业革新，要求企业在产品技术开发上投入大量精力、人力和财力，掌握真正的核心技术和专利，拥有自己的保健用品专利技术，并且是能够和国外相抗衡的保健技术，才能提升和巩固国内品牌在保健用品市场上的竞争力和地位。此外，大力推进科技进步和管理创新，切实转变保健产业发展方式，把注重营销手段转移到注重产品质量上来，以保健用品产业的发展落实科学发展观的根本要求，也是保健用品产业保持健康发展的重要途径。

4. 维护企业和消费者的合法权益

落实科学发展观，要维护消费者的合法权益，同时也要维护企业的合法权益。目前保健用品产业的准入制度和监管制度还不够规范，导致保健用品企业良莠不齐，同时由于知识产权的保护不到位，保健用品企业存在着众多的"跟风"现象，一种畅销品的问世，往往伴随着其他企业生产类似的产品，模仿现象严重，从而严重影响了原生产企业的利益，也会导致市场的混乱，模仿品的低质量、低性能，严重损害了消费者的利益。因此，要同时保障企业和消费者的合法权益，① 才能保障保健用品产业的健康发展。

（二）促进产业健康发展

要做大最强中国保健用品产业，促进保健用品市场健康发展，还需要各方面的共同努力。

1. 政府加强监管

政府部门要加大监管力度，改变过去"重审批，轻监管"的局面，建立保健用品生产经营企业不良记录预警系统和危险性评估系统，并定期公示安全合格保健用品及其生产企业；政府主管部门要尽快出台保健用品管理办法和保健用品国家标准，从制度规范上确保保健用品市场的有序竞争和健康发展。此外，政府部门要加强保健用品卫生管理工作，因为卫生管理工作具有非常重要的作用。第一，保健用品卫生管理应首先确定保健用品的卫生监督管理机构，使生产经营保健用品的单位和个人了解国家对保健用品实行的卫生监督，并且有专门的卫生行政管理机构。第二，保健用品卫生管理应确定保健用品的审批部门、审批程序及评审组织。明确审批部门、审批程序及评审组织，确保保健用品投入市场前，产品的卫生质量、安全质量及保健效能质量。第三，保健用品卫生管理还应针对保健用品生产企业制定法律法规，使生产企业在生产过程中有章可循，符合卫生要求。规定保健用品经营的卫生监督管理，进一步规范经营、销售单位和个人在销售过程中不负责任地夸大宣传等行为，对违反保健用品卫生监督法规与规定的行为进行处罚。②

此外，在社会环境方面，要在全社会培育保健文化，树立健康的消费观念，

---

① 中共中央党校课题组、中国保健协会：《中国保健产业发展战略体制和政策研究》，2009 年 4 月 10 日。

② 赵莹：《试论保健用品卫生监督的法制化管理》，《中国卫生工程学杂志》1998 年第 2 期。

引导消费者正确认识保健用品，对保健用品不盲目追逐，不过分依赖，同时做好广告宣传和舆论监督，客观公正地评价保健用品产业。①

国家相关部门应将加强保健用品的卫生监督提上议事日程，以保证保健用品的保健效能、卫生质量和使用安全，同时，保障消费者身体健康，通过加强保健用品的卫生监督管理工作，促使保健用品的卫生管理工作走上法制管理的轨道，通过国家的法规、规章及制度去规范和保障企业的生产和销售，从而使得市场上销售的保健用品产品符合国家有关法规规定及标准的要求，使产品在消费过程中既起到保健的作用又保障了消费者的利益和合法权利。因此，国家相关部门必须制定相关配套法规、保健用品卫生监督实施细则、保健用品卫生标准等。

2. 行业组织积极引导

在行业发展方面，要通过国家政策支持和行业协会的引导，促进保健用品产业走以技术创新、管理创新、挖掘资源潜力为核心的内涵式发展道路，引导企业提高经营管理水平，规范市场行为。

相关行业协会应该加大工作力度，务实创新，发挥专业优势，充分利用广交会等宣传和服务平台，促进中国保健用品产业的发展壮大和进出口的平衡发展。比如，中国的按摩椅、按摩器具等中小型产品，具有价格优势且功能可靠，与国外同类产品水平相当，在国际市场上具有竞争优势。国际保健用品市场和贸易的快速发展，也为中国保健用品产业发展带来了无限商机。因此，相关行业组织应该多组织保健用品的外贸出口交流会，以展示中国产业发展水平，同时在扩大相关产品出口、吸引国外新产品、新技术，以及保持外贸基本平衡等方面发挥作用。②

3. 企业规范经营

要给保健用品一个准确的定位，保健用品企业需要下大工夫，才能赢得消费者的信任。一方面，生产企业要重塑诚信形象，保健用品的经营单位和个人应该共同抵制和打击欺骗消费者的违法行为，共同维护保健用品市场的经营秩序，恢复消费者的消费信心；另一方面，生产企业应加大科技投入，用现代科学技术武装自己，以中国传统的保健文化宝库为地基，铸造出具有民族特色的驰名品牌，

① 佚名：《促进保健品产业健康发展还需多方努力》，中国保健食品网，2002 年 3 月 14 日。
② 佚名：《利用交易新平台　促进行业健康发展》，2007 年 4 月 14 日《国际商报》。

避免低水平劣质产品的重复。此外，保健用品企业也应进行规模经济发展，以提高企业的抗风险能力和竞争力。

一个保健产品的好坏，应直接反映在产品的使用效果上。因此，保健用品产业的售后服务尤为重要。现在保健用品产业需要做的是消除信任危机，相对于选择何种经营模式来说，诚信应该摆在第一位。①

二 制定中长期发展战略引导产业发展

（一）制定中长期发展战略

一个产业发展战略的确定对于产业的发展方向和产业政策体系的制定而言是极为重要的，尤其对保健用品产业这一新兴产业而言，其重要作用更是不言而喻。

改革开放后，中国保健用品产业得到了突飞猛进的发展，其取得的成绩更是有目共睹。但在其发展的过程中，由于种种原因，市场跌宕起伏，经历了几起几落，中国保健用品产业的发展也并不是一帆风顺的。国内保健用品产业的发展过程大致分为自发萌动期、高速发展期、盘整期和新发展期四个阶段，这些曲折的过程反映出一个关键性的问题：一个新兴产业要实现健康有序地发展的必要前提是存在一个科学合理的发展战略规划。缺乏科学合理的发展战略规划，中国的保健用品产业发展很难跳出"一放就乱、一乱就治、一治就死"的发展怪圈，科学合理的发展战略规划对保健用品行业的发展来说至关重要。此外，科学合理的发展战略规划的制定需要多个相关部门，如政府机构、行业协会、企业等在一个统筹协调的框架下，依赖于精确的数据，对该产业发展阶段和存在问题进行准确定位，才能完成。

（二）持续发展的阶段性目标

为了保障保健用品产业的健康、快速、持续发展，激发保健用品产业内在的产业活力，以中国保健用品产业的发展历史和现状为依托，以培养产业、加快转

---

① 文乐：《促进保健品市场健康发展》，2010 年 2 月 2 日《闽西日报》。

型为总目标，以自主创新和健康观念转变为动力，提出保健用品产业发展的三个阶段性目标。

第一阶段是新发展期，时间是从近期到 2015 年。这一阶段保健用品产业发展要实现的目标是：引导保健用品产业从粗放型发展阶段向规范型市场阶段转型，规范市场竞争秩序，推动保健用品产业诚信经营，鼓励创建品牌，提高保健产品和服务的消费者信任度。到 2015 年中国保健用品产业规模不断扩大，企业做大做强，产品的科技含量不断提高，届时，保健用品产业年产值达 8000 亿元左右，年均增长率保持在 20% 以上。

第二阶段是成熟期，时间是从 2015 年到 2025 年。这一阶段跨时 10 年，保健用品产业将实现以下目标：利用前 5 年的时间完成产品的品牌创建和产品标准的规范，保健用品产业的研发投入和竞争能力不断增强，从业人员素质也在不断提高。这一时期，中国的发达地区基本上达到了中等发达国家的经济发展水平，保健用品的需求增长速度将高于经济增长水平，因此要通过各项措施引导、培养消费者形成以保健替代医疗的意识，增强其保健用品的消费倾向，提高保健用品在其生活消费中的支出比例；同时提高和推广优质的中国保健用品品牌的知名度，如行业协会以树标杆、立榜样等方式，通过公平、公正、公开的原则评选优秀企业、优秀产品、行业名牌，尤其要发掘中国传统的中医药养生保健系统的优秀之处，结合现代科技，打造具有中国特色和竞争力的保健用品品牌，积极向国际市场进军。这一阶段也是中国保健用品产业发展的快速期，也是中国保健用品产业能否壮大，并形成竞争力的关键阶段，更是对中国经济增长贡献率迅速提高的阶段。

第三阶段是更加成熟期，即从 2025 年到 2030 年。在这 5 年里，保健理念深入人心，保健产品和服务对消费者健康的保护和促进作用不断得到认识和肯定；特色产品在国际市场上具有强大的竞争力；保健用品产业作为一个成熟的产业，可以通过产业自身的力量实现产业的升级和发展，逐步发挥对国民经济发展和社会稳定的现实作用。

（三）列入国家产业结构调整指导目录

《产业结构调整指导目录》分为鼓励类、限制类和禁止类三部分。投资者必须按照法律法规和产业政策进行生产力布局、投资决策和项目建设，否则不予许可市场准入。同时对未取得国家相关认证或资源消耗高、污染严重的企业实行退出机制，对在生产过程中资源消耗超过标准的要限期达标，否则将被淘汰。凡违反产业政策的建设行为将受到严肃查处。

然而，保健用品产业没有列入国家发改委发布的《产业结构调整指导目录》，这对保健用品产业的发展非常不利。如果把保健用品产业列入《产业结构调整指导目录》的鼓励类，可以向社会各界和投资主体传递保健用品产业的发展方向、总体策略、基本思路，规范各类投资，调控市场准入，避免低水平重复建设，保证保健用品产业有序发展。同时，产业结构调整也将促进经济增长方式转变，加快产业结构调整和升级，集中力量将产业做强做大，走出一条低投入、高产出、低消耗、零排放、无污染、能循环的可持续发展道路。

（四）列入政府部门统计调查项目目录

目前对保健用品产业的研究没有数据的支持，国家对保健用品产业制定相关政策、研究部门对该产业的研究以及企业内部的相关决策，都因没有一定的数据依据，而无法作出科学的决策。主要原因是保健用品产业目前并没有列入统计调查项目目录，这不仅体现出政府部门对保健用品的不够重视，也说明保健用品的研究更是空中楼阁。

把保健用品产业列入政府部门统计调查项目目录，政府统计调查的受众可以通过查阅这个目录辨别合法调查与违法调查，作出接受或拒绝的选择。目录列出的都是合法调查，企业有义务接受；没有列出的，企业有权拒绝。这样可以只在统计调查项目目录里的企业进行统计，避免调查重复交叉，造成统计数据相互矛盾，使数据质量严重下降，还可以减少被调查企业负担。因此，要把保健用品产业列入政府部门统计调查项目目录，为国家管理部门、研究部门、企业提供决策所需的数据等信息支持。[①]

为了进一步促进保健用品产业的发展，在今后统计中建议单独增加保健用品这一类，或者在97类分类目录的子目录中，增加保健用品细分类别的统计，具体如下。

---

① 中共中央党校课题组、中国保健协会：《中国保健产业发展战略体制和政策研究》，2009年4月10日。

（1）在"17–纺织产品"的子目录下，增加"保健功能纺织品"的统计项。

（2）在"39–电气机械及器材"的子目录下，增加"保健器械"、"保健器材"的统计项。

（3）在"26–化学原料及化学制品"的子目录下，增加"特殊用途化妆品"的统计项。

（4）在其他相应的统计类别下，增加"五官保健用品"、"生殖健康保健用品"等统计项。

三　因地制宜，弘扬中国传统保健文化

现在保健用品市场出售的不仅仅是产品，还包括生活方式、家居环境这些文化概念，中国传统文化源远流长，保健用品企业更应该注重传统文化的凝聚力，因地制宜，把提升保健产品品质与弘扬中国传统保健文化相结合，并因地制宜创造出具有中国特色的产品。

（一）现代保健用品与传统保健文化

以博大精深的中国传统保健文化为依托，中国在发展现代保健用品产业时，应该注重发挥自身优势，将保健用品的现代工艺与传统中医文化和养生文化相结合，创立独具特色的企业品牌。

1. 重视中医文化[①]

中国保健用品产业根植于传统中医文化和养生文化，随着人们健康意识的日益增长，保健、医疗、生活方式、文化观念等各方面均有一股回归自然的强大势头，中医文化思想开始在世界各地区广泛传播。

世界上有越来越多的国家和地区开始关注中医文化，希望加强中医文化的国际科技合作。哲学、史学、文化、科技、中国问题研究机构等，发表数以百计研究中医文化的文章，其中不少论著充分肯定中医文化的重大作用。世界上从人文科学和自然科学的角度研究中医药文化的国家和地区，发表的研究文章、介绍文

---

① 佚名：《论新中国建立后中国共产党中医药文化思想发展进程与实践》，中国传统保健网，2002 年 3 月 14 日。

章等逐年增加。世界上许多国家和地区的政府和医学文化机构多次与中国政府和中医文化机构合作召开国际中医学术研讨会，以求更深入地认识中医文化，更进一步地研究中医文化，从而实现共同发展。中医文化与国际的广泛交流，使国际社会对中医文化更加重视，加速了世界更多国家和地区对中医文化的了解和接受。毋庸置疑，在保健用品产业中加入中医文化元素将为该产业带来空前的发展空间。

2. 发展中医文化

中医药保健用品包括保健酒、药膳、功能性食品、食品添加剂、保健饮品、保健茶、保健汤料及保健枕、保健香袋、保健服饰等功能性保健用品，产业研发与产业化重点为增强免疫力、抗衰老、排铅、降血脂和时令性健身产品，以及各种养生保健用品。

中国的保健用品产业更应该正确对待中医药文化，鼓励引导企业研发生产保健枕、保健香袋、保健服饰等保健日用品，把尊重、保护、继承、挖掘、研究、发展和创新中医文化作为提升自身产品品质和行业竞争力的重点之一，充分挖掘中医这个宝库，重视与名老中医的经验紧密结合，着力开发具有自主知识产权的产品，让中医保健产品走向世界。

（二）因地制宜，发展保健用品与保健文化

中国的保健文化博大精深，源远流长，全国各地有许许多多的传统保健用品，有的是御医配方，有的是世代家传。在今后的保健用品产业的发展方向上，应该注重宣传中华民族的保健文化，使中国的许多具有民族传统和特点的优质保健用品形成规模、占领市场、走出国门。在弘扬中国传统保健文化的基础上发展保健用品产业，在发展保健用品产业的同时弘扬中国传统保健文化。各地在发展保健用品产业时，应注重结合当地的地理环境特点、人文社会传统，因地制宜，利用当地优势资源，打造民族品牌。

总之，因地制宜，弘扬中国传统文化，是保健用品产业的长期发展规划中应该考虑的重要议题。

四 尽快完善国家标准和行业标准

目前在保健用品市场，不管是国家标准，还是行业标准，都亟待规范。

国家应制定统一标准，强化统一的产品技术、生产、检测标准等内容，使保健用品的研究开发和生产做到有章可循。明确保健用品产业统一归口管理，彻底克服目前政出多门的弊端，使真正具有科技含量和保健功能的产品，从鱼龙混杂的保健用品市场中脱颖而出，促进和带动全产业健康发展。[①] 行业标准的建立，要能够维护消费者的权益，维护企业的合法权益，对规范行业、扬优抑劣起到有力的保障作用，同时为政府有关部门执法提供依据。而标准的制定，应该不仅包括生产标准，还要包括销售方式的认证标准。夸大的宣传既不适应已经成熟的消费市场，又也给企业造成过大的压力。此外，龙头企业要强化产业标准，为行业协会制定统一的标准提供参照，利用科技的优势抬高门槛。这样才能促使保健用品行业形成合力，共同迎接挑战。[②]

（一）行业标准早日完善

标准主要从产品质量管理，规范化操作，品种生产、检测等多方面进行综合规定，不仅对规范企业的生产和销售具有重要作用，而且对提高行业门槛、形成保健用品市场的技术壁垒也有利，将是企业今后进行产品功能评价的基础依据。[③] 标准的出台，除规范产业发展外，还将具有社会意义。中国保健协会的成立，为行业统一标准的出台奠定了一定的基础。

中国保健协会已向会员企业发出全面启动保健食品、保健用品、保健器械等技术标准、管理和工作标准的制定的通知，目前相关标准正在酝酿中。此次标准的制定将以原材料、辅料标准的制定为主线，将以行业急需、先易后难、"三标合一"（即技术限值、检测方法、标准样品三标并进）、能与国际接轨为原则。[④]

中国保健协会将制定明确的行业标准，建立配套的规章制度，加强行业自律，对保健用品行业"快步走"意义重大，相当程度上反映了业内尤其是大企业的声音。[⑤]

---

① 佚名：《行业标准未定　保健品产业等待新局》，《医院领导决策参考》2004 年第 24 期。
② 王辉：《保健用品有批无管亟待治理》，《首都医药》2010 年第 3 期。
③ 佚名：《行业标准未定　保健用品产业等待新局》，《医院领导决策参考》2004 年第 24 期。
④ 佚名：《40 项新标准即将出台　保健用品产业大考启幕》，食品伙伴网，2007 年 6 月 28 日。
⑤ 佚名：《相关政策下半年出台　保健用品行业蓄势待发》，食品产业网，2010 年 3 月 5 日。

（二） 新标准新思路①

中国保健科技学会和中国标准化研究院合作，按照"企业负责课题申报，并配合对项目时行考察评估；行业协会牵头组织专家审评，并给出评审意见；行政管理部门负责行业标准的审批和备案"的思路，建立保健用品行业标准。

筛选企业申报的课题，可以按照如下原则进行：第一是定位，根据企业申报标准的情况，对企业所申报课题定位；第二是完备性原则，根据企业提供材料的完备程度和是否有实际应用的案例来进行筛选；第三是正确性原则，这是衡量企业提供标准内容本身是否正确的标准，只有内容本身正确才可能成为标准；第四是可行性原则，企业在制定标准的时候，应该充分考虑到可行性问题，要考虑到标准在业内是否具有普遍的可行性。

通过上述的立项、初期的调研，工作组可以和主要的企业签订合同，按照商业模式进行后期操作。评审起草的标准，应遵循三个原则：一是符合性原则，保健用品标准要符合法律法规；二是规范性原则，内容要规范，不仅能代表一家或几家企业的特点，更要覆盖行业里多数企业的情况；三是可操作性原则。如果课题不能通过工作组的评审，就要回到起草阶段，重新进行考察和研究。

（三） 企业对新标准的支持

很多企业对建立新的行业标准表示赞成。企业竞争的最高阶段不是产品竞争，而是标准的竞争。国内保健用品市场目前还是停留在产品竞争阶段，保健用品企业出现信誉问题的根源在于没有标准。因此，企业非常支持用标准来规范整个行业。

在制定标准的过程中，企业也应该积极参与、献计献策。有企业提出，制定保健用品行业标准，最重要的是能不能突破卫生部原来制定的保健用品的 22 项功能定位范围。22 项功能定位的范围较小，不利于企业对产品的宣传。如果行业标准能突破这个关口，企业会在市场定位和推广上有较大的发展空间。

另一种声音认为，必须提高行业标准的层次，从更高的角度来提高保健用品的行业门槛。一些企业认为，建立标准是一个系统工程，标准要涵盖产品的审

---

① 佚名：《重建保健用品行业标准》，中国药网，2003 年 7 月 28 日。

批、生产和广告宣传等方面的内容。从这个角度上来说，在审批标准、广告法都明确的现实情况下，标准的意义主要在于将之形成系统，使各项规范更细分、更科学。

企业的规范发展必须依靠国家标准，国家标准不仅有更高的层次，而且有法律制度作保障。SFDA、卫生部等行业管理部门和中国标准化研究院都应该参与到标准的制定中，从国家标准的高度提高保健用品产业的进入门槛。

五　相关配套政策

（一）税收政策

国家相关税收政策对产业影响巨大，是影响企业经营业绩的重要因素之一。

为了促进保健用品产业的发展，相关组织应该积极加强对国内外市场的调研，广泛搜集企业一线信息和建议，向政府有关部门提出有利于产业发展和国家经济发展的相关建议，包括税收政策。2009 年，医保商会向商务部等有关部门递交《关于提高医药产品出口退税率的建议》，促成了部分医药产品税率的上调，帮助医药企业渡过难关。保健用品企业也可以考虑建立统一的行业组织，向国家申请上调退税、税收减免等优惠政策，以促进产业的发展。[1]

保健用品生产企业应努力提升技术竞争力，使企业符合国家的高新技术企业标准，从而享受国家对高新技术企业提供的税收优惠政策和财政补贴。同时，外商投资的保健用品企业（含中外合资和合作企业）可享受"免二减三"的所得税征收政策：自获利年度起前两年所得税全免，后三年减半征收。

1. 用财税政策鼓励新产品、新工艺的开发研制[2]

与国外保健用品产业相比，中国保健用品产业缺乏核心技术，研发能力较差，种类繁多，技术含量低，缺少自主创新能力。当前技术、资金的缺乏成为制约中国保健用品产业向高、精、尖方向发展的瓶颈。

---

[1] 佚名：《助企业渡过难关　促出口逆势增长》，2009 年 7 月 28 日《国际商报》。

[2] 中共中央党校课题组、中国保健协会：《中国保健产业发展战略体制和政策研究》，2009 年 4 月 10 日。

在研发费用的扣除上，新企业所得税规定实行100%扣除的基础上，按研究开发费用的50%加计扣除，为了鼓励企业提高研发能力，增强产品的核心技术，促进技术创新，打造具有国际竞争力的企业，除了加大对企业自主创新投入的所得税前抵扣力度外，还应当落实有关税收政策，就新技术、新产品进行研究开发的收入免征营业税。

2. 完善广告费和业务宣传费的扣除，减轻企业负担

对于保健用品产业来说，广告费具有投入大、收益期长的特点，因而应该视同资本化支出，不能在发生当期一次性扣除，超过部分，应准予在以后纳税年度结转扣除。业务宣传费与广告费性质相似，也应一并进行限制。《企业所得税法实施条例》规定按销售（营业）收入的15%扣除，并允许将当年扣除不完的部分向以后纳税年度结转扣除。同时，考虑到保健用品产业的广告费、业务宣传费发生情况较为特殊，其广告费用占销售收入比例较大，而实际征收企业所得税的时候只按新税法规定的最高比例征收，这样就导致保健用品企业缴纳了较多的费用，不利于企业的进一步发展，所以建议根据其实际情况作出具体规定，根据保健行业的广告费和业务宣传费实际发生的情况，根据新税法的授权在部门规章中作出具体的扣除规定，提高广告费和业务宣传费的扣除比例，从而降低企业成本。

3. 针对中小企业的税收优惠政策

保健用品企业中有相当一部分企业属于中小企业或民营企业。而目前中国单独针对中小企业的企业自主创新税收优惠政策很少，大多是针对大型企业，更主要的是对高新技术产业或高新技术产业开发区单独制定或颁布的相关税收优惠政策。因此，可以对当年应纳税额不超过规定限额的企业，实行低档所得税率；对新办的吸纳下岗失业人员达到一定比例的企业，在一定期限内实行减、免所得税等税收优惠政策。

（二）保健用品出口政策

1. 中国保健用品进出口情况①

2010年上半年，中国经济总体保持回升向好的发展态势。2010年上半年，

---

① 霍卫：《2010年上半年我国保健品进出口向好》，2010年8月11日《戏药》。

中国保健用品进出口总额为 1.6 亿美元，同比增长 24%，其中出口额 7651 万美元，同比增长 42%；进口额 8369 万美元，同比增长 11%。2007 年，中国保健用品贸易首次出现 778 万美元的逆差，2008 年保健用品贸易的逆差增幅大幅增加，达到 171%，2009 年贸易逆差增幅已经放缓至 10%，2010 年上半年保健用品贸易逆差继续大幅缩小。中国对新兴经济体地区保健用品出口增幅均超过 60%，但对欧盟的出口额出现小幅下滑。2010 年上半年，中国保健用品出口到 88 个国家和地区，其中，出口额增幅较大的国家有加拿大、泰国、美国、越南和印尼；出口降幅较大的国家有英国、西班牙和巴西。

2. 开创保健用品出口基地，促进保健用品对外贸易①

由于保健用品产业是全球最具发展前景的国际化高新技术产业之一，直接关系到人们的身体健康和生活质量，世界各国都予以高度重视，并竞相争夺国际保健用品市场的制高点，所以这也为中国保健用品产业的发展带来了机遇。中国保健用品出口结构不够合理，国际竞争力不强，出口增长速度低于全国外贸出口增长速度。因此迫切需要采取有力措施，加快中国保健用品出口增长方式的转变，培植新的出口增长点，实现保健用品产业的持续协调发展，带动国内保健用品产业的发展壮大与升级。

2005 年国家商务部认定北京、天津、上海等 15 个城市为国家医药出口基地，在促进医药保健用品的发展和贸易方面发挥了重要作用。借鉴此经验，为了促进中国保健用品产业的发展，并使其在国际贸易中发挥优势，中国也应该积极建设保健用品出口基地。

保健用品出口基地建设工作是一个系统工程。需要政府、企业、中介组织等进行大量的艰苦工作，在总结其他产业经验的基础上，在合适的时机，开展保健用品出口基地的认定工作。国家保健用品出口基地的认定，应该由相关政府部门、科研院所和行业组织的官员、专家和学者组成专家委员会，制定评价国家保健用品出口基地的指标体系，以科学、全面、准确地反映地区保健用品出口的现状和发展潜力。建设保健用品出口基地，加速中国保健用品出口结构的战略性调整。在部分保健用品产业基础比较好、出口竞争潜力比较大的城市建立国家保健用品出口基地，将充分发挥中央与地方两方面的积极性，优化产业布局、推动产

---

① 刘张林：《医药出口　促进产业快速发展》，2005 年 11 月 30 日《中国中医药报》。

业聚集，培育地区性的规模竞争优势。扶持和引导保健用品出口生产企业提高以自主知识产权、管理创新、技术创新等为支撑的核心竞争力，大力开拓国际市场，加快实施走出去战略的步伐，能够在短时间内推动保健用品出口工作实现更大的突破，形成以国家保健用品出口基地为龙头，辐射、示范并带动周边地区乃至全国的保健用品出口，为振兴中国保健用品产业作出更大贡献。

3. 建立行业进出口商会，促进保健用品出口

2008 年国际金融危机，使中国保健用品的出口受到较大冲击，原因是金融危机使发达国家的消费能力大幅萎缩，并且这些产品不是必需消费品。一些企业反映，除面临金融危机的冲击外，中国制造产品也开始面临新的挑战：一是信誉危机，出口产品价格上涨过快，有的企业就不履行原来签订的低价合同；二是产品质量危机，国外客户对中国产品的质量缺乏信心。

面对新的国际经济形势，广大保健用品生产企业应该做好应对严峻挑战的准备，并力争在危机中抓住机遇，逆势前行。同时，也应该借鉴医保商会的经验，成立专门的保健用品行业商会，采取积极措施帮助企业共同应对新的复杂形势，减少外部经济环境变化对中国保健用品产业的冲击，同时促进保健用品产业的发展。

商会应该加强与国家发改委、商务部等有关部门的沟通与配合，在产业和外贸政策层面为广大企业提供更具实效的帮助，发挥自身优势，在协调、指导、咨询、服务等方面下大力气，通过切实可行的措施加快推动保健用品对外贸易增长方式的转变，提高贸易效益，做大做强中国保健用品对外贸易事业。

在遇到贸易摩擦问题时，商会可以指导企业进行应诉，维护行业与企业利益，起到组织、指导、协调、与政府沟通的作用。事后监督，事先预警，为国内保健用品企业出口开辟渠道，为国内外市场和企业搭起沟通的桥梁。此外，进一步加强对会员企业的服务，提高服务的针对性，代言行业意见，维护企业权益。在国内，商会应及时收集整理企业的意见和建议，参与政府法规和政策的制定；在国际上，商会应加强沟通和交涉的力度，有效地维护行业的利益。①

总之，扩大保健用品的出口，对于解决国内的产能过剩，拉动国内产业发

---

① 司思：《医药保健品：出口难在哪？》，《中国经贸》2006 年第 5 期。

展，甚至对于解决三农问题；对于促进中国保健用品产业的发展、提升国家的整体竞争力、保证国家安全，都具有极为重要的意义。此外，保健用品产业是典型的高科技含量、高附加值产业，是当今世界经济中最富活力的高新技术产业之一，发展保健用品出口，促进中国保健用品产业的发展，是落实科技兴贸战略、转变中国外贸出口的增长方式、实现从贸易大国向贸易强国转变的一项重要内容。

（三）产业组织政策

1. 产业组织政策概括

产业组织是指同一产业内部各企业间在进行经济活动时所形成的相互联系及其组合形式。企业间相互联系机制和形式的不同，对资源利用效率和产出效益有直接的影响，因而产业组织政策的首要任务，是利用经济政策改善产业组织，实现产业组织的合理化，并借此达到资源有效利用、收益公平分配等目标。

任何产业的发展，都离不开相关政策的支持。目前中国的保健用品产业政策还不完备，主要表现在技术标准体系的不完备、信贷政策的不对称等方面。与一些保健用品市场发展成熟的国家相比，例如，通过对比韩国保健用品产业政策尤其是监管政策的制定和施行力度，可以看出目前中国对这个产业发展的支持力度还远远不够，对整个产业的监管还要进一步加强。

国家对保健用品产业进行支持的实质是通过鼓励创新和政策支持，促进保健用品产业选择以技术创新、管理创新、挖掘资源潜力为主的内涵式发展道路。国家要对现有保健用品产业的有关政策进行梳理，要从整个体制和制度上进一步改革，明确保健用品产业的战略性地位，支持其发展，促进保健用品产业成长为新的经济增长点。国家政府有关机构要明确表示国家支持保健用品产业发展，形成有利于保健用品产业发展的氛围，并通过相关综合部门的专业管理部门的工作予以贯彻。有关部门应规范对保健用品的监督管理，制定和完善保健用品的质量标准，加快行政法规的建立进程，加强对保健用品的知识产权保护，把保健用品纳入科学研究和技术创新的重点领域。①

---

① 佚名：《促进保健用品产业健康发展还需多方努力》，中国保健食品网，2002 年 3 月 14 日。

2. 完善产业政策，促进产业发展

由于保健用品产业的特性，在产业政策方面，应该建立保健用品产业发展投资基金，支持新兴项目或已有项目的改造，推进保健用品产业的信息化和网络化，促进科技成果迅速转化；支持优势企业的兼并重组，培育保健用品跨国公司，为其积极参与国际竞争创造条件。

保健用品产业高技术发展需要高投入，资本市场上的社会投入是资金来源的主要渠道。为此，在完善的产业政策基础上要在保健用品产业高新技术发展上引入风险投资机制，建立相关的风险投资机制和体系，为投资者创造良好的投资环境。保健用品产业是竞争性产业，保健用品产业的投资、生产和流通各个环节都要符合市场经济规律，通过市场竞争机制来调节。

目前，国内一些省市在利用相关产业政策促进保健用品产业发展方面已取得了良好的效果，其中比较突出的是上海市。针对上海保健企业生产经营规模小、经济实力差的情况，上海市政府通过按标准评价结果给予速效支持和国际扩展支持等手段，扶持和组建大中型企业集团，使之成为保健用品产业的龙头企业和外向型现代化企业集团。同时，上海市政府还积极培育中国保健用品产业跨国公司，提升中国保健用品产业竞争力。

3. 用好产业政策，企业做大做强

保健用品产业中一系列产业政策的出台使该产业面临着空前的发展机遇和挑战。保健用品企业面临的问题是如何抓住机遇，迎接挑战。这就要求企业要用好产业政策，如在品牌战略、产品开发、经营管理等方面都加以改进，摆脱传统产品观念和经营方式的桎梏，根据当前政策和客户的需求，积极开发新产品，探索和应用新的品牌经营模式，坚持可持续发展的经营理念，开辟企业和行业发展的新道路。

从长远来看，产品结构调整是企业寻找新的利润增长点的根本，企业应该多花心思在新产品研发和企业品牌建设上，未来的发展之路才能走得更稳、更扎实。随着国家政策的引导，保健用品市场将更加规范，优势企业发展将加快。理性研判市场、技术创新是提高市场竞争力的必由之路，企业出手要快，要积极利用国家鼓励创新的政策，加强技术联合研究。企业在运用国家产业政策的同时，更重要的是要培养符合国家政策的核心竞争力，这是最关键的，因为这将带动中国保健用品产业的发展进入一个新的篇章。

保健蓝皮书

Development Strategy of Health Care Product Industry in China

Abstract: The research is for the opinion that it is necessary to apply the scientific outlook on development to guide the healthy development of health care product industry and to promote the idea of human-oriented. Government departments and industry organizations shall strengthen the management and actively guide the trade; they shall formulate reasonable development strategy for the industry, long-term strategy and phased targets shall be combined so as to guide the sustainable development of the industry; they shall carry forward the tradition culture of health care in China according to their specific conditions, pay more attention to let their own advantages play their full role and establish the enterprise brand and industry characteristics alive with Chinese characteristics; they shall issue corresponding policies on taxation, import and export and industry organizations and promote and encourage the development of the industry by using supporting measures from various aspects.

Key Words: Health Care Products; Industry Development; Policy; Suggestions

B .15
保健用品产业投资与风险分析

摘　要： 本文基于课题组调研数据，从产业周期环境、竞争环境和政策环境三个方面，分析了产业投资环境；从产业发展前景分析预测、SWOT分析角度，探究了保健用品产业投资机会；从产业成长性、赢利能力、偿债能力、运营能力角度分析了产业财务实力；从产业环境风险、上下游产业链风险、政策风险、市场风险等角度对产业投资风险进行了全面解读；最后对企业投资保健用品产业的战略和风险规避进行了论述，旨在为企业投资保健用品产业提供良好的决策支持。

关键词： 产业投资　风险　战略研究

一　产业投资环境

（一）产业周期环境

产业周期理论将产业发展分为四个周期，分别是形成、成长、成熟和衰退。各阶段特点是：产业在形成阶段，企业数量少，集中度高，产品种类单一且质量不高；产业在成长阶段，市场需求旺盛，产业利润率高，产业进入壁垒低，导致大量厂商进入，产业集中度下降，但产品开始多样化、差别化且质量提高，竞争主要集中在价格上；产业在成熟阶段，产业集中度高，出现了一定程度的垄断，产品再度无差异，产业利润达到很高的水平，进入壁垒高，主要表现为规模壁垒；产业衰退期，主要表现为需求萎缩，利润开始下降。近年来，中国保健用品市场一直保持20%左右的年增长率。随着生活水平的提高，人们越来越重视身体的健康和生命的长寿，越来越舍得在这方面进行投资。中国保健用品市场需求快速增长，消费群体也由老年人逐步向中年和儿童扩展。随着生产成本和人力成本的不断下降，以及核心技术的普及，保健用品产业的赢利能力也不断提升，大量厂商开始进入保健用品产业，据不完全统计，目前中国的保健用品企业大致有

21000 家，其中保健功能纺织品相关企业有 3483 家，保健器械相关企业有 3290 家，特殊用途化妆品相关企业有 663 家，五官保健用品相关企业有 283 家。可见，中国保健用品产业正处在成长阶段。

（二）保健用品产业市场竞争环境

由于国内保健用品企业数量较多，加之客户需求的多样化和保健用品市场的分散化，造成了中国保健用品市场集中度低。具体表现为以下几个方面。

1. 现有企业间竞争

目前国内保健用品产业的竞争格局主要分为三个梯队。第一梯队主要是进口保健用品生产企业，如杜蕾斯、威娜等；第二梯队主要是近年来发展起来的、较大规模的保健用品生产企业，如太原伦嘉生物、康佰公司、天津市健龙保健用品有限公司等；第三梯队主要是国内小型的、规模以下（年营业额低于 500 万元）的保健用品生产企业。从市场表现及综合实力的角度看，目前中国保健用品产业的竞争组群是两部分：其一，国内保健用品产业间的竞争，国内外资企业、本土企业以及合资企业之间的竞争；其二，国内外企业间的竞争，主要指本土企业和美国、德国、日本、法国等国的生产企业之间的竞争。

2. 潜在的新进入者

随着中国保健用品产业的不断成长和核心技术的不断普及，越来越多的企业将进入这个产业，每年都有数以万计的保健用品生产企业诞生，这些企业可分为两种类型：一是新设立的企业，二是原来从事医药等相关产业的大型企业通过并购、引入、重组等各种方式进入保健用品产业。新企业的进入将加剧中国保健用品产业的竞争。

3. 替代品威胁

目前保健用品产业还处于成长阶段，相关的替代品较少，因此，保健用品产业基本上不存在替代品的威胁。

4. 购买者讨价还价的能力

虽然消费者对身体的健康越来越重视，但是作为保健用品产业，消费者的价格弹性还是比较大的，保健用品目前还并不是所有消费者的必需品。如果价格过高超出了消费者的支付能力，消费者就不会对保健用品产生需求。目前，保健用品市场上的产品同质性强，差异化不明显。从以上两点来看，购买者在保健用品市场上有很强的议价能力。

5. 供应商的讨价还价能力

保健用品产业的原材料主要包括钢材、棉花、塑料及其他。这些原材料生产企业在中国处于竞争激烈的格局，保健用品产业可以在众多的企业中进行选择，但保健用品市场供应商议价能力偏弱。

（三）保健用品产业法律环境

为了促进中国保健用品产业健康发展，中国出台了一系列的政策，为保健用品产业发展创造了较好的政策环境。

首先，较完善的行业监管法规。例如，根据 2006 年国家认监委和卫生部联合起草的《口腔保健用品认证管理办法（征求意见稿）》，口腔保健用品认证将采用统一的认证标准、技术规范、合格评定程序，标注统一的口腔保健用品认证标志。国家认监委会同卫生部制定口腔保健用品认证规则。设立口腔保健用品认证机构应当符合《认证认可条例》规定的条件，并具备口腔保健用品功效实验室检测和临床验证的技术能力。国家认监委依法对申请设立认证机构的申请人进行审批，公布批准设立的认证机构名录。在审批时涉及卫生部职责的，征求卫生部意见。

其次，《直销法》出台。目前，已成功开拓中国市场的国内外老牌直销公司在网络拓展、营销管理、产品质量、研发实力等方面具有绝对竞争优势。《直销法》的出台，对保健用品经营模式的多元化选择创造了条件，同时也吸引了更多的国外保健用品企业进入中国市场，极大地释放了老牌直销保健用品巨头的核心竞争力，国内保健用品企业面临严峻挑战。

最后，医疗体制改革。社会医疗保障体系经改革后，政府不再是医疗费用的承担主体，病人需要承担更多的医疗费用。对未来健康支出的预期会强化人们早期预防、加强保健的意识，"重预防、轻治疗"的养生观念将带动保健用品需求的增长，为保健用品的发展提供契机。

二 产业投资机会分析

（一）产业发展前景分析

1. 产业供给预测

利用 Excel 中的 FORECAST 函数以中国保健用品产业 2005～2009 年的产值

为依据进行预测，可以得出，2010 年以后，保健用品产业的产值仍然将处于稳步上升的态势。保守估计，2010 年之后的平均增长率将会达到 10% 左右。虽然低于 2005～2009 年接近 20% 的增长率，但仍将维持高速增长。可见，2010 年后的产值平均增长速度还有进一步提升的空间。所以预计，2011 年产值为 2069 亿元，2012 产值为 2276 亿元（见图 1）。

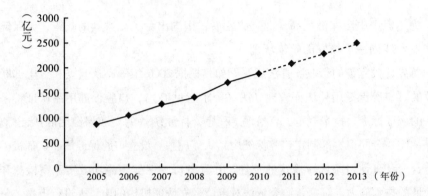

图 1　2005～2013 年保健用品产业产值

注：2011～2013 年为预测值。
资料来源：中国保健协会。

2. 产业需求预测

利用 Excel 中的 FORECAST 函数以中国保健用品产业 2005～2009 年的市场规模为依据进行预测，可以得出，保健用品产业的市场规模仍将加速扩大，保守估计平均增长率将会达到 12% 左右。由于受国际金融危机的影响，增长速度可能会放缓，但随着经济的不断恢复，保健用品产业的需求也将逐渐恢复。保守估计，2011 年市场规模会达到 2028 亿元，2012 年预计为 2257 亿元，2013 年预计为 2484 亿元（见图 2）。

（二）产业 SWOT 分析

SWOT 分析法（也称 TOWS 分析法）即态势分析法，是 20 世纪 80 年代初由美国旧金山大学的管理学教授韦里克提出，通过分析企业的优势、劣势、机会和威胁，来协助企业制定战略和分析竞争对手。表 1 是对中国保健用品产业的 SWOT 分析。

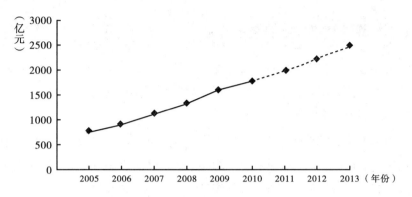

图 2　2005～2013 年保健用品产业市场规模

注：2011～2013 年为预测值。
资料来源：中国保健协会。

表 1　中国保健用品产业 SWOT 分析

竞争优势	消费者对保健用品的需求旺盛。随着生活节奏加快，家庭自制传统补品的炖、熬、泡等制作过程烦琐，消费者转而购买服用方便的保健用品。同时，随着医药卫生体制改革的深入，消费者将更加注重自身保健
竞争劣势	市场处于垄断状态，不利于竞争。目前保健用品市场分为美容、减肥、强体、护齿等板块，每个板块都被 1～2 家企业所垄断。显然，这不利于产业发展，也不符合产业的长远利益。但是目前处于垄断地位的企业不愿发动竞争，因为其只关心自己的高额垄断利润而不关心产业利益。而且开展价格竞争会引发很多企业本来就脆弱的价格管理问题，故许多企业并不愿意冒这个风险
机 会	①消费者的消费心理逐渐变得成熟和理性，这种心理主要表现在对广告不轻信、重视自己身边的口碑宣传，对品质可靠、知名度较高的保健用品重复消费。这就意味着失去市场的是那些短期行为严重、功效不理想、靠制造"轰动"效应推广的保健用品。消费者的选择使市场集中在功效显著、品质可靠、知名度较高的保健用品上，这一类型的市场还将进一步扩大 ②购买力的增强令保健用品潜在市场扩大。中国人口众多，消费群体基数较大，虽然目前购买力从整体上看不是很高，但从长远来看，随着中国经济的进一步发展，购买力将会有所提高，保健用品潜在市场将会更大。另外，计划生育政策使得家庭规模减小，家庭在抚养子女方面的负担减轻，而在保健用品上的支出比例则会相应增加，这也是促使保健用品市场扩大的一个因素
威 胁	①虚假、夸大宣传造成消费者对保健用品信任程度降低 ②低水平重复现象严重 ③管理法规不完善 ④假冒伪劣保健用品泛滥，其中宣传问题成为影响中国保健用品产业发展的最大障碍

（三）保健用品产业投资子行业

保健用品产业投资子行业主要包括：保健功能纺织品、保健器械、特殊用途化妆品、五官保健用品、生殖健康保健用品和其他保健用品等行业。

1. 保健功能纺织品行业

中国保健功能纺织品行业的投资机会主要包括以下两方面。一方面，根据中国保健协会提供的数据，保健功能纺织品已经成为纺织品行业新的增长点。保健功能针织和家用纺织品，已分别占针织产品和家纺产品的8%左右。2009年保健功能纺织品销售达到1000亿元，并且每年以20%的速度递增。保健功能纺织品因具有一定的科技含量和实用价值，从而决定了其较高的附加值，其一般利润率在15%~50%。另一方面，中国的纺织品出口形势仍然乐观。2010年9月，纺织品服装出口200.1亿美元，同比增长19.5%，其中，纺织品出口68.1亿美元，同比增长20.2%。出口的增加也使保健功能纺织品极具发展潜力。

2. 保健器械行业

保健器械行业的投资机会主要有：保健器械行业作为一个全球性的朝阳行业，其全球市场容量急速上升。而中国作为一个具有传统的保健养生理念的大国，对保健器械的需求更是日益增长。目前中国保健器械市场处于行业周期的成长阶段。据不完全统计，中国居民在保健器械方面的支出只有美国的1/20，日本的1/15，而与此同时，中国居民的人均收入水平却在不断提高，预计在未来十年内保健器械行业将以6%以上的速度持续增长。从收入决定消费的角度看，中国保健器械市场潜力巨大。

3. 特殊用途化妆品行业

特殊用途化妆品行业的投资机会：据有关部门统计，中国特殊用途化妆品市场销售额平均以每年23.8%的速度增长，最高的年份达41%，增长速度远远高于国民经济的平均增长速度，具有相当大的发展潜力。中国特殊用途化妆品市场销售额比改革开放初期1982年增长了200多倍。但是，目前国内的人均化妆品消费水平仅20~30元，而世界人均消费水平则为35~70美元，而美国更是高达70~80美元。这表明中国目前特殊用途化妆品消费水平还相对较低。随着人们生活理念的更新和进步，以及人们生活水平的不断提高，中国特殊用途化妆品市场需求潜力还是非常巨大的。

4. 五官保健用品行业

五官保健用品行业的投资机会：一方面，五官是人体重要器官，加强五官的保健，不仅可以使人们拥有更加健康的生活，而且能够预防和治疗多种由五官而引发的疾病，因此五官的保健与人们的生活息息相关。在口腔保健子行业中，品牌较多，且产品的种类、功能较为齐全，竞争非常激烈。而对于眼部保健和耳鼻喉部保健，目前在国内发展尚处于萌芽期，消费者的认知度不高，对眼耳鼻喉部位的保健多停留在药补或食疗阶段，对于保健用品的概念并不强，因此这两个行业的市场空间很大。另一方面，随着企业技术的不断精进，中国传统养生理论与现代科技的结合，将使中国的五官保健用品行业出现更多具有中华文明特色的产品，这些产品不仅易为国人接受，对国外的消费者也具有吸引力，这种结合会带来巨大的市场需求。

5. 生殖健康保健用品行业

生殖健康保健用品行业的投资机会：一方面，随着生殖健康概念在全世界范围内的普及及其各种响应行动项目的实行，国家计生委也提出了要实现工作方式和工作思路的"两个转变"，强调在制定和执行人口和计划生育方案时，不仅要重视控制人口数量，还要注意满足人们在生殖健康方面的需求，改善人们的生殖健康状况，保障人们的合法权利。另一方面，中国有 13 亿人口、3.25 亿育龄妇女、3.48 亿户家庭，因此，卫生、安全、可靠、便捷的高质量、低成本的生殖健康产品有巨大的市场需求。据不完全统计全国 25% 的男性有性功能障碍或性心理障碍，10% 的夫妇患有不育不孕症，育龄妇女生殖道感染率达 45% 以上，全国每年有近 2000 万名孕产妇需要进行非损伤性的出生缺陷筛查。可见，生殖健康保健用品市场发展潜力巨大。

三　产业财务分析

（一）产业赢利能力分析

从图 3 可以看出，2005～2008 年保健用品产业的销售利润率总体呈现下降趋势，在 2007 年虽然有所回升，但利润率由 2005 年的 10.2% 下降到 2008 年的 7.8%。然而，2009 年保健用品产业的销售利润率却大幅提升，创历史新高为

11.2%。产业赢利能力大幅提升的主要原因是 2008 年国际金融危机的爆发使得产业内利润率比较低的企业被淘汰，从而提高了产业的平均利润率。另外，原材料价格的下降也是利润率提高的原因之一。

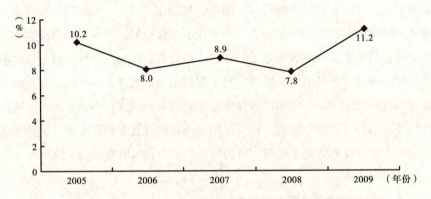

图3　2005～2009 年保健用品产业销售利润率变化情况

（二）产业成长性分析

从图 4 中可以看出保健用品产业 2006～2009 年的销售收入呈现稳步上升的趋势，虽然在 2007 年有小幅度的下降，但是销售收入的增长率从 2006 年的 25.2% 上升到 2009 年的 33.6%，销售收入大幅提高，这也体现了保健用品产业的成长性。销售收入的飞速增长主要是因为：首先，居民的保健意识不断增强；其次，居民的收入水平不断提高；最后，保健用品产业的技术和管理水平不断提高。

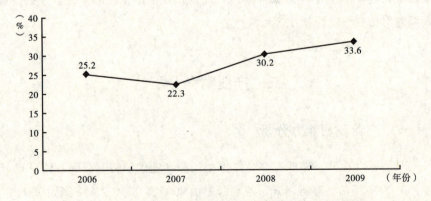

图4　2006～2009 年保健用品产业销售收入增长率变化情况

（三）产业偿债能力分析

从图5可以看出，相比2005年，2006年的流动比率大幅提升达到最高值1.45，但是，此后2007～2008年的流动比率不断下降，2008年为1.25。说明2006～2008年企业的偿债能力在不断下降。这种趋势在2009年被逆转，2009年的流动比率超过2007年和2008年。说明企业偿债能力得到了改善。流动比率变化的原因主要是2006年拥有大量资金的企业进入保健用品产业，随着2007～2008年投入的不断加大，其资金量也不断减少。国际金融危机的出现淘汰了一批流动性极差的企业，从而改善了整个产业的偿债能力。

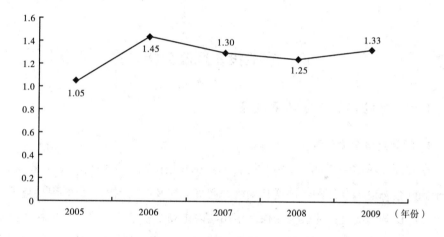

图5　2005～2009年保健用品产业流动比率变化情况

（四）产业营运能力分析

从图6可以看出，保健用品产业2005～2009年的总资产周转率处于不断上升的趋势，2007年达到最高值的1.49，之后虽然有所回落，但并没有改变整体的变化趋势。随着保健用品产业的不断发展，相关企业的营运能力也在不断提升。2008年的国际金融危机，使得经济发展受阻，保健用品产业也出现了一定的运营问题。但随着国内经济刺激计划的出台，中国的经济恢复迅速。与此同时，保健用品产业的相关企业的总资产周转率也进一步回升。

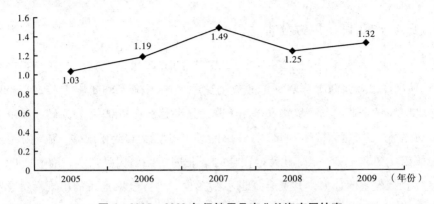

图6　2005～2009年保健用品产业总资产周转率

四　产业投资风险分析

（一）保健用品产业环境风险

1. 国际经济环境风险

国内外市场形势变化，给保健用品企业在开拓国内外市场过程中带来风险：由于国际金融危机导致的经济增长放缓、通货紧缩及结构调整，保健用品企业部分业务将受到影响，具体表现为保健用品国内市场规模增速下降、订单减少、应收款回收难度加大。从对保健用品产业的进出口分析来看，中国的保健用品产业出口受经济形势影响较大，2008～2009年国际金融危机使得其出口数量大幅下降。保健用品企业为积极应对上述风险和挑战，应该不断强化自身的成本约束，加强产品的质量控制，提高自身的核心竞争力；加强自身品牌和技术优势，立足高端市场、高端客户，开展差异化竞争；实施更加稳健的境外业务拓展，适度完善销售模式，积极利用国家刺激经济增长的各项财政和货币政策措施，强化抵御风险的能力。

2. 汇率风险

汇率风险指经济主体在持有或运用外汇的经济活动中，因汇率变动而蒙受损失的可能性。主要指意料之外的汇率变动通过影响企业的生产销售数量、价格、成本，引起企业未来一定时期内收益或现金流量减少的一种潜在损失。

尽管目前中国的汇率政策名义上实行的是有管理的浮动汇率制,但人民币对美元的汇率一直都很稳定。但是西方国家越来越关注人民币的升值问题,不断向中国施压,要求人民币升值。因此,升值是未来人民币的主要走势。

对保健用品产业而言,随着中国加入WTO,保健用品企业也在积极进行海外市场的开拓,产品出口增加,保健用品企业面临汇率变动的风险。人民币的升值会导致中国出口的保健用品竞争力下降,从而使得出口额大幅下降,一些主要依赖出口的保健用品企业将面临巨大的汇率风险。

3. 宏观经济风险

保健用品产业面临的宏观经济风险主要是指,由于国内经济形势变化影响到下游产业发展,从而造成保健用品产业需求的波动而带来的风险。本课题组认为对保健用品产业发展影响较大的宏观经济因素包括:人均GDP及其增长率、城乡居民收入、恩格尔系数等。这些因素对保健用品产业市场规模会产生直接影响。2005~2009年的人均GDP增长率分别为13.9%、15.0%、20.8%、16.2%和10.7%,波动比较频繁,带来了一定的风险,但是从2008年一季度到2009年三季度,7个季度的GDP增幅分别为:10.6%、10.1%、9%、6.8%、6.1%、7.9%和8.9%。而且城乡居民收入水平稳中有升,恩格尔系数则稳中有降。汇总起来,可以清晰地看到,中国经济持续增长,保健用品产业面临的宏观经济风险较小。

4. 宏观经济政策风险

为应对国际金融危机,各国政府纷纷出台的救市措施对稳定市场信心具有积极作用;国家实施积极的财政政策,出台了多项扩大内需的政策,这将有利于中国保持经济持续稳定增长;国家加大对企业金融支持力度,适度宽松的货币政策将在一定程度上缓解企业的资金压力,这为保健用品企业的持续快速发展创造良好条件,但是保健用品产业主要面临行业监管缺位、法规不健全等问题,这些都给投资保健用品产业带来一定的风险。

(二) 保健用品产业链上下游风险

1. 产业链上游风险

上游风险主要包括上游原材料供应的价格风险和质量风险。如果上游原材料的价格不断攀升,会直接影响保健用品的生产,原材料价格的波动将直接影响保

健用品生产企业的赢利情况。而原材料是保证保健用品质量安全的源头，原材料的好坏直接决定了产品的质量。一直以来，中国保健用品的原材料由于缺乏统一的质量标准，致使产品质量参差不齐，不仅对消费者的健康带来影响，也严重制约着保健用品产业的健康发展。

2. 产业链下游风险

下游风险主要是指消费者对保健用品的认知程度的高低，消费者收入水平的高低。目前保健用品正通过各种渠道的宣传，使消费者对其的认知程度不断提高，但总的来讲保健用品在国内市场上认知程度不高，加上该类产品的价格偏高，这影响到消费者对该产品的购买。所以保健用品生产企业和代理商如果不能提高该产品在消费者中的认知度，会影响到消费者对该产品的购买。

消费者收入水平的高低会影响其对保健用品的购买，由于保健用品价格偏高，如果消费者收入没有出现大幅的提高，或者收入波动过大，就像国际金融危机爆发后一样，消费者消费信心指数下降，这些因素都将影响到消费者对保健用品的购买。

（三）保健用品产业政策风险

总体来说国家政策是支持保健用品产业发展的，但由于政策发展不完善，行业政策性风险较大。

如2005年12月1日起实施的《直销管理条例》要求从事直销的企业必须获得直销执照，而执照的含金量却是让众多保健用品企业遥不可及的：保证金2000万元，注册金8000万元。国内众多保健用品企业都将面临规模小、资金不够、无法申领到直销执照，甚至退市的困局。更值得注意的是，如果不能够申领执照，这种处于灰色地带的"准直销模式"就存在政策风险。

（四）保健用品产业市场风险

1. 市场供需风险

国家在不同时期可以根据宏观环境的变化而改变政策，这必然会影响到企业的经济利益。因此，国家与企业之间由于政策的存在和调整，在经济利益上会产生矛盾，从而产生政策风险。

目前，中国保健用品市场处于供大于需的局面，同时保健用品产业利润高于其他产业，由此促使不断有新企业进入保健用品产业，这可能加剧供需矛盾。再加上有些保健用品企业通过炒作应付消费者的心理，使得越来越多的消费者在一轮又一轮的保健用品热中一次次地"受伤"，导致保健用品行业的诚信危机越来越严重，企业以往取得优秀业绩的营销模式，效果也越来越差。而实际上，这种不切实际的炒作严格意义上讲是一种欺骗行为，这也给保健用品产业带来了巨大的市场风险。

2. 竞争风险

保健用品产业的发展还不成熟，产业内没有相关的政策约束其发展，因此在市场行情好时，可能会吸引更多的企业进入到该产业，造成竞争加剧。从历史经验来看，十年前跻身于保健行业财富十强的企业，今天已经有近1/2的已销声匿迹了。这也反映了保健用品产业竞争的激烈性。投资保健用品产业面临较大的竞争风险。

（五）保健用品产业其他风险分析

随着保健用品产业中企业数量的增多，自然会出现一些大型的生产企业，相比中小企业而言，大型企业在规模、质量、渠道开发等方面具有优势，不过由于企业规模的增大，管理成为一些企业头疼的问题，如果不能很好解决企业的管理问题，不但影响到企业的凝聚力，甚至对企业的正常发展都会造成影响。

通过加强对现有管理人员的培训，不断提高其管理水平和协调能力；完善企业治理的经营管理机制，形成更加科学、有效的决策机制，同时不断完善绩效考核机制，实行更优的薪酬、绩效联动机制，形成更加有效的激励约束机制，使企业的经营模式和管理机制能够更符合企业发展的需要。

五　投资风险对策及投资战略

（一）投资风险对策

1. 经济波动风险控制

周期波动是经济发展过程中常见的现象，它表现为经济周而复始地由扩张到紧缩的循环运动。经济的周期性波动也会带来各个产业的波动。控制经济波动风

险最有效的对策就是顺势而为。也就是说在经济扩张的时候，增加投资；而在经济紧缩的时候，减少投资。

保健用品产业处于成长阶段，很容易受到经济周期性波动的影响，而且这种风险是不可预测的，因此保健用品企业应该努力做好应对危机的准备，积极完善应变机制。不仅包括对资金的储备，也包括对人才和技术的储备。

2. 政策风险控制

由于中国保健用品产业处于发展的初期，在政策方面还很不完善，因此未来会有更多的相关政策出台，不仅包括各种鼓励政策，也包括约束性的政策，这必然会给一些企业带来一定的政策风险。因此，保健用品企业应做好防范政策风险的工作。

首先，要提高对政策风险的认识。对生产经营过程中面临的政策风险应及时地观察、分析和研究，以提高对政策风险客观性和预见性的认识，充分掌握政策风险管理的主动权。

其次，要对政策风险进行预测和决策。为防止政策风险的发生，应事先确定风险度，并对可能的损失有充分的估计，通过认真分析，及时发现潜在的政策风险并力求避免。在风险预测的基础上，搞好风险项目的重点管理，正确做出应对政策风险的决策，并根据决策方案，采取各种预防措施，力求降低风险。

最后，保健用品企业在防范风险的同时应当努力提高自己的研究能力，通过实践为相关部门提供制定政策的实践基础，通过听取保健用品企业的建议，可以使得政策更加合理，这也降低了保健用品企业面临的政策风险。

3. 供需风险控制

供需风险是供给与需求不一致导致的风险。如果供给大于需求，就会产生生产过剩的风险；而如果供给不足就会有产能不足的问题。生产过剩会导致企业积压存货，提高了企业的管理成本，减少企业可用资本；而产能不足则会使企业有扩大规模的机会。

保健用品产业的市场规模在不断扩张，但由于保健用品的需求弹性比较大，因此需求变动的幅度也比较大，而需求变动又具有一定的滞后性，因此保健用品企业面临比较大的供需风险，应当加以防范。

保健用品企业应当成立专门的研究部门，对市场需求的变化进行跟踪，及时掌握市场的动态，通过研究和预测及时调整产量，避免因市场需求的变化而产生的风险。

4. 技术风险控制

技术风险是指伴随着科学技术的发展、生产方式的改变而发生的风险。主要包括技术不足风险、技术开发风险、技术保护风险、技术使用风险、技术取得和转让风险。

随着保健用品产业的不断发展，越来越多的技术已应用到了这个行业中来，如3D技术、生物技术和数字技术等。保健用品企业首先要注意技术的开发和利用，避免因技术落后而被市场淘汰。同时也要注意控制技术开发和使用的成本，避免因成本过高而给企业带来巨大的风险。保健用品企业要做到技术风险的控制应采用以下的策略。第一，重视技术方案的咨询论证，就技术方案的可行性进行研究，对项目方案的风险水平与收益水平进行比较，对方案实施后的可能结果进行预测。第二，应改善内部组织，建立有利于技术创新的生产组织。第三，通过选择合适的技术创新项目组合，进行组合开发创新，降低整体风险。第四，建立健全技术开发的风险预警系统，及时发现技术开发和生产过程中的风险隐患。第五，建立健全有关技术治理的内部控制制度，加强对技术资产的监督治理。

（二）保健用品产业投资战略

1. 技术开发战略

自主创新能力是产业竞争力的决定性因素。保健用品企业要把增强自主创新能力放在突出位置，激发创新精神，形成有利于自主创新的体制机制。加大科研投入和支持力度，建立多元化、多渠道的科技投入体系，从根本上改变核心技术依赖进口、受制于人的局面。保健用品企业实施技术开发战略应遵循的原则包括以下几点。首先，以市场需求和用户满意来考虑企业技术开发战略。技术开发战略必须以市场需求和用户满意为基础，否则企业将无立足之地。其次，以信息储备和技术积累来加快保健用品企业技术开发。由于企业技术开发战略所花费的成本、周期，以及综合水平直接影响到企业的竞争能力。因此，国外企业为适应日益激烈的市场竞争，都充分运用有效的信息储备和技术积累来提高技术开发战略综合能力、缩短技术开发战略实施周期和降低技术开发战略实施成本。最后，以目标管理和系统工程来提升集团企业技术开发战略。国外保健用品企业为适应市场，在实施企业技术开发战略研究时，都强调在摸清竞争对手同类产品各项经济

技术指标，以及企业自身和竞争对手差距的基础上，再运用系统工程方法，来确定集团企业技术开发战略在各阶段的管理目标。

目前保健用品产业的主要技术趋势包括：生物技术、微波技术、纳米技术、膜技术、超细技术等。中国应在这些技术开发上加大投资，促进中国保健用品生产企业技术进步。通过技术开发的投资提高企业的竞争力，使企业分享由技术进步带来的成果。

2. 业务组合战略

业务组合，是指组成企业的业务和产品的集合。业务组合战略主要是指通过各个业务包括主营业务和其他业务的结合来实现企业的多元化发展。业务组合战略在实施的过程中应该注意对不同业务应区分对待。

主营业务：必须保证主营业务的稳定发展。这是进行业务组合的基础。企业管理的重点是维持竞争地位，并挖掘核心业务的所有潜力。

战略业务：也就是正在崛起的业务，代表着企业未来的发展方向。因此，企业在经营过程中引入战略业务是必要的。

新兴业务：企业更长远的业务选择。企业应该加大力度进行研究。着力培养发展前景光明的项目。

积极推进保健用品产业的快速有效发展，实施业务组合战略主要包括：第一，加快原料工业的配套建设，有效解决上游原料进口依存度过高的问题；第二，支持和鼓励有条件的企业走出去，同时推动保健用品产业的快速发展；要工贸结合，积极探索利用期货市场等手段，稳定保健用品价格，降低企业经营风险；第三，加大对保健功能纺织品和保健器械行业投资的同时，加快发展其他子行业。通过对不同业务的投资化解一部分风险，同时享受到其他子行业的潜在发展机会。

3. 区域开拓战略

区域开拓战略是指企业根据企业内外部环境，对企业面对的不同区域市场的分析，确定开发方式，明确重点开发区域，确定重点开发区域和非重点开发区域的开发策略与措施，提出区域近期重点建设项目的地区安排。区域开发战略的制定实际上是根据区域发展条件、进一步发展的要求和发展的目标所作的高层次、全局性宏观谋划。实施区域战略的主要原则包括以下几个方面。首先，要注重对不同市场的不同宏观环境进行分析。不同地区由于发展程度不同，对产品的有效需求也不同。其次，对于不同的产品也要进行市场分析，由于地域文化的影响，消费者的观念存在差异。最后，优先发展对产业提供优惠的地区。充分利用扶持政策开发潜在市场。

目前中国保健用品企业主要集中在广东、北京和上海等经济文化都比较发达的地区，但是要看到江苏、浙江等地区也已经具备了一定的经济实力，因此，保健用品企业应加大对这些地区的开发，充分利用当地的优势，扩大市场规模。

4. 品牌营销策略

保健用品企业品牌建设应从内部开始，如果员工都不了解自己的企业，企业如何能让消费者了解自己。而只有让消费者充分了解自己，企业才能从各方面赢得消费者。吸引消费者的过程不只是通过广告和商店，还包括消费者整体的消费体验。打开商品包装、使用商品、出现问题、保险索赔、信用卡支付等这整个过程不再只是递送一件商品，而是涉及全部的消费体验。

5. 产业保护战略

加大打击走私、规范加工贸易的力度，对产品进口中存在的倾销、补贴等不正当竞争手段及时采取有力措施；积极应对贸易摩擦，维护产业发展的根本利益，创造产业发展公平环境；建设保护知识产权的法治环境，重视自主知识产权的应用和保护；行业协会要积极开展行业自律工作，规范竞争秩序，防止过度竞争和恶性竞争；健全和完善产业预警体系，加强产业信息指导体系建设，多渠道、多形式为产业提供相关生产、技术、市场、贸易等信息，形成产业的快速反应机制，引导产业健康发展。

Investment and Risk Analysis of
Health Care Products Industry

Abstract：Health care product industry, as a sunrise industry in China, opportunity and risk coexist there. This section is based on the data of investigation of the research group of the Blue Cover Book. It analyzes the investment environment of the industry from three aspects cycle environment, competition environment and policy environment of the industry; it studies the investment opportunity of health care product industry

from the perspective of the analysis and predication of prospect of the industry and SWOT analytical perspective; it analyzes the financial strength of the industry from the perspective of industry growth, profit ability, debt paying ability and operation ability; it interprets comprehensively the investment risk of the industry from the perspective of environmental risk, upstream and down stream industry chain risk, policy risk, market risk and the like of the industry. Finally, it discusses the strategy and risk aversion for enterprises to invest health care product industry aiming at providing good decision support for enterprises to invest in health care product industry.

Key Words: Industry Investment; Risk; Strategy Research

附　录

附录1　中国标准化协会标准简介

1. 什么是中国标准化协会标准

中国标准化协会标准简称协会标准（或 CAS 标准），由行业协会或企业和中国标准化协会共同制定，是没有技术标准依据的产品质量认证的重要补充手段。它针对的使用者是专业领域中产品质量领先的龙头企业，在制定时多参照采用国外先进标准，所以，一般情况下，CAS 标准中重要的技术性能指标高于同行业中国家标准或行业标准的要求。中国保健协会的标准属于协会标准。例如，《保健功能纺织品 CAS115 - 2005》标准就是由中国保健协会与中国标准化协会共同发布的。

2. 协会标准与行业标准的区别

（1）制定单位不同：行业标准由国务院有关行政主管部门制定，而协会标准由行业协会或企业和中国标准化协会共同制定。在严格意义上，协会标准属于企业标准的范畴。

（2）针对对象不同：行业标准适用于该行业所有企业，而协会标准的采用者多为该行业龙头企业。

（3）指标要求不同：协会标准指标多高于行业标准。从这点来看，采用协会标准的企业的产品首先必须是符合行业标准的，而且质量还要更高些。

3. 如何看待协会标准

参加协会标准可以提升企业的附加值。保健用品龙头企业，包括产品生产企业和原材料生产企业，应当对协会标准引起足够的重视，虽然协会标准没有行政强制性，但它代表着行业内的先进产品技术水平。正如前面所说，协会标准往往参照国际标准制定，某些指标常常高于国家标准和行业标准。

参与协会标准的制定能避免市场中的被动。在目前的市场中，由于国家标准

和行业标准的缺乏，企业标准参差不齐，在某种意义上，将来的行业标准和国家标准将会参照协会标准制定，积极参与协会标准的制定，能避免企业标准和行业标准乃至国家标准的冲突，使企业在将来市场中处于主动地位。①

附录2 企业标准简介

企业标准是对企业范围内需要协调、统一的技术要求，管理要求和工作要求所制定的标准。企业标准由企业制定，由企业法人代表或法人代表授权的主管领导批准、发布。企业标准一般以"Q"作为企业标准的开头。

《中华人民共和国标准化法》规定，企业生产的产品没有国家标准和行业标准的，应当制定企业标准，作为组织生产的依据。企业的产品标准须报当地政府标准化行政主管部门和有关行政主管部门备案。已有国家标准或者行业标准的，国家鼓励企业制定严于国家标准或者行业标准的企业标准，在企业内部适用。

---

① 王珏：《解读中国保健协会行业标准》，《知识经济》2007年第3期。

中国皮书网

发布皮书研创资讯，传播皮书精彩内容
引领皮书出版潮流，打造皮书服务平台

栏目设置：

☐ 资讯：皮书动态、皮书观点、皮书数据、 皮书报道、皮书新书发布会、电子期刊
☐ 标准：皮书评价、皮书研究、皮书规范、皮书专家、编撰团队
☐ 服务：最新皮书、皮书书目、重点推荐、在线购书
☐ 链接：皮书数据库、皮书博客、皮书微博、出版社首页、在线书城
☐ 搜索：资讯、图书、研究动态
☐ 互动：皮书论坛

www.pishu.cn

中国皮书网依托皮书系列"权威、前沿、原创"的优质内容资源，通过文字、图片、音频、视频等多种元素，在皮书研创者、使用者之间搭建了一个成果展示、资源共享的互动平台。

自2005年12月正式上线以来，中国皮书网的IP访问量、PV浏览量与日俱增，受到海内外研究者、公务人员、商务人士以及专业读者的广泛关注。

2008年10月，中国皮书网获得"最具商业价值网站"称号。

权威报告　热点资讯　海量资料

当代中国与世界发展的高端智库平台

皮书数据库 www.pishu.com.cn

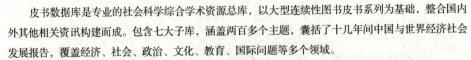

　　皮书数据库是专业的社会科学综合学术资源总库，以大型连续性图书皮书系列为基础，整合国内外其他相关资讯构建而成。包含七大子库，涵盖两百多个主题，囊括了十几年间中国与世界经济社会发展报告，覆盖经济、社会、政治、文化、教育、国际问题等多个领域。

　　皮书数据库以篇章为基本单位，方便用户对皮书内容的阅读需求。用户可进行全文检索，也可对文献题目、内容提要、作者名称、作者单位、关键字等基本信息进行检索，还可对检索到的篇章再作二次筛选，进行在线阅读或下载阅读。智能多维度导航，可使用户根据自己熟知的分类标准进行分类导航筛选，使查找和检索更高效、便捷。

　　权威的研究报告，独特的调研数据，前沿的热点资讯，皮书数据库已发展成为国内最具影响力的关于中国与世界现实问题研究的成果库和资讯库。

皮书俱乐部会员服务指南

1. 谁能成为皮书俱乐部会员?

- 皮书作者自动成为皮书俱乐部会员;
- 购买皮书产品（纸质图书、电子书、皮书数据库充值卡）的个人用户。

2. 会员可享受的增值服务:

- 免费获赠该纸质图书的电子书;
- 免费获赠皮书数据库100元充值卡;
- 免费定期获赠皮书电子期刊;
- 优先参与各类皮书学术活动;
- 优先享受皮书产品的最新优惠。

社会科学文献出版社
SOCIAL SCIENCES ACADEMIC PRESS (CHINA)　皮书系列

卡号: 2014676519298884
密码:

（本卡为图书内容的一部分，不购书刮卡，视为盗书）

3. 如何享受皮书俱乐部会员服务?

（1）如何免费获得整本电子书?

　　购买纸质图书后，将购书信息特别是书后附赠的卡号和密码通过邮件形式发送到pishu@188.com，我们将验证您的信息，通过验证并成功注册后即可获得该本皮书的电子书。

（2）如何获赠皮书数据库100元充值卡?

　　第1步: 刮开附赠卡的密码涂层（左下）;

　　第2步: 登录皮书数据库网站（www.pishu.com.cn），注册成为皮书数据库用户，注册时请提供您的真实信息，以便您获得皮书俱乐部会员服务;

　　第3步: 注册成功后登录，点击进入"会员中心";

　　第4步: 点击"在线充值"，输入正确的卡号和密码即可使用。

社会科学文献出版社　　　**皮书系列**

　　"皮书"起源于十七八世纪的英国,主要指官方或社会组织正式发表的重要文件或报告,并多以白皮书命名。在中国,"皮书"这一概念被社会广泛接受,并被成功运作、发展成为一种全新的出版形态,则源于中国社会科学院社会科学文献出版社。

　　皮书是对中国与世界发展状况和热点问题进行年度监测,以专家和学术的视角,针对某一领域或区域现状与发展态势展开分析和预测,具备权威性、前沿性、原创性、实证性、时效性等特点的连续性公开出版物,由一系列权威研究报告组成。皮书系列是社会科学文献出版社编辑出版的蓝皮书、绿皮书、黄皮书等的统称。

　　皮书系列的作者以中国社会科学院、著名高校、地方社会科学院的研究人员为主,多为国内一流研究机构的权威专家学者,他们的看法和观点代表了学界对中国与世界的现实和未来最高水平的解读与分析。

　　自20世纪90年代末推出以经济蓝皮书为开端的皮书系列以来,至今已出版皮书近800部,内容涵盖经济、社会、政法、文化传媒、行业、地方发展、国际形势等领域。皮书系列已成为社会科学文献出版社的著名图书品牌和中国社会科学院的知名学术品牌。

　　皮书系列在数字出版和国际出版方面也是成就斐然。皮书数据库被评为"2008~2009年度数字出版知名品牌";经济蓝皮书、社会蓝皮书等十几种皮书每年还由国外知名学术出版机构出版英文版、俄文版、韩文版和日文版,面向全球发行。

法 律 声 明

广视角·全方位·多品种

皮书系列为"十二五"国家重点图书出版规划项目